高等院校旅游学科21世纪规划教材

U0649595

旅游安全管理

（第三版）

孔邦杰　编著

上海人民出版社　格致出版社

➤ 作者简介

　　孔邦杰，浙江农林大学旅游与健康学院教师。主要从事旅游环境、旅游安全、旅游规划等领域的教学与科研工作。主持 2 项省部级项目，主持完成其他课题 10 多项，参与完成 50 多项旅游区规划项目。

➤ 内容提要

　　本书从旅游安全风险因素与旅游系统之间的关系入手，详尽阐述了旅游安全管理的基本要素和基本方法。主要内容包括：气象、地质、水难、生物危害等自然灾害，交通、消防、游乐设施等事故，饮食卫生、传染病、急病急症等公共卫生事件，政治社会、刑事案件、人群聚集、文化习俗等社会文化事件的防范对策和应急处置方法，旅游安全应急预案和应急演练，旅游安全事故调查处理，旅游危机管理等。

目录

第一章

旅游安全概述

学习要点

了解旅游安全的初步知识;熟悉旅游安全事故的类型;掌握造成旅游安全事故的原因;熟悉旅游安全事故的影响。

基本概念

风险、事故、突发事件、旅游安全

旅游已经成为人们的一种常规生活方式,旅游业已成为重要的经济产业部门。随着客流量的增大,旅游安全事故的数量也不断增多。没有安全,就没有旅游,安全既是旅游活动的保障,又是旅游业持续、健康、稳定发展的前提和基础。

第一节　旅游安全的概念

一、旅游安全相关概念

(一)不安全的相关概念

风险,是指由旅游系统内部的潜在隐患或外部环境的变动所造成的不确定的负面影响或损失。对某类灾害风险的描述,需从事件场景、发生概率或可能性以及造成的负面后果三个方面进行。

事故,是指个人或集体在为实现某种意图而进行的活动过程中,发生主观上不希望出现的导致活动暂时或永久停止的意外突发现象。事故发生的后果可分为死亡、疾病、伤害、财产损失或其他损失五大类。事故的发生具有随机性,发生原因复杂,很难准确地预测事故发生的时间、地点和性质。根据"海因里希事故法则",重伤或死亡事故、轻伤或微伤事故、无伤害事故发生的比例为1︰29︰300。

事件,一般指特殊的、反常的事故,包括自然事件和社会事件。自然事件是指因自然事物非常态发展而产生的灾害,如地震、雪灾、海啸等;社会事件是指不依当事人意志产生的社会非正常运行所引发的事件,如瘟疫、骚乱、犯罪等。如果该事件进一步发展,给旅游系统造成持续消极的破坏或损失,则称之为负面事件。突然发生,造成或者可能造成重大人员伤亡、财产损失、生态环境破坏,严重社会危害,危及公共安全且需要采取应急处置措施予以应对的负面事件,称为突发事件。

危机,是指在旅游系统及其子系统中因内外部环境的变化或突发事件的发生,导致产生影响旅游系统正常运作、生存和发展的情况。危机具有突发性、不确定性、破坏性、时间紧迫性、变化联动性等特征。危机一般以某一事件为前兆或导火线,即通过偶然的、独特的突发事件的形式表现出来。

(二) 安全的相关概念

安全,是指免受不可接受的损害风险的一种状态。不可接受(承受)风险的发生,通常会造成人的伤害或物的损失。因此,"无危则安,无损则全",将系统的运行状态对人和物可能产生的损害控制在人们能够普遍接受水平以下的状态,称为安全。

旅游安全,是指旅游系统中各相关主体免受不可接受的损害风险的状态。旅游系统的相关主体包括旅游活动中涉及的人(旅游者、旅游从业者、当地居民等)、物(设施、设备)、环境等;损害风险包括旅游活动各环节中的不安全因素。

旅游安全问题,是旅游系统中表现出来的与旅游安全相矛盾或冲突的各种现象,包括旅游系统中各相关主体的安全思想、安全意识问题,也包括发生在旅游系统各环节或旅游活动中各相关主体间的安全事故事件。

旅游安全管理,是通过持续的风险识别,采取科学的方法和措施,把旅游系统中人的伤害和物的损失风险降低并保持在可接受的水平以下的一系列计划、组织、协调和控制活动。旅游安全管理包括旅游安全政策制定、安全理论研究、安全宣传教育、安全设施防控、事故应急救援、旅游危机处理等。

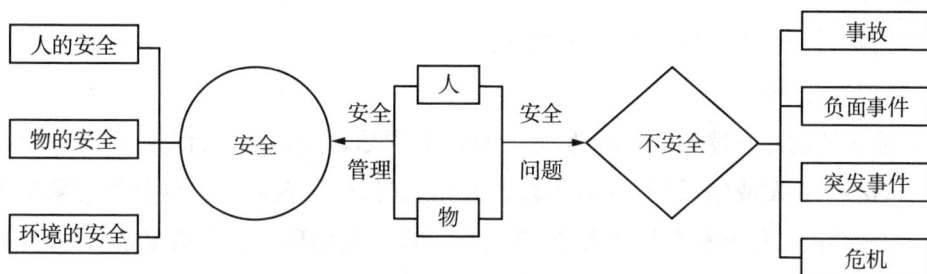

图1.1　旅游安全相关概念的相互关系

二、旅游安全问题的特征

旅游安全问题是现实存在的，旅游业的特性决定了旅游安全问题有其自身的特征。

（一）广泛性

旅游活动涉及诸多方面，各种旅游安全问题广泛存在于旅游活动的各个环节。就整个社会而言，旅游安全事故是不可避免的。旅游安全涉及人员众多，除旅游者外，还与旅游地居民、旅游从业者、旅游管理部门以及包括公安部门、医院等在内的旅游地的各种社会机构相联系，影响广泛。因而，旅游安全也是社会舆论关注的焦点，安全事故会引起传媒以及社会大众的强烈关注。

（二）隐蔽性

事故往往有一定的隐蔽性，发生前的征兆一般不是很明显，难以做出准确的预测，而一旦爆发，往往难以控制。事故的隐蔽性造成了事故防范的困难，因此，旅游地应建立安全预警系统，不断监测安全状况，收集整理并及时汇报可能威胁旅游地的安全信息，以便及时采取措施，将风险消灭在萌芽状态，同时还应提前决策，精心策划全面的事故反应计划，以便在事故来临时从容应对。

（三）突发性

发生在旅游系统中的各种安全问题，往往不期而至，常常在意想不到、毫无防备的状况下突然发生，爆发前基本没有明显征兆，令人猝不及防。2014年8月18

日,湖南长沙岳麓书院一棵200多岁的古枫树突然齐根折断,压垮了文庙大成殿一半左右的建筑,造成1名旅游者死亡,另外1名旅游者和1名工作人员受伤。因此,旅游管理部门、旅游企业、旅游从业人员在平时要有处理各种突发事件的准备,在突发旅游安全事故时就能作出有效反应,在事故产生灾难性后果之前采取各种有效的防护、救助、疏散和控制事态的措施。

（四）复杂性

旅游活动是一种开放性活动,旅游目的有娱乐、度假、运动、保健、商务、会议、学习、探亲、访友或宗教等,因而旅游者五花八门,旅游企业面对的服务对象很复杂,如旅游饭店每天有大量的人流,其安全管理涉及的环节和人员复杂。另外,旅游安全的影响因素广泛而复杂,包括自然、政治、经济、社会环境等方面,旅游安全工作除防火、防食物中毒外,还要防盗、防暴力、防各种自然及人为灾害等,表现出极大的复杂性。

（五）扩散性

扩散性是对旅游安全事故的影响过程和范围而言的。随着旅游经济的发展和交通、通信技术的发展,旅游地事故影响的范围不断扩大,影响旅游的关联产业。事故的发生和发展具有动态性,开始发生的时候其影响范围和程度有限,随着事故"涟漪效应"的出现,其影响和危害逐步扩散,一些初始事故可能会引发更大的事故,并可能衍生出新的危机。如发生火灾时,拥挤的人群在逃散过程中往往容易引发踩踏事故。

（六）破坏性

旅游安全事故对过去的稳定状态构成了一定的威胁,不安全不仅使旅游者蒙受经济损失,遭受生命威胁,还可能造成社会秩序紊乱,对公众心理造成障碍。不论是什么性质和规模的安全事故,都会不同程度地给旅游系统及关联产业造成破坏和损失,如人员伤亡、经济损失、环境破坏、形象受损、竞争力下降等。

三、旅游安全事故生命周期

旅游安全事故演化的生命周期可以分为五个阶段:休眠期、初发期、发展期、控制期、消除期。在不同阶段,旅游安全事故对旅游系统的影响方式、影响程度和表现特征有所不同,旅游安全管理必须根据安全事故的不同阶段,采取针对性的预防和治理措施。

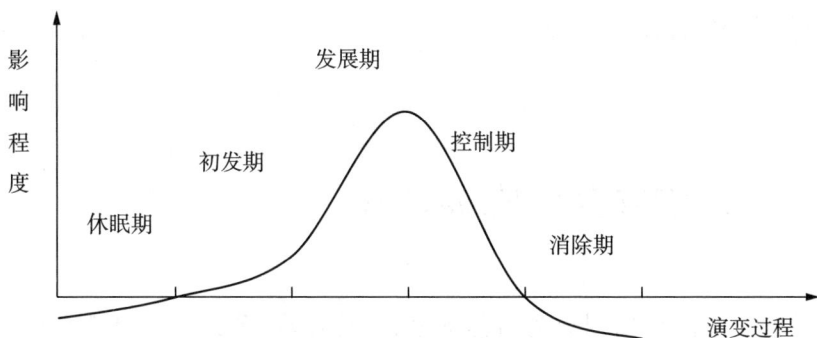

图 1.2　旅游安全事故的生命周期

（一）休眠期

休眠期是旅游安全事故的酝酿时期。在这一过程中，与旅游安全事故诱因相关的各种要素相互作用，它们之间的矛盾、冲突在不断地形成和积累，直到旅游安全事故的发生。旅游安全事故在休眠期具有隐蔽性，不容易被人们察觉。

（二）初发期

初发期是从第一个前兆出现到开始造成可感知的损失这一阶段。旅游安全事故在初发期影响的范围和程度都较小，而由于危害程度太小，很少引起人们的足够关注和重视。如果能及时监测和发现安全事故的初发征兆，及时采取适度的行动，就能有效地避免或抑制旅游安全事故的发展，控制旅游安全事故造成的损失。

（三）发展期

发展期是旅游事故影响范围快速扩散、影响程度急剧上升的时期，会对旅游系统造成明显的损害。如果事故没能得到及时控制，造成的损害还会迅速地加深、积累和扩散，对旅游组织的生存能力造成直接威胁，对旅游系统形成全面打击。

（四）控制期

控制期是旅游事故的危害程度从顶峰转而下降，矛盾和冲突不断减弱，危机形势逐渐趋缓的时期。这一时期旅游安全事故已经得到有效的控制，旅游系统开始恢复，但要恢复到事故发生前的状态，仍需假以时日。

（五）消除期

消除期是引起旅游事故的因素已经消除，造成的损害已经得到弥补，旅游系统已经恢复到原有或正常的状态。

第二节　旅游安全事故的类别

旅游安全事故可以划分为自然灾害、事故灾难、公共卫生事件和社会安全事件。

一、自然灾害

自然灾害是自然界物质运动过程中一种或数种具有破坏性的自然力,通过非正常方式的释放而引发的具有危害性的事件。

(一) 自然灾害

自然灾害难控制,危害性大,对旅游业的影响较重。自然灾害根据产生灾害的自然要素不同分为地质地貌、气象气候、海洋等灾害。地质地貌灾害包括地震、火山、泥石流、滑坡、崩塌等,其中破坏性最大的是地震;气象气候灾害包括台风、暴雨、暴风雪、酷暑、严寒等。

(二) 生物危害

生物危害主要在于生物对旅游者带来的伤害与威胁。例如野生动物园大象踩死旅游者。有毒昆虫、植物也容易导致旅游者的皮肤疾病或身体伤害,澳大利亚就经常出现毒蜘蛛和毒蛇咬人的事件。

(三) 自然因素和现象

自然因素和现象包括缺氧和高山反应、极端气温、生物钟节律失调等。缺氧和高山反应多发生在海拔较高的旅游地,并可能由此引发肺气肿、脑肿等致命的症状。极端气温主要是指极端高温(如沙漠)和极端低温(如两极和高山)。生物钟节律失调表现在远途旅行中,往往伴随着疲乏、睡眠障碍、食欲不振现象的出现。

二、事故灾难

事故灾难是由于人的行为失控或不恰当地改造自然,导致发生违反人们意志、迫使活动暂时或永久停止,并且造成人员伤亡、经济损失或环境污染的意外事件。

(一)交通事故

在旅游过程中,旅游交通事故是造成伤亡人数最多、影响最大的事故之一,包括民航、铁路、水运、公路等交通运输事故等。随着私家车的普及,自驾游旅行增多,更增加了旅游交通事故的风险。

(二)火灾、爆炸

旅游地的火灾、爆炸事故主要发生于旅游地周边的酒店、宾馆等,一些古建筑、山区也易发生火灾。火灾与爆炸往往会造成严重的后续反应,如基础设施破坏、财产损失等,甚至造成整个旅游系统的紊乱。

(三)游乐设施事故

游乐设施是指游乐园(场)中采用沿轨道运动、回转运动、吊挂回转、场地上运动、室内定置式运动等方式,承载旅游者游乐的现代机械设施组合,如滑行车、观览车、转马、空中转椅、碰碰车、光电打靶等。

由于游乐设施的特殊性,一些大型综合、惊险的设施可能存在危及人身安全的隐患,如不加强管理,就可能造成严重的事故。伤害事故类型中后果最严重的是严重机械伤害事故,如高处坠落、跌伤、飞甩、夹挤或碾压等,一般机械伤害事故(卷绕、绞缠、碰撞、擦伤、剐蹭等)和其他类型事故(触电,因振动、噪声带来的不适,因失火造成的窒息、烧伤等)也会造成严重后果。

三、公共卫生事件

公共卫生事件是指对公众健康和生命安全造成或者可能造成巨大危害的突发性事件。

(一)食物中毒

食品安全问题主要表现为食物中毒。食物中毒的主要原因是食品生产经营者疏于食品卫生管理,对食品加工、运输、储藏、销售等环节的卫生安全不注意;滥用食品添加剂或者将非食品原料作为食品销售;误食被亚硝酸盐、河豚、毒蘑菇和被鼠药污染的食物等。

(二)传染病

传染性疾病在旅游者中间发作,会对旅游者的健康造成危害,影响旅游活动的开展。在与旅游活动有关的传染病中，最具威胁的多为热带地区环境所特有的疾病，如疟疾、登革热等。

（三）疾病

旅途劳累、受伤、旅游异地性导致的水土不服和食品卫生问题等可能诱发旅游者的疾病，如肠胃功能紊乱、上火、便秘等是旅途中旅游者常出现的疾患症状。

四、社会安全事件

社会安全事件是指由于社会环境系统的不协调而导致旅游系统受损的事件。

（一）人群事故

旅游地人员较多，较易聚集在一起，一旦客流量超出区内硬件环境支持的能力和管理调度指挥的承受能力，就有可能引发人群事故。踩踏事故是人员密集地可能发生的最严重的人群事故之一，其后果严重，会造成大规模的人员伤亡、财产损失。

（二）设施损坏

旅游者的增加可使原本能正常运行的设备、运营场所不能正常工作，甚至会对原有的场所、秩序、设备造成破坏。同时，也使得任何微小的不安全因素甚至原本不存在安全隐患的因素的危险性增大，引发事故。例如，人员过多或局部密集，可能导致建筑物超载，进而可能破坏建筑结构，造成事故。

（三）治安犯罪

由于犯罪给旅游者造成创伤的严重性及其影响的社会性，使得犯罪成为旅游安全中最引人瞩目的表现形态之一，并在很大程度上威胁旅游者的生命、财产安全。旅游活动中存在的犯罪现象及数量众多，包括诈骗、偷盗、抢劫、赌博、恐怖袭击、性犯罪等，其中尤以侵犯公私财产类的偷窃和欺诈最多。

第三节　旅游安全事故发生的原因

旅游安全事故发生的原因是多方面的，归纳起来，有人的不安全、物的不安全、环境的不安全三大类，管理、个人、设施、设备、自然、社会六个方面的原因。

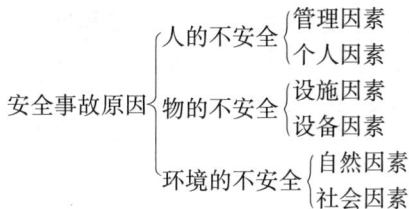

$$安全事故原因 \begin{cases} 人的不安全 \begin{cases} 管理因素 \\ 个人因素 \end{cases} \\ 物的不安全 \begin{cases} 设施因素 \\ 设备因素 \end{cases} \\ 环境的不安全 \begin{cases} 自然因素 \\ 社会因素 \end{cases} \end{cases}$$

图 1.3 旅游安全事故发生的原因

一、人的不安全

（一）管理因素

分析每一起事故,我们可以发现,绝大多数事故是可以预防的。预防没有成功,主要是因为管理方面存在缺陷或失误。

1. 旅游开发不当。

旅游资源的开发利用在一定程度上破坏了旅游地的山体、水体、大气、动植物群落及其生态环境,会引发一些旅游灾害事故的发生,加重旅游环境的不安全。如在道路、酒店等建设过程中由开挖引发的山体滑坡、岩石崩塌;旅游设施建设中砍伐树木导致水土流失加剧,遇上暴雨可能形成泥石流灾害。

2. 旅游管理不善。

旅游管理主体在安全管理中扮演着战略制定者和战术执行者的角色,而由于管理体制与运作机制的不健全,安全相关的规章制度建设不健全,安全管理实施与落实不力,缺乏现场指导与检查,隐患整改不及时,存在多头管理和管理的"真空地带",都易发生事故。

3. 预防措施不足。

应对事故的预防措施不足,如报警渠道不畅、信息系统建设滞后等,会导致信息阻塞、迟缓,从而不能把事故扼杀在摇篮之中。旅游管理者对各种灾害的发生缺乏应有的预见性,就不能及早防范风险,而一旦产生事故导火索,预防措施的不完善会诱发部分旅游者越过安全限定范围,或进行本该加以严格限制的行为,从而发生旅游安全事故。

4. 应急能力不够。

当旅游安全事故发生时,应急能力不够,应急措施不力,抢险救灾队伍数量不足,实力不强,以及旅游从业人员应急处理不当,是造成损失加重的重要原因之一。事故发生时,如能沉着、冷静、正确、及时地应对,做到紧急救治和有序调控,最大限度地控制事态的发展,伤亡和损失就会减小到最低程度。

(二) 个人因素

很多事故都是人为因素造成的,其中除了主观认识、个人行为、工作责任心等因素外,人的生理极限也是不可忽视的因素。

1. 主观认识不足。

一些旅游从业人员安全意识淡薄甚至认识错误,对旅游服务设施存在的安全隐患视而不见,对岗位职工的减灾技能培训和防灾知识的宣传教育不重视,对安全事故的防治只是被动地配合,没有真正落到实处,一些管理层片面追求利润最大化,忽视甚至放弃安全生产,或者存在侥幸心理,导致事故发生。旅游管理机构和管理者应树立"安而不忘危,治而不忘乱,存而不忘亡"的安全意识,充分认识到安全管理的重要性和必要性,加强对各类旅游组织的安全管理,提高风险敏感度,从源头上防止旅游安全事故的发生。

2. 逃生反应不快。

由于信息不对称,人们在遭遇各类灾害时,第一反应往往是不相信灾害的发生,大约75%的人会产生精神性麻木,反应迟缓,造成在灾害发生时发呆的现象。根据美国安全技术标准协会的统计,"9·11事件"中逃出世贸大厦的幸存者,在逃生前平均等待的时间为6分钟。研究显示,当人们遭遇灾害而被告知需要疏散时,大多数人首先想到的是参考家人、新闻及政府官员的意见。在"9·11事件"中,很多人都曾上网、打电话询问朋友,70%的人逃生前都和其他人有过交谈,以至于丧失了逃生的好时机。

3. 个人行为不妥。

在旅游活动中,旅游者为了追求精神的愉悦与放松,并且由于掌握的安全信息不对称,对旅游地的安全感知失真,对风险的警惕性降低,对安全防范有所松懈,产生一些不妥的行为,如操作错误、忽视警告,造成安全装置失效;抱有侥幸心理,无视旅游地的安全标识和各种安全管理条例,使用不安全的设备,冒险进入危险场所,攀坐不安全位置;有逆反心理,明知有危险但仍采取不安全行为,在必须使用个人防护用品用具的场合(如水上活动),未按规定使用防护用品用具;有冒险心理,部分旅游者刻意追求刺激、高风险的旅游项目(高空、高速、水上、潜水、探险等)。这些行为增大了事故发生的可能性。

4. 应急措施不当。

当个体了解自身已处于危险之中时,绝大多数人的第一反应是逃避,体现在行为上,就是尽可能以最快的速度、最短的路径逃离危险的场所,但由于逃避措施不当,如火灾时乘电梯逃离,从而造成人员伤亡。面对危险,人会出现恐慌。据统计,遇到灾难时,只有10%—25%的人头脑清醒,行动果断;60%—75%的人情感错乱,茫然失措;而15%左右的人焦虑惊恐,彻底崩溃,他们哭泣、尖叫甚至妨碍他人疏散。适当的恐慌可以提升人的反应能力,但超过限度的恐慌会造成人的思维停滞、反应水平下降,影响人的正常应急行为,况且很多旅游者没有掌握应急知识和技能,可能会导致灾难扩大。

二、物的不安全

（一）设施因素

一些旅游服务设施在设计建设中存在缺陷,如建筑物、构件等消防安全不达标,采用易燃建材,埋下安全隐患。旅游服务设施在营运过程中,缺乏检查、维护和保养,也是导致事故发生的重要因素之一,如酒店对供气管道的维护保养不够,造成管道腐蚀严重,就可能发生安全事故,造成人员伤亡和财产损失。

（二）设备因素

一些个人安全防护、保险用具或设备,如防护服、手套、护目镜及面罩、呼吸器官护具、听力护具、安全带、安全帽、安全鞋等存在设计缺陷,设备实际使用年限超过设计使用年限,设备过度使用导致老化并磨损严重的,都可能存在安全隐患,从而引发事故。

三、环境的不安全

环境的不安全状态会干扰旅游者的正常思维,使其失去应有的判断能力,刺激并诱发旅游者产生不安全行为;而旅游者的不安全行为会加剧环境状态的不安全程度,引发新的不安全环境状态,如油料着火时,用水来灭火,反而加重了火势,环境状态更不安全。

（一）自然因素

1. 自然环境引发。

由于地质构造、地貌条件、气象气候、水系水文及植被条件等要素的影响,导致诸如地震、火山、暴雨、洪涝、滑坡、泥石流、台风、海啸等自然灾害的发生,威胁旅游者和旅游地社区公众的生命财产安全,对旅游资源和设施造成破坏。

2. 环境条件影响。

某些环境条件的组合可能会导致安全事故,如光线不良,交通线路配置不当造成交通事故;场所狭窄、杂乱引发人群事故;通风不良,环境温度、湿度不当影响旅游者健康,引发某些疾病;地面湿滑导致旅游者摔伤等。

(二)社会因素

1. 社会政治态势。

战争和恐怖活动是旅游业的两大死敌,在爆发战争的区域或社会秩序极度混乱的地区,不仅旅游资源和设施可能会遭到破坏,旅游者的生命财产安全也极难得到保障,旅游事故的发生几乎成为必然。

2. 经济发展水平。

随着生产力和生产方式的发展,事故的类型也随之增加。在经济发展过程中,随着贫富差距的扩大,社会保障制度不能同步跟进,会引发一些犯罪和社会问题,给旅游治安环境埋下隐患。经济发展水平还会间接地影响旅游安全,如经济发展水平决定当地旅游设施的质量及安全性、管理水平的高低,而相关设施的不完善、设施设备的质量不佳、管理水平的落后则是造成旅游安全事故的重要原因。

3. 其他行业影响。

旅游业的行业边界比较模糊,其发展较多地依赖其他行业和产业,为旅游业提供服务的交通、商业、通信、林业、农业、保险等行业和部门都与旅游业有关联,它们的协作配合支持着旅游业的发展。一旦旅游业的关联依赖产业出现问题,便可能诱发旅游安全事故。

4. 民风民俗差异。

旅游者与旅游地居民之间因民风民俗或宗教信仰的差异引起相互之间的误会导致冲突发生,会引发旅游安全事故。旅游地居民受教育程度的高低,直接影响着当地的居民素质和社会风气。居民有较高的文化程度和良好的文化修养,当地社会风气良好,居民待客热情、友好,旅游服务规范,主客关系融洽和睦,则安全保障系数高;反之,则易引发旅游安全事故。

第四节　旅游安全事故的影响

旅游安全事故的影响是指旅游安全事故对旅游地的各类利益相关者造成的各

种后果。旅游安全事故的影响力大小由多种因素所决定,一般可以通过定量指标来测度,如事故影响的地域范围、事故影响的持续时间等。

一、消极影响

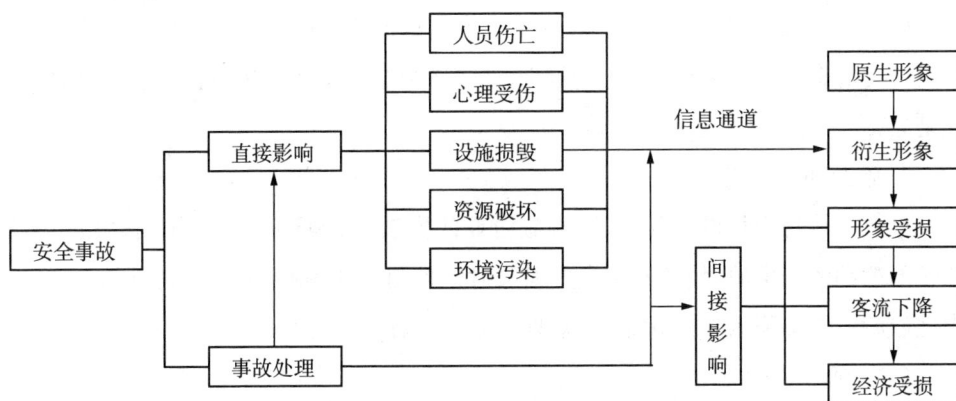

图 1.4　旅游安全事故的消极影响过程

（一）直接影响

1. 相关人员伤亡。

旅游安全事故的发生,使旅游系统及外围影响范围内的人员直接处于事故场景之中,致使人体机能部分或全部丧失,造成人员伤亡。如 2015 年 3 月 19 日桂林叠彩山景区发生山石坠落事件,导致 7 名旅游者遇难,另有 25 人受伤。

2. 旅游者心理受伤。

安全事故发生后,经历事故过程的旅游者往往会产生心理危机,出现悲伤、焦虑、恐惧、失眠、烦躁、易怒等症状。幸免于难的人会不同程度地存在心理问题,如恐惧灾难,面对亲人的死伤难以振作。事故中的不确定因素还会对潜在旅游者的旅游预期心理产生威胁,直接影响旅游动机的产生,以及旅游后对旅游地的评价。

3. 设施设备损毁。

安全事故会损毁当地的道路交通、饭店餐馆、娱乐设备等旅游服务设施设备,致使旅游地暂时不具备旅游接待条件,特别是对交通干线或交通枢纽的破坏,会切断客流,而且其恢复过程漫长。2004 年 12 月 26 日发生的印尼大海啸,袭击了亚洲和非洲一些国家的海岸,使得多处旅游设施遭受重创。

4. 旅游资源破坏。

自然灾害、火灾、爆炸、恐怖事件等突发事件的发生,会使旅游资源遭到毁坏,使旅游资源的游览价值降低或者不再具有游览价值。旅游资源尤其是历史建筑和文物古迹大多不可再生,安全事故可能会使宝贵的文物古迹毁于一旦。2015 年 4 月 25 日,尼泊尔发生 8.1 级地震,造成 14 座重点古建筑损毁,其中 12 座为世界文化遗产。中国唐代以前的建筑物保留下来的很少,许多珍贵文物未能流传后世,主要原因之一就是火灾。

5. 旅游环境污染。

事故可能污染目的地环境,影响旅游业的发展。2002 年 11 月 13 日"威望号"油轮的燃油泄漏事故,使欧洲著名的避暑胜地西班牙加利西亚海岸遭到严重污染,当地旅游业立即陷入停滞状态,且短期内难以复苏。

(二) 间接影响

1. 旅游形象受损。

旅游安全事故本身虽具有偶然性和短效性,但旅游者可能因此对目的地的安全性和旅游体验价值产生怀疑,影响对旅游地的形象感知,旅游地的消极形象影响因此增加,积极形象影响却降低。有时事故的直接影响并不严重,但事件处理方式、处理过程、竞争者的影响等其他因素也会影响旅游地的声誉,譬如信息传递不及时、不准确,使旅游者产生怀疑和恐慌,使旅游地形象受损。

2. 旅游者人数下降。

旅游安全事故会导致旅游者数量非常规性减少。如"9·11事件"发生后的 4 个月内,全球国际旅游人次比历史同期下降了 11%,其中美洲地区下降 24%,中东地区下降 30%。同时,客源结构也可能发生变化,如印尼大海啸发生后的一段时间内,前往东南亚地区的中国旅游者基本以探亲、商务为主,没有任何观光旅游团。

3. 旅游经济受损。

伴随着旅游者人数下降而来的是旅游直接经济收入的减少,而间接经济损失至少是直接经济损失的 3 倍,从而导致旅游行业的运行秩序被打乱,旅游企业的经营活动受到干扰,旅游设施和旅游供给大量闲置,旅游从业者收入降低或失业,造成人力资源浪费、流失和不良情绪滋生。旅游经济受损导致旅游企业的营利能力下降,如果持续时间较长且没有政策扶持,一些规模小、结构单一、市场竞争力弱的旅游企业会面临生存问题,情况严重时甚至可能造成区域旅游业瘫痪。

二、积极影响

旅游安全事故是很难绝对避免的。一旦发生安全事故,如果能够在逆境中求突破,在困境中求生机,也可能化风险为机遇,把坏事变好事。

(一) 增强员工安全意识

旅游安全事故的发生,会使旅游管理者和旅游者的安全意识和危机应对知识得以增强,对以前旅游发展方式和旅游消费行为进行反思,改变不良旅游消费行为,促进和谐、文明旅游方式的发展。

(二) 提升旅游管理水平

在旅游安全事故处理过程中,可能暴露出管理体制的不顺畅和不协调、管理效率低下等问题,这些问题的存在贻误了对旅游事故高效管理的最佳时机。为了提高旅游事故的应对能力,就会对原有的陈旧管理体制作出一定的调整,使之不断完善,并且提升管理水平。因此,旅游机构应当把事故看成安全警钟,汲取事故的经验教训,学习和建立安全预警、控制事故局面的有效方法和体系。

(三) 增强风险抵御能力

灾害在破坏旅游资源或旅游设施的同时,也可能衍生出新的旅游资源,如地震形成的震迹遗址、因自然灾害而得以重见天日的隐藏的人文资源等,旅游地可以借此丰富旅游产品结构,从而促使旅游产业素质的提升,增强旅游企业抗风险能力。

(四) 扩大目的地知名度

由于旅游安全事故的发生,通过媒体或其他途经的传播,当地会成为公众关注的焦点,那些原来不太知名的旅游地因此被许多人所知晓,当事故得到有效的治理后,一个能力强、负责任的正面形象展现在公众面前,从而迅速提高目的地的知名度和美誉度。云南丽江1996年发生地震以后,当地旅游界把灾后重建看成一次新的提升机遇和发展机遇,取得了良好效果,丽江自此成为知名旅游目的地。

三、影响对象

旅游安全事故影响涉及的对象,包括旅游者、旅游企业、旅游目的地、旅游组织、竞争者、政府、投资者、媒体等。不同群体由于在整个旅游系统中所处的地位不同,受到的影响形式和影响程度不同,在安全事故发生后的反应和采取的行动也各异。

(一) 旅游事故的利益相关者

旅游安全事故发生时,受影响的利益相关者可分为直接利益者、关联利益者和公共利益者。直接利益者通过提出对旅游地的具体期望和要求来表达自身利益,如旅游者和旅游企业等;关联利益者指与旅游有关联的社会群体,如各类旅游组织和旅游协会等;公共利益群体是与旅游地有着公共利益关系的人员,如当地居民、媒体等。

(二) 旅游事故的影响人员

旅游安全事故发生后,最先受到影响的是遭遇事故的旅游者,往往表现在人员伤亡、心理和生理健康受损、财产损失等;旅游组织、旅游行政机构、政府相关部门以及医疗、消防、公安、保险等安全事故处理机构应采取措施,消除事故影响,调查事故原因并界定责任;媒体把事故的相关信息传递给社会公众;不同的社会群体关注特定的信息后,依据自己的具体情况作出判断并采取相应的行动。

表 1.1　旅游安全事故的影响人员及行为

人　员	含　　义	行　　为
遭遇者	事故的受害者	采取各种应对措施减少损失
处理者	发生事故后需要降低事故影响的组织或人员	控制事故发展,降低事故损害
责任者	需要为事故的发生承担责任的组织或相关人员	减少事故影响,承担事故责任
监管者	监管事故处理者及时有效地处理事故,并通过自身的权力影响其他组织或成员规避此类事故	降低事故影响
传播者	传递事故信息的媒体或相关人员	准确传递事故信息
关注者	通过事故信息,关注事故发展,并基于自身的角度反馈相关信息的人员	关注旅游事故发展过程,减少事故影响
规避者	为规避自身发生类似伤害而采取预防措施的人员	规避事故影响
关联者	没有直接面临事故,但受到事故冲击的组织	吸取经验,防范风险

旅游安全事故影响人员之间的关系表现为三个层次:直接影响层次、影响媒介层次和间接影响层次。直接影响层次包括事故的遭遇者、处理者和责任者,影响媒介层次包括监管者和传播者,间接影响层次包括关注者、规避者和关联者。各人员之间对事故产生不同的反应,相互之间也存在各种影响,共同组成一个安全事故影响的网络结构。

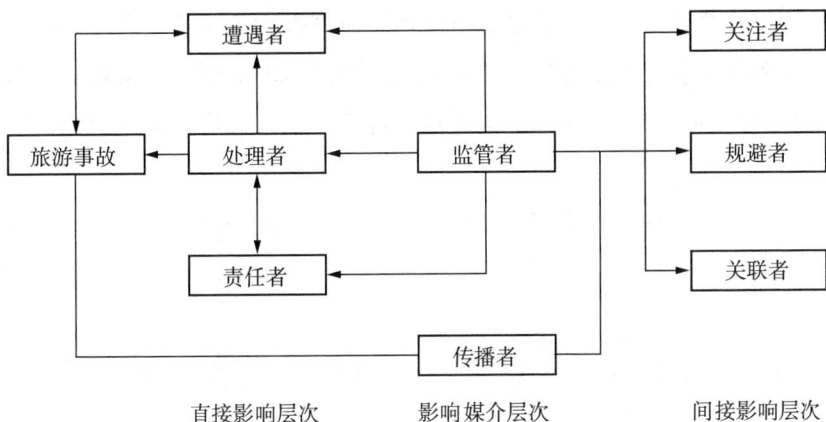

图 1.5　旅游安全事故影响的人员关系层次

四、影响途径

旅游安全事故通过三条途径产生影响：一是作用于旅游安全事故发生地，由于事故的破坏作用，使旅游资源遭到破坏，游览价值降低或不再具有游览价值，也可能导致旅游娱乐、服务接待设施受损，影响当地的旅游接待能力；二是作用于旅游通道（包括交通通道和信息通道），事故可能破坏旅游交通的通达性，影响旅游活动的进行和旅游活动的实施，另外也会通过信息通道损害目的地在旅游者心目中的感知形象；三是作用于旅游客源地，通过影响客源地公众的心理预期和行为模式，直接破坏旅游需求市场。

案例回放

一、不舍小钱，花了大钱

1994 年 11 月 15 日，吉林省吉林市某夜总会发生火灾，火灾波及与夜总会相连的吉林市博物馆和市图书馆，烧毁建筑 6 800 平方米，烧毁在博物馆展出的 7 000 万年前的恐龙化石 1 具，猛犸象化石 1 具，披毛犀化石 1 具，烧毁 3 000 多件具有重要价值的文物和 10 万多册图书，火灾还造成 2 人死亡。然而，夜总会北侧的图书馆与南侧的博物馆相比，被烧的程度有很大差别。原来，早在火灾发生之前，当地消防部门在消防检查中认为该夜总会存在重大火灾隐患，要求图书馆和博物馆做好防火分隔,以免发生危险。图书馆根据消防部门的要求砌了一堵防火墙,花费不过千元,而博物馆却没舍得花这点钱。结果,发生火灾后,火势迅速向博物馆方向蔓延,造成了严重的损失,而图书馆方面却由于一堵简单的防火墙,有效地阻挡了火势的蔓延。

根据保守估计,安全方面事先投入的1元钱,可以防止事后1 000元的损失,即安全投入与产出的比例是1∶1 000。因此,在安全方面要舍得投入,才能经营得安心。

资料来源:董洪春:《星级酒店经理安全管理案例手册》,化学工业出版社2010年版。

二、智慧信息技术在旅游安全保障中大显身手

2011年2月22日中午,新西兰第二大城市克莱斯特彻奇(基督城)发生里氏6.3级地震。地震发生后,上海市旅游局第一时间启动应急预案,通过"出境游旅游团队动态系统",即时查询在新西兰旅游的团队信息。经过查询,当时在新西兰旅游的上海团队有8个,共166人。上海市旅游局应急办人员通过系统直接查到该团队的领队和相关负责人的联系方式,并第一时间取得联系、进行沟通。根据系统显示的信息,23日和24日将有两个分别为19人和21人的旅游团队前往基督城。为此,上海市旅游局立即会同旅行社相关负责人及时采取应急措施,火速调整旅游路线,严防意外发生,确保旅游者安全。据了解,早在2008年上海市旅游局就开始筹划建设信息系统,在2009年1月1日正式上线使用。系统可对旅游景点、游客人数等实现预报预警,通过GPS定位功能定位到每个团队、每位游客每一时刻所处的方位,从而实现对出境团组的实时监控和管理预报。系统在上海世博会超大客流、台湾苏花公路塌方、美国暴风雪等多次突发事件中发挥重要作用。

随着智慧信息技术的发展,其在旅游安全保障中起到越来越重要的作用。2004年中国利用"北斗一号"卫星系统在四川雅安地区进行滑坡自动化远程监测示范研究,并建成了一个集数据自动采集、传输、保存以及数据分析、管理等功能的滑坡综合监测系统。北斗卫星导航技术不仅具有全球定位的功能,还具备全球搜寻救援SAR(Search and Rescue)的功能,能接收和处理来自求救者的救援信号,利用导航系统作支撑,可对旅游区进行游线上的客流分布状态监测、景区地文资料监测、实时气象天气监测、森林环境监测和游客位置信息监测,可有效地构建旅游安

全预警及互动救援体系。2016年年底,江泰保险经纪公司推出海外"大救星"APP,2017年"大救星"APP开展了境外旅游"救援、救助、救护、救命"等应急服务。2017年,中国通过智能海洋气象预警系统、气象卫星观测数据等一些科学技术的应用,更加及时准确地预测气象灾害如暴雨、台风的发生,及时告知旅游部门及旅游相关人员,减少自然灾害带来的恶劣影响。2017年济南趵突泉景区投入使用的防恐人脸识别系统可根据每位入园游客的脸部特征进行预警,即时发现人群中可能潜藏的不安全因素。2018年1月5日,国家文化和旅游部与高德集团战略合作,共同推出"全国全域旅游全息信息服务系统",通过信息融合和资源整合,为游客提供包含假日出游预测、景区介绍及评价、厕所导航、投诉咨询等一站式服务,系统目前已经覆盖了全国所有的5A级景区和70%以上的4A级景区。因此,通过智慧信息技术,旅游管理部门可以在第一时间监测到安全风险,发布预警信息,即时部署应急方案,大大提高旅游管理部门的应急响应速度,从而更有效地保障游客的生命与财产安全。

资料来源:作者根据《中国旅游报》2011年2月28日相关报道改编。

三、利用手机巧获救

2005年10月2日早上5点多钟,8名海南大学学生与5名旅游散客结伴,在没有请导游带路的情况下冒险攀登五指山。由于他们带的饮水不足,在山上寻找水源时没有按原路返回,因而偏离了原来的登山道路,结果在茂密的山林和崎岖陡峭的山路中迷失了方向。他们曾尝试通过太阳光线辨别南北方向寻找下山道路,结果越走离原来的登山路越远,或走到了深不可测的山崖无路可走,13名登山者陷入了一个迷魂阵,无法脱身。这时有人想到了用手机报警呼救。因在山林中手机没有信号,于是他们拿着手机开始攀爬山中地势较高、山林较少的山头。爬了几个小山头后,终于发现手机有了信号。他们马上向海口市、琼中黎族苗族自治县和五指山市110报了警。营救指挥中心在海南移动通信有限公司的帮助下,确定了迷路人员的具体位置。最后,被困在山中20小时的学生和游客终于获救。

保持与外界的联系畅通,关键时刻通过联络工具获得旅游救助,是旅游途中安全救援非常关键的一环。手机是最普遍、最简单的联系工具。利用手机报警求助还有更加简便易行的方式,就是用手机直接拨打"112",即可自动寻找、接通当地的求助热线。无论你身处任何国家,只要手机在有网络的情况下,即使没有插入智能卡或电话已锁,都可以拨打"112"寻求援助。手机荧幕会显示"紧急求援",并自动接至当地求援热线。例如在中国香港,拨出"112"后,电话便可接通"999"报案热线;在奥地利拨出,会接通当地的"122"报案热线;在美国,会接通当地的"911"报警求助热线。如果在国外,因为语言障碍,也可直接打电话到自己的常居地报警。如2006年2月,香港的一个旅游团在埃及旅游途中突遇车祸,团员想到的就是给中国香港警方打电话。

资料来源:王健民:《聚焦旅游安全》,旅游教育出版社2007年版。

练习思考

一、填空题

1. 旅游安全事故发生的原因归纳起来包括人的不安全、_____、环境的不安全三大类。

2. 旅游安全事故影响的人员之间关系主要表现在三个层次:直接影响层次、_____和间接影响层次。

二、单项选择题

1. 旅游事故影响范围快速扩散、影响程度急剧上升的时期为(　　)。

A. 初发期　　　　　　　　　　B. 发展期

C. 控制期　　　　　　　　　　D. 消除期

三、简答题

1. 简述旅游安全事故发生的原因。

2. 简述旅游安全事故对旅游的影响。

3. 列举旅游安全的特征。

第二章

旅游安全管理体系

学习要点

了解旅游安全管理的依据和特征;熟悉旅游安全管理的机构和内容;了解旅游安全文化建设的内容和方法;掌握旅游安全事故预防方法;熟悉旅游安全预警机制;了解旅游安全教育手段;了解旅游安全保障措施;熟悉旅游安全应急体系和应急救援程序;熟悉旅游安全事故恢复的内容及措施。

基本概念

旅游安全管理、旅游安全文化、旅游安全预警、应急救援

旅游安全事故的发生具有突发性和不确定性,为了保证旅游安全管理的科学性和管理效率,尽量减少损失,旅游地应对旅游活动的全过程进行安全管理,把安全管理工作贯穿于事故发生前、中、后的各个阶段,在综合考虑旅游地的内部要素以及组织管理能力的基础上,积极、主动地从各个方面加强风险防范,构建和完善旅游安全管理体系。

第一节　旅游安全管理概述

旅游安全管理是旅游管理部门、旅游组织及个人遵照国家的安全生产方针、法

律、法规和制度等,采取各种管理措施和技术方法,防范、控制和消除人的不安全行为、物的不安全状态和环境的不安全条件,从而保障旅游系统的安全运行和协调可持续发展。

一、旅游安全管理依据

(一)旅游安全生产法律体系

为了保证旅游安全管理的效率,对安全管理职责的认定要有一定的强制性,只有以法律、法规为依据,才能把旅游安全管理纳入法制化的轨道。

法律居于旅游安全管理体系的最高层级。中国现行的有关安全生产的专门法律有《安全生产法》《消防法》《道路交通安全法》《海上交通安全法》等;与安全相关的法律主要有《旅游法》《劳动法》《工会法》《电力法》《建筑法》《公路法》《铁路法》《民用航空法》《港口法》等。

法规可分为行政法规和地方性法规。行政法规由国务院制定,其法律地位和法律效力低于法律,高于地方性法规和规章。行政法规如《工伤保险条例》《安全生产许可证条例》《生产安全事故报告和调查处理条例》《特种设备安全监察条例》《民用爆炸物品安全管理条例》等。地方性法规是由地方人民代表大会及其常务委员会制定的规范性文件。

规章可分为部门规章和地方政府规章。部门规章是由国务院有关部门制定的规章,如《旅游安全管理办法》《旅游突发事件信息报告办法》《公共娱乐场所消防安全管理规定》《漂流旅游安全管理暂行办法》《生产经营单位安全培训规定》《安全生产违法行为行政处罚办法》等。地方政府规章一般以省级政府令形式出台,如《北京市旅行社安全管理规范》。

标准可分为国家标准和行业标准。国家标准是由国家标准化行政主管部门依照《标准化法》制定的在全国范围内适用的安全生产技术规范,如《游乐园(场)安全和服务质量》。行业标准是由国务院有关部门和直属机构依照《标准化法》制定的在安全生产领域内适用的安全生产技术规范。

此外,还有中国加入的与安全相关的国际公约,如《海运旅客及其行李运输雅典公约》《国际海上人命安全公约》《国际救助公约》等。

(二)旅游安全管理制度

旅游安全管理制度是为了保证旅游地和旅游者的安全所制定的章程、程序、方法和措施的总称,是旅游地全体员工在经营服务中必须遵守的规范和准则。旅游管理部门应遵循"统一指导、分级管理、以基层为主"的原则,贯彻"安全第一,预防为主"的方针,建立科学、全面的旅游安全管理制度。

安全管理工作制度:按照旅游地经营管理和安全工作的客观要求,对安全管理范围、内容、程序和方法所作的规定,是指导旅游企业员工开展各项安全活动的准则和规范。其主要内容有:安全生产例会制度、安全教育培训制度、旅游者贵重物品管理制度、重点要害部位审查和档案管理制度、安全奖惩制度、库房管理制度、值班巡逻制度、设施设备维修和保养制度、捡拾物品管理制度等。

安全生产技术规程:按照经营服务过程中的客观要求,对设计、操作、建筑、用火、用电、危险物品管理、设备使用和维修所做的安全技术规定。它是指导员工经营服务和安全活动规范化的准则,包括操作规程、设备维修规程、安全技术规程等。

安全生产责任制度:明确旅游企业的各级领导、职能部门和员工在生产经营过程中所担负的安全工作范围、内容、任务和责任的规定。安全生产责任制度使员工各司其职、各负其责,有利于促使旅游从业者树立安全意识和提高安全技能,有利于安全工作的考核和评价。

安全生产检查制度:安全监察机构的主要职责是对安全生产方针、政策和法规等的贯彻执行情况进行监督;检查安全措施的落实情况;对违反安全法规的单位或有关人员提出处理意见;对不具备安全生产基本条件的场所,提请有关部门责令停产整顿,或予以封闭停用;参加伤亡事故的调查处理等。

事故应急救援制度:旅游业经营单位、县级以上地方各级人民政府应按照国家的相关法律、法规等要求,制定事故应急救援预案和应急救援体系。

事故调查处理制度:对发生的伤亡事故,按规定及时报告、妥善处理和进行统计分析,及时、准确地掌握事故发生发展情况,从中找出发生事故的原因及其规律,总结经验,吸取教训。按照"属地负责、主体主责、过失问责"的原则,追究事故相关责任人的法律责任。

二、旅游安全管理特征

(一)预防性

旅游安全事故发生前总会表现出一定的先兆,加强对先兆信息的监管和控制,可以预防安全事故的发生或减弱其造成的影响。旅游管理部门应在可能发生人身伤害、设备或设施损坏和环境破坏的场所,通过有效的管理和技术手段,减少和防止人的不安全行为和物的不安全状态,保障旅游者的人身、财物安全。

(二) 应急性

旅游安全事故具有突然爆发、状态紧急的特性,旅游业的敏感性特征又强化了旅游安全事故的快速传播和迅速蔓延。因此,旅游安全管理的决策者对事故的反应和处理的时间十分紧迫,任何延迟都可能会造成更大的损失,必须立即作出正确决策和进行应对,尽快控制事态的进一步发展,化解和消除事故影响。

(三) 强制性

旅游安全管理是以法律和行政手段为主,主要依靠行使公共权力进行的,而公共权力的行使常常具有强制性。旅游安全管理应对的是紧急的、有危害的事件,在一些特殊情况下,需要采取强制管理的手段控制相关人员的意愿和行为,使人的活动、行为等受到安全管理要求的约束,从而降低风险的损害。

(四) 开放性

旅游安全管理是面向社会的,其外部环境是开放的、非竞争的,甚至是相互配合的。当旅游安全事故出现的时候,如果组织动员得当,目的地、旅游管理部门、旅游协会、企业员工以及其他部门和人员都会积极参与,共同应对风险。

(五) 综合性

旅游业是一个综合性的产业,涉及的相关行业和人员众多,而旅游安全事故本身也是一个综合的多面体,其发生的时间、地点、影响等都不确定。因此,应该建立一个负责综合协调的旅游安全管理机构,通过这个机构协调相关安全管理部门的关系,并统一领导安全事故的应急处理和救援工作。

三、旅游安全管理机构

为保证旅游安全管理工作的有序进行,必须建立等级合理、衔接有序的组织机构。根据《安全生产法》规定,从业人员超过 100 人的企业,应当设置安全生产管理机构如安全处、安全科、安全组等,或者配备专职安全生产管理人员;从业人员在100 人以下的企业,应当配备专职或兼职的安全生产管理人员,或者委托具有国家认定的相关专业技术资格的工程技术人员提供安全生产管理服务。

(一) 管理方式

旅游企业各级安全机构的管理方式主要有直线制、职能制、直线职能制、网络结构、多维结构等。各种管理方式都有其不足之处,企业应从实际情况出发,建立合理的组织管理方式,并努力克服各种方式的缺点。

直线制:将安全工作从计划到实施,沿着从上至下的指挥方式进行,如景区领导把安全指令下达给部门负责人,部门负责人再传达给员工。这种方式简单、明了,指挥管理统一,但易产生遗漏或偏差,只适用于小型旅游企业。

职能制:由专业职能部门分别指挥安全的管理方式。职能制方式计划内容全面,能充分发挥职能机构的专业管理作用,但往往存在多头领导现象,妨碍集中统一指挥,易产生经营与安全脱节的现象。

直线职能制:把企业管理人员划分为直线指挥人员和职能管理人员,直线指挥人员拥有对下级实行指挥和命令的权力,并对该组织的工作负有全部责任;安全职能管理人员隶属于该级行政指挥人员,上下级安全机构或人员是业务指导关系,只能通过各级主管人员对下级机构进行业务指导和建议,而不能对他们直接下达命令。直线职能制有如下优点:各级部门负责人有相应的安全职能机构作为助手,能对本部门的安全经营进行有效的组织和指挥;保证每个经营单位内部都有统一的指挥和管理,避免多头指挥和无人负责的混乱现象。但由于各专业职能机构观察处理问题的角度不同,彼此可能会产生矛盾,如果处理得不好,会妨碍安全管理工作的顺利进行。

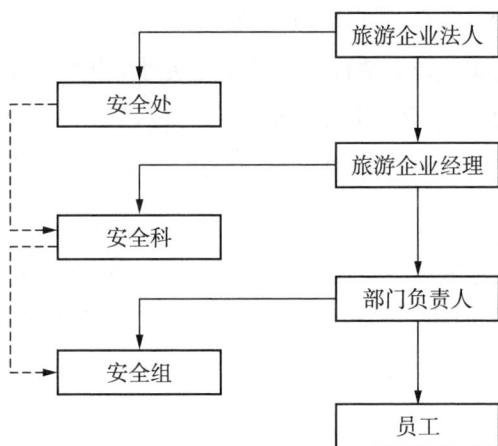

图2.1 直线职能制安全管理方式

网络结构:为完成某一特定任务,从各部门抽调有关人员成立专门组织,从事安全检查、安全措施计划的实施等工作。网络结构既有纵向组织的职能领导关系,又有按安全管理工作内容划分的横向组织的目标领导关系,使企业安全管理的纵向联系和横向联系、集权化和分权化都得到良好结合,加强了各部门之间的协作,提高了中层和基层安全管理的灵活性和责任感,可以集中专门的知识、技能和经验来制订计划和解决一些安全问题。不足之处在于可能会因双重领导而造成工作中的矛盾和困难,所抽调人员易产生临时观念而对工作造成影响。

多维结构:在企业的组织机构中包括三方面的管理机构,按专业划分的安全管理机构,是安全工作的核心;按职能划分的安全专业参谋机构,是专业技术中心;按区域划分的安全管理机构,是安全管理的区域中心。多维结构使条块结合,可以互通情况、沟通意见、共同决策,可以直接通过三个系统了解情况,实行统一指挥和决策,但在遇到问题时,需要三个系统协商协调,影响效率。

(二)管理体制

为保障旅游安全,必须建立一个衔接有序、运作有效、保障有力的安全管理体制。我国实行"企业负责、行业管理、国家监察、群众监督、劳动者遵章守纪"的安全管理体制。

企业负责。"谁主管、谁负责"是安全管理的重要原则,企业是安全工作的主体和具体实施者。在一般情况下,旅游企业法人代表是安全生产第一责任人,对安全生产工作负全面责任;其他各级领导和人员都应明确安全生产责任制,对各自职责范围内的安全生产工作负责,确保旅游企业安全生产。

行业管理。行业管理是旅游行业管理部门通过对旅游企业安全工作的组织指挥、计划、决策和控制等过程来实现安全经营目标,起到对安全管理的督导作用。旅游行业管理部门按"管经营必须管安全"的原则,对旅游企业安全管理工作进行帮助、指导、检查和监督。

国家监察。国家监察是国家授权安全生产监督部门,依据安全生产法规,以法制手段,对行业主管部门和企业的安全经营情况进行监督检查,促使其搞好安全经营,使国家安全生产方针、政策、法规得到有效的贯彻执行,保障旅游系统在运行过程中的安全与健康。

群众监督。群众监督是由工会系统来组织实施的,各级工会组织职工自下而上对安全经营进行监督检查,协助、监督企业做好安全工作,提高群众遵章守纪的自觉性。

劳动者遵章守纪。劳动者是安全管理法规与规程的具体实践者。旅游业员工必须按照国家、行业，以及企业内部的规章制度进行规范操作，杜绝违章作业、违反劳动纪律的现象。

四、旅游安全管理内容

（一）旅游安全管理层次

旅游安全管理可以分为政府、企业和个人三个层次。政府层次的安全管理核心是制定和执行旅游安全管理的依据，同时检查监督旅游企业安全法律、法规、规章、标准等的执行情况；旅游企业层次的安全管理内容主要是根据国家的法律、法规等要求，制定相应的安全管理制度，并具体实践旅游事故的防范、应急和恢复措施；游客、员工和居民等个人层次的安全管理主要是通过学习培训，储备旅游安全知识与技能，提高个人识别风险的能力，规避旅游系统中的各种风险，发生事故时，能够互帮互助，采取正确的应急措施，使损害最小化。

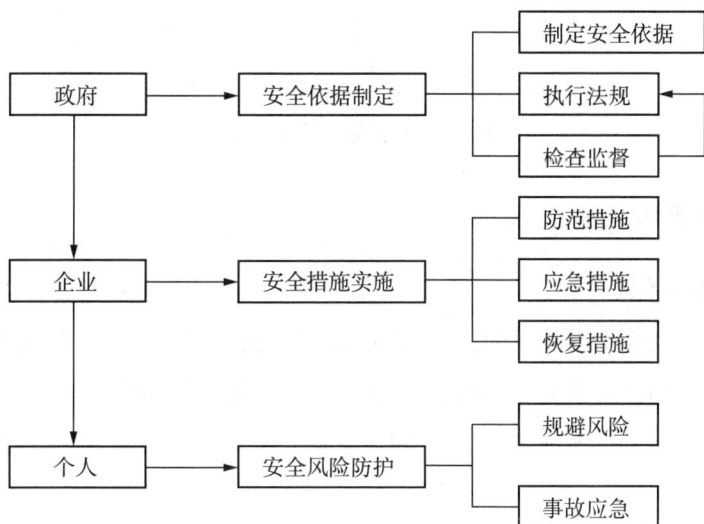

图2.2　旅游安全管理的层次

（二）旅游安全管理内容

安全、有序、稳定是旅游安全管理的目标，相关管理部门和人员要在旅游风险的休眠期、初发期、发展期、控制期、消除期的全过程，采取预防、监控、控制、评估、恢复等措施，防范潜在的事故风险，处理发生的旅游事故，消除事故的不良影响，甚至将不利影响转化为机会，促进旅游地持续、健康、稳定的发展。

旅游安全管理的主要内容是研究安全风险、发现安全漏洞、解决安全问题,从防范事故、化解危机到恢复正常的旅游秩序,是一项全方位的、全过程的管理工作。通过旅游安全管理,可以消除风险与危害因素,控制经营过程中设施设备事故的发生,保障旅游系统内人员的安全与健康,保护旅游地的资源和财产安全。

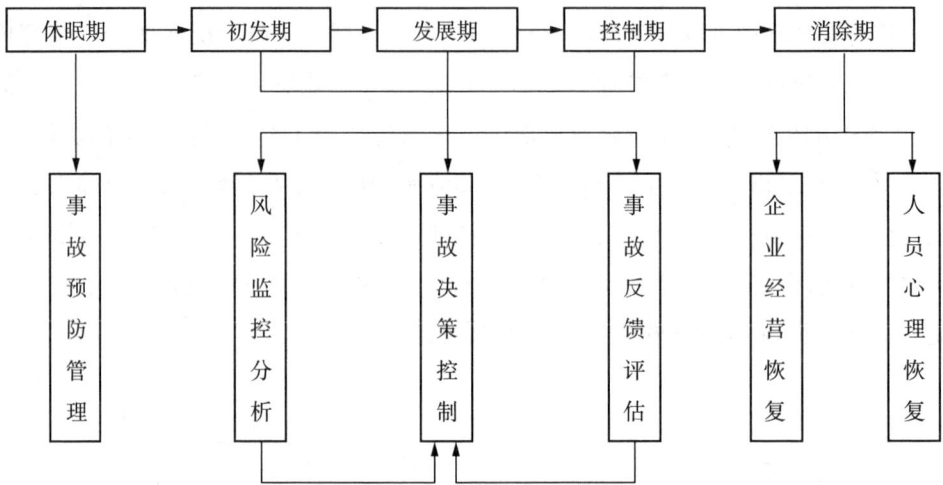

图 2.3　旅游安全管理的内容

五、旅游安全管理手段

（一）法治手段

充分利用安全生产方面的法律、法规,以及政府依据这些法律、法规制定的一系列行政规章和有关政策,对旅游企业的经营活动进行安全监督和监察,利用安全法制规范人的安全行为,使每个员工知道遵章守法是公民的义务,实现对安全的长期追求。

（二）行政手段

运用行政手段,制定并执行各类安全生产的规章制度和操作规程。如坚持"三同时",即新、改、扩建工程的安全设施必须与主体工程同时设计、同时施工、同时投产。严格执行安全生产的奖惩制度,全面落实事故责任的追究制度加强安全管理,保护自己、保护他人、保障旅游企业安全生产经营。

（三）经济手段

利用安全经济学的信息分析技术、安全—产出的投资技术、事故经济损失评估技术、安全经济效益分析技术、安全经济管理技术、安全风险评估技术、安全经济分析与决策技术等,在安全投入、技术改造、兴建工程、安全经济决策、安全奖励等方面参与旅游企业的安全管理建设,从而在适应旅游企业经济发展的背景下,以最小的安全投入获得最大的经济效益。

（四）科技手段

依靠科技进步,推广安全相关的先进技术、材料、设备、保护装置等,不断提高安全技术水平,维护旅游活动安全,实现经营过程的本质安全化。

（五）管理手段

通过管理手段调节人—物—环境的关系,建立安全运行机制,以达到安全管理的期望目标。例如,通过安全目标管理、安全行为管理、无隐患管理等,保护旅游者的安全与健康。

（六）教育手段

通过安全宣传、教育、学习,使员工具有安全行为规范,以及正确的安全观念、安全思维、安全态度、安全知识、安全意识和应急反应能力,还有安全的心理和安全的精神需求,从而形成良好的企业安全文化,达到真正的安全与健康的状态。

六、旅游安全管理研究

（一）研究方法

事先法。事先法是从现实情况出发,研究旅游系统内各要素之间的联系,预测可能会引起危险、导致事故发生的原因。通过对风险原因的控制来消除危险,避免事故,从而使旅游系统达到最佳的安全状态。

事后法。事后法是对过去已经发生的事故进行分析,总结经验教训,采取措施,防止重复事故的发生。例如,对某一旅游安全事故的原因进行调查,分析引发事故的原因,根据分析结果,制定和实施防止此类事故再度发生的措施。

（二）研究步骤

旅游安全管理研究的工作步骤是从旅游安全问题开始,研究解决安全问题的对策,对实施的对策效果予以评估,并反馈评估结果,更新研究对策。

提出问题。提出问题包括发现问题和确认问题。发现问题是通过事后法分析已经存在的风险和问题,或通过事先法预防可能出现的风险和问题;确认问题是对所研究的问题进行进一步核查与认定,查清何时、何人、何条件、何事等。

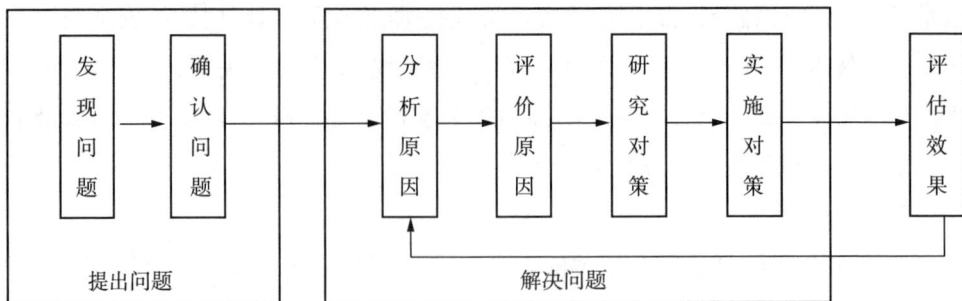

图 2.4　旅游安全管理的研究步骤

　　解决问题。解决问题包括分析原因、评价原因、研究对策和实施对策。分析原因即寻求风险和问题的影响因素,对所有影响因素进行归类,并分析这些因素之间的相互关系;评价原因是将问题的原因按其影响程度大小排序分级,以便视轻重缓急解决问题;研究对策是根据原因分析与评价,有针对性地提出解决方法,研究防止或预防事故的措施;实施对策是将制定的措施付诸实践,并从人力、物力、组织等方面予以保证。

　　评估效果。对实施对策后的效果、措施的完善程度及合理性进行检查与评定,并反馈评估结果,以寻求最佳的实施方案,达到最好的安全管理效果。

第二节　旅游安全常态管理

　　旅游安全常态管理是将安全管理融入到企业日常工作之中,使之成为旅游企业的常态管理活动,其目的是减少旅游安全事故发生的可能性,消除或者降低旅游事故的危害和损失。通过旅游安全常态管理,实现旅游区人人安全、事事安全、时时安全、处处安全的目标。

一、安全事故预防

　　旅游安全事故预防是在对旅游风险进行识别和评估之后,在旅游风险产生危害之前,运用科学有效的方法,通过制订安全规划、计划和预案,对安全状况进行检查,对事故隐患进行控制和综合治理,从而防止或减少安全事故的发生。

"安全第一、预防为主、综合治理"是我国安全生产的方针,预防是安全管理的第一层面,也是安全管理体制的基础和核心。把安全管理工作的重点放在事前预防,才能有效地控制危险因素、防范事故发生,保护旅游系统各相关人、物和环境的安全。

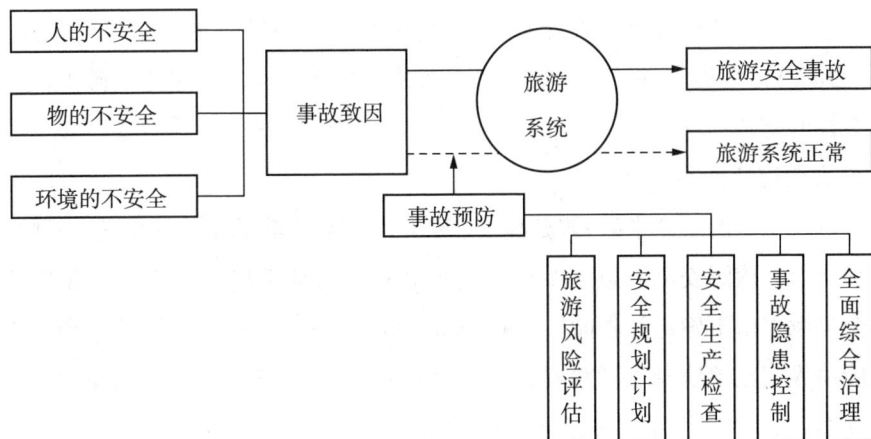

图 2.5　旅游安全事故预防的作用

（一）旅游风险评估

旅游风险评估是对旅游系统的风险性质和范围进行确认,通过分析旅游地潜在致灾因子和评价现存旅游地的脆弱条件及应急能力,以及可能出现的人员、财产、服务设施和环境造成的损害。风险评估涵盖对致灾因子的特点所进行的研究,包括它们的位置、强度、发生频率和概率;分析其暴露程度和脆弱性,包括现实社会、健康、经济和环境各个方面;评价应对潜在危害场景时的处置效果。

（二）安全规划计划

为了预防事故和为灾害治理提供科学的管理保障,旅游地应事先制订有针对性的、可操作的安全管理规划、计划和预案。1989 年编制的《丽江城市抗震防灾规划》在 1996 年丽江大地震中就发挥了较大的功效,受到各级政府和国外专家的好评,成为第一个经过地震检验的安全规划。

1. 旅游安全规划。

旅游地应对旅游风险潜在源头进行长期监控,编制旅游安全风险预防与控制规划。规划重点是保持旅游业发展目标在各种风险条件下的连贯性和可实现性,提高旅游地建设和产品开发方案在各种风险条件下的自适应性和可调节性,提供适用于一般外部安全事故的应对策略和方案。

2. 旅游安全计划。

旅游安全计划包括应对旅游风险的总体计划、应急计划和防范计划。总体计划是对整个组织进行安全管理的日常计划,作用在于确定安全管理的基本要求并考虑到一些潜在的可能性。在制订总体计划之后,要对特定的情景进行预期性的分析,为应急计划提出各种不同的备选方案并对其进行评估。在此基础上,建立具有针对性的防范计划。

3. 安全应急预案。

一旦发生旅游安全事故,旅游地可能会产生恐慌和混乱,管理者就会面临各种冲突和压力。旅游安全应急预案可以规范和指导事故情境中的非程序化决策,避免安全决策中由不确定和恐慌导致的时间和资源浪费,增强决策的效率和科学性。在明确地界定旅游地既有和潜在的各种风险因子的基础上,设立多重的事故处理应急预案,通过有准备的措施缩短反应时间。

(三)安全生产检查

通过安全生产检查,可以检查旅游从业人员安全操作的程序和方法是否规范,了解旅游地的安全状况,发现不安全因素,消除事故隐患,确保报警、指挥通信系统始终保持完好状态,确保各种应急救援的装备、技术器材、有关物资随时处于完好可用状态,推动安全保障工作,促进旅游地安全生产经营。

1. 安全检查的内容。

一般来说,安全检查可从查思想、查制度、查纪律、查领导、查隐患、查整改等方面着手。查思想是检查企业全体职工的安全意识和安全生产素质;查制度是检查企业安全生产规章制度是否健全;查纪律是检查安全生产责任制度的执行情况;查领导是检查企业安全生产的管理情况;查隐患是检查企业的设施、设备是否有故障风险,安全措施是否有漏洞,人的不安全行为是否存在;查整改是企业对查出的不安全因素和事故隐患的整改情况。

2. 安全检查的方式。

安全检查的方式按检查的目的、要求、阶段、对象不同,一般可以分为经常性检查、定期检查、专业检查和群众检查。经常性检查是指安全技术人员对安全生产的日查、周查和月查;定期检查是企业或主管部门按规定日程和规定的周期进行的安全检查；专业检查是组织有关专业技术人员和管理人员，有计划有重点地对某项专业范围的设备、操作、管理进行检查，如对大型游乐设备、索道等的检查；群众检查是发动员工群众进行安全检查，并结合检查对员工进行安全意识、安全知识、安全技能教育。

（四）事故隐患控制

旅游部门应按照"检查不走过场、排查不留死角、整改不留后患"的要求，审查整个旅游系统的安全隐患，包括交通、餐厅、酒店、购物区和所有游乐场所等，对检查出的隐患限期整改（定措施、定责任人、定期限），并采取有效的防范措施，防微杜渐，将事故隐患及不安全致因消除在孕育阶段，为旅游者提供安全的游乐环境。

1. 多发性事故的隐患控制。

对旅游地多发性的事故进行分析，寻求事故致因及相互关系，通过施行防范类似事故再次发生的措施，如增设防护装置、信号装置、保险装置等，消除旅游活动中物的不安全状态和环境的不安全条件，避免此类事故的再次发生。

2. 偶发性事故的隐患控制。

通过旅游安全管理和安全技术的推行运用，预测可能存在的风险隐患，分析各类风险致因，并对可能发生的事故类型和造成的损害程度进行估计，预先消除风险隐患，避免或减少旅游地偶发事故的发生，减缓事故的影响后果和严重程度。

（五）全面综合治理

对环境的不安全条件、物的不安全状态、人的不安全行为、管理的不安全因素进行全面综合治理，规范从业人员的安全操作程序和标准，有效地预防事故。

1. 标准化管理。

安全管理活动的标准化包括管理制度标准化、安全信息标准化、安全业务活动标准化。管理制度标准化要求安全管理制度内容齐全、职责分明、具体可行，形成事故预防体系；安全信息标准化要求信息准确、全面、实事求是、适用范围广，为信息加工处理创造条件；安全业务活动标准化要求安全业务活动的程序、内容有较固定的模式和优化的方法，如危险预知的掌握情况、查明原因、提出措施、规定目标四循环方法。

2. 设置安全标志。

旅游地应建立旅游安全标志体系，在旅游地的不同场合，把特定的安全信息传递给旅游者。安全标志大体有禁止标志（如禁止烟火、禁止攀登、禁止入内等），警告标志(如注意安全、当心坠落、当心滑跌等),指令标志(如必须戴安全帽、必须穿救生衣等),提示标志(如紧急出口、避险处等)四大类型。

3. 做好应急准备。

旅游管理部门不可临渴掘井,应根据预案制订应急防范方案,从应急队伍、应急演练、通讯装备、物资器材、检测仪器、交通工具等方面,落实应急防范的组织和技术保障,做到有备无患。在做好应急准备的情况下,一旦发生各类可能危及旅游者安全,造成社会影响的突发事件,相关部门即能迅速及时地组织力量,有效地处置突发事件,最大限度地快速处理、控制和减少危害。

4. 进行安全监测。

对旅游地内外部的各类安全信息进行检索、搜集、整理及分析,对安全状况进行实时监测,掌握旅游风险的发展情况,识别可能导致灾难的各种征兆,一旦发生事故,可以更早、更快对事故进行控制和妥善处理,降低事故发生的概率,减轻事故发生造成的损失。

5. 执行安全监察。

安全监察是为了督促旅游企业按照安全生产法规和有关规定从事经营活动,包括行为监察和技术监察。行为监察主要是监督检查企业安全生产的组织管理、规章制度建设、职工教育培训、各级安全生产责任制的实施等工作。技术监察是对物质条件的监督检查,包括对新建、扩建、改建和技术改造项目的监察;对现有防护措施与设施的完好率、使用率的监察;对危险性较大的设施设备的监察等。

二、旅游安全预警

旅游安全预警是根据以往总结的旅游安全事故规律或观测到的旅游安全事故可能性前兆,在缺乏确定的因果关系和充分的剂量—反应关系证据的情况下,预测灾害或灾难以及其他需要提防的危险的未来发展趋势、强度和影响,在风险转化为危害之前,通知相关部门发出紧急信号,促使相应人员和部门调整预防行为或者采取应对措施,从而最大限度地减少危害的损失。

旅游业的敏感性和脆弱性,决定了建立旅游安全预警机制的必要性。构建旅游安全预警系统,可把分散、零星的安全信息组织在一起,全面监测、跟踪事故发生的迹象和动态,对事故的发生、发展阶段、危害程度等有准确的认识,以做好充分准备迅速应对事故,有效地控制损失,并向安全管理部门提供决策的基础信息。例如印度洋沿岸国家在国际气象组织的帮助下,建立了海啸预警系统,该系统可以有效提前预警,保护海滨游客的安全。

(一)旅游安全风险分析

1. 安全风险识别。

安全风险识别是找出风险之所在和引起风险的主要来源。任何事故在发生之前都有前兆,设置一系列能反映事故发生的信号与指标,对各种前兆进行监测、识别,分析判断这些前兆信息与事故之间的关系,为风险的预测和事故的防范处置提供科学的依据。风险识别方法有分析法、专家调查法及幕景分析法等。确认风险的来源,按照旅游行业运作流程和环境(食、宿、行、游、购、娱)列出可能产生安全事故的来源,如旅游者可能面临的风险有食物中毒、交通事故、犯罪事件等;旅游资源可能面临的风险有自然灾害、火灾、人为损坏、环境污染等。然后,对风险发生的概率进行评估和分类,明确风险的来源,理清致灾的原因。

2. 安全风险预测。

旅游安全风险预测是为了实现旅游系统的安全目标,根据客观的可能性,在获得一定信息和经验的基础上,借助一定的工具、技巧和方法,分析风险发生的概率、类型及其后果,对旅游地安全状况进行计算评价、预计分析和判断推测。预测方法主要有外推法、因果法、直观法等。外推法是用过去和现在的资料推断未来状态;因果法是以事故变化的因果关系来预测未来,如回归分析法;直观法主要凭经验和综合判断来推测事故的发展趋势及规律,如专家调查法、类推法等。预测时间有短期、中期、长期之分,短期预测一般为三个月,中期预测为三个月至两年,长期预测为两年以上。

3. 安全风险评价。

安全风险评价综合考虑风险预测估计得出的风险发生概率和损失后果两个因素,用某一指标决定其大小,如期望值、标准差、风险度等,再根据规定的或公认的安全指标衡量风险的程度,以便确定风险是否需要处理和处理的程度,确定是否启动相应的应急预案或者发出预警信息。

(二)旅游安全预警系统要素

科学系统的预警系统有利于及时、高效、科学地综合处理各种旅游安全事故,最大限度地保障旅游安全。一般来说,旅游安全预警系统至少应包括安全信息收集、安全信息分析、安全对策制定、预警信息发布、安全信息反馈等职能。

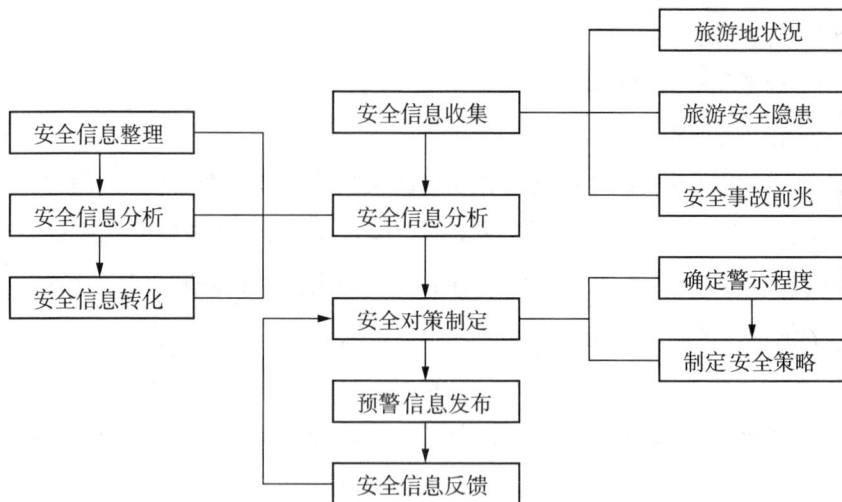

图 2.6　旅游安全预警系统要素

旅游地应依据自身的区域自然条件、资源特征、社会状况、管理体制等建立安全预警系统,如建立针对旅游地的地质灾害预警体系、气候灾害预警体系等,通过预警来降低旅游系统的风险,加强安全风险的监控、预防和管理能力。

1. 旅游安全信息收集。

信息收集是安全管理的关键,旅游地应多渠道、多方式、多手段地全面监测外部环境信息(自然、社会、政治、经济、政策、卫生等)和内部经营信息(生产、财务、营销、管理等),尽可能收集与旅游安全相关的信息。

2. 安全预警信息分析。

预警分析是对获得的各种原始信息或事件征兆进行整理、分析和转化,以便在制定旅游安全对策时使用。信息整理使原本杂乱无章的信息清晰化、条理化,信息分析能有效地排除错误信息和虚假信息,信息转化使信息转化为简单、直观的信号或指标。

3. 旅游安全对策制定。

在接收到信息系统的分析之后,根据安全信息所代表事件的严重程度和具体情况,对其进行安全级别的划定和警示,并依此制定相应的安全行动预案和策略措施,如对不安全的旅游地进行警告、对有灾情的目的地施行限制措施等。

4. 安全预警信息发布。

将经过确认和选择的旅游安全信息,经授权的信息发布机构向公众发布,为旅游企业和旅游者提供充分的旅游安全信息,使其作出正确的旅游行为决策,如警示国民不要前往有政治骚乱、疫情和灾情的国家或地区旅行。

5. 旅游安全信息反馈。

安全信息反馈包括实施具体方案、信息监控并反馈信息分析中心,其主要职能是把战略性方案转换成可以操作的具体措施并落实到具体的责任人,然后通过动态监控反馈,分析预警目标的实现情况,并对灾害征兆的不良趋势进行矫正、预防与控制。

(三)旅游安全预警类型及级别

1. 旅游安全预警类型。

旅游安全预警按警示内容,可分为自然灾害预警、公共卫生预警、社会治安预警、政治局势预警等。自然灾害预警是对可能发生自然灾害的旅游地发出灾害预报,提醒相关组织做好准备,提醒旅游者避开灾害;公共卫生预警是对旅游地的环境卫生状况、食品卫生状况、疫情状况等进行的安全警示;社会治安预警是对旅游地治安状况进行的安全级别划定和信息发布,以提醒旅游者根据自身的安全适应性来进行合理的旅游消费决策;政治局势预警是对旅游地政治稳定状况进行的安全分析和信息发布,以避免由于旅游地的政治动乱造成旅游者的伤害。

2. 旅游安全警示级别。

根据安全情景的不同状况,可以选择不同的词语来表示旅游地的危险程度及警示的危险级别。按照国际惯例,常用的词语有以下几个:旅游警告、旅游劝告、旅游忠告、旅游建议、旅游提醒。旅游警告属于警示程度最重的旅游警示,旅游劝告和旅游忠告属于中等程度的旅游警示,旅游建议和旅游提醒属于警示程度较低的一般性警示。

我国按照旅游安全的轻重程度,采取提示、劝告、警告三种警示形式。提示是提醒中国公民前往某国(地区)旅游应注意的事项;劝告是劝告中国公民一般不要前往某国(地区)旅游;警告是警告中国公民一定时期内的任何情况下都不要前往某国(地区)旅游。文化和旅游部在官方网站上开设了出行提示版块,发布旅游安全警示。

表 2.1　世界各地的旅游安全警示

中国	提示		劝告		警告	
美国	领事信息		公告		旅行警告	
英国	对旅游地国家提出的忠告					
	奉劝人们不要去该国旅行,除非是必需的商业旅行			奉劝人们在任何情况下都不要去该国旅行		
德国	对旅游地国家及其旅行计划提出的忠告					
	安全忠告			旅行警告		
法国	对旅游者提出的忠告					
	奉劝人们不要旅行,除非是必需的商务旅行			奉劝人们在任何情况下都不要旅行		
澳大利亚	达到良好的安全标准	安全风险				旅行警告
		安全风险趋于缓和	高安全风险	极高的安全风险		

在美国,旅游警示信息由国家领事信息计划署发布,领事信息手册会定期描述那些受质疑国家的基本情况,包括政治稳定性、犯罪、恐怖主义及医疗保健情况等。在英国,由外事与联邦办公室的旅行咨询处提供关于旅游安全的信息。在德国,外交部则通过其分布在世界各国的领事代表处提供的帮助作出旅行忠告,内容包含旅游安全形势级别分类、对形势的说明及适当的建议。

(四)旅游安全预警管理措施

1. 完善旅游安全管理职能。

旅游安全预警的实施主体是行业管理者,行业管理者应在现有管理体系的基础上,完善旅游安全管理职能,使预警系统涵盖风险的识别、预警、决策和执行等各个方面,对安全事件能进行科学、有效的防范、预警与控制,充分发挥安全管理的组织职能。例如南非就建立了旅游安全任务小组,成员单位包括环境事务和旅游部、国家警察、旅游协会、旅游商务理事会、外交部及 9 个省级旅游局。

2. 划分旅游安全风险等级。

安全等级的划分是建立旅游安全预警制度的一项重要内容。对于旅游地来说,旅游安全风险等级是依据旅游安全事件对旅游地旅游要素的影响程度来划分的,进行等级划分时,需要综合分析和考虑安全事件类型、影响范围、损失程度等因素,以便发布切合实际的旅游安全警示信息。

表 2.2　影响旅游安全等级划分的因素

影响因素	因 素 描 述
事件类型	安全事件的类型,自然原因发生的或者人为原因发生的
损失情况	人员伤亡、财产损失等情况
影响范围	影响的空间地域和产业链长度
演化情况	安全事件的扩散途径、速度
时间特征	发生时间(旅游淡季、平季或旺季),持续时间
认知心理	对事件的机理认知越明晰,心理影响越小
社会影响	对当地社会经济发展和居民生活的影响
控制能力	应急资源的供给能力,安全问题的解决能力和恢复能力

3. 健全旅游预警发布制度。

建立针对旅游地安全预警的常规化发布机制,当收集到的有关信息表明旅游地发生安全事故的可能性增大时,要针对不同地区、具体的旅游地状况发布恰当的警示信息。当旅游安全风险消除后,应及时发布警示解除通告。

4. 预警状态中的应对措施。

旅游安全预警信息发布后,旅游行政管理部门要执行 24 小时值班和领导带班制度,并及时通知所属区域的旅游企业,旅游企业要立即启动相关应急预案,并按照预案执行规定动作,转移、撤离或者疏散可能受到危害的人员,并进行妥善安置,指令各应急救援队伍进入应急状态,随时掌握并报告事态进展情况,针对突发事件可能造成的危害,封闭、隔离或者限制使用有关场所,中止可能导致危害扩大的行为和活动,调集旅游地应急所需物资和设备,确保应急保障工作。

三、旅游安全教育

"无知是最大的灾害。"有关的资料分析表明,以人的失误为主要致因的事故占事故总数的 70%—80%。旅游地应通过安全知识的宣传和教育,强化人们的安全意识与法制观念,培养安全需要,形成自我约束的行为动机,使人的行为符合旅游活动的安全规范和要求,提高其风险控制的防范、判断和化解能力,减少人的失误,促进旅游地的安全经营。

(一)旅游安全教育的内容

安全教育是对人们的行为过程,即认识、判断、反应的全过程进行教育,其内容包括安全思想教育、安全知识教育和安全技能教育。安全思想教育是提高人们思想认识,使人们思想上产生安全的需要与动机;安全知识教育是提高人们对安全的判断和反应能力,使他们在旅游活动过程中明确哪些是危险因素,如何消除,哪些行为不正确,应该怎样做;安全技能教育则是提高人们安全行为的规范性,使其掌握一定的应对事故的技巧与能力。因此,安全思想教育是促使人们的思想观念,从"要我安全"转变到"我要安全",安全知识和安全技术教育是促使人们能够做到"我会安全"和"我能安全"。

（二）旅游安全教育的方式

旅游地要通过定期和不定期的安全知识课堂讲解、安全技能模拟培训、安全信息通报学习等教育方式,通过旅游安全的相关事故案例、事故处理的模拟训练及相关知识的学习,对旅游系统各相关人员的安全思想、安全职责、安全知识和安全技能等方面进行教育培训,增强相关人员的安全意识,提高旅游地的事故应急处理和应对能力。

（三）旅游系统各主体的安全教育

1. 旅游管理者的安全教育。

旅游管理者的安全教育内容主要包括安全生产的方针、政策、法律、法规及有关规章制度和安全生产管理职责;安全技术、安全技能、劳动卫生和安全文化的知识;伤亡事故报告、处理,有关事故案例及事故应急措施处理等。通过开展针对性教育培训,使旅游管理者提高风险识别能力和安全管理能力,将危机意识深深植入自己日常的工作中,保持对安全信息的敏感度,把安全管理融入到旅游地日常的管理中。

2. 安全重点岗的安全教育。

安全重点岗位工作人员(旅游活动场所水、电、气、热等关键部位的管控人员,索道、游乐设施设备等特种设备的操作人员,搭建工作人员和关键部位的安保人员等)上岗之前需要经过与本工种相适应的、专门的安全技能培训和操作训练,如岗位操作规程、游乐设备安全知识等,经安全技术理论考核和实际操作技能考核合格,取得上岗证的方可上岗作业。每年要定期进行安全知识培训和考核。

3. 普通从业者的安全教育。

通过将职工安全教育培训制度化、经常化,培养旅游从业人员的安全意识,普及安全常识,提高旅游从业人员的安全事故应对意识和技能,可以降低事故伤亡和损失,做到在突发事故的初始状态就能迅速反应,立即处理,防止事故扩大,并为其他救援部门赢得宝贵时间。

加强员工安全意识。建立健全员工安全培训制度,包括在岗安全培训和其他安全知识培训;确保员工了解旅游系统内风险的特征及危害,掌握自身岗位的安全管理流程,规范旅游服务安全操作;增强集体协调意识,熟悉临近工作人员的职责,以便在发现安全问题时能做到相互提醒、互通信息和相互帮助;提高员工识别危险及有害因素的能力,在日常工作中对危险有害因素进行提醒、检查和监督。

提高员工应急能力。员工的应急能力会对旅游地安全管理的效果产生重要影响,安全意识高、应急能力好的员工在突发事故时不会措手不及,能够在第一时间采取有效的措施控制或缓解事态发展。所以,应对员工进行如下教育:应急职责和义务;各种可能发生的突发事件的基本应对方法;学会使用各种应急救援设施、设备,如会用消火栓、灭火器;学会自救、互救知识,如伤口包扎、人工呼吸、心肺复苏等。

进行岗位安全考核。岗位安全考核主要有基本知识考核、操作技能模拟考核和安全事故表现考核,考核工作配合培训定期进行,将考核结果作为评价员工工作能力的重要依据。

4. 当地居民的安全教育。

当地居民安全教育培训的内容包括旅游地潜在的风险、事故性质与应急特点,事故警报与通知的规定,基本防护知识,撤离的组织、方法和程序,自救与互救常识等,通过教育提高社区居民的安全意识,同时要帮助当地居民认识到旅游对社区的价值,使他们有动力举报可疑线索,保障旅游地安全。

5. 旅游者的安全教育。

旅游者是旅游安全事故直接威胁的对象,旅游者面对风险的应对能力是决定旅游地受安全事件影响程度大小的关键因素。人们总是对特别不同寻常的信息才会有足够的重视(选择性注意),因此,相关旅游管理部门和单位应利用引导、警示、惩罚与公众参与等方式及各种途径和手段对旅游者进行安全预防、安全救助和安全技能教育,提高旅游者的事故应对能力。

表2.3 旅游者的安全教育措施

安全教育措施	媒介或场所
利用大众传媒向大众进行宣传和教育,提高旅游者的安全意识	报刊、杂志、网站等
设置安全宣传栏板、告示牌和发放安全宣传手册	旅游者集散地
提供咨询服务,帮助旅游者获取所需的安全建议和帮助	出入口、游客中心等
张贴事故预防、避险、自救、互救常识的宣传画	各景点的危险地段
设置安全警告牌	事故易发地段
强调安全隐患,介绍安全注意事项,对旅游者进行安全引导与教育	导游

　　增强安全意识。旅游地要通过合适的渠道和形式向旅游者介绍区域内的不安全因素、潜在的危害及防范措施，培养旅游者良好的心理素质，增强旅游者的安全意识和判断能力，如在容易发生事故的旅游地点张贴有关事故风险、预防、避险常识的醒目宣传画，使旅游者认识到可能遇到的危险情境。

　　提高防范能力。加强安全防护知识的宣传，在旅游地通过挂图、宣传画及导游讲解等手段，广泛介绍各类事故的应对措施，如事故中的自救互救、避灾逃生技能和方法，使旅游者面对事故时不惧怕、不惶恐，能正确应对和处理事故。

　　引导旅游者行为。当发生旅游安全事故后，通过一定的手段和途径引导或调整旅游者的个人行为模式，有利于促进旅游者的旅游愿望、信心的恢复和旅游目的的实现。引导旅游者行为模式的改变包括：引导旅游者出游方式、时空选择的多元化；引导旅游者进行生态化、文明化的旅游行为模式；引导旅游者逐步提高旅游目的层次。

四、旅游安全文化建设

　　旅游安全文化是旅游及其相关系统内，为保障人身、财产和环境的安全与健康，所包含的物质财富和精神财富的总和。"短期安全靠幸运，中期安全靠管理，长期安全靠文化"，安全文化对旅游安全有导向、规范、激励等作用，旅游企业的形象靠文化来塑造，声誉靠文化来传播，安全靠文化来保障，素质靠文化来提高。因此，要把塑造良好的安全文化作为旅游安全管理的一项基础工作。

　　（一）旅游安全文化的层次结构

　　安全文化包括安全物质文化、安全制度文化、安全知识文化、安全价值文化四个层次。物质层次是安全文化的物质基础，制度层次是建立在物质层次基础上的社会制度与体制的具体体现，而物质层次和制度层次都是知识层次的物化层或对象层，价值层次则是安全文化知识层次的长期作用而形成的心理思索的产物。

表 2.4　各旅游安全文化层次的建设内容

安全文化层次	建　设　内　容
安全物质文化	安全食品、安全酒店、安全景区等，各种安全防护设备、设施、器材、装置、工具等
安全制度文化	建立法制观念，强化法制意识，建立健全安全管理法规、标准、规章和制度
安全知识文化	通过教育宣传，提高人们应急安全保护、间接安全保护、超前安全保护的意识与知识
安全价值文化	使人们树立正确的安全价值观（安全第一、安全就是效益等）和行使安全的行为规范

（二）旅游安全文化的建设模式

建设旅游企业的安全文化,必须围绕旅游企业安全文化各个层次的具体内容,在广大员工及群众中开展各式各样、生动活泼的活动,使旅游企业在安全管理上有自己独特的指导思想、经营哲学和宗旨,有明确的价值观、道德准则、文化传统、生活信念等,在全体员工中形成共同的目标感、方向感和使命感。

旅游企业安全文化建设的各种模式,可采用定期或不定期组织操作的方式进行。若定期操作,可分为安全宣传月、安全教育月、安全管理月、安全总结月等;若非定期操作,每一种模式都可能成为企业安全文化建设的一项经常性工作。

表 2.5 旅游安全文化建设模式

序号	安全文化建设模式	主 要 项 目
1	旅游安全宣传建设	旅游安全标志建设、旅游安全宣传壁报
2	旅游安全教育建设	干部教育、全员教育、特殊教育
3	旅游安全管理建设	全面系统管理、无隐患管理
4	旅游安全竞赛活动	旅游安全知识竞赛、旅游安全演讲比赛
5	旅游安全科技建设	旅游安全隐患治理、旅游安全技术提升
6	旅游安全日常活动	安全目标管理、风险预知活动、事故判断活动
7	旅游安全检查活动	人因安全性检查、物因安全性检查、管理效能检查
8	旅游安全练习活动	旅游安全应急演练
9	旅游安全报告活动	事故报告会、旅游安全汇报会
10	旅游安全表彰活动	旅游安全评价、安全庆功会

五、安全管理决策

安全管理决策是对某一安全问题进行分析预测之后,借助一定的方法和技巧,对各因素进行计算和判断,选择最优的行动方案。

（一）安全决策的原则

符合政策原则,任何决策都应符合国家的方针政策;信息完备原则,充分获取影响决策的信息资料,资料越多越准确;合理可行原则,从社会性、经济性、心理性、技术性方面判断决策的合理可行性,社会性是所做的决策应对社会产生积极影响,经济性是以最小的耗费获得最大的效益,心理性是决策能满足员工、群众的心理要求,技术性是决策方案符合客观规律,技术上可行,且有切实的便于运行、管理的行动规划来保证执行。

（二）安全决策的分类

按安全决策的可靠性来划分,可分为不确定型决策、确定型决策和风险决策。不确定型决策是指无法确定未来各种状态发生的可能性,全凭个人经验和综合能力作出的估计来作出决定;确定型决策是掌握了充分的情报或信息,对可能的状态和结果有确定把握的决定;风险决策是决策者不能肯定将来发生的状态,但可对各种环境因素的概率作出估计的决定。

（三）安全决策的程序

安全决策的程序大致有以下几步:确定安全目标,安全目标必须明确、具体;收集信息和预测,不断调整细化对安全状况的判断;拟订各种可行的方案;运用边际分析、费效分析、价值分析等方法对各拟订方案进行评价,选定最佳方案;执行与跟踪,把决策的目标用指标、进度、责任的形式,分解落实到各部门或人员,通过控制系统和报告制度,随时掌握决策执行情况。

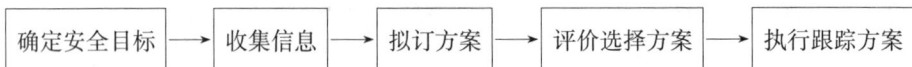

```
┌──────────┐   ┌────────┐   ┌────────┐   ┌────────────┐   ┌────────────┐
│确定安全目标│→ │收集信息│→ │拟订方案│→ │评价选择方案│→ │执行跟踪方案│
└──────────┘   └────────┘   └────────┘   └────────────┘   └────────────┘
```

图 2.7　安全决策程序

（四）安全决策的方法

旅游安全决策可以采取决策树方法。决策树是把与决策有关的方案列成树枝性图表,使管理人员能形象地分析要决策的问题,然后对决策树的各个方案,计算出它的期望值,比较期望值的大小,找出较好的方案。

决策树通常由决策点、机会点、结果点、方案分支和概率分支、期望值等组成。决策点为决策树的起点,用符号"□"表示,由决策点引出若干个方案分支,每条分支代表一个方案,分支数就是可能的方案数;机会点也称事件发生点,用符号"○"表示,由机会点引出的分支叫概率分支,每条概率分支上标明状态及其发生的概率;末端的三角形为结果点,注有各方案在相应状态下的结果值;期望值是决定方案取舍的依据,是根据事件发生的概率与其价值计算出来的希望取得的价值。

决策树的实施一般按以下步骤实行:画决策树,从左向右,从树根向树梢依次画树,画树的过程是对未来可能发生的各种情况的周密思考、步步深入的过程;计算期望值,从右向左逐步后退进行分析,根据每种状态的损益值和概率枝的概率,计算各方案的期望结果;修剪决策树,对比各方案期望值的大小,舍弃期望值小的方案,被舍弃的方案用"≠"的记号来表示,最后的决策点留下一条树枝,即为最优方案。

例如,某景区对游道的安全护栏改造考虑了两种方案:第一种方案是拆除原有护栏,建造新护栏,投资 80 万元,建成后效果好的概率为 95%,且每年可减少损失 10 万元,效果不好的概率为 5%,每年增加损失 10 万元;第二种方案是改造旧护栏,投资 60 万元,其效果好的概率为 85%,每年可减少损失 10 万元,效果不好的概率为 15%,每年增加损失 10 万元。两种方案的服务年限均为 15 年,试选择最佳方案。

表 2.6　方案决策表

损益及概率	状		态	
	服务年限	效果好(概率)	效果不好(概率)	投资
新建($S_{新}$)	15 年	10 万元(95%)	−10 万元(5%)	80 万元
改建($S_{改}$)	15 年	10 万元(85%)	−10 万元(15%)	60 万元

按决策树的要求,画出决策树。

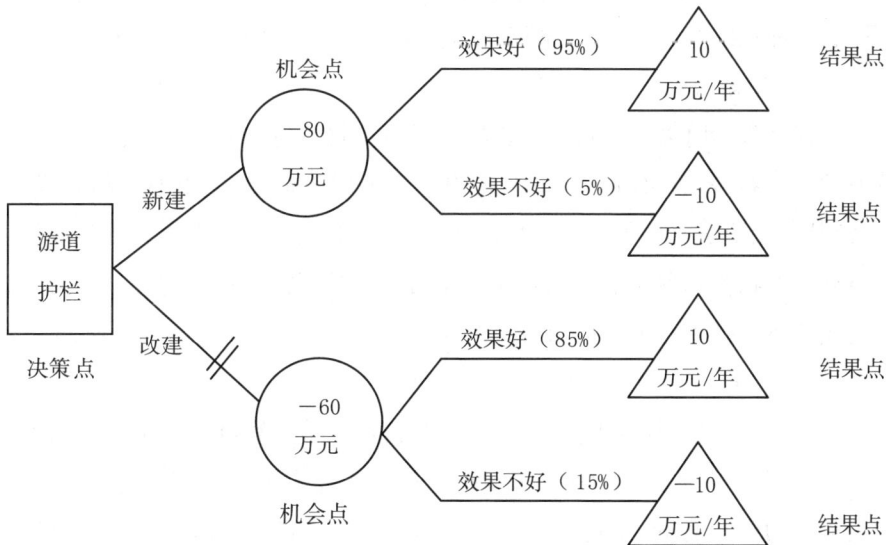

图 2.8　决策树

减少的损失相当于增加收益。计算各方案的期望值:

$$S_{新} = 10 \times 95\% \times 15 - 10 \times 5\% \times 15 - 80 = 55(万元)$$

$$S_{改} = 10 \times 85\% \times 15 - 10 \times 15\% \times 15 - 60 = 45(万元)$$

以上分析计算表明,新建护栏比改建护栏方案更好。因此,选择新建护栏方案。

六、旅游安全保障

为应对旅游安全事故,不仅需要在旅游系统内部建立旅游安全管理体系,还要通过信息、资源、交通、医疗、保险等其他部门和单位的协同作用和努力,共同来保障旅游安全。

(一)信息保障

安全事故的突出特点就是信息不明、时间紧迫,没有一个健全的通信信息保障,就会影响安全工作的顺利进行。1996 年云南丽江地震中,由于通讯中断,使得灾区灾情信息 48 小时后才报告到北京,延误了救灾工作的进行,同时造成部分灾区损失较大。旅游地应充分运用现代化的科技手段,专门设置一套能尽快联系沟通安全保障各部门的信息通道,为决策者提供及时、准确的信息,从而针对旅游事故作出快速反应。同时,向公众提供消息,消除公众的恐慌,避免恶化决策环境。在旅游系统内部,常用的信息沟通渠道主要有固定电话、手机、对讲机、紧急消防电话、网络、广播喇叭等,各级旅游部门应建立并完善信息通道,保障信息畅通。

(二)资源保障

资源保障包括财力、物力、人力资源的保障。政府应把安全管理预算纳入政府的旅游预算体系,各级旅游企业应制定应急资金保障措施、使用办法和管理、监督制度及程序,在统筹兼顾各项支出时,应优先保证应急经费的支出。相关部门要做好应急处置的物资和器材准备,如食品、药品、救灾设备、防护器材等。人力资源保障能为应急体系提供智力支持和组织保证。

(三)交通保障

发生突发事件后,救援工作开展得顺利与否,在很大程度上取决于交通运输的保障工作是否有序、得力。旅游企业要健全旅游交通安全管理,做好应急救援车辆及相关救援物资的准备,优先保障救援工作的开展。各级旅游管理部门要做好相关救援车辆及相应物资的协调工作。

(四)医疗保障

要加强旅游地医疗救助服务建设,根据旅游地风险的大小,设置相应的医疗、救助服务机构及设施,增强旅游地的医疗救助力量。

（五）旅游保险

旅游保险是聚集社会资金,对个体偶然发生的旅游安全事故予以补偿的一种方式。随着旅游业的快速发展、旅游者自我保护意识的增强和旅游各环节中自然灾害、意外事故、违约责任等的不断增多,旅游保险发挥着越来越重要的作用,它能够起到经济补偿和辅助管理的职能,是旅游安全的一项保障手段。

旅游经营单位可以对旅游活动过程、游乐设施设备等进行保险。旅游活动过程保险如旅行社责任保险,是承保旅行社在组织旅游活动过程中因疏忽、过失造成事故所应承担的法律赔偿责任的险种,该险种的投保人为旅行社。游乐设施设备保险如特种设备责任保险等,投保人为游乐设施设备经营方。

旅游者的保险一般包括医疗费用、人身意外、意外双倍赔偿、紧急医疗运送、运返费用、个人行李、行李延误、取消旅程、旅程延误、缩短旅程、个人钱财及证件、个人责任等诸多种。常见的有旅游意外伤害保险、旅游人身意外伤害保险、旅游救助保险和住宿旅游者人身保险等,旅游者可根据实际情况和需要进行投保,保险额度一般以个人年收入的5—7倍作为参考值。

第三节　旅游安全应急救援

一旦发生旅游安全事故,往往会造成惨重的生命、财产损失和环境破坏。由于自然因素或人为的、技术的原因,当不可能完全避免事故或灾害的时候,建立旅游安全应急救援体系,组织及时有效的应急救援行动,是抵御事故风险或控制灾害蔓延、降低危害后果的关键。

一、旅游安全应急体系

（一）应急救援体系构成

应急救援体系的构建,应贯彻顶层设计和系统论的思想,以事件为中心,以功能为基础,分析和明确应急救援工作的各项需求,在应急能力评估和应急资源统筹安排的基础上,科学地建立规范化、标准化的应急救援体系,保障各级应急救援体系的统一和协调。一个完整的应急体系应由组织体制、运作机制、法制基础和保障系统四个部分构成。

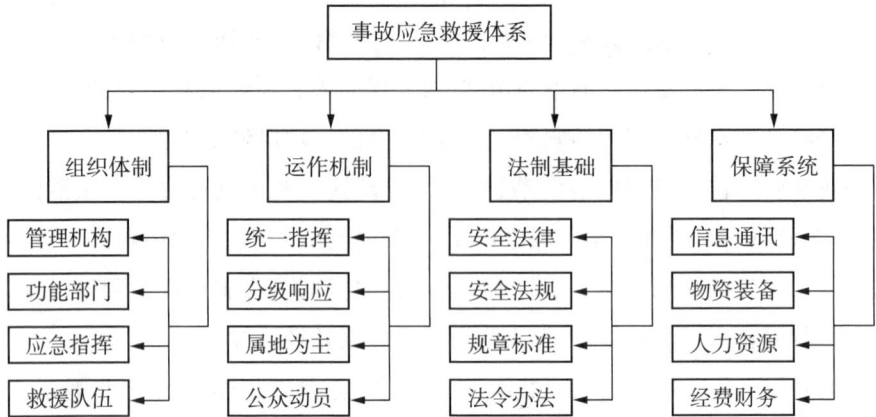

图 2.9 应急救援体系的结构

1. 组织体制。

组织体制中的管理机构指维持应急日常管理的负责部门;功能部门包括与应急活动有关的各类组织机构,如消防、医疗机构等;应急指挥是在应急预案启动后,负责应急救援场外、场内指挥的部门队员;救援队伍由专业人员和志愿人员组成,主要有政府公共救援队伍、民间公益救援队伍和市场商业救援队伍。

2. 运作机制。

应急救援活动一般划分为应急准备、应急响应、应急处置和应急恢复四个阶段,应急机制与这四个阶段的应急活动密切相关。应急运作机制主要由统一指挥、分级响应、属地为主和公众动员这四个基本机制组成。

3. 法制基础。

法制建设是应急体系的基础和保障,也是开展各项应急活动的依据,与应急活动有关的法制依据包括法律、法规、规章、标准以及包括预案在内的以政府令形式颁布的有关法令、规定和办法等。

4. 保障系统。

集中管理的信息通信平台是应急系统最重要的基础设施,应急信息通信系统要保障所有预警、报警、警报、报告、指挥等活动的信息交流快速、顺畅、准确以及信息资源共享;物资与装备不但要保证有足够的供给,而且还要实现快速、及时供应到位;人力资源保障包括专业队伍的加强、志愿人员以及其他有关人员的培训教育;应急财务保障是指应建立专项应急科目,如应急基金等,以保障应急管理运行和应急反应中各项活动的开支。

（二）应急指挥体系

应急指挥体系的重要作用就是在尽可能短的时间内、在信息不完备的情况下,迅速作出反应,启动相应规模和层次的事故应急处理机制,既要屏蔽危害,又要减少对旅游安全事件的处理所产生的负面影响。

1. 政府领导机构。

由于安全事件发生得突然,其现场抢救、控制和转运救治、中长期监控、原因调查和善后处理往往涉及多系统、多部门。所以,安全事故应急处理要倚仗政府部门的宏观掌控和综合协调处理能力。

政府领导机构。各级人民政府突发公共事件应急领导机构对所管辖范围内的旅游突发安全事件应急承担领导指挥工作。政府的职责包括旅游安全评估、旅游安全信息发布、旅游安全管理协调沟通、对受害人及组织提供援助、旅游安全教育等。政府领导机构的具体工作主要有:监督所属地区旅游经营单位落实有关旅游事故的预防措施;及时收集、整理本地区有关危及旅游者安全的信息,适时向旅游企业和旅游者发出旅游安全预警;发生突发事件时,为旅游者提供各种救援;对各类信息进行汇总分析,及时向上级部门和有关单位报告有关救援信息。

综合协调机构。相关政府部门设立旅游突发事件应急协调领导小组,下设领导小组办公室,负责具体工作。综合协调机构主要负责协调指导各类旅游突发事件的相关处置、调查工作;决定旅游事故应急预案的启动和终止;对各类信息进行汇总分析并上报。领导小组办公室负责旅游突发事件应急信息的收集、核实、传递、通报,执行和实施领导小组的决策等工作。

2. 旅游区领导机构。

指挥领导机构。旅游地应急指挥领导机构的总指挥应是本单位内的主要领导,通常由公司法人担任,成员一般为单位安保、医疗、宣传、物资等重要部门的负责人。在事故应急过程中,应急指挥领导机构担任救灾管理的最高指挥,统一安排救灾的各项工作,各成员参与应急救援的决策与协调工作,负责本部门在应急救援工作中的职责和具体任务。

工作协调机构。旅游应急工作协调机构为应急办公室,直接隶属于领导机构,负责旅游安全事故信息的接报、通知、传达等工作。

支持保障机构。支持保障机构包括单位内的技术支持机构,包括安保、消防、医疗等各类专业技术人才。应在旅游地建立应急救援小组,确保能及时赶赴现场参与应急救援。

3. 旅游行业组织。

旅游安全事故发生后,旅游行业组织的主要职责包括向受灾的旅游地提供专业的安全管理指导;加强政府和旅游企业的沟通,为旅游企业寻求帮助,包括及时向政府反映遇到的困难、寻求资金或政策支持,维护旅游市场秩序等。我国的行业组织有中国旅游协会、中国旅游饭店协会、中国旅游车船协会、中国乡村旅游协会等;国际性的行业组织有世界旅游组织(WTO)、太平洋亚洲旅游协会(PATA)、世界旅行与旅游理事会(WTTC)、国际酒店协会(IHA)等。

4. 专家咨询机构。

各级旅游主管部门应根据旅游事故应急工作的需要,聘请不同行业、不同部门的具有丰富经验和专业知识的专家建立专家咨询机构,为应急管理提供决策建议,必要时专家应参加旅游突发安全事件的应急处置工作。

(三)应急救援体系

旅游地应急救援体系按照事故应急的职能划分,由旅游地各常设或非常设的部门组成,包括本单位内的各有关部门和外单位的相关部门。

1. 指挥系统。

总指挥。在旅游地发生事故时,负责启动旅游安全事故应急预案,保证旅游地应急设施的正常运行;掌握安全动态,根据不同事故的类型,确定监测布点和频次;根据监控结果,对事件处理作出敏捷的、具有针对性和可执行性的决策;与外单位应急反应人员、部门、组织和机构进行联络与协调。

现场指挥。负责事故现场的救援指挥工作,全面及时地掌握事故动态,分析和评估势态,制定具体救援方案,确立救援的优先目标,决定如何实施快速、有效的救援行动和保护生命的安全措施,指挥和协调各方应急力量的行动,高效地利用可获取的资源,确保应急决策的正确性和应急救援行动的整体性和有效性,并向总指挥汇总报告事故情况。

专家组。专家组为旅游安全事故应急救援指挥提供决策咨询和工作建议,对旅游安全事故应急处置进行技术指导,并为旅游者提供有关安全防护措施的技术咨询。

2. 救援系统。

现场救护。保证足够的救护车辆和人员,配备必要的救护器械和防护用具,对现场一般伤员进行科学施救。负责将中毒、窒息或受伤人员救离事故现场,遇有大批重危伤员时,组织协调转诊收治,并及时将受伤人员的救护情况向指挥部报告。

现场抢修。为现场安全生产设施设备提供技术保障,负责安全事故中的水、电等处理。根据指挥部的命令,对危险部位及关键设施进行抢(排)险。及时了解事故原因及经过,应急救援结束后,负责为事故调查人员提供引发事故的设施设备的技术参数。

消防灭火。进行火情侦察,了解受灾场所、燃烧物质、燃烧范围及火灾类型;根据应急指挥部的命令和火势情况,负责现场灭火,或与上级消防部门联络及调动灭火力量灭火,并及时向指挥部报告情况;灭火结束后,总结火场救灾经验教训,保养、补充应急器材设备,使之始终保持良好的战备状态。

3. 支持系统。

通信联络。负责依靠现有的通信手段和保障能力,使旅游地通信设备在突发事件发生时,能更好、更方便地协调不同部门,为高效处理突发事件提供通信保障。当通信设施出现故障时,及时排除故障或采取其他措施,确保现场和场外通信联络畅通。负责灾后全面检查、修复通信设备,确保通信设施正常工作,以尽快恢复生产。

现场安保。负责事故及灾害现场的治安、安全及交通管制等工作。主要工作有:配合消防、救护、公安部门进行事故处理、救援;根据应急指挥部的指令,疏散处于不安全环境的旅游者及其他人员;现场治安巡逻,禁止无关人员和车辆进入,协同有关部门保护好现场,制止各类破坏及骚乱活动;负责应急和救灾物资的保卫工作;收集与安全事故有关的证据,参加旅游事故的调查和处理。

后勤供应。按照救援方案,及时组织抢险救护设备器材、救援物资的供应和人员的迅速到位;负责受灾旅游者和救灾人员的食品和生活用品供应,受灾人员的安置、安抚;组织灾后恢复生产经营所需物资的供应和调运。

宣传报道。负责相关事故救援信息的搜集、整理和发布,明确信息发布的渠道和时间,与新闻媒介和有关方面建立联络。争取舆论主动权,及时准确地报道事故信息和救援工作情况,发布的信息应经事故救援领导小组核实批准。

生产恢复。清理旅游安全事故发生地的现场,防止次生、衍生、耦合事件的发生,防止事故扩大;做好水、电等供应保障工作;组织恢复生产经营。

善后处理。负责旅游安全事故勘查、认定处理或配合上级调查处理旅游安全事故,对事故进行责任认定和处罚;对疏散、抢救及死亡人员进行理赔、抚恤;记录整理事故处置记录,组织或协助起草安全事故调查报告。

二、旅游安全事故应急救援

旅游安全事故的应急救援是一项复杂的系统工程,每一个环节都可能牵涉相关的政府部门和救援组织。目前国内的旅游应急救援有三种类型,分别是公共救援、公益救援和商业救援。公共救援是政府的职能,服务于所有旅游者,中国第一家专业性的旅游救援中心是1998年成立的广州市旅游局下属的广州旅游紧急救援中心;公益救援主要是以民间公益组织为主体发起的,对所有的旅游者提供救援服务,2003年出现了一批早期的公益性旅游救援机构,如北京市登山协会山岳救援队、广西户外运动救援队、珠海市登山探险协会救援队等,目前已有几百家民间救援组织,其中影响力比较大的有蓝天救援队、公羊救援队、蓝豹救援队等;商业救援的构成主体是商业性旅行救援机构,它们服务的对象是该机构的会员,主要有国际SOS、欧乐、安盛等外资救援机构。

(一)应急救援原则

1.以人为本,减少危害。

以保障公众健康和生命财产安全为首要任务,尽一切可能提供救援和帮助,最大限度地保障公众健康和人身财产安全,最大限度地减少事故危害。

2.依法应急,科学处置。

依据有关法律、法规,加强应急管理,维护公众合法权益,使旅游事故救援工作规范化、制度化、法制化。采用先进的预测、预警、预防和应急处置技术及设施,提高预防和应对旅游安全事故的科技水平。

3.统一指挥,协调一致。

在应急指挥部的统一组织协调下行动,有令则行、有禁则止、统一号令、步调一致,形成统一指挥、各负其责、协调有序、反应灵敏、运转高效的机制。

4.属地为主,分级响应。

属地为主强调"第一反应"的思想,依靠事发地的救援力量,迅速采取救援行动。分级响应是根据事故的危害程度、影响范围和事态控制能力确定应急级别,从而形成上下一致、主从清晰、指导有力、配合密切的应急处置机制。

5. 迅速果断,准确有效。

迅速指有快速应急响应机制,能迅速准确地传递事故信息,快速调集所需的应急力量和设备、物资,迅速建立统一指挥与协调系统,能在第一时间赶赴现场并采取一系列应急措施。准确是指能基于事故的规模、性质、特点、现场环境等信息,正确预测事故的发展趋势,准确地对应急救援行动和战术进行决策。

(二)应急救援程序

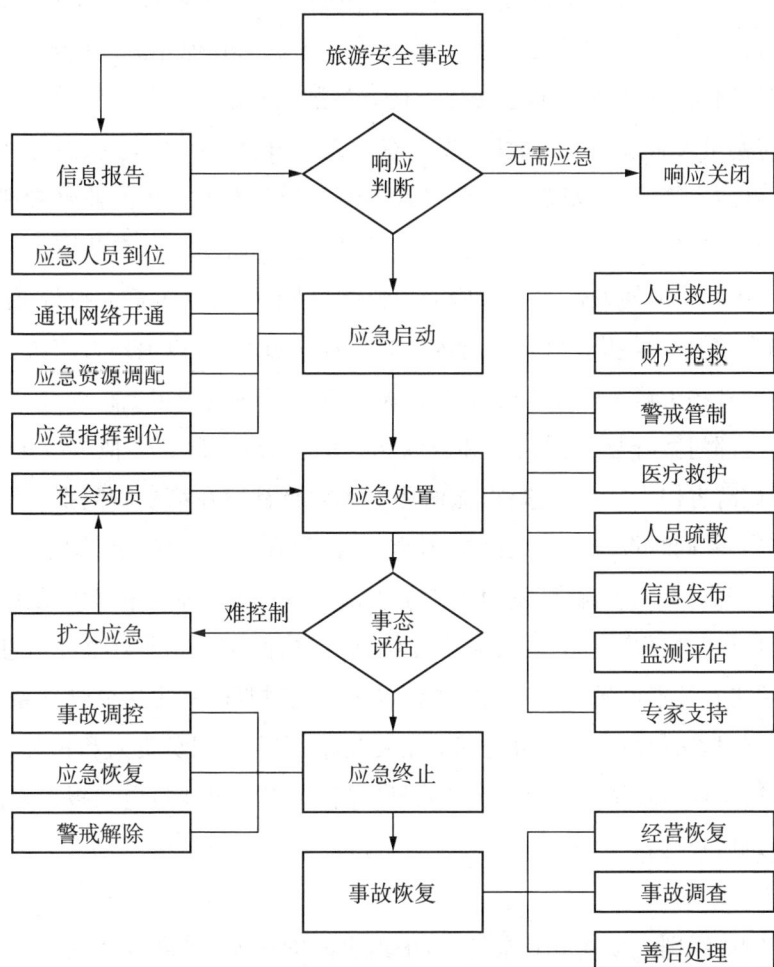

图 2.10 旅游安全事故应急救援程序

1. 信息报告。

及时、充分、真实、有效的信息是作出正确应急救援决策的基础。因此,在应急救援的过程中,要保证获得准确、充分的相关信息,以便对事故的基本情况作出正确的评价,进而合理地动用和配置应急资源,采取恰当的应急措施。

信息来源。旅游事故发生单位及其主管部门、旅游行政主管部门、卫生安全监管部门、县级以上人民政府及其相关部门,以及其他企事业单位、社会团体等是旅游事故报告责任单位。公民有义务向政府及相关部门反映旅游安全事故。

报告。旅游安全事故发生后,旅游经营者的现场人员应当立即向本单位负责人报告,单位负责人接到报告后,应当于1小时内向发生地县级旅游主管部门、安全生产监督管理部门和负有安全生产监督管理职责的其他相关部门报告;旅行社负责人应当同时向单位所在地县级以上地方旅游主管部门报告。情况紧急或者发生重大、特别重大旅游安全事故时,现场有关人员可直接向发生地、旅行社所在地县级以上旅游主管部门、安全生产监督管理部门和负有安全生产监督管理职责的其他相关部门报告。旅游安全事故发生在境外的,旅游团队的领队应当立即向当地警方、中国驻当地使领馆或者政府派出机构,以及旅行社负责人报告,旅行社负责人应当在接到领队报告后1小时内,向单位所在地县级以上地方旅游主管部门报告。接到食物中毒事件报告后,各级旅游主管部门除按规定上报外,应协助所在地卫生防疫部门做好旅游团活动和餐饮场所的检查,以避免类似事故再次发生。涉及入境旅游者伤亡(中毒)事件,旅游团所属旅行社应在第一时间报告所在地旅游主管部门,并同时报告所在地台办、外办、侨办和省旅游行政管理部门。

接报。各级人民政府、事发地旅游主管部门及其他政府职能部门是旅游事故接报责任单位。接报责任人在接到事件信息后,接报人应立即对事件信息进行核实,核实后将有关书面报告材料或电话记录内容及时复印并主送分管领导(联系不上分管领导时,送值班领导),分送其他相关领导、应急部门负责人和相关部门。重大事故同时主送主要领导。夜间及节假日期间,接报人可通过电话报告,有关书面信息在上班后补送。

2. 应急响应。

确定响应级别。接到事故报警后,根据事故的性质、严重程度、事态发展趋势和控制能力,对警情作出判断,确定相应的响应级别,通常分为三级。如果事故不足以启动应急救援体系的最低响应级别,响应关闭。

表 2.7 事故分级及响应级别

事故分级	重大及特别重大事件	较大事件	一般事件
响应级别	一级响应	二级响应	三级响应

分级响应。对不同的响应级别,相应地明确事故的通报范围、应急中心的启动程度、应急力量的出动和设备、物资的调集规模、疏散的范围、应急总指挥的职位等。发生重大及特别重大事件后,文化和旅游部启动应急预案,事发所在地省级旅游行政管理部门启动相应的应急预案,并在省级人民政府领导下进行具体响应;发生较大突发公共事件后,由省级旅游行政管理部门决定启动相应的旅游应急预案,并在省级人民政府(或相应的地方政府)的领导下,参与和协调相关部门和单位及时采取应急处置措施;发生一般事件后,事发所在地的旅游行政管理部门,在本级政府领导下,配合相关部门开展应急处置工作。

应急启动。根据旅游安全事件发生的特点,合理确定应急范围,范围过小起不到有效的保护作用,范围过大会造成应急资源的浪费;应根据旅游安全事件大小,合理确定应急队伍及装备、设施,应急队伍人员要精干、组织要得当、方法要正确;根据旅游安全事件的紧急程度,合理确定处理安全事件所需的响应时间及处理时间。

3. 应急处置。

有关应急队伍进入事故现场后,迅速开展事故侦测、警戒、疏散、人员救助、工程抢险等有关应急救援工作,专家组为救援决策提供建议和技术支持。当事态超出响应级别,无法得到有效控制时,应向应急中心请求实施更高级别的应急响应。

现场救援。发生旅游安全事故后,在识别和评价事故种类和危险源的基础上,根据安全应急预案或现场处置方案,各相关应急力量在现场应急指挥部的统一领导下开展应急救援和抢险处理,同时向有关部门报告进展情况,对受害者及相关人员进行妥善处理与安排。在救援中,快速、有序、有效地实施现场急救与安全转送伤员,是降低死亡率、减少事故损失的关键。

现场控制。在事故现场处置过程中,对现场的控制是必不可少的。可根据现场的特点,采取不同的控制手段,主要包括警戒线控制法、区域控制法、遮盖控制法、以物围圈控制法、定位控制法等。通过现场控制,一方面可保证处置工作的顺利进行,另一方面可避免现场可能存在的各种危险源危及周围无关人员的安全。

应急指导。现场指挥部要落实应急反应人力资源和应急物资的组织与协调,并分配职责。上级旅游主管部门根据现场应急需要,通过电话、文件或派出人员等方式对现场应急工作进行指导。根据现场应急工作的需要组成专家组,参与旅游安全应急指导,为应急处置提供决策依据。

信息发布。重视信息和新闻媒介的管理,设立新闻联络点,旅游事故应急指挥部负责事故信息的对外统一发布。发布的信息要准确、及时、协调一致,利用和引导新闻媒介,实现与旅游者、政府、大众之间的良好沟通,形成正确的社会舆论。对于较复杂的事故,可分阶段发布。

监测评估。旅游安全事故发生时,对事故的性质、持续时间、危害及其范围进行评估,对应急措施的有效性、科学性进行分析,对事故的发展趋势进行监测和预测,判定警示级别、危害范围、事件等级,提出应急处置方案和建议;在事故发展中,应根据事件进展情况和形势动态的评估,及时完善和纠正错误的应对措施,对症下药,指导各应急分队进行应急救援与处置,对影响区域的隔离与解禁、人员撤离与返回等提供技术决策支持;事故结束后,指导旅游地应急工作的评价,并进行事件的中长期影响评估。

事故记录。从事故发生到应急响应过程基本结束,参与应急的各类组织应按照有关法律、法规和应急预案的规定,执行记录保存、报告编写等工作,保存与事故相关的记录、日志及报告等资料,供事故调查及应急响应分析使用。

4. 应急终止。

根据突发事件的事态发展和处置情况,旅游行政管理部门依照权限,适时解除旅游警告,停止执行应急预案。

应急终止条件。事故现场得到有效控制,环境符合有关标准,事故条件已经消除;事故所造成的危害已被彻底消除;事故现场的各种专业应急处置行动已无继续的必要;采取了必要的防护措施,以保护公众免受再次危害,并已消除使事故可能导致的次生、衍生事故隐患,或引起的中长期影响趋于合理且可接受的水平。

应急终止程序。现场应急救援指挥部确认终止时机,或由事故责任单位提出,经现场救援指挥部批准;现场救援指挥部向所属各专业应急救援队伍下达应急终止命令;应急状态终止后,应根据上级有关指示和实际情况,继续进行旅游事故评价工作,直至无需继续实施其他补救措施为止。

应急终止后的工作。安全应急指挥部指导有关部门及旅游地单位查找事故原因及救援中存在的问题,提出改进措施并编写应急救援工作总结报告。旅游主管部门负责编制旅游安全事故总结报告,于应急终止后上报。重大旅游安全事件的应急过程评价由文化和旅游部组织有关专家,会同事发地省级人民政府组织实施,其他旅游安全事件由当地政府负责组织实施。

第四节　旅游事故恢复管理

发生旅游安全事故后,事故造成的破坏还会在很长一段时间内持续影响目的地。此时的工作重点是恢复旅游者和旅游地的信心,对安全管理战略的效用进行评估,对安全管理战略进行更新提高。

一、旅游安全恢复的阶段

按照旅游安全事故结束后的临界状态与旅游常态秩序标准之间的差距,旅游事故的恢复可以分为波动期、初复期、加速期、稳定期和分化期。

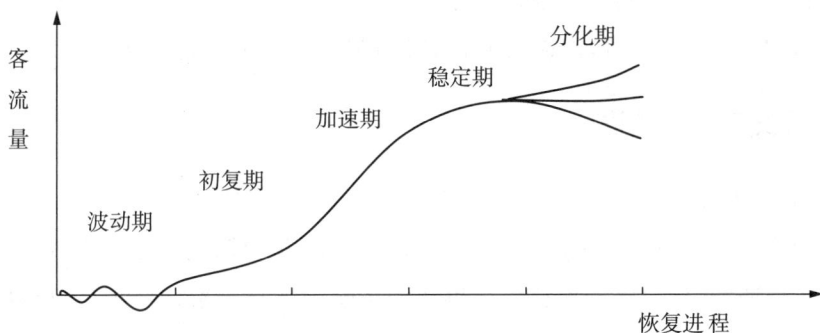

图 2.11　旅游安全事故的恢复阶段

（一）波动期

在恢复的波动期,相关部门及人员已经开始采取恢复措施,但因为存在潜在的衍生事故,大众对其旅游安全认知还处于不确定状态,旅游秩序基本处于瘫痪状态,客流处于波动之中,有时甚至会比事故结束时的客流还要少,但这只是暂时现象,只要旅游服务系统得到恢复,旅游业就会很快渡过波动期。

（二）初复期

在恢复的初复期,旅游地采取了一系列恢复措施,旅游秩序慢慢得到恢复。这时的旅游者主要是一些小规模的旅游者,大规模的旅游者还没有跟进。此时,旅游地的主要工作是把旅游安全形象传播出去,恢复旅游者的信心。

（三）加速期

在恢复的加速期,旅游者对旅游地的形象逐步得到矫正,旅游安全顾虑基本消除。在从众效应的影响下,旅游者受安全事件影响而搁置的旅游计划开始付诸实施,客流量加速回升。但在该阶段旅游系统依然十分脆弱,一旦再次出现影响旅游安全的事件,前期的恢复工作就会付诸东流。因此,该阶段对旅游安全环境的要求也更严格。

（四）稳定期

旅游业恢复到安全事件前的状态,旅游者对旅游地的安全认知不再对旅游决策产生负面影响,旅游发展不再需要政策扶持。最直接的指标是旅游人次达到或超过安全事件前的水平,旅游市场的波动呈常态的微幅震荡规则变化。

（五）分化期

旅游地受到安全事件的影响,其旅游产品性质、结构和游览方式可能会发生变化,产生顺应旅游者需求的方向或逆旅游需求的方向两种情况。顺应旅游者需求方向则转危为安,会巩固旅游地的市场地位和优势,在旅游者心目中的形象得到维护甚至得到进一步的提升,而逆旅游需求方向则会导致区域旅游业的衰退。

二、旅游安全恢复过程

（一）成立恢复小组

旅游安全事故被控制后,要成立安全恢复小组,指导恢复工作。旅游安全恢复小组的主要职能,是使旅游地从安全事故的影响中恢复过来,使旅游地得以生存,并保持可持续发展。安全事故恢复小组可以从事故处理小组转变过来。

（二）制订恢复计划

为保证恢复的效率,要根据对旅游事故影响程度和影响时长的评估,制订旅游安全恢复规划方案,确定恢复详细计划,确立恢复项目的轻重缓急,明确恢复期限和各期限内的目标和任务,推动旅游业尽快恢复和科学发展。

旅游安全恢复规划内容包括旅游地受事故影响的基本情况和影响评估、战略规划、旅游重建项目规划、旅游市场恢复和振兴计划、政策保障措施等方面。相关部门在恢复规划的基础上,通过信息收集,确定恢复目标和对象,制订恢复详细计划。恢复计划主要包括事故恢复对象的分类、对各恢复对象分配的资源和人员、补偿和激励、事故恢复的预算、事故恢复个人和团队之间的协调和沟通政策等。

（三）执行恢复计划

根据制订的恢复计划,各个具体执行部门开展恢复管理。执行恢复计划不仅需要政府的力量,还需要充分借助企业和社会的力量,这些社会力量包括一些慈善团体、保险公司、自发社会管理组织等。

三、旅游安全恢复内容

旅游事故的安全恢复首先应使事故影响区域恢复到相对安全的基本状态,然后逐步恢复到正常经营状态。

（一）现场恢复

现场恢复是指应急组织为保护旅游地安全及相关人员的健康,在应急响应后期采取的清理现场污染物、恢复主要生活服务设施、制定并实施人员重入、返回与避迁措施等一系列活动。现场恢复是强化扫尾工作,避免事故"死灰复燃"及出现新的紧急情况的重要措施。

（二）经营恢复

经营恢复首先要加强旅游生产能力的恢复,逐步实现将处理安全事故的相关资源投入到正常的生产经营中去;长期恢复则应吸取事故和应急救援的经验教训,对旅游地进行重新规划,对旅游产品、旅游线路、管理人才、旅游资源等进行整合,实现旅游产业素质的提升,通过全面宣传,改善旅游地形象,把旅游危机转化为目的地跨越式发展的机遇。

（三）心理恢复

旅游安全事故不仅会对旅游者造成身体上的伤害,更重要的是会对心理造成伤害,并且造成的心理伤害不仅仅局限在事故的直接受害者和幸存者身上,还包括受害者的家属、应急处置人员,甚至目睹、了解事故过程的人员。例如,一次道路交通事故往往影响5—10个家庭,对这些家庭成员造成精神损伤。自然灾害类事故往往被视做非人为、不可控制的,旅游者对此类事件的宽容度较高,心理恢复较快;人为事故往往被视为是管理者对旅游者的轻视和不负责导致的,旅游者对此类事故的心理容忍度较低,恢复相对缓慢。心理伤害对每个人的影响不一样,管理者要在事故解决后对相关人员进行心理干预，避免引起其他社会问题。

四、旅游安全恢复措施

（一）获取政策支持

政府应对受损旅游地的各类旅游组织（景区公园、酒店、旅行社、娱乐企业等）减免税费、低息贷款、发放津贴等，帮助旅游地渡过危机期。实践证明，将政策和赋税减免相结合，是旅游地增加收入、减少调整成本最经济的方法。

（二）修订安全战略

应根据实施的效果和形势的变化，定期对安全战略进行回顾和总结，对安全保障程序进行评估，同时关注新信息和组织的变化，加强与其他受影响地区间的合作，相互借鉴安全管理措施有效性方面的知识和经验，在此基础上，对安全战略进行持续、实时的修订更新。

（三）加强形象建设

在安全事件对旅游地的影响中，有形的设施或物质损失的弥补相对快捷、容易，而旅游形象的恢复难度较大。要增加形象建设方面的预算和人力资源配置，加强与媒体沟通，通过媒体展示旅游地的恢复情况和取得的成果，加强与旅行社等组织的合作，及时向他们通告旅游地的安全状况，通过良好的安全保障，提升旅游者预期，提高旅行体验，改善和提升外界对旅游地的印象。

（四）改善服务质量

旅游地应不断改善旅游服务质量。通过旅游接待调查结果反馈，奖励先进和建立旅游者投诉受理服务等方式，提高服务质量。如果服务没有满足预期，旅游者应该有地方投诉。如秘鲁的旅游者保护服务机构（SPT）就是国家消费者权益保障委员会下设的一个分支，提供投诉调解、信息咨询等服务，并对投诉信息进行分析，指出需要改进的地方。

（五）开展灵活促销

针对细分市场展开灵活促销，一是瞄准有经验的和有特殊兴趣的旅游者，这部分旅游者的需求弹性较小；二是吸引离旅游地较近的客源市场，距离短使旅游者对旅游地相对较熟悉，其安全认知更准确；三是创造与旅游贸易伙伴沟通的机会，如组织大型活动或会议、邀请旅游经营商或代理商进行实地考察等，在维系合作关系的同时，让他们了解旅游地在安全方面的投入和具体的对策措施。

案例回放

一、云南旅游安全的保障体系

（一）成立政府主导的安全协调委员会

云南成立了以省政府副秘书长和省旅游局局长为主任的"云南旅游安全工作协调委员会"，该机构的副主任由省旅游局、省安监局、省交警总队、省公路运输管理局、保险公司等单位的相关负责人担任。

（二）联合社会组织成立安全救援中心

2010 年 7 月，由保险公司、旅行社协会、旅游汽车协会等为主体，吸纳有关医疗机构、法律服务机构等组织在云南省民政厅注册成立了"云南省旅游安全保障和救援中心"，该中心是中国第一个省级旅游救援中心。中心开通 24 小时值班电话，在昆明、大理、丽江、西双版纳设立工作站。救援中心主要负责制定和组织实施有关重大旅游安全事故的风险防范和处置预案；通过建立救援、理赔等快速处理平台，负责有关旅游安全事故处理的统筹协调、应急救援、医疗救助和费用垫付，负责有关人员伤亡及善后事宜的处理，对有关伤亡人员的家属等进行安抚慰问工作，确保有关旅游安全事故得到及时、有效的处理，保障旅游者、旅游经营者的合法权益。

（三）创新设计出旅游安全组合保险

针对旅游行业经营过程中的风险特征，确定了"旅保合作"的基本思路，降低支出、提高保障、扩大服务范围、打破保险常规，创新设计出云南省旅游安全组合保险，具体保险内容包括旅行社责任险、客运承运人责任险、机动车辆交通事故责任强制保险以及投保金额不低于 50 万元的机动车第三者责任险。"有责赔付、无责垫付、代为追偿"，是旅游组合保险的服务精髓。统保后，设定每人每次事故的最高赔付限额为人民币 100 万元，单次事故的最高赔付为人民币 2 500 万元，全年事故赔付不封顶的理赔标准。

（四）建立旅游安全应急保障储备金

从收取的保费中提取一定比率的资金，作为"云南省旅游安全应急保障储备金"，在出现重特大事故急需费用的垫付、处理有关不属于保险责任或超过保险责任限额而又确需支付的费用等。

（五）旅游安全事故处理的成功案例

第一起事故：2010 年 1 月 28 日上午，安石公路 10 车连环相撞。在旅行社尚未到场时，救援中心第一时间到达实施救援和垫付医疗费用。

第一起自然死亡案件：2010 年 2 月 18 日下午，珠海旅游者吴亦笑（女），在丽江玉龙雪山旅游途中猝死。救援中心以及北京江泰总公司于次日赶到丽江处理，以 30 万元补偿，处理完毕。本案属全国统保后的第一个死亡事件，也是在丽江开展旅游以来获得最高赔付的自然死亡者，整个事件的处理得到国家统保工作委员会的赞誉。

第一起协助追偿：2010 年 3 月 25 日，假日风光旅行社一名旅游者在餐厅用餐时摔伤手背造成骨折，按照有责赔付、无责垫付、负责追偿的原则，中心派出协调人员与旅行社一起对侵权方（餐厅）进行磋商，最终以 5 000 元的赔付圆满结束。

资料来源：瞿向坤：《中国旅游安全救援体系构建研究》，旅游教育出版社 2012 年版。

二、黄果树景区构建"安全景区"保障体系

黄果树景区坚持"安全第一、预防为主、综合治理"的方针，致力构建一套科学高效的景区安全管理保障体系，保障体系包括：明确景区安全监管与风险防范的组织架构和相关责任；全面辨识黄果树景区风险隐患，构建黄果树景区的风险排查与评估系统，形成科学高效的黄果树景区风险防范与监管体系；明确并构建黄果树景区的重点区域、重要节点及其相应的风险防范与安全监管体系；构建黄果树景区突发事件应急体系，编制旅游公共突发事件、重点区域、关键节点以及各类专项应急预案；完善黄果树景区安全生产体系与安全责任制，健全和完善安全教育培训与宣传体系、景区交通安全生产与监管体系。

资料来源：《〈黄果树"安全景区"保障体系〉通过评审》，《中国旅游报》2018 年 1 月 10 日。

三、美国救灾机制的一体化管理

20 世纪六七十年代，美国发生了一系列重大自然灾害。为了应对各类灾难，1979 年，卡特政府组建美国联邦应急管理署，将原本分散在不同部门的救灾机构整

合起来,建立并不断完善了一套以美国联邦应急管理署为中心的一体化救灾机制。如今,联邦应急管理署隶属国土安全部,总部设在华盛顿,在全国各地设有办事处,4 000人随时待命应对灾害。联邦应急管理署的中心任务是保护国家免受各种灾害,减少财产和人员损失。这种灾害不仅包括飓风、地震、洪水等自然灾害,还包括恐怖袭击和其他人为灾难。最终形成一个建立在风险基础上的综合性应急管理系统,涵盖灾害预防、保护、反应、恢复和减灾各个领域。美国是自然灾害多发国家,其通过历史经验积累和科学总结,逐步完善了以美国联邦应急管理署为中心的一体化救灾机制,值得我们学习和借鉴。

资料来源:胡毓娟:《论自然灾害防治的国际比较与经验借鉴》,《四川改革》2008年第6期。

四、中外突发事件紧急救援的总体经验

(一)法规制度体系

紧急救援法律体系:明确紧急救援的责任、内容、对策等,特别是防灾体制、灾害应急事态处置对策、财政措施等,建立统一的观测、预报和应急救灾组织体系,规范社会各阶层人士的防灾行为;紧急救援预案体系:包括总预案和针对各部门的分预案以及针对各突发事件类型的分预案。

(二)领导组织体系

建立紧急救援领导体系:总指挥部、日常管理机构、专家咨询委员会、现场指挥部等领导指挥机构;建立紧急救援组织机构体系:整合特种安全部队、消防、医疗、治安、工程抢险等紧急救援的专业技术机构。

(三)人力资源体系

建立精干高效的紧急救援队伍:组建各级别专业紧急救援队伍;科学制定训练、演习方案:增强紧急救援实战能力;建立社会组织、公众救援队伍:支持组建具有一定自救、互救知识和技能的社区志愿者队伍,形成多层次综合紧急救援队。

(四)救援保障体系

技术保障:促进高新科技在紧急救援中的运用,包括技术和相关设备研发、交流、引进;物资、经费保障:紧急救援设备和物资的到位,紧急救援资金的筹措和落实;通信与信息保障:利用现代高新技术提升紧急救援能力,建立统一的突发事件

紧急救援信息系统,具备通讯、预警、灾情评估和监视、公众信息与新闻媒介等多方面的功能。

资料来源:唐钧:《中外紧急救援成功案例研究》,中国社会出版社 2008 年版。

练习思考

一、填空题

1. 旅游安全教育包括_____教育、安全知识教育和安全技能教育。

2. _____是聚集社会资金,对个体偶然发生的旅游安全事故予以补偿的一种方式。

3. _____是明确旅游企业的各级领导、职能部门和员工在生产经营过程中所担负的安全工作范围、内容、任务和责任的规定。

4. 旅游安全管理可以分为政府、企业和_____三个层次。

5. 安全检查从查思想、查制度、查纪律、查领导、_____、查整改等方面着手。

6. 旅游安全预警系统应至少包含安全信息收集、安全信息分析、安全对策制定、信息发布、_____等基本职能。

二、单项选择题

1. 旅游安全管理的原则是(　　)。

A. 安全第一,预防为主　　　　　B. 统一领导,分级管理,以预防为主

C. 统一指导,分级管理,以基层为主　D. 预防为主,管理为辅

2. 在旅游安全管理方式中,(　　)简单、明了,指挥管理统一,但易产生遗漏或偏差,只适用于规模很小、非常简单的小型旅游企业。

A. 直线制　　　B. 职能制　　　C. 直线职能制　　　D. 网络结构

3. (　　)是应急机制的基础,也是整个应急体系的基础。

A. 分级响应　　　　　　　　　B. 统一指挥

C. 公众动员机制　　　　　　　D. 以人为本

4. 以下选项中,不属于旅游安全风险预测方法的是(　　)。

A. 外推法　　　B. 因果法　　　C. 直观法　　　D. 幕景法

5. 以下选项中,(　　)不是我国的旅游安全警示形式。

A. 提示　　　B. 劝告　　　C. 公告　　　D. 警告

6. 决策者不能肯定将来发生的自然状态,但可对各种自然环境因素的概率作出估计的决定,属于（　　）。

A. 不确定型决策　　　　　　　　B. 确定型决策

C. 模糊决策　　　　　　　　　　D. 风险决策

7. 根据事故的性质、严重程度、事态发展趋势和控制能力,对警情作出判断,确定相应的响应级别,通常分为（　　）级。

A. 一　　　　　B. 二　　　　　C. 三　　　　　D. 四

8. 当相关部门开始采取恢复措施,但因为存在潜在的衍生事故,大众对其安全认知还处于不确定状态,属于旅游安全事故恢复的（　　）阶段。

A. 波动期　　　　B. 初复期　　　　C. 加速期　　　　D. 分化期

三、简答题

1. 旅游安全管理有哪些制度?

2. 旅游安全政策法规体系有哪些表现形式?

3. 列举旅游安全管理的特征。

4. 如何进行事故隐患控制?

5. 简述旅游安全预警系统的构成。

6. 论述旅游系统各主体的安全教育内容与方法。

7. 简述旅游安全文化的建设模式。

8. 简述事故应急救援体系的构成。

9. 简述旅游事故应急救援的原则。

10. 旅游安全恢复措施有哪些?

第三章

自然灾害的防范与应对

学习要点

掌握自然灾害的防范方法;了解自然灾害的应急处理程序;熟悉身处困境的自救和求救方法;掌握暴雨洪涝、高温热害、寒潮冻害、风害、雷电、大雾等气象灾害的安全管理和避险自救方法;掌握地震、火山、滑坡与泥石流、流沙、沼泽地的避险与自救方法;熟悉涌潮和海啸的安全防范措施;熟悉生物危害的应对措施。

基本概念

自然灾害、日射病、地震、滑坡、泥石流、涌潮

旅游自然灾害是由于自然现象的异常变化作用于旅游系统,从而造成人员伤亡、财产损失、社会秩序混乱,影响和阻碍旅游经济发展的事件。自然灾害突发性强、破坏性大,旅游企业受到自然灾害的冲击程度与旅游企业所处的地理位置、经营类型和特点等有关,特别是自然型旅游地多分布于山区,自然灾害发生概率较大。

第一节　自然灾害防范与应对概述

中国是世界上自然灾害最严重的国家之一,平均每年造成近 2 万人死亡,直接

经济损失约占国民生产总值的 3%—5%。据《中国灾情报告(1949—1995)》分析,在各种自然灾害的直接经济损失中,气象灾害(包括洪水)损失最大,约占 68%,其次是农业生物灾害、地震灾害、森林生物灾害、海洋灾害、地质灾害及其他灾害;死于灾害的人数以地震灾害最多,约占 54%,其次是气象灾害(包括洪水)约占 40%,地质灾害约占 4%,海洋灾害、森林灾害占 1%,其他灾害占 1%。

一、自然灾害的防范

(一)完善制度建设

建立健全旅游安全管理制度,建立科学、有效的应急决策支持系统。配合各级旅游行政部门,针对旅游区可能遭受的自然灾害,分别制定科学、周密的应急预案;根据旅游区的实际情况,联合消防、公安、交警、医院、客运等部门,对应急预案进行实地演习,加强各部门应对灾害时的协调能力。

(二)重视安全开发

旅游开发要未雨绸缪,提高安全在旅游开发决策中的权重,降低对自然条件的依赖程度,对生态稳定区要实行保护性开发,对生态较稳定区实行谨慎开发,对生态脆弱区则禁止开发。

1. 重视旅游安全评价。

提高对旅游安全的重视程度,对风险因素进行细分和评价,对重大风险因素采用"一票否决"制。一些旅游地虽然生态环境质量高、景观美,但是多灾,有些溪谷易发山洪,有些山体易崩塌,有些沼泽瘴气弥漫,就不宜开发成旅游点。这样就使主要风险因素在旅游开发中就得到重视,为以后的发展消除安全隐患。

2. 实行旅游安全规划。

旅游规划不但包括经济导向和社会导向,还应起到安全导向的作用。在旅游规划中,应重视安全风险调查,在指导思想、总体战略、旅游开发布局、旅游项目设计、投资估算、政策措施保障等规划要项中,应充分考虑安全因素,开发安全有保障的旅游项目,在投资估算中增列风险估算,充分考虑自然灾害可能造成的损失和防灾减灾成本,引导投资规避风险大的旅游地和旅游项目。

3. 修建灾害防范设施。

旅游区应有贯穿整个游览线路的广播和警铃系统,工作人员应配备可靠的通信设备。在易发生自然灾害的危险地段、场所设置规范、醒目的安全警示标志或危险地带提示。在各个公共建筑、娱乐场所和客流量较大的地段应设有安全出口、应急通道和安全疏散通道，并确保这些通道的畅通。

4. 提高抗灾减灾能力。

在旅游区修建防护林、塘坝、排洪渠等防灾抗灾的永久性和临时性工程措施，并修建与旅游区规模相匹配的地震避难所、防洪高台和其他布局合理的灾害避难所，提高旅游区抗水、抗风、抗海潮、抗震等能力。加固安全护栏，降低灾害发生的可能性，保护旅游区免遭破坏。配备一定规模的医疗室（站）。

（三）加强公众教育

灾害与我们隔邻而居，据统计，每年平均 30 人中就有 1 人遭灾。因此，要对公众进行应对自然灾害的教育和培训，培养公众的风险意识，使其掌握紧急情况下的自救、互救方法。作为旅游者，遇到恶劣天气和自然灾害时，应远离危险地段或危险地区，切勿进入旅游区规定的禁区内，并采取相应的防护措施。日本政府及其公众有很强的危机意识，政府在地震等防灾减灾和个人的逃生自救等方面注重对公众的教育和日常训练，这对自然灾害发生时的应急处置工作，如对伤员的救治、失踪者的寻找、救灾物品的发放等，都非常有利。

（四）加强安全管理

1. 加强灾害监测。

旅游区管理单位应与气象、地质、防汛等相关自然灾害管理机构合作，加强自然灾害的监测和预报。我国 24 小时晴雨预报准确率达到 85％以上。在获得其征兆时，应及时通过媒体向旅游者作出公开、真实的说明和明确的警示，告之目前的灾害情况和应采取的安全防护措施，最大限度地减轻灾害影响。昆明 1999 年筹办世界园艺博览会期间，曾遭受过一场很大的雪灾，严寒给热带植物造成了巨大的威胁，给园艺博览会的顺利举办带来不利影响。世界园艺博览会筹办各方与气象部门通力合作，及时预报天气变化，提早采取预防措施，使热带植物渡过了危难期，保证了世界园艺博览会如期开园。

2. 规定适游时空。

旅游区应趋利避害，在调查研究的基础上，按风险等级科学地规划旅游安全区、风险区，确定旅游风险可能出现的时间段，对有风险的区域和项目，规定安全适游时空，严禁为了经济效益，在非安全时空开展旅游活动。对于风险严重的地区、地段，应封锁并加以修整；在风险集中时期，应暂停营业，从源头上避免自然灾害对旅游者的伤害。

3. 增强人员管理。

旅游区要加强员工的救护培训,使员工掌握基本的救灾方法、急救手段和自我保护措施。管理人员的文化素养应符合从业资格规定,导游(讲解员)应持证上岗,有基本的专业知识及很强的防灾、救灾意识和责任感。旅游区应设置专职的联络、巡逻、检查人员,随时向上级汇报安全情况,并与相关灾害管理机构联系。聘用熟悉地形的人员作备用人工联系和消息传递者,以备通信设施受损时的沟通。

4. 做好应急准备。

旅游区应针对自然灾害多发期制订周全、合理的安全措施。设立 24 小时求助和报警热线,派专人值守。常备不懈,做好人员、物资和资金等方面的储备工作。一旦发生自然灾害,应设立紧急指挥中心和紧急救援中心,根据预案,结合实际情况采取积极的应对措施,迅速地控制灾害的扩大、蔓延,组织旅游者有条不紊地撤离险地,尽可能地减少自然灾害的危害程度,使损失降低到最小。

二、自然灾害应急处理程序

自然灾害危及旅游区内旅游者或饭店内入住客人的人身安全时,应急处理程序如下:

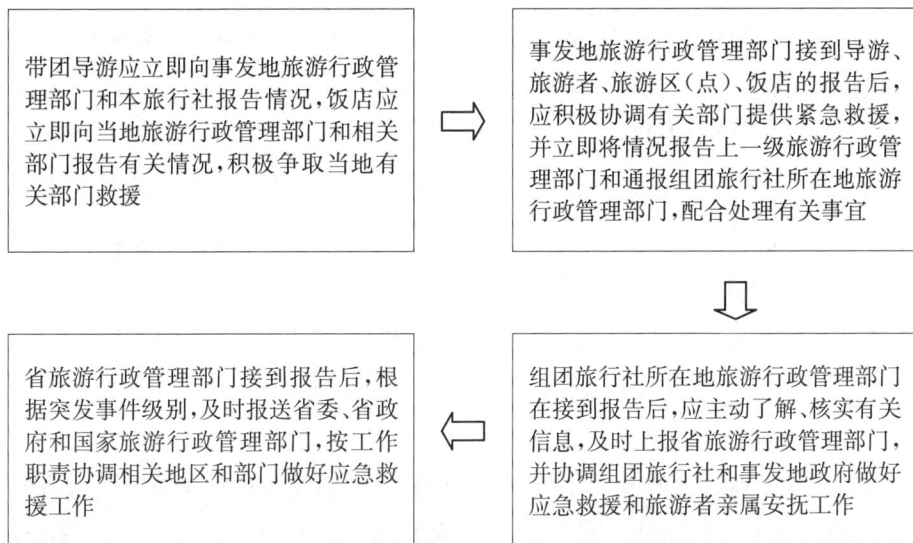

图3.1　自然灾害的应急处理程序

三、身处困境的自救方法

在户外旅行,特别是探险时,应掌握基本的户外生存技能,以备不时之需。

(一)寻找水源

"饥能挡,渴难挨",在人类遭遇的自然灾难中,最终死于干渴的约占30%,排在各类最终死因的第一位。在户外遇险的情况下,要减少消耗和运动,寻找水源,节约用水。多人的话还可"相互近面呼吸",在炎热地带要"夜行晓宿",从而延长生存时间。

表 3.1 人在不同气温、不同饮水量下的生存时间

阴影下最高气温（摄氏度）	人在阴影下生存时间(天)					
	无水	1 升水	2 升水	4 升水	10 升水	20 升水
49	2	2	2	2.5	3	4.5
43.3	3	3	3.5	4	5	7
37.7	5	5.5	6	7	9.5	13.5
32.2	7	8	9	10.5	15	23
26.5	9	10	11	13	19	29
21	10	11	12	14	20.5	32
15	10	11	12	14	21	32
10	10	11	12	14.5	21	32

植物取水。植物的绿色坚果可以止渴;竹类等中空植物的节间常存有水;藤本植物往往有可饮用的汁液;棕榈类、仙人掌类植物的果实和茎干都含有丰富的水分;灌木根以及嫩植物中都有水。

动物取水。一天获取 3 千克鱼,可以满足一个成年人一天对淡水的需要。方法是:把鱼切成小块,或在鱼背上用刀划出十字口子,然后用力挤出水来;或取出大鱼内脏,饮用鱼内流汁。

海岛觅水。在海岛迎风坡一侧,往往有水和食物;在洞穴里可以找到淡水;挖掘海岸"井"取水时,水坑要挖在潮汐标志以上的安全地带,其深度要能使水汇集在坑底。撇去表面水,待沉淀后用上层水。

冷凝制水。在海上漂流,可以在船上撑起一个"雨篷",这样水蒸气会上升到雨篷顶部,经冷却会变成水珠流到船底,可收集起来以备不时之需;挑选嫩枝条,套上塑料袋,袋口朝上,袋的一角朝下,能收集到凝结水;将刚砍断的植物枝叶放在大塑

料袋里,在温度升高时会产生凝结水;在沙漠中,选择潮湿的地方利用太阳热能蒸馏制水;海水和尿液通过蒸馏,也可以饮用。

找水路径。到河流上游找水,沿着鸟类的飞行方向找水,干河床下找水,河道转弯处外侧最低处找水,在山脚下植物茂盛的地方找水,在峡谷底和斜坡下寻找泉水,跟踪人或动物足迹找水。

水质鉴别。根据水的色、味、温度、水迹,可大致鉴别水质的好坏。纯净水在水层浅时无色透明,深时呈浅蓝色,可用玻璃杯或白瓷杯盛水观察。清洁的水一般是无味的,深层地下水水温低而恒定。可用一张白纸,将水滴在上面晾干后观察水迹,清洁的水没有斑迹,斑迹多则水中杂质多、水质差。水要净化,把水煮沸,加少许盐、漂白剂摇晃均匀,沉淀后饮用。

(二)寻找食物

在野外,可以采食动植物充饥,将动物捕获后烤熟可进食,但不要食用病态的哺乳动物,也不要食用动物肝脏。植物的采食相对较复杂,要避免中毒。另外,不能长期依赖单一植物,不要断定动物食用的植物一定能被人所食用。

采集:采集绿色幼枝、球根、块茎、落果等。不要采集乳白色、乳状汁液的植物,不要采集亮红色植物,不要采集分裂成五瓣形的浆果等。将采集到的植物割开一个小口子,放进一小撮盐,然后观察原来的颜色是否改变,通常变色的植物不能食用。

尝试:一个人一次只能尝试一种植物,当感觉不适时可用木炭灰催吐。切下植物闻一闻,如果有苦杏仁味或桃树皮味,则弃之。挤榨汁液涂在前上臂,如有不适要弃之。如无不适,可以咀嚼一小块,有任何不适,同样弃之。如无不适,可以吞咽一小块并等待数小时,如仍然没有不良反应,可以认定该植物安全可食。

确认:温带地区的蒲公英、荨麻、车前草,热带及亚热带地区的棕榈类、野生无花果、竹类,荒漠地区的仙人掌、刺梨,极地地区的云杉、北极柳、地衣,海岸地区的巨藻和紫菜等,都可以食用。

(三)野外生火

野外生存离不开火,打火机、火柴等火种都要保存好。如果没有这些火种,可以钻木取火,还可以用石块敲击或放大镜(望远镜、瞄准镜、相机上的凸透镜可代替)聚光取火。

捡拾干柴。就地取材,寻找易燃的引火物,如枯草、干树叶、干树皮、松针、松脂、细树枝、纸、棉花等。然后捡拾干柴,干柴要选择干燥、未腐朽的树干或枝条。要尽可能地选择松树、栎树、柞树、桦树、槐树、山樱桃、山杏之类的硬木,这些硬木燃烧时间长、火势大、木炭多。不要捡拾贴近地面的木柴,贴近地面的木柴湿度大、不易燃烧且烟多熏人。

科学生火。清理出一块避风、平坦、远离枯草和干柴的空地。在一般情况下,在避风处挖一个直径1米左右、深约30厘米的坑,如地面坚硬,可用石块垒成圈,将引火物放置在中间,在上面放上细松枝、细干柴等,再架上较大较长的木柴,然后点燃引火物,引燃干柴。如果引火物将要燃尽而干柴还未燃起,则应从干柴的缝隙中继续添入引火物,直到把干柴燃起。火堆应尽可能生在近水处,以便发生危险时及时灭火。

(四) 搭建帐篷

选择背风防雨、水源较近、空旷平坦、干燥有依傍、无太多石块、山洪无法淹没处,利用天然地形和地物,因地制宜地搭建帐篷。帐篷形式各样,主要有圆锥形帐篷(将多根圆杆一端绑在一起,形成圆锥顶点,另一端斜插入地,用雨披、地膜、塑料布、帆布等覆盖)、屋顶形帐篷(把绳子拴在两树之间,将雨布搭在绳子上,张开后底边用石头压住)、一面坡帐篷(把雨布一头固定在断墙或棱坎上,另一头固定在地面)、遮棚(先撑棚架后盖顶,围墙铺床同时行,最后挖出排水沟,铲除杂草把地平)、吊床等。

(五) 辨别方位

出游前要对行程做好充分的准备工作,了解行程的线路,准备目的地的地图、哨子、手电筒和指南针等。最好请当地的向导同游,在行进过程中随时给自己制作路标,路标一定要做在返回的时候容易找到的位置,留意并牢记身边特殊的山形、地势、岩石和树木。最好穿色彩艳丽的服装,以便迷路时被营救人员发现。

迷路后,应尽量沿原路返回,可用手表、生物等确定方位,或找到一个制高点,观察附近的情况,确定行进方向。在返回时,不应下到低海拔的沟里,而要往高海拔的山体上走,沟谷里很难判断方位,且雨后易发洪水、泥石流。

标杆识别方位:找一根又高又细的标杆,使它与地面垂直放置,把一块石头放在标杆影子的顶点A处,至少过10分钟以后,标杆影子的顶点移到B处时再放一块石头,那么A、B两点连线就是东西方向,与其垂直的方向就是南北方向,向太阳的一端是南方。

手表识别方位:把手表水平放置,将当时的时间(24小时制)减半后的位置朝向太阳,表盘上12所指的方向就是北方。比如上午8时,除以2商数为4,将表盘上的4对准太阳,12所指的方向就是北方了。

生物识别方位:蚂蚁的洞口大都是朝南的;岩石上布满苍苔的一面是北侧,而干燥光秃的一面则为南侧;树的年轮总是南面的宽而北面的相对较窄;树南侧的枝叶茂盛而北侧的相对稀疏;秋天草木先发黄的一边是北边;树胶分泌多的一面是南边。

星辰识别方位:先找到天上的北斗星,沿着其"勺柄",找到第六与第七颗星,根据两点决定一条直线的数学原理,在这条连线5倍左右的延长线上找到比较明亮的一颗星,那就是北极星,它所处的方向就是北方。

四、身处困境的求救方法

身处困境时,首先要在心理上保持高度的生存渴望,坚信自己能够获救,然后根据自身的情况和周围的环境条件,正确判断、果断决策,发出不同的求救信号,以便得到救援。在一般情况下,重复三次的行动都象征寻求援助。

(一)手机

寻求救援,最便捷的方法就是利用手机。迷路多发生在山区或林区,因此,进入山区、林区之前,应提前关掉手机。即使在迷路时,如果手机没有信号,或者不需要开机联系时,也要关闭手机,以节约电能,保证在关键时刻能与外界沟通联络。山脚、沟谷等处手机信号很难保障,应到较高的地方尝试,直到接通为止。用手机向外界呼救时,应尽量采用短信方式呼救,并每半小时或一小时开机收发信息,这样可以节省手机电量。

(二)烟火信号

燃放烟火是最常见的求救方法。白天用烟,即在火堆上添加一些橡胶片、青嫩树叶、苔藓、蕨类植物等,使火堆产生浓烟;夜晚用火,在开阔地上,向可能的救援方向点三堆明火,火堆摆成等边三角形,每堆火的相互距离均为15米,火堆要尽可能做大,如果没有这样的条件,点燃一堆也行。

(三)声光信号

国际统一的求救信号是:1分钟发出6次哨音(或挥舞6次、火光闪耀6次等),然后安静1分钟,再重复。白天用镜子借助阳光,夜间用头灯、手电,向地面或空中的救援人员反射间断的光信号,光信号可传 16 公里远的距离。方法是将一只手瞄准要传达的地方,另一只手持反光镜调整反射的阳光,并逐渐将反射光射向目标。

（四）SOS 标志

"SOS"是国际通用的船舶和无线电呼救信号,即三短三长三短,不断地循环。它可以写出,也可以发报,还可以用旗语或其他方式表达,如用树枝、石块或衣物等在比较明显的山坡或空地上摆放出尽可能大的"SOS"或"HELP"等求救字样,并在求救字样的显著位置插红色或其他颜色鲜艳的标志物,以便让救援人员发现。如果救援者位于听觉范围以内,叫喊声也成为呼救信号。

（五）旗语信号

把旗子或亮艳的衣服、帽子、布料系在木棒上,持棒在左侧长划,右侧短划,加大幅度做"8"字形运动。如果双方距离较近,可作简单的划行动作:在左侧长划一次,右侧短划一次,前者应比后者用时稍长。

（六）其他求救方法

地面信号物使营救者和自己能了解所处的位置或者去过的地方,方向指示标有助于他们寻找你的行动路径。信号物如将岩石或碎石片摆成箭形;在地上放置一根分叉的树枝,用分叉点指向行动方向;用三块岩石、木棒,上面压丝巾、手帕或帽子等,表示危险或紧急。信标机、无线电通讯机、卫星电话、GPS 定位仪等设备都可用于求救。

第二节　气象灾害的防范与应对

气象灾害对人类造成巨大影响,全世界每年因气象灾害死亡的人数占因自然灾害死亡总人数的 45% 左右。对旅游者生命财产、旅游资源及设施等造成各种损害的气象灾害主要有暴雨洪涝、高温热害、风害、雷电、浓雾等。

一、暴雨洪涝灾害的防范与应对

暴雨洪涝是指长时间降水过多或地区性持续的大雨(日降水量 25.0—49.9 毫米)、暴雨(日降水量大于等于 50.0 毫米)以及局部性短时强降水引起江河洪水泛滥,引发地质灾害,造成人员伤亡、旅游资源或设施损害的一种灾害。

（一）预防措施

暴雨洪涝不仅会对旅游者的身心造成伤害,还会破坏旅游区的地貌、植被,影响旅游交通,破坏基础设施及游乐设施,影响旅游发展。旅游区要贯彻"全面规划、综合治理、防治结合,以防为主"的方针,通过各种措施防治暴雨洪涝灾害。

1. 扩大绿地覆盖。

暴雨洪涝的发生与生态环境的破坏息息相关,特别是乱砍滥伐,造成林地面积的减少,使地表的水土保持和水源涵养能力大大降低,如松厚的枯枝落叶,可吸收降雨量的 50%,每亩林地比无林地最少能多蓄水 20 立方米。因此,旅游区应禁止砍伐林地,要封山育林、退耕还林还草、绿化荒山,扩大绿地覆盖率,做好水土保持工作。

2. 进行安全开发。

在山地旅游区,当天降暴雨时,容易产生滑坡、崩塌、泥石流等地质灾害,应避免在山地陡峭、有地质灾害隐患的地方建观景台及其他建筑物。旅游区内应合理设置防雨设施及场所,按要求设立警示标志,禁止在危险区域逗留。

3. 建设防洪设施。

在旅游区建设之前,要因地制宜地确定防洪标准,并与流域规划相协调,对建筑物、道路等设施,要考虑防洪、抗冲能力,预留泄洪道,疏通淤积通道。通过工程、生物措施的结合,充分利用水利设施进行水量调节。在雨季到来之前,对道路、建筑等加以检修,适时采取防范措施,如加固、整修等措施,减少危害。

4. 做好灾害预警。

建立气象灾害预警系统,健全气象风险防范机制,通过科学考察和评估,第一时间将有关预警信息、防灾避险知识、提醒注意事项等通过短信、广播、网络等渠道向公众发布,在预见到可能发生严重气象灾害时,及时将可能发生灾害的旅游区完全封闭,禁止旅游者进入,杜绝意外事件发生的可能性。

（二）防范措施

1. 关注天气预报。

外出旅行前,特别是在汛期,应及时关注当地的气象预报,了解目的地及途经路段天气情况,不到可能有暴雨或山洪发生的地区旅游。

2. 及时安全转移。

遭受洪水威胁时,对于身在受灾地区范围之内的人们,迫在眉睫的问题就是如何迅速转移。应及时关注相关部门发布的洪水灾害预警信息,包括转移方式、转移路线和安置地点等,按照预定路线,有组织、有秩序地向山坡、高地等处转移。在已经受到洪水包围、措手不及的情况下,要尽可能利用船只、木排、门板、木床等,做水上转移。

3. 做好应急准备。

如果准备在原地避水,应当充分利用条件,准备必要的饮用水、食物、医药、通讯和取火设备等,将衣被等御寒物放至高处保存。搜集木盆、木块、泡沫板等有浮力的物品捆绑扎成筏,在水没上来时上筏。在室内避水时,应该在室内进水前,及时拉断电源,以防触电。

（三）平原水灾应对

平原洪水一般能较快地得到救助,只要渡过紧急时刻就易获救。洪水来袭时,不要爬到泥坯墙的屋顶,不要攀登、触摸和接近高压线铁塔、电线杆等,要往高处走,向山冈、楼房的高处去避险,爬上高树也可暂避危险。欲节省体力,应用绳子、衣物等将身体与烟囱、树木等固定物相连。洪水过后,应服用预防流行病的药物,做好防疫消毒工作,避免发生传染病。

（四）山地水灾应对

在户外宿营时,宿营地一般应选择在开阔、傍水而不近水的地方。在不熟悉的山区旅行时,要有向导,避开地质不稳定的地区。在山区遭遇暴雨时,应马上寻找较高处避洪,不要躲在危岩和不稳定的巨石下。千万不要在山谷中逗留,因为山谷是山洪暴发的行洪道,要向其两侧避开,并向高处找路返回。困在山中时,要选一高处平地或山洞或其他远离行洪道的地方休息求救,将现存的水、食物、药品、火种以及必需用品保管好,做好1—2日的待救准备。同时,要节约粮食和熟食品,注意饮水清洁。

（五）落水过河应对

"善泳者溺于水",不到万不得已时不应下水,洪水汹涌时,水中的旋涡、暗流等极易对人造成伤害,水中的漂浮物也可能将人撞昏,导致溺水身亡。落水后,应就近抓住身边漂浮的物品,如桌椅板凳、箱柜、塑料桶等,有船则更好。在水中,要提高警惕,防范其他危险,如毒蛇、毒虫、电线、漂浮物等。同时,要互帮互助,积极主动地寻求生机。

洪水过河。沿河岸行走,寻找有桥梁的地方过河,如找不到桥梁,选择河岸较直、河面宽广、水流不急、水深在膝盖以下的河段过河。一般先将安全绳的一端系在腰上，另一端绑在岸边大树或岩石上并由旅伴抓住，手持竹竿、木棒，保持平衡并试探水深和河床情况，反水流方向前进。迈步时要前一足踏稳，后一足才提起，步幅不宜过大。有数人时，可 2—3 人相互挽在一起过河。过河后，将绳扎牢在树上或岩石上，其他人再抓住绳子涉水。如果水已齐腰，就可能导致倾倒，这时切不可涉水，或必须有可扶的绳索或固定物体才可过河。

二、高温灾害的防范与应对

日最高气温≥35 摄氏度为高温日，日最高气温≥38 摄氏度称为酷暑日，连续出现 3 天以上（包括 3 天）≥35 摄氏度高温或连续 2 天出现≥35 摄氏度并有一天≥38 摄氏度为高温热浪。高温灾害不但影响出游心情，还会引发中暑、日射病等疾病。

（一）减少热能排放

实行绿色旅游，推行低碳酒店、低碳餐饮，减少热能排放。旅游区应结合实际情况，合理利用常规能源，大力提倡使用太阳能、风能、水能、生物能等清洁能源和可再生能源，如太阳能热水系统、太阳能发电系统、风能发电系统等，这些清洁能源系统不但节约成本，能有效减少热能排放，还可成为一种包含科技理念的新景观。

（二）增强热量吸收

在旅游中心区周围营造一定宽度的林带，使旅游区成为林海中的"岛屿"，从而产生林地与"岛屿"间的局部热力环流，降低旅游区气温。增加旅游区的喷水、洒水设施，使旅游区下垫面的蒸发量增多，消耗地面和空气中的热量。增加旅游区下垫面对太阳辐射的反射能力，如建筑物表面用浅色材料装饰，减小下垫面增温的幅度。

（三）个体防护措施

当日最高气温>30 摄氏度时，人体感觉不太舒适，不利于进行旅游活动；遇日最高气温≥35 摄氏度的高温天气时，可引起部分旅游者中暑，形成旅游气象灾害天气；遇日最高气温≥38 摄氏度时的酷热天气时，应停止旅游活动。

1. 做好防晒工作。

在海滨、高山或夏季进行户外旅游活动时，由于在强烈阳光下暴晒过久，头部缺少防护，可能导致颅内温度升高（可达 41—42 摄氏度），还会引发日射病。日射病的主要症状有脑及脑膜水肿、充血，发生高烧、头痛、头晕、恶心、呕吐、耳鸣、眼花、昏睡、烦躁不安、意识障碍等,严重者发生抽搐昏迷甚至死亡。

在高温天气应减少外出旅游,暂停户外或室内大型集会,尽量留在室内,并避免阳光直射;必须外出时要打遮阳伞、穿浅色衣服、戴太阳镜和宽檐帽等,避免烈日直接暴晒头部;应做好防晒工作,每隔2个小时涂抹一次防晒霜,而且要足量涂抹,在脸部、手臂、背部和颈部,更要全部涂满。

2. 进行降温防暑。

室内空调温度不要过低,无空调时可选择其他降温方法,如向地面洒水。浑身大汗时不宜立即用冷水洗澡,应先擦干汗水,稍事休息,再用温水洗澡。旅游前要保证充足的睡眠,天热时赶车、船不可太急,时间要安排得宽松一些。旅游时不可携带过多、过重的东西,避免过度劳累,出汗过多。带上折叠扇及人丹、清凉油、十滴水等防暑药品。在旅途中应注意补充水分,喝盐白开水、绿豆汤或含钾、镁、钙盐的防暑饮料,不可过度饮用冷饮或含酒精饮料。

(四)中暑应急处理

外出旅游,旅游者在烈日下暴晒或在高温环境下跋涉赶路,或乘坐在闷热的车厢中,没有适当的休息,出汗较多,饮水又少,会导致体温调节中枢发生障碍,水、电解质代谢紊乱及神经系统功能损害,造成中暑,出现眩晕头痛、恶心呕吐甚至昏厥死亡。

轻症中暑处理。轻症中暑时往往神志清醒,并无恶心、呕吐症状,应使中暑者脱离高温和阳光暴晒的环境,转移至阴凉通风处或空调室中休息,使其平卧,上身稍微垫高,松解衣扣及裤带,饮用含盐的清凉饮料、茶水、绿豆汤等,调节水、电解质平衡,并起到降温、补充血容量的作用;可服用人丹、藿香正气水等药物。

重症中暑处理。冷敷降温,把毛巾在微温的水中浸湿,敷在病人的额头、胸腹及四肢上,每3—4分钟更换1次。还可在颈两侧、腋下、腹股沟大动脉附近放置冰袋(或用冰块、冰棍、冰激凌等放入塑料袋内封好作为代替),可用冷水或浓度为30%的酒精擦浴,用扇子或电扇散热。若带有解热药,可服1片退热药片。如果中暑病人出现昏迷不醒的情况,可用指甲掐其人中,进行人工呼吸或胸外心脏按压,并及时送医院诊治。

三、寒潮灾害的防范与应对

寒潮是自极地或寒带向较低纬度侵袭的强冷空气活动。寒潮袭来时,会导致气温骤降,有时会降至零下 30 摄氏度左右,造成冻害,同时会伴有大风、暴雪,一些地方可出现 2 米深的积雪,许多野生动物将死于严寒。

（一）做好防护准备

寒潮来临时,大雪封山,道路受阻,不宜开展户外旅游活动。参加旅游活动时,要注意保暖,皮肤最好不要外露,应戴上棉帽、口罩、手套等,选择保温较好的羊绒制品或羽绒制品进行保温,保持脸、耳、鼻、手等裸露部位的干燥并涂擦防冻油膏。切忌在饥饿和疲劳状态下在野外旅行,途中休息时应勤换鞋袜,多用温水洗脚。保持衣物干燥,潮湿的棉制品的散热能力是干燥时的 200 多倍。如到高海拔地区旅游,则应佩戴护目镜,防止发生雪盲。在风雪中行进,应辨清方向,以免迷路。风雪中行车易失控,驱动轮上应装防滑链,防止车辆打滑。各种操作都要柔和,缓慢起步和行驶,并做好防冻准备工作。

（二）户外避寒措施

搭建避寒场所。在户外旅行,如遇风雪被困,应搭建窝棚或雪洞自救。选择一块平地,避开崖壁的背风处和可能发生雪崩的地方,最好是有大树覆盖的山脊上。在雪层较薄的地方,应先将架设点的雪扫净,在雪层较深的地方,应将雪压实压平。如暂时不移动,应在雪中挖坑埋设帐篷,以便更好地抵御寒风。在开阔地上设帐篷,要在迎风面设置一道雪墙用来御寒,也便于生火做饭。也可挖一个 2—3 米深的雪洞,地面留出气孔,防寒效果也较好。

治疗处理冻伤。首先应使患者尽快脱离寒冷环境,迅速脱去寒冷潮湿的衣物,进行保暖,并多方面补给热量。抬高冻伤处以减少肿痛,用温水或者施救者的体温将冻伤处温暖至恢复血色。轻度冻伤可用冻伤霜缓解,重度冻伤切忌火烤、热水烫、摩擦及按摩冻伤部位,应将受冻部位浸入 40—42 摄氏度的温水中复温,使冻结处软化,然后设法送医院治疗。

（三）冰面活动安全

在冰雪地带旅游时,应穿防滑鞋。在山地冰上行走,要特别谨慎,防止掉落山崖,保持同伴之间 10—12 米的安全距离,彼此用绳子连接,后边的人踏着前面人的脚印行走。水面冰层至少要 13—15 厘米厚才比较安全。初春温度回升,或者春季有新的降雪或降雨,可能会对原有的冰层产生破坏,故不要从冰面上穿行,也不可贸然去滑冰、嬉戏。发现冰面上有开裂现象时,要马上离开。如不慎落入冰窟,除呼救外,应张开双手,把手掌放在冰面上,将胸部贴在冰面上慢慢往外爬,爬出来后不要马上站立,而应继续慢慢爬行,直至到达安全地带。施救者不得靠近冰窟窿,以防冰面塌陷落水,而应在离冰窟窿较远距离的冰层上趴卧,将绳索、救生圈、竹竿等工具探入冰窟,再将人拽上岸。

（四）雪崩防范

在高大的山岭区域,雪崩是一种严重的灾害,因雪崩遇难的人数占全部高山遇难者总数的 1/3—1/2。

预防措施。雪崩多发生在冬春两季,特别是强降雪、雪层未稳定或将融解时,要慎入雪崩多发区。进入积雪较厚的山区,应带雪崩逃生绳、探棒、信号呼救器等。应避免进入陡坡或陡坡下方,小于 15 度的雪坡雪崩发生机会少,30—45 度的雪坡最容易发生大雪崩。禁止在冰雪槽内行进,人与人之间的距离要大,应避免横向穿越,要直上直下。据估计,90％的雪崩都是由受害者或者他们的队友造成的,细微的干扰、大喊大叫或者类似一声枪响的动静,都有可能引发雪崩。因此,进入积雪山区,不要发出剧烈振动,如打枪、放音乐、高声吼叫等。

自救措施。雪崩的先兆有:冰雪破裂声、低沉的轰鸣、雪球下滚、山上有云状灰白尘埃。发现雪崩先兆时,应丢掉包裹、手杖或其他累赘,往雪崩两侧逃离。如无法摆脱,可就近找岩石等掩体,躲于其后。被雪推倒后,在雪泻下瞬间,要闭口屏气或用衣物覆盖住口、鼻,以防窒息。据奥地利英斯布鲁克大学的研究,75％的人在雪埋后 35 分钟死亡,被埋 130 分钟后获救的成功率只有 3％。被雪掩埋后,要尽可能地在身边挖一个大的洞穴,让口水流出从而判断上下方,尽量使身体处于站立姿态,然后奋力向上挖掘,尽力冲出雪层。如不能从雪堆中爬出,要节省体力,听到有人来时大声呼救。

互救措施。看到同伴被卷走,要注视同伴的位置,在雪崩停止以后,沿着雪崩逃生绳寻找被埋压者,从四周挖开缝隙,以增加空气进入。同伴被救出以后,清除其口、鼻中的异物,必要时,进行心肺复苏。注意保暖,使其身体升温,恢复知觉后,可进些流汁,待完全恢复知觉,再送医院作进一步治疗。

四、风灾的防范与应对

当达到 7 级风(13.9—17.1 米/秒)时,户外活动就会受限,当达到 9 级风(20.8—24.4 米/秒)以上时,户外活动就不安全。在我国,主要的风灾有台风、沙尘暴、龙卷风等,风灾突发性强、破坏力大,是严重的自然灾害之一。

（一）关注预报，掌握动向

风灾到来之前，气象部门会对台风、沙尘暴、龙卷风等风害的移动路径、登陆地点、发生时间和风雨强度等作出预报。所以，旅游者可通过各种媒体及时了解当地的天气预报信息，在收不到天气预报的地方，可以通过一些常识来预测风害，如"跑马云，台风临""无风起长浪，不久狂风降"等，应尽早掌握其行动方向，不在危险范围内活动，检查准备措施是否完善，及时做好防御准备。

（二）风灾来临，提前准备

面对风灾，减少损失的最好办法就是提前转移。人要转移到安全的处所，船则要在台风到来之前，提前返回港口或港湾避险，若来不及返航，则应登陆最近的岛屿。在沙暴天气应尽量减少外出旅游，在外遇到沙暴，要快速躲避到室内，或就近蹲靠在能避风沙的矮墙内侧，或趴在高坡背风处，或抓住牢固物体。出行时应戴好口罩和防护眼镜，或用纱布罩住面部，并将衣领和袖口系好。交通各方参与者要注意观察交通情况，确保交通安全。

（三）合理避险，科学求生

室内合理避险。在台风经过的时候，应封死并远离窗户，用厚外衣或毛毯将自己裹住，防止被玻璃或窗外飞来的物体伤害。应切断电源，关好煤气，躲在没有窗户的房间里，如储藏室、地下室等。当龙卷风向住房袭来时，应躲到小开间、密室或转移到地下室、防空洞、涵洞以及高楼底层，避开窗户、门和房子的外墙，裹上厚实的床垫或毯子，面向墙壁抱头蹲下。如处于危险房屋和活动房屋，则应跑出住宅。

室外有效避险。应及时寻找一些相对结实的建筑物作为掩体，如高架桥的桥洞、坚实的房子等。尽量远离大树、棚架、线杆和铁塔，不要在高墙、广告牌及居民楼下行走，以免重物坠落伤人。风大可就近到商店、饭店等公共场所暂避，在街道行走时应注意积水。遇强风时，应采取蹲姿或俯卧。龙卷风多发生在夏秋季的雷雨天，尤以午后至傍晚最多见。当云层下面出现乌黑的滚轴状云，或云底见到有"漏斗云"伸下来时，龙卷风就出现了。此时不能躲在车内，应弃车，然后辨认龙卷风的行进路线，朝着与龙卷风行进路线垂直的方向撤离。龙卷风的直径平均为200—300米，当龙卷风到达眼前时，应寻找沟渠、河床等低洼处或平伏于地面较低的地方趴下，脸朝下，闭上口、眼，用双手保护好头部。

五、雷电灾害的防范与应对

雷电是大气自然放电的现象,能产生瞬时的高压和巨大电流,会击穿电气设施,击毁钢或钢混结构的建筑,损毁旅游资源,引发火灾。人被雷电击中的死亡率约为40%。雷电灾害已被联合国列为全球十大自然灾害之一。

(一)预防措施

据国际气象统计资料显示,全球平均每分钟发生雷暴3 000余次,每年因雷电灾害造成的伤亡人数平均在10 000人以上。旅游地应加大防雷减灾宣传工作力度,在有关部门举行的安全、科技、生活、服务等相关宣传活动中,将防雷宣传列入其中,提高广大旅游者的防雷安全意识。在雷雨季节来临前对防雷设施、设备进行检测维修,保证其完好有效。

旅游区防雷设计应符合《建筑物防雷设计规范》及国家相关法规的要求,防雷装置和产品应符合《国际电工委员会防雷标准》及国家相关法规的要求。在旅游区应设置避雷亭,以便人们在旅游休闲遭遇雷雨时,能有紧急避难场所。水上乐园、建筑物和古树名木等要装设避雷网(带)或避雷针,或由两者混合组成的接闪器,在古树名木区或重要的林区还可安装避雷塔。防雷引下线和接地装置要安装在人们不易走近或接触到的地方,接地装置最好做成环形,埋深0.8—1.0米,地面敷设50—80毫米厚的沥青卵石层,引下线在地面上1.7米至地下0.3米的一段应采用钢性塑料管或橡胶管等保护。

表3.2　建筑物高度与雷击的关系

建筑物高度	一般高度	15米	90米	240米	360米
雷击次数	百年一遇	5年一遇	2次/年	5次/年	20次/年

(二)减灾措施

避开易遭雷击的场所。雷电通常会击中户外最高的物体的尖顶,如山顶、山脊、制高点和构筑物的顶部;空旷的地方易中雷,如田野、水域、停车场、运动场等;雷击经常发生在特别潮湿的地方,如河床、池沼、盐地、苇塘、地下水出口处等;树林边缘、烟囱、电线杆、旗杆和草垛、小船、屋棚、孤立的大树等无避雷设备的物体附近不安全;外露的金属物品(球拍、伞、水管、煤气管及电力设备等),铁轨、长金属栏杆和其他庞大的金属物体近旁,均易遭到雷击,应避开。

室外防雷措施。雷电的受害者有 2/3 以上是在户外受到袭击的。在户外旅游中遇到雷电,应立即停止旅游活动,避免与很多人聚集在一起,应迅速靠近有避雷装置的建筑物,或躲进有金属壳体的车辆或船舶(法拉第笼)。在山顶时,要逃离制高点,离开大树跑向低地。如要躲在大树或岩石旁时,要避免躲在它的正下方,而是稍微离开这些遮蔽物。据相关研究,躲在自身身高 5 倍以上的大树或岩石底下时,避雷效果显著。如来不及逃离,要立即在近处寻找低洼处蹲下、双脚并拢、双臂抱膝、头部下俯紧贴膝盖,如有干燥绝缘物,则应蹲在绝缘物上,还可将塑料雨具、雨衣等披在身上。避开电线、电话线、广播线等,不要使用手机,如果在雷电交加时,头、颈、手处有蚂蚁爬走感,头发竖立,说明将发生雷击,应双脚并拢,就地蹲下,摘下金属架眼镜、手表、腰带,并拿去身上佩戴的发卡、项链等金属饰品。

室内防雷措施。遇到雷雨天气,应关闭门窗,防止因湿度大而引起导电现象。不要拨打或接听手机、固话,不使用各类电器。一些地区使用电视天线或卫星接收器,打雷时应切断其电源。房间的正中央较为安全,远离电线、电话线等线路,忌依靠在柱子、墙壁边及门窗边,以避免打雷时产生的感应电而导致意外。不淋浴,不使用太阳能热水器,不要触碰金属管道及各种带电装置。

（三）雷击急救

雷电击中物体时,可产生 6 000—10 000 摄氏度的高温,大都伴有火出现。当遇到人遭雷击后身上着火时,同行游客应帮忙灭火。对雷击受伤者,轻者可在现场按一般灼伤消毒包扎,如果被雷电击伤者的呼吸、心跳都已停止,应迅速实施现场抢救,同时拨打 110 或 120 报警。据有关资料记载,遭雷击而脉搏、呼吸停止 40 分钟后仍有抢救生还的个例。

六、大雾灾害的防范与应对

在春秋及梅雨季,在锋面到达前的高压回流的影响下,常常会有大范围的、持续的大雾出现。大雾会阻遮能见度,如果能见度不到 200 米,就会对陆上或海上的交通造成影响。据统计,高速公路上因雾等恶劣天气造成的交通事故大约占总事故的 1/4 左右。大雾中含有大量有毒有害物质,据测定,雾滴中酸、胺、酚、重金属微粒、病菌含量比通常大气中高出十几甚至几十倍,造成鼻炎、咽炎、支气管炎等疾病发病率显著增加。20 世纪 40 年代初发生在洛杉矶的光化学烟雾事件,造成了大量人员致病伤亡和巨大经济损失。

（一）减少颗粒污染物生成

不同燃料的灰分含量差别很大,煤的灰分量为 5%—20%,石油为 0.2%,天然气中灰分量更少。所以,要对旅游区内旅游设施所用的燃料进行选择和处理,改变燃料构成,尽量选用灰分量小的、清洁的燃料,如用天然气、水电、风电、太阳能等清洁能源代替煤,减少颗粒污染物的生成。在烟气排放过程中,应采用除尘装置,减少大气中固体污染物的排放量。

（二）制定大雾灾害应急预案

应建立科学有效的雾害防控机制,完善、实施科学的雾害防御专门预案。应与气象部门密切配合,及时掌握大雾天气预报信息和雾情发生的时段、路段和范围。在收到大雾灾害预警信号(黄色预警、橙色预警、红色预警)后,应启动相应应急预案,沉着应对各种复杂局面,有条不紊地按预定方案行事,切实增强应对大雾灾害的能力。

（三）大雾灾害天气应急措施

据历史资料统计,在导致国内航班不能正常起降的原因中,因雾的影响占 80% 左右,在国外航班中占 60% 左右。机场、高速公路、轮渡码头要注意交通安全,必要时应暂时封闭或停航。落实 24 小时值班制度和领导带班制度,确保发生事故后能迅速启动应急预案,落实雾天安全事故救援联动措施,快速救援、快速勘查、快速撤离现场,最大限度地减少损失。

大雾天气尽量不要外出旅行,在室内时不开窗,必须外出时要戴口罩,防止吸入有毒气体。尽量少在雾中活动,不要在雾中运动或锻炼身体。车辆要减速慢行,应打开防雾灯,听从交警指挥,控制好车距,需停车时,要先驶入安全区域再停车。

第三节　地质灾害的防范与应对

一、地震灾害应急管理

地震是由地球内部运动引起的地壳震动,发生频率高,如美国 50 个州中有 43 个处在地震高风险地带。大地震会造成惨重的人员伤亡和巨大的财产损失,2004

年 12 月 26 日的 9.3 级南亚大地震,引发海啸,席卷印尼、斯里兰卡、印度、泰国、马尔代夫等国家,由于事发地点位于旅游热点地附近,加上正值圣诞节的旅游旺季,很多旅客成了这次灾难的受害者,地震和海啸导致超过 29.2 万人罹难。

(一)做好防震减灾措施

1. 注重整体抗震设计。

旅游区开发时,要进行系统的地质、水源、地震影响调查,选择适宜的地点建设旅游设施,确定科学合理的投资水平。一般按烈度 7 度设防要比按 6 度设防增加投资 5%,按 8 度设防比按 7 度设防增加投资 8%。应合理控制旅游设施的建筑密度和人口密度,分级处理旅游设施的抗震标准,做到"大震不倒、中震可修、小震不坏",同时,应定期检查公共设施的抗震性能。

2. 加强地震预报预警。

目前地震灾害的预报成功率约为 20%,通过对地震活动规律的分析,预测地震可能出现的时间、地点,采取疏散、撤离、转移等手段,减轻地震灾害,减少损失。我国对 7 级及 6 级以上地震作出短临预报(或提出预报意见)的有海城、松潘、龙陵、盐源、甘孜等地震,其中海城地震的成功预报减少了 10 万人的伤亡和 40 亿元的经济损失,1976 年 2 月被联合国教科文组织认定为人类第一次对破坏性地震进行的成功预报。地震预警是在地震发生之后,利用电波的速度比地震波快的特点,在地震波到达地表造成破坏之前发出警报。日本在 2006 年就正式运行了全国性的地震预警系统,在 2011 年的"3·11 东日本大地震"时发挥了重大作用,一分钟之内向 37 个城市发出了预警,为许多人赢得了宝贵的逃生时间。

3. 做好室内防震措施。

公共建筑和娱乐场应设置宽敞的安全疏散通道和明显的疏散标志。在室内,不要放重物在高处,防止地震时重物掉落伤人。床应尽量靠近门口摆放,应急物品(手机、药品、绳索、食品、水等)要准备好并摆放有序。

4. 识别临震宏观现象。

临震宏观现象主要有地面初期的震动、地声和地光。如果大地颤动不明显,晃动轻微,说明震级不大,如感到上下颠动,又感到前后或左右晃动,并且比较剧烈,则震级较大;近 80% 的地声出现在震前 10 分钟内,临震时往往先听到"呼呼"声,接着是"轰轰"声,继而为"咚咚"声;震级越大,地光越明亮,有片状、带状、柱状、球状等,颜色以蓝、黄、白居多。要根据临震宏观现象,立即采取应急措施。

(二)紧急避震的原则

1. 伏而侍定。

地震发生后,造成建筑物倒塌有个时间过程。在一般情况下,破坏性地震的发生过程要持续几十秒钟,而从感觉到震动至建筑物被破坏,大约有 12 秒钟,而建筑物的牵动性破损和倒塌之间一般还会有数秒至一二十秒的时间。因此,在地震刚刚发生的十来秒时间内,千万不要惊慌,要立即灭火断电,努力保持站立姿势,保持视野和机动性,以便相机行事。

2. 因地制宜。

要因地制宜,根据自身所处的环境、状况来决定避震方式。如果是平房,应迅速冲出房屋,跑到户外的道路或宽阔的空地避震,如有树可抱住,树根会使地基牢固,树冠可以防范落物;如果是楼房,在地震发生时,则最好不要离开房间,应就近迅速寻找相对安全的地方避震,在震后如能逃离楼房,应迅速撤离,如不能逃离,则应利用房内设施求生,如暖气管道承载力大、通气性好、可向外界传递信息,管道内的存水还可延长被困者的存活期。

3. 寻找三角空间。

地震时,应迅速躲靠在床、柜、桌等支撑力大而自身稳固性好的物件旁边,这些地方在房顶塌落时,坠落的水泥板与支撑物之间易形成安全的"三角形自然空间"。也可靠近墙根、墙角或远离窗户的地方,身体紧贴墙根,头部尽量靠近墙面。可进入卫生间、储物间等狭小并有承重墙的地方。不能钻进桌椅床柜等狭小空间,钻进后视野受阻、四肢被缚,丧失了机动性,难以逃生,也不利于被救,还易遭受连带性伤害。不可躺卧,躺卧时人体平面面积增大,被击中的概率要比站立时大 5 倍,而且难以机动变位。躲避时应蜷曲身体,蹲下、抱头、闭眼。

4. 近水不近火,靠外不靠内。

尽量靠近水源处,保证生命的直接需要。不要靠近炉灶、燃气管道和家用电器,以避免遭受失火、煤气泄露、电线短路等直接威胁。不要选取建筑物的内侧位置,而应尽量靠近外墙,但是应避开房角、窗户下和侧墙等薄弱部位。

(三)特殊场所的避震方法

户外。应远离高大的建筑物或构筑物,不到地窖、地下通道避震,避开山崖、山脚、陡峭的山坡等环境,以防山崩、滚石、泥石流、地裂、滑坡等,尽快到开阔、安全的地方避险。遇到地震引发的山崩、滑坡,要向垂直于滚石前进的方向跑,切不可顺着滚石的方向往山下跑;为避险,也可躲在结实的障碍物下,或蹲在地沟、坎下,此时,特别要保护好头部。

车内。当汽车正在行驶时遇到地震,司机应立刻减速,尽快停车;乘客应当抓牢扶手、降低重心、护住头部,紧缩身体并做好防御姿势,以免摔倒或碰伤,待地震过去之后再下车;如果发生地震时,汽车在立交桥上,司机和乘客应迅速步行下桥躲避。

公共场所。到娱乐场所、商场、影剧院等人员集中的公共场所时,应事先了解周围的环境,弄清楚疏散通道的位置,地震时避免被挤到墙壁或栅栏处,同时还要注意避开吊灯、电扇等悬挂物。在时间允许的条件下,应依次迅速撤离;来不及撤离时,可就近躲藏在桌子、椅子、舞台等的旁边,切忌在慌乱中涌向出口。

（四）地震后的救援

自救和互救是地震发生后最先开始的基本救助形式,震时被压埋的人员绝大多数是靠自救和互救而存活的。因此,要尽早尽快地开展自救互救。

表3.3 唐山大地震中抢救时间与救活率的关系

抢救时间	半小时内	第1天	第2天	第3天	第4天	第5天
救活率	95%	81%	53%	36.7%	19%	7.4%

1. 埋压后的自救。

被埋压后,首先一定要坚定生还的信心。

腾挪空间。如果在地震中被埋压,要迅速检查并处理好伤情,并设法避开身体上方不结实的倒塌物、悬挂物或其他危险物品,用砖石、木棍等支撑残垣断壁,以防余震时再被埋压。同时,还可搬开身边的砖瓦等杂物,扩大活动空间,尽可能向有光亮、透气的地方转移,并设法钻出废墟。

收集资源。若无法脱险,要寻找保护自己及生存必需的用品,冬天要将四周的保暖物品收拢,做好防寒准备。注意保存体力,设法查找并保护好水源、食物,创造生存条件,在必要的情况下,还应当收集尿液维生,尽量延长生存时间。汶川映秀湾水电厂的马元江在"5·12"地震中被埋长达7天,却靠着喝自己的尿、吃纸张而幸免于难。

注意安全。不要随便动用室内设施,包括电源、水源等,不使用明火。在地震避险时,如果闻到有异味或灰尘太大时,应当设法用湿毛巾、湿衣物等捂住口、鼻,也可用衣服、毛巾等包裹住头部,以免被灰尘呛闷而窒息。

向外求救。不要乱喊乱叫,等听到外面有救援人员时,应尽可能地使用能够找到的各种器具向外呼救,如利用哨子、收音机、脸盆等,不定时地呼叫、击打发出声响;利用手电筒等向外发出光信号。在可能的情况下,还可以打手机、发短信向外界报告自己的情况。

2. 营救被埋人员。

为了最大限度地营救遇险者,应遵循先多后少、先近后远、先易后难、先轻后重等原则。营救被埋人员首先要准确定位,可根据知情人提供的情况,进行有目的的搜索定位,或通过搜救犬、人工喊话、被埋者的呼救信号及信息(手电筒光、敲击声、呼喊声、呻吟声等)来定位,还可利用红外线探测、测声定位、光学目视探测定位等高科技的探测器材进行寻找,以及通过辨认血迹和瓦砾中人员活动的痕迹追踪搜索定位。

挖掘被埋人员,当接近被埋压者时,不得用利器刨挖,应戴上防护手套进行扒挖和清理;尽快打开被埋压人员的封闭空间,使新鲜空气流入;先使被埋者头部暴露,清除其口鼻中的异物,使其呼吸畅通;如尘土太大,应喷水降尘,以免被埋者窒息;注意保护其所处空间的支撑物,应有计划、有步骤地利用瓦砾堆中已有的空隙,进行支撑和加固,然后进入被埋压人员所在的地点,或在侧墙凿开缺口,救出伤员。

3. 救治受伤人员。

对于受伤严重、不能自行离开埋压处的人员,应该先设法小心地清除其身上和周围的埋压物,再将被埋压人员抬出废墟,切忌强拉硬拖。对于在黑暗、窒息、饥渴状态下过久的埋压者,要用深色布料蒙住眼睛,避免强光刺激,指导其缓慢呼吸、进食、进水。救援人员要根据伤势轻重,对伤者进行包扎,对于一息尚存的危重伤员,应尽可能地在现场进行急救,然后迅速送往医疗点或医院进行进一步治疗。

4. 震后防疫。

为防范疫病流行,在发生地震灾害后,必须及时开展大规模卫生防疫工作。防疫人员要及时巡诊救治伤员、接种疫苗、喷洒各类消毒剂。抓紧恢复供水系统、垃圾运输和污水排放系统以及其他各项卫生设施。

二、火山喷发的避险与自救

火山喷发是一种严重的地质灾害,从公元 1000 年以来,全球已经有几十万人死于火山喷发。火山活动能喷出多种物质,喷出的固体物质有破碎的岩块、碎屑和火山灰等;液体物质有熔岩流、水、泥流等;气体物质有水蒸气和碳、氢、氮、氟、硫等的氧化物;另外,还会喷射出光、电、磁、声和放射性物质等。这些物质有的能置人于死地,或使电、仪表等失灵,使飞机、轮船等失事。

(一)火山喷发预兆

世界上大约有 500 座活火山,每年平均有 50 多座火山爆发,到这些地区旅行,应留意火山喷发的预兆:火山活动增加,伴有隆隆声和蒸汽与气体的溢出;附近的河流变暖,散发出硫磺味;动物(如猪、狗、猫、家禽等)出现烦躁不安的状况;海洋盐度改变,鱼的游向特别;出现刺激性的酸雨或从火山上冒出缕缕蒸汽。一旦出现火山喷发预兆,要根据实际情况,合理避险与逃生。

(二)火山喷发逃生

熔岩危害应对。熔岩流的行进速度往往较慢,其到达谷底或冷却后就会停止推进。所以,应观察熔岩流的行进路线,逃到其他山体的山坡上躲避。不可走峡谷路线,它可能会成为火山熔岩经过的道路。

喷射物危害应对。到坚固的建筑物或构筑物的内部躲避。如果从靠近火山喷发处逃离时,应使用各种坚硬的头盔保护头部,以免被掉落的碎石砸伤。

火山灰危害应对。戴上护目镜、通气管面罩或滑雪镜保护眼睛,不能用太阳镜。用湿布护住嘴和鼻子,如有可能,用防毒面具进行防护。到达安全地点后,用干净水冲洗眼睛,脱去衣服,彻底洗净暴露在外面的皮肤。火山灰可使路面打滑,驾车逃生时要当心。

气体球状物危害应对。一个气体和灰球体可以以超过 160 千米/小时的速度滚下火山。如果附近没有坚实的地下建筑物,唯一的存活机会就是跳入水中,屏住呼吸半分钟左右,球状物就会滚过去。

三、滑坡、泥石流的避险与自救

滑坡是斜坡上的岩体或土体由于种种原因在重力作用下,沿一定的软弱面或软弱带整体向下滑动的现象。泥石流是含有大量泥沙、石块等固体物质的特殊洪流。在中国发生规模大、频率高、危害重的地区有:滇西北、滇东北山区、川西地区、陕西秦岭大巴山区、西藏喜马拉雅山区、辽东南山区、甘南白龙江流域。

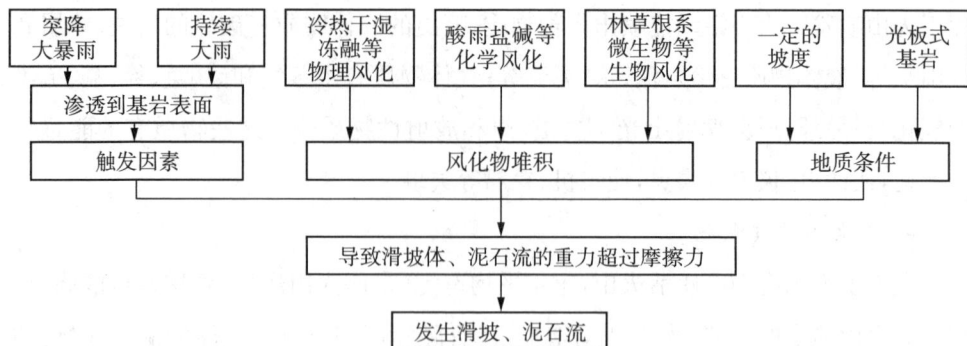

图 3.2　滑坡、泥石流的发生机理

滑坡、泥石流发生的主要原因有集中的暴雨、山洪暴发、山高、坡陡、地震和地表植被稀疏等,其中由局部暴雨引发的占总数的 90% 以上。滑坡、泥石流破坏性大,许多河谷地带都具备发生滑坡、泥石流的基础条件,稍有不慎,便会引发事故,干扰旅游业的发展。2013 年 7 月 20 日,安徽岳西妙道山景区 3 小时降雨量近 200 毫米,造成景区内十几处山体滑坡和泥石流灾害,旅游公司厨房和金壁禅寺木屋被冲毁,景区被迫暂时关闭。

(一)滑坡、泥石流的发生征兆

滑坡、泥石流主要由重力作用形成,在一定坡度上向下运动,在灾害发生之前,也就是在斜坡或挡土墙向下整体滑动前,会表现出一些征兆。

泥石滑落。山间马路或行人路上有塌下的泥石时,要警觉地及时避开,躲到安全的地方。同样,如果发现泥土、岩石、混凝土、砖石碎块以及连根拔起的植物从斜坡及挡土墙松脱坠落而下时,也要及时离开。

地面塌陷。斜坡、挡土墙或路面上出现下陷或新的大裂痕,植被出现"醉汉林"时,要迅速撤离,如果可能还要通知附近的旅游者和其他人员。

水流变色。从斜坡及挡土墙流出的水突然断流或由清澈转为泥浊,并夹杂着较多的枯叶及小枯枝,或者斜坡及挡土墙上突然出现大面积渗水时,都要马上撤离。

水声轰鸣。沟谷深处变得昏暗,伴有类似火车轰鸣或闷雷般的声响,或者轻微的振动感,哪怕极微弱,也应认定泥石流正在形成,此时需迅速离开危险地段。

(二)滑坡、泥石流的防控措施

1. 避开地质不稳定区。

旅游项目要在风险源相对较少的环境中开设,如发生自然灾害频率较低、社会稳定性较好、安全保障较高的地区。做好山区水土保持和小流域治理,修筑塘坝、排洪渠,保证旅游交通道路沿线的植被覆盖率。加强滑坡、泥石流的预警预报,培训灾害救援人员。

2. 防治滑坡的工程措施。

防治滑坡的工程措施主要有消除或减轻水的危害、改变滑坡体外形、设置抗滑坡建筑物和改善滑动带土石性质等。具体措施如设置滑坡体外截水沟,滑体上的地表排水沟,做好引泉工程建设和滑坡区的绿化工作;建设截水盲沟、支撑盲沟,盲洞、渗井、渗管、垂直钻孔,仰斜孔群;在滑坡前缘抛石,修筑钢筋混凝土块排管,铺设石笼;用焙烧法、爆破灌浆法改善滑动带土石性质。

3. 防治泥石流的工程措施。

在易发生泥石流的地方修建防御工程,如修建从泥石流上方通过的桥梁等跨越工程;修建从泥石流下方通过的隧道、渡槽、明洞;修建丁坝、顺坝、挡墙、护坡;注意水土保持,在沟道两侧修建急流槽、束流堤、导流堤,防止泥石流溢出沟道造成危害;修建储淤场、拦渣坝、支挡工程、截洪工程。同时,加强各设施的管理。

(三)滑坡、泥石流的应对方法

1. 提前避开。

为防止发生意外,应尽可能不到滑坡、泥石流经常发生的地区旅游。在暴雨时节,旅行经过可能发生滑坡、泥石流的地段时,要留意收听当地的有关预报,进入这些地区时要听从指挥。如果在山区扎营,要避开陡峭的悬崖、沟壑和植被稀少的山坡,也不要在谷底泄洪的通道、河道的弯曲和汇合处等地方扎营。

2. 及时逃避。

泥石流的形成必须同时具备三个条件:陡峻的便于集水集物的地形地貌、丰富的松散物质、短时间内有大量水源。在符合上述条件的地区旅行时,如果听到异常响声,看到有石头、泥块频频飞落,表明附近可能有泥石流袭来。如果响声越来越大,则表示泥石流就要到达,要立即丢弃重物尽快逃生,并根据情况及时向政府或地质灾害负责部门报告,请求救援。

3. 正确应对。

泥石流的面积一般不会很宽,如有警惕性,在逃避时就相对主动。与避雪崩一样,要向泥石流卷来的两侧(横向)高处跑,即向垂直于泥石流前进的方向跑。跑不出去时,应躲在坚实的障碍物下,或就地抱住较大的树木。在逃生途中,用木板、衣服等护住头部,以免被石块击伤。如果不幸被泥石流掩埋,应尽量使头部露出,并迅速清除口鼻中的淤泥。

四、流沙的避险与自救

流沙和一般沙的区别不大,只是被渗入了水,由于沙粒间的摩擦力减小,形成了半液态、难以承重的沙水混合物。流沙通常发生于海岸附近,一般较浅,很少有超过几尺深的,但也可能造成灾害。1692 年,牙买加的罗伊尔港口就曾发生过因地震导致土壤液化而形成的流沙,最后造成 1/3 的城市消失,2 000 多人丧生。看似平静的英国北部海、美丽的阿拉斯加峡湾等地也曾发生过流沙陷人的事故。

流沙的密度一般约 2 克/毫升,而人的密度约 1 克/毫升。在这样的密度下,人的身体沉没于流沙之中,一般不会有灭顶之灾,往往沉到腰部就停止了。但陷入流沙的人一般都动不了,这是因为密度增加以后的沙子黏在掉进流沙里的人体下半部,对人体形成很大的黏力,所以很难将受困者从流沙中拖出。经研究,如果以 1 厘米/秒的速度拖出受困者的一只脚,需要约 10 万牛顿的力,大约和举起一部中型汽车的力量相等。

陷入流沙后,大力挣扎或是猛蹬双腿,会加速黏土的沉积,增强流沙的黏性,使人越陷越深。受困者应丢弃一切没必要的随身用品,慢慢地趴下来,轻柔地移动两脚,让水和沙尽量渗入挤出来的区域,这样就能缓解受困者身体所受的压力,同时让沙子慢慢变得松散。受困者还应努力让四肢尽量分开,因为身体接触沙子的表面积越大,获得的浮力就越大。只要有足够的耐心、动作足够轻缓,就能脱困。

五、沼泽地的避险与自救

沼泽地是指地势低洼、排水不良、经常积水、土壤常呈过湿润状态,主要生长湿生植物,并有泥炭堆积的土地。全球沼泽地集中分布在亚洲、欧洲、北美三大洲的寒温带,其中以俄罗斯平原、西伯利亚平原分布最广。芬兰的沼泽地面积占全国土地总面积的 31.9%,有"沼泽国"之称。中国沼泽地主要分布在三江平原、大小兴安岭、若尔盖高原以及海滨、湖滨、河流沿岸。

(一)识别危险区域

如要走过满布泥沼的地方,应沿着有树木生长的高地走,或踩在石南草丛上,因为树木和石南都生长在硬地上。看见寸草不生的黑色平地、青色的泥炭藓或满布水苔藓的地方,则要绕道。如不能确定走哪条路,可向前投下大石块,试试地面是否坚硬,或用力跺脚,假如地面颤动,很可能是泥潭,应绕道而行。迈步时不要向下冲,慢慢接触地面,前足踩到坚实处,后足才提起向前。与队友保持一定距离,不要踏着别人的脚印走。

（二）身陷泥沼自救

一旦陷入泥沼,不能惊慌挣扎,要甩掉随身物品,身体后倾,轻轻躺下,张开双臂,尽量扩大身体与泥沼的接触面积,慢慢游动到安全地带;如果距离硬地很近,可以翻滚身体,从泥沼中摆脱出来。也可以将身体向前延伸一段距离,攀扶干燥地面及其他附着物;当感到疲倦时,可以伸开四肢,躺着不动。救援者应垫上树枝,匍匐前进,把木板、树枝等铺在遇险者身边,将其拖到安全的地方。

第四节　水难事故的防范与救助

水文景观是非常重要的旅游资源,不少水文景观旅游地,因地处河、海、湖滨,客观上存在不少水上安全隐患。水难事故指在水体中出现的安全事故,随着滨水和水上旅游项目的出现而出现,包括海难、内河(湖)安全事故等。

一、涌潮的安全防范

世界上有涌潮的河流很多,如中国的钱塘江、南美的亚马孙河、北美的科罗拉多河、法国的塞纳河、英国的塞汶河等,其中钱塘江涌潮的强度和壮观景象,除亚马孙河外,其他河流均无法与之媲美。涌潮一般对旅游者不会造成危害,但在某些时间、某些地点,潮高浪急,其破坏力巨大,特别是对前来观潮的旅游者造成巨大威胁。1993 年的 10 月 3 日,有 86 人被瞬间冲出堤岸的钱塘江潮水卷入江中,其中 19 人死亡,27 人受伤,40 人下落不明。政府相关部门应采取教育、巡查等相关管理措施,降低事故发生的可能性。

（一）了解潮水规律

旅游者和戏水者应注意潮汛信息,充分认识潮水的涨落规律、习性,增强自我保护能力。钱塘江潮一日两次,白天称潮,夜间称汐,中间间隔 12 小时,农历初一、十五子午潮,半月循环一周。钱塘江潮潮头最高时达 3.5 米,潮差可达 8—9 米,尤以每月农历初一至初五、十五至十九为大,故一年有 120 个观潮佳日。潮头推进速度可达每秒 5—10 米,远在百米之外的潮水不到半分钟就能直扑眼前,而且常常会以暗潮的形式出现。所以,在观潮与平时的沿江活动中,要密切注意和防范潮水的袭击。

(二)选择安全区域

观潮与其他沿江活动要以确保安全为前提,选择安全区域和地段,千万不要进入设有警戒标志桩的危险地段、无安全防护措施的堤塘附近,以及水上码头、护岸的盘头上观潮,不可越过防护栏,到江滩、丁字坝等处游玩、观潮,更不可在江中游泳、洗澡。注意沿江堤坝上的警示标志,并严格遵守。服从管理人员的管理指挥,在划定的区域停车、观潮。

(三)学会自救方法

在面临危险的情况下,不要惊慌失措,要迅速、有序地向安全地带撤退,撤离时不要为了抢救财物而失去宝贵的自救时机,要立即向周边的工作人员或其他人呼救。万一落水或被潮水击打,要尽量抓住身边的固定物,以防被潮水卷走。周边人员在看到有人落水的紧急情况时,要迅速采取救援措施并立即拨打 110 报警。

二、海啸的安全防范

(一)了解海啸成因

海啸可由地震、火山爆发、海底滑坡、陨石坠落及人为的水底核爆引发。多数是由震源在海底下 50 千米以内、里氏地震规模 6.5 级以上的海底地震引起的。海啸波长很长,易传递,在海底附近传播也没有多大阻滞,其在海洋中的传播速度大约为 500—1 000 千米/小时,相邻两个浪头的距离可能远达 500—650 千米,当海啸波进入陆棚后,由于深度变浅,波高突然增大,这种波浪运动所卷起的海涛,波高可达数十米,并形成"水墙"。

(二)判断海啸前兆

1. 已经发生地震。

不是所有地震都会引发海啸,但任何地震都可能引发海啸。因此,地震往往是海啸的"排头兵",如果听到有关附近地震的报告,或在海边旅游时感到较强的震动,就不要靠近海边、江河的入海口,而是应抓紧时间尽快远离海滨,登上高处。地震的传播速度约 8 000 米/秒,而海啸的传播速度约 200 米/秒。所以,地震后完全有足够的时间安全撤离。

2. 海面出现水墙。

海啸的排浪与通常的涨潮不同,海啸的排浪非常整齐,浪头很高,像一堵墙一样。在海滨游玩,如果突然看到在离海岸不远的海面,海水突然变成白色,并且在它的前方出现一道"水墙",极有可能是因为海底地层破裂,使海水陡然增高,引起几米甚至几十米高的巨浪,从而形成水墙。

3. 海水后撤明显。

海啸冲击波的波谷往往先抵达海岸,或者地震引起海底地壳大范围的急剧下降,都会导致海水后撤,表现为异常的退潮现象。如果看到海面后退速度异常的快,要立即撤离到地势较高的地方。

4. 发现深海鱼类。

深海鱼大多生活在 2 000 米以下的水中,骨骼和肌肉都不发达,腹部一般薄如蜡纸却富有弹性,视觉退化后一般有长长的触须或发光器。由于深海环境和水面有巨大差异,深海鱼一旦到了浅海,就会出现内部血管破裂、胃翻出、眼睛突出眼眶等特征,并很快死亡。海啸的巨大暗流会把深海鱼卷上浅海,当看到海面或海滩上有深海鱼时,要迅速逃离。

5. 听到异常声响。

海啸到达前会发出频率很低的吼声,与通常的波涛声完全不同,在海边的旅游者如果听到奇怪的低频涛声,看到海面冒出许多大大小小的气泡,应尽快撤离。

(三)及时采取行动

1. 迅速躲避。

如果收到海啸警报,或者感觉到发生地震,都要立即远离海岸、沙滩,避开山涧、谷底和河流等海啸必经之路,避开狭窄的巷子、建筑物密集地带和其他易在浪潮涌来时造成人体损伤的物品,快速到较安全的高地、山两侧的斜坡或坚实牢固的高大建筑物上避难。通过网络、收音机或电视等掌握信息,在没有解除海啸警报之前,不要靠近海岸。

海啸在海港中造成的落差和湍流非常危险,船主应该在海啸到来前把船驶到开阔的深海,越远越好,因为波高跟水深成反比,海域越深,波浪就越弱。如果没有时间开出海港,所有人都要撤离停泊在海港的船只。如果船只在海上,听到海啸预警后,千万别急着回港。正处在船舶上的人,应抓住船上牢固的物体。避开海啸的时间应在2小时以上。

2. 科学求生。

在看到海啸袭来时,是无法逃过海浪的。所以,面临海啸时,不要到处乱跑,要牢牢抓住能够固定自己的东西。海啸的浪墙会有好几组,第一个浪墙过后,会有近10分钟甚至几十分钟时间的间隙,第二堵浪墙才会到达,而每组浪墙经过的时间往往很短。因此,在浪头袭来的时候,要屏住一口气,尽量抓牢固定物,不要被海浪卷走,使自己在第一个浪墙到达后生存下来,等海浪退去后,尽快抓住宝贵的时间逃生。

三、落水后的自救

(一)避免伤害

落入水中后,要及时脱掉鞋子。如果从船上落水,应立即游离船只,避免船只沉没时产生的"真空效应"把人吸入漩涡。如不会游泳,可以采取脸朝上,头向后仰的姿势,双脚交替向下踩水,手掌拍击水面,使鼻部露出水面,呼出气后立刻使劲吸气,因为深吸气后,人体比重降到0.967,比水略轻,而呼出气后比重为1.057,比水要重。尽最大努力寻找可用于救生的漂浮物,观察周边露出水面的固定物体,设法靠拢并抓牢该固定物。如果有营救船只,要迅速向营救船只靠拢,游到橡皮筏的尾部而非两侧,先放入一条腿,然后翻身滚入。

(二)保持体温

人在水中所遇到的最大威胁之一是寒冷,长时间在冰冷的水体中浸泡,有可能引起低温症,即体温下降到35摄氏度以下,致使体内各重要器官发生严重的功能失调,心室发生纤颤,这是水难导致死亡的主要原因。英国对在海上死亡的3万余人进行调查统计,发现溺水人员死于体温过低者占总数的2/3。所以,要千方百计地保持体温,延长生存时间。

1. 多穿衣物。

在落水或必须弃船跳水前,要合理使用救生装备,救生装备主要为漂浮工具,如救生背心、救生船及抗浸服,以避免身体与冷水直接接触。穿衣服比不穿衣服时体温下降得慢得多,如果没有救生设备,应尽量多加衣物,防止或减少体热散失。

2. 保持安静。

静止状态比游泳时体温下降慢很多,在10摄氏度的水中,体力好的人,可以游

1—2千米，一般人游100米都很困难。落水后，不要乱挣扎，要尽可能地减少活动，在水中安静地漂浮，保持体力。

3. 采取保暖姿势。

保护头部，避免头颈部浸入冷水里。减少与水接触的体表面积，以减慢体热散失，特别要保护几个高度散热的部位，即腋窝、腹股沟和胸部，在水中应双手交叉于胸前，双腿向腹屈曲。如果有几个人在一起，可以挽起胳膊，身体挤靠在一起以保存体热。

（三）等待救援

如一时找不到可以攀附的漂浮物和礁石时，则应顺着水流动的方向自由漂浮，如有可能，尽可能向岸边移动，漂浮物越密集，代表离岸越近。漂浮时要保持身体和精神的自主放松，双腿并拢，屈曲到胸前，两肘紧贴身旁，双臂交叉放在救生衣前，尽可能不游动，采取仰卧位，头顶向后，口鼻向上方，使头颈部露出水面呼吸。如果人多，大家可以手拉手围成一圈，既有利于保温，也可以增大目标，易于被救援人员发现。

在炎热的夏季，由于水温较高，落水者在水中存活的时间比冬季长得多，但非常容易口干舌燥，此时千万不能喝海水，苦咸的海水不能解渴，反而会因为排泄盐分而失掉更多的水，还会导致腹泻，出现幻觉、神经失常等症状甚至导致死亡。在等待救援时，要寻求各种机会向外界发出求救信号。

四、溺水者的救助

当人淹没于水中，呼吸道内会充满水或水生物等异物，一般经3—4分钟就可使呼吸停止，再经1—2分钟后心跳则会停止，故而抢救要分秒必争。

（一）水中救助

可在岸边用长竹竿或绳子投向落水者，让落水者抓住再拉上岸，或把救生圈、木板等漂浮物扔给落水者，使其不下沉，再设法营救。万不得已，方才下水，下水救人前要了解水情，并做好热身。从溺水者背后靠近，勿让溺水者紧抱缠身。让落水者趴在木板上或套上救生圈，将其拖上岸。救生圈在水中的使用方法：先用双手压住圈的一边，使其竖立，接着将一只手和头乘势套入圈内，再伸进第二个手臂并将救生圈置于腋下，这时溺水者便可直立于水中。

徒手的话，应从背后抓住溺水者的下颌，让其仰面，使其头露出水面，用肘夹住其肩膀,采取仰泳的方式将溺水者拖上岸。如被溺水者缠住,应放手自沉,使溺者离开,若溺者紧抓救援者不放,则可先将手滑脱,也可将溺水者拖入水中,然后趁机脱身,脱身后与溺水者保持一定的距离,再设法施救。

(二)岸上救助

溺水者救上来后,应立即清除其口、鼻内的水、泥及污物,松开紧裹的衣服、腰带,然后抱起溺水者的腰腹部,或将其横在救护者的屈膝大腿上,使其背朝上、头下垂,进行倒水,一般排水抢救不可超过 3 分钟,否则弊多利少。如溺水者昏迷,在倒水之后应马上做人工呼吸和胸外心脏按压。情况严重的,应拨打急救电话并及时送医院救治。

心跳呼吸停止的,要坚持抢救,因为溺水者的低体温可使机体代谢下降,对缺氧的耐受性增高。据报道,淹溺者体温降至 24 摄氏度以下,心跳、呼吸停止 90 分钟以上,经复苏复温治疗后仍有康复可能。所以,对于严重事故性低温者,应做到复苏和复温同时进行。

第五节　生物危害的防范与应对

在旅行过程中,特别是在森林旅游区,部分野生动物、植物、昆虫会对旅游者形成一定的威胁。澳大利亚凯恩斯库连达的热带雨林中,有一种叫"等一会儿"的藤科植物,长着细细的触角,若有东西不慎碰到它,就会被它紧紧缠住,而只要稍等片刻,这种藤会自行松开。如果旅游者不了解这种藤的习性,被缠住后一味地挣扎,则很可能会使皮肉受到损伤。

一、兽类动物危害的应对

一旦遇见兽类,应强迫自己迅速冷静下来,正视它的眼睛。保持警惕,但不要主动发动攻击。应面对对方,匀速向后退,即便对方没有跟近,也不要快跑,如果它跟进,则应立即停止后退。尽可能不要上树,除非它没有发现你,或者你自信后援小组能及时赶来。如果被动物攻击,可用手指、水果刀、木棒、树枝等硬物刺入野兽的眼睛,可能会化险为夷。

熊一般只在两种情况下主动袭击人类:你站在母熊和小熊之间,你站在熊和熊的食物之间。所以,当你在有熊出没的地方旅行时,最好带上口哨,一路走一路吹,熊听见后就会躲开。如遭遇熊又无法脱身时,最好的办法是装死。

当发现有狼跟随时,应尽快回到公路或安全营地。若距狼较近时,一时跑不掉,可以蹲下,晃动手杖或树枝等物,使狼不敢贸然进攻,然后伺机逃跑。狼怕大的声响,可将随身的收音机等开到最大音量,或敲击水壶、铁盒等。狼晚上怕火和亮光,可以烧火堆、用手电筒的亮光吓走狼。狼是"铁脑袋、豆腐腰",若狼扑上来时,要攻击其腰部。狼会绕到人的身后攻击,此时切勿回头,要缩头耸肩,让狼转到人面前,猛击其下颌。

在一般情况下,只要你不去惹狗,它就不会咬你。当你在路上看见垂头丧气、伸出舌头的狗时,要远离它。当狗追你时,你要马上蹲下,并捡起石头扔过去。实际上,你只需要谨记蹲下即可,不管有没有石头,狗马上就会跑开。如被狗咬伤,要迅速用洁净的水或肥皂水对伤口进行流水清洗,彻底清洁伤口,不要包扎伤口,立即送医院诊治,在24小时内注射狂犬病疫苗和破伤风抗毒素。

二、蛇类危害的防范与应对

全世界共有蛇类2 500余种,其中毒蛇650余种,估计每年被毒蛇咬伤的人数为30万以上,死亡率约为10%。分布在中国的毒蛇有50余种,其中危害较大的约有10种,以蝮蛇、竹叶青、五步蛇最为常见,还有金环蛇、银环蛇、眼镜蛇、眼镜王蛇等。每年4—11月是蛇类活动的季节,在森林和草地旅行时需要提防。

表3.4　常见毒蛇的一次放毒量与致命的干物量　　　　　　　(单位:毫克)

毒蛇名称	蝮蛇	竹叶青	金环蛇	银环蛇	眼镜蛇	眼镜王蛇	蝰蛇	海蛇
一次放毒干物量	45.0	14.1	43.0	5.4	211.0	100.0	72.0	6.0
致人死命干物量	25.0	100.0	10.0	1.0	15.0	12.0	42.0	3.5

(一)防范措施

打草惊蛇是常用的办法,在潮湿的草丛、林间及灌木丛里或者大雨前后,可用棍棒或拐杖等拨草开路,使蛇惊吓而逃。进入有蛇的区域,要穿厚靴及厚帆布绑腿,穿长裤、长袖衫,戴帽子以防树上的毒蛇突然袭击。在营地扎营时,应带上一些雄黄粉之类的驱蛇之物,将其撒在帐篷或营地四周。如果蛇已经被惊动并且向人攻击时,要站在原地不动,拿出手巾之类的东西,抛向别处,将蛇的注意点引开,随后,用带叉的长棍挑开或猛击其离头部 7 寸处的心脏。

(二) 应急措施

不慎被蛇咬伤的旅游者,首先应观察被咬伤口上的牙印,如留有"··"".·."牙痕的,一般为毒蛇,咬伤 10—20 分钟后伤口出现红肿、疼痛,并伴有神经、心血管等全身症状。四肢被咬伤后,应立即用布条、绳子、草藤等在伤口近心端上 5—10 厘米处扎牢,扎敷不可过紧,应可通过一指,每隔 2 小时放松 1—3 分钟。捆扎好后,先用清水、盐水清洗伤口,然后用利刃切开伤口处或作"十"字形切口,用力挤压伤口并用清水反复清洗,如有解蛇毒药片,应立即内服、外敷。点燃火柴等烧灼伤口,可破坏蛇毒。进行局部降温,尽量减缓行动,边抢救边向附近的医疗单位或公安机关求助,迅速送医院救治。如果伤口为成排的细齿状"八"字形牙痕,且 20 分钟内没有局部疼痛、肿胀、麻木和无力等症状,就可以确定为非毒蛇咬伤。此时,只需要对伤口进行清洗、止血、包扎,有条件的再送医院注射破伤风针即可。

三、昆虫纲动物危害的应对

容易对旅游者造成危害的昆虫纲动物,主要是蜜蜂、蚊虫、蜱和毛虫。

在穿越丛林时,不要接近蜂巢。遭到蜂攻击时,不要试图反击,要用衣物保护好自己的头颈,反向逃跑或原地趴下,也可潜入水中。被蜂蜇后,先设法拔除蜂刺,但不要挤压;然后清洗伤口,最好用肥皂水、食盐水或糖水,也可以用嘴吸出毒液;再用 3% 的氨水、5% 的苏打水甚至尿液湿敷伤口,或者用大蒜、丝瓜、生姜、韭菜捣烂后取汁涂于患处,还可用冷水浸透毛巾敷在伤处,减轻肿痛。如有消炎药,可以涂抹和口服。

野外防治蚊虫叮咬,应穿长袖衣裤,扎紧袖口、领口,在皮肤暴露部位涂搽驱蚊药;一次口服 200 毫克维生素 B_1,可有效避蚊两天;吃大蒜,在衣服、床单上洒点香水,用西红柿叶或薄荷叶擦身,能起到驱蚊作用;宿营时,可烧些艾叶、青蒿、柏树叶、野菊花等驱蚊;被蚊虫叮咬后,可用氨水、肥皂水、盐水等涂抹患处止痒消毒。

蜱又叫壁虱,全世界已知有 800 多种,中国已知蜱类近 100 种,主要分布在个别丘陵地带。在蜱虫活动频繁的 5—8 月,应尽量少去它们经常出没的地方旅行;要是不得不进入森林或草丛时,一定要扎紧袖子和裤脚,确保皮肤不裸露。对叮咬在皮肤上的蜱,不宜用手强行拔除,以免其刺针断于皮肉内。可用点燃的烟头烘灸,或对准蜱的身体滴一滴碘酒,使蜱自动脱掉或退出伤口。在伤口处涂抹肥皂水或重碳酸钠等,具有消肿、止痛的作用;伤口化脓感染时,应使用抗生素抗感染。被蜱叮咬后有神经症状出现,如吞咽困难、呼吸困难、吸入性肺炎者应速去医院就诊。

在旅游中经过一些毒毛虫高发区(如马尾松林)时,应穿稍厚的衣服,戴帽子和手套,减少暴露部位。遭到毒毛虫侵害后,千万不要抓挠或乱摸,首先要细心地把毛虫从身上清除(注意不要用手直接去拿),再用医用胶布或透明胶带把毒毛反复粘去,或在放大镜下将毒毛拔除,用碱性液体中和毒液,然后用碘酒涂抹患处。在野外可就地采些马齿苋或蒲公英、紫花地丁等清热解毒的草药揉烂涂擦或捣烂外敷,如果有全身症状或发生严重皮疹,可内服息斯敏等抗过敏药物,严重者应及时去医院治疗。

四、多足纲动物危害的应对

容易对旅游者造成危害的多足纲动物,主要有蜈蚣、毒蜘蛛、蝎子。

蜈蚣为有毒动物,其毒液中含组胺样物质及溶血蛋白质等有毒成分。被其咬伤后,一是立即用肥皂水、石灰水、碳酸氢钠等碱性溶液冲洗,然后涂以5%的氨水或5%—10%的小苏打水。二是对疼痛剧烈者,可适当服一些止痛药;有过敏现象者,可使用镇静剂。三是在野外采摘蒲公英、七叶一枝花、半边莲、马齿苋、紫花地丁、鱼腥草等中草药,任选1—2种捣烂敷伤口,或用生白矾加水研汁涂在患处。中毒严重者,出现全身症状,甚至昏迷者,均应速送医院急诊。

被毒蜘蛛蜇咬后,要迅速采取急救措施,具体做法与毒蛇咬伤的处理相似。在伤口上方结扎止血带,以防止毒素扩散。缚扎后每隔15—30分钟放松1分钟。限制伤肢活动,并冷敷伤口周围。冲洗伤口并抽吸毒液。用蛇药或半边莲、七叶一枝花等捣烂敷贴伤口周围。中毒严重者应速送医院急诊。

蝎子的腹部有一对毒腺,能分泌出一种类似蛇毒的神经毒。据报道,6岁以下的儿童被蝎子蜇伤的死亡率高达10%。被蝎子蜇伤后,应立即拨出毒刺,进行局部冷敷,以减少毒素的吸收。伤口处理方法是用橡皮筋、布条或绳子等在伤口上方扎紧,以防止毒素进入体内。同时用洁净的水冲洗伤口,不断用手挤出毒素,然后在伤口周围涂上蛇药片液或虫咬皮炎药水。较重者应速送医院治疗。

五、水生动物危害的应对

容易对旅游者造成危害的水生动物主要有蚂蟥和水母。

蚂蟥分旱地蚂蟥和水蚂蟥等多种。旱地蚂蟥一般生长在潮湿、低海拔(3 000米以下)的地方,多活动在道路边的草丛中。人经过时会惊动它们,并爬到人身上吸血。在有蚂蟥活动的山地、池沼处旅行,应将裤脚扎紧,洒上风油精,在腿上、手上涂一些刺激性药物。如果在蚂蟥多的地方,还要不时挽开裤袖察看。发现蚂蟥叮咬皮肤时,不要硬拉,要用拳或掌击拍,或用烟头、醋、酒精、盐水等刺激其头部,使其自行脱离,然后止血,伤口可用硼酸溶液或1%的苏打溶液冲洗,并用碘酒消毒后包扎。

一些海滨旅游地存在有毒水母的危害,如澳大利亚昆士兰州的大堡礁,在这些旅游地的海滩上,要当心水中和沙滩上的水母,即使是与水母分离的触手也可能蜇伤人。在一般情况下,人被水母蜇伤时,会突然感觉刺痛或烧灼感,迅速出现成簇的片状、条带状风团、红斑、丘疹、水疱,痒痛难忍。严重者会出现荨麻疹样皮疹,全身伴有过敏性症状,如口渴、乏力、出冷汗、胸闷、呼吸困难、血压下降等,治疗不及时可因呼吸困难、肺水肿而死亡。如果被水母蜇伤,要立即上岸,千万不要用淡水冲洗,淡水会促使刺胞释放毒液,应尽快用毛巾、衣服、干沙擦去黏附在皮肤上的触手或毒液;可用碱性溶液于蜇伤处冷敷,如5%—10%的碳酸氢钠溶液、明矾水或1%氨水,或者用酒精、醋或尿清洁受伤部位;可用抗组织胺类药物,如扑尔敏等涂抹,重者可用肾上腺皮质激素。如果有过敏反应,如气短、麻疹、呼吸困难等,应尽快到医院进行救治。

案例回放

一、丽江地震灾后转危为机,旅游业迅速发展

1996年2月3日,丽江发生7.0级强烈地震,造成300多人死亡,丽江古城70%被损毁。然而,令人意想不到的是,在震后一年内,丽江的各项接待设施和旅游者数量就迅速恢复到了震前水平。接下来的几年里,丽江旅游业更是获得了突飞猛进的发展,丽江成为一座广受赞誉的国际化旅游目的地。

1996年丽江地震时,丽江刚刚兴起的旅游业受到了沉重的打击。为了鼓励老百姓继续发展旅游业,丽江在震后3年对从事旅游产业的老百姓免除税收,老百姓每开一家铺面都会得到几千块钱的奖励。另外,他们还能拿到几乎免息的银行贷款。同时,丽江市还加大了招商引资的力度,累计引资20多亿元。抓住旅游者的多种心理,在地震后利用人们对灾区的关注,扩大宣传,趁机推广丽江旅游品牌,也是丽江重建成功的一个重要因素。旅游者初期的心理不是来看传统的观光项目,而是来看一个地震后的废墟,以及这个地方正在恢复到什么水平。旅游者的到来就是消费的拉动,这在丽江旅游业震后的恢复初期很重要。丽江地震发生后16天,日本的旅游团就来到丽江,3个月后,丽江的旅游几乎全面开放。

对于地震灾害,丽江从政策上支持旅游,在市场上利用大家对丽江地震的关注推广旅游品牌,变危为机,使丽江旅游的发展更上一层楼。

资料来源:刘德艳:《旅游危机管理》,上海人民出版社2010年版。

二、桂林景区岩体崩塌事故的启示

2015年3月19日上午,桂林叠彩山景区因前几日连续降雨及回南风天气导致山体松动,掉落下来的碎石击中多名旅游者,导致4人当场遇难,3人送院全力救治无效遇难,25人不同程度受伤。经广西地质环境监测总站专家组调查鉴定,叠彩山崩塌岩体是受构造、风化影响与母岩分离,在降雨等影响下自重加大脱离山体发生本次崩塌,属自然突发性崩塌地质灾害。事发后,桂林市委、市政府迅速成立事故处置工作小组,相关部门负责人迅速赶到事故现场指挥救援。同时,由桂林市国土资源局牵头,各县、区联动,在全市范围内对地质灾害隐患做一次全面彻底的检查,重点对人员流动比较密集的旅游景区景点和其他区域的危岩危石隐患进行排查和清理,对不符合安全要求的进行封存、改造。

虽然这是一起自然突发性地质灾害,景区事前也做了一定的防范工作,如在事发地设置有"小心落石"字样的警示牌。但是,风险需要从全方位进行事先防范,才能堵死所有的安全漏洞。据相关报道,早在2013年6月中旬,景区就发生过一次落石,但未造成旅游者伤亡。当地国土部门进行勘查,发现有个三四吨重的石头已经松动。随后,在木龙洞口的两头设置了危岩滚落告示牌,但是没有采取其他措施。假如当时对松动的石头进行有效的处置,把松动的石头固定或清除,也许就不会发生现在岩体崩塌砸死砸伤旅游者的事故了。

因此,"预防为主、平战结合"是处置此类安全风险的基本原则,景区管理者应该对景区安全的方方面面进行地毯式检查,对易发岩崩地带进行定期风险评估,对潜在的危险区域及时实施工程措施,或加速其崩塌,或对其加固,消除风险隐患,填补安全漏洞,为旅游者营造一个安全的旅游消费环境。

资料来源:作者根据《人民网》2015 年 3 月 20 日相关报道改编。

三、沙漠旅行遇险求救的成功范例

1959 年,美国人维瑞尔与其妻罗娜驾车带 6 个孩子去沙漠旅行,他们的去向事先没有通知任何人。维瑞尔一家人没有在人们经常往来的道路上行驶,却铤而走险,插到了一条小路上,汽车仅开出 600 米就无路可寻了,维瑞尔在试图拐弯时撞到了一块带有尖棱的石头上,碰坏了水箱,水箱里的水开始往外流,汽车继续行驶了 16 千米后,水箱里的水就开始沸腾,全家人此时既无饮用水也无食品。为了在恶劣的沙漠中求生,维瑞尔夫妇采取了一系列措施:与丈夫将两条毯子裁成条状,拼成了"SOS"的求救信号形状;卸下后视镜放在地上,借助阳光的反射向空中的飞机发求救信号;将备用的车轮胎浸透了油以便随时点燃作为求援信号;让孩子们在汽车的遮阴处休息;白天,把丈夫和孩子们的嘴唇及皮肤上的水泡涂上口红,并将孩子们的身体埋在较阴凉的沙子里,还将他们的脸用东西盖上,然后将自己也埋在沙子里;中午气温高,孩子们脸上的皮肤晒破了,夫妇俩就将收集在水壶里的尿用破布浸湿抹在孩子们的脸上借以降温;采集树枝,剥去树皮吸吮树液;将 4 个轮胎罩放在地上采集清晨的露水;让孩子们吃一盒无毒的淀粉浆糊充饥,将仙人掌切开放在火上烤,吸吮水滴借以止渴。3 天后,救援队发现了他们的求救信号,他们终于得救了。

如果要去沙漠探险,就要掌握沙漠中的求生方法:出发前要向亲属或朋友告知自己的行进路线;行进过程中留下记号,以便救援人员寻找;沙漠日温差可达 50 摄氏度以上,地面最高温度可达 60—80 摄氏度,所以,要"夜行晓宿",不可在烈日下行动;带足饮用水,学会找水的各种方法;掌握寻找食物的技能;掌握发出各种求救信号的方法等。

资料来源:作者根据天涯论坛社区《教你如何在沙漠中生存:正确运用贝尔的方法,根据国内沙漠的情况》一文改编。

练习思考

一、填空题

1. 在户外遇险的情况下,要减少消耗和运动,节约用水,多人的话可以"相互近面呼吸",炎热地带要"_____",从而延长生存时间。

2. 在一般情况下,重复_____次的行动都象征寻求援助。

3. "SOS"是国际通用的船舶和无线电呼救信号,即_____,不断地循环。

4. 高温热害不但影响出游心情,还会引发中暑、_____等疾病。

5. 发现雪崩先兆时,应丢掉包裹、手杖或其他累赘,往雪崩_____逃离。

6. 地震时,应迅速躲靠在柜、床、桌等支撑力大而自身稳固性好的物件旁边,因为这些地方容易形成安全的_____。

7. 在海滨旅游,如果海水后撤明显,则可能发生_____。

8. 对于严重事故性低温者,应做到复苏和_____同时进行。

9. 如果被水母蜇伤,要立即上岸,千万不要用_____冲洗受伤的部位。

二、单项选择题

1. 在各种自然灾害的直接经济损失中,( )损失最大。
   A. 气象灾害 B. 地震灾害
   C. 森林生物灾害 D. 海洋灾害

2. 在户外,用手表识别方位,如果是下午6点,则将手表( )位置朝向太阳,表盘上12所指的方向就是北方。
   A. 3点 B. 6点 C. 9点 D. 12点

3. 当日最高气温大于( )摄氏度的高温天气时,可引起部分旅游者中暑,形成旅游气象灾害天气。
   A. 30 B. 32 C. 35 D. 38

4. 在户外旅行遭遇雷雨天气时,躲在( )比较安全。
   A. 运动场 B. 屋棚里 C. 铁轨附近 D. 车辆

5. ( )是泥石流发生前的迹象。
   A. 河流突然断流 B. 连续降雨
   C. 地震 D. 雷电

三、简答题

    1. 简述防范自然灾害的管理措施。

    2. 身处困境时,应如何寻找食物?

    3. 简述水灾的应对和自救方法。

    4. 在外旅游时,台风来临,应该如何处理?

    5. 如果你在地震中被埋压,如何进行有效的自救?

    6. 在旅游过程中遇到山洪或泥石流,应如何应对?

四、列举题

    1. 列举身处困境的求救方法。

    2. 列举紧急避震的原则。

    3. 列举泥石流和滑坡发生的征兆。

第四章

事故灾难的防范与应对

学习要点

熟悉航空、轨道、道路、水运和索道交通的安全知识;熟悉消防安全管理方法;掌握火灾逃生方法;熟悉游乐设施的安全管理措施和个体安全防护措施。

基本概念

交通事故、消防事故、游乐设施事故

事故灾难是在旅游系统内发生的,直接由经营、管理等人为因素所引发的,违反人们意志的、迫使活动暂时或永久停止,并且造成人员伤亡、经济损失、资源破坏、环境污染等的灾难性意外事件。

第一节　交通事故的防范与应对

发生交通事故后,对人的撞击、碾压、坠落及着火等,都会造成人员伤亡。旅游交通事故是旅行安全事故最主要的表现形态,也是旅游活动各环节中影响最大、发生频率最高的不安全事件之一。

一、航空交通安全

航空交通是最安全也是最危险的一种交通方式。飞机的事故率为每百万架次1.5—3次,全世界每年死于空难的约有 1 000 余人,而每年死于道路交通事故的有70 多万人,但飞行事故的可怕就在于每次事故的死亡率在所有交通工具中是最高的。

一次完整的空中飞行可以分为起飞阶段、空中飞行阶段和降落阶段。据统计,三阶段的失事比率为 35：10：55。在飞机起飞后的 6 分钟和着陆前的 7 分钟内,最容易发生意外事故,被国际上称为"黑色 13 分钟",中国有 65％的飞机事故就发生在这 13 分钟之内。航空事故发生前,常有各种预兆,如机身颠簸、飞机急剧下降、舱内出现烟雾、舱外出现黑烟、飞机发动机关闭等,此时要做好应急准备。

(一) 起飞前的安全事项

避免乘坐临时航班和小型飞机旅行。旅客不应携带危险物品,机场工作人员在旅客登机前做好安全检查,检查的方式有搜身、磁性探测器近身检查、过安全门、红外线透视仪器检查、小件物品检查、开箱检查等。登机后,最好别与家人或朋友分开,应清楚了解与自己最近的应急出口的距离和路线,仔细观看飞机上的安全演示。机上禁止吸烟,若头顶部有重而硬的行李,要将其挪至脚旁。飞机起降时应系好安全带,严禁使用通讯设备。

(二) 紧急迫降时的应急

飞机紧急迫降到一定高度时,驾驶员会对乘客播放"飞机紧急下降,系好安全带,戴好氧气面罩"的广播,乘客头顶上的氧气面罩会自动下垂。这时,应保持最稳定的安全体位:弯腰,双臂交叉抱住膝盖,把头放在膝盖上,两脚前伸,紧贴地板。当机舱"破裂减压"时,要立即使用氧气面罩吸氧,并绝对禁止吸烟。

当飞机在水上进行紧急迫降时,要将救生衣穿好系牢,在必要时,只要用力拉下充气阀门,救生衣便会在数秒钟内自动完成充气。从紧急出口跳入水中时,要夹紧两腿,稍微弯曲,双臂护在胸前,双手伸直护住面部或捂住口鼻,尔后垂直入水。

(三) 飞机坠落后的自救

飞机坠地通常是机头朝下,撞地十几秒钟后油箱爆炸,大火蔓延也需几十秒钟,大火由机头向机尾蔓延。所以,当飞机撞地轰响的一瞬间,乘客要迅速解开安全带的系扣,跑向能看到外界光亮的机舱裂口,争取在油箱爆炸之前逃出飞机残骸,一般来说,要逃离到飞机 200 米以外。逃离失事飞机后,幸存下来的人如果还能行动,要首先处理好伤员,集中剩余的淡水和食物,并尽可能根据经验或者地图判断自己所在的位置、方位,以及与附近村庄、城镇等人口密集地方的距离,并用各种方式求救。

二、轨道交通安全

从 19 世纪初出现铁路以来,火车成了人们旅行的重要交通工具,但由于机械故障、人为失误及环境灾害等原因,世界各地都发生过各类铁路事故(列车事故、铁路故障、运行事故等)。因此,旅客应该掌握轨道交通的安全常识和紧急情况时的处置方法。

(一)进出站乘车安全

在进、出车站时,应听从铁路车站、列车工作人员的引导,按照车站的引导标志进、出站。积极配合工作人员做好安全检查,不携带危险物品(容易引起爆炸、燃烧、腐蚀或者有放射性的物品和枪支、管制刀具等可能危害公共安全的物品)上车。如一时疏忽,不慎将危险品带入车厢,应主动上交给列车员或乘警。

在站台等候时,应站在安全线以内等候。如果不慎掉下站台,要赶紧大声呼救,并向工作人员示意寻求帮助。有列车驶来时,不可趴在两条铁轨之间的凹槽里,应立即紧贴里侧墙壁,因为带电的接触轨通常在靠近站台的一侧。

(二)旅行途中安全

上车后按照"方不压圆,重不压轻"的规律,摆放好行李,这样在列车颠簸晃动时,就不易发生物品甩下砸伤乘客的情况。列车进出站时,不要随意走动,应在座位上坐好,待列车运行平稳后方可走动。

火车在遭遇出轨、相撞等事故之前,司机大多有一个紧急刹车、汽笛长鸣的过程。遇险乘客应保持冷静,不能跳车,应在列车紧急刹车的瞬间,采取抱头弯腰收腹的自我保护姿势,最大限度地保护好自己的头和胸部,在列车停止后,再根据事故具体情况作出相应的处置。当列车停在隧道中间时,乘客应按照工作人员的指挥,从列车两端的紧急疏散门顺次下到隧道。在疏散撤离过程中,要留意脚下异物,严禁进入另一条隧道。

(三)铁路道口安全

在通过铁路道口时,一定要"一看二慢三通过"。无论有无道口值守人员,都要放慢行进速度，四周观望一下，在确保安全的情况下迅速通过。遇到道口栏杆关闭，红灯亮时，要退后 5 米等候，不能钻越栏杆强行通过。

三、道路交通安全

道路交通事故指旅游者乘车或驾车出行而发生的撞车、翻车等车祸以及车祸后发生的爆炸与火灾引发的安全事故。道路交通事故普遍、损失巨大。据统计，道路交通事故死亡人数占非自然死亡人数的 1/4 左右，是目前人类的第八大死因，每 100 辆车至少夺走 1.2 个人的生命。

（一）道路交通安全影响因素

1. 人为因素。

大量道路交通事故的教训表明，人为因素是诱发道路交通事故的主要原因，一般占交通事故总数的 74%。

主观因素。驾驶员安全意识的淡薄和疏忽等主观因素会导致交通事故的发生，如不按规定路线行驶、疲劳驾驶、违章超车、超速超载等。车辆行驶中，驾驶员或乘客未系好安全带，发生事故时易造成人员伤亡。据统计，驾驶员未系安全带的事故死亡率约为系安全带的事故死亡率的 40 倍；在所有可能致命的车祸中，如果司乘人员系好安全带，至少可挽救约 45% 的生命。到目前为止，安全带仍然是交通事故中保护司乘人员的最有效方式。因此，"系好安全带，免得缠绷带"。

客观因素。人的心理与生理特点等客观因素也会影响交通安全。心理上如人的注意力在单一环境中衰减很快，15—20 分钟内驾驶员得不到新的信息，注意力便会分散。生理上的如人的视野有一定范围，且随着车速增大而变小；人的动视力一般比静视力低 10%—20%，在特殊情况下会低 30%—40%；人所固有的反应时间对交通安全也有影响，在实验室条件下，从眼到脚的反应，如要求踩下制动踏板，约需 0.58 秒；人在上午 11 点至下午 1 点和下午 5 点至晚上 9 点最易发生事故，占事故总量的 40%。

表 4.1　不同车速下的视野范围

车速（公里/小时）	0	40	60	70	75	80	100
视野范围（度）	200	100	75	70	65	60	40

2. 车辆状况。

车辆的使用性能和技术状况与交通安全有密切关系，占事故总数的 7%。

主观原因。主观上的原因如旅游车的安全设备不到位,安全防护设计标准不高,没有自动限速装置等;安全救生设备不完备,如没有安全门、座椅安全带、救生锤等,为逃生埋下隐患;车辆质量原因或使用不当,如制动、灯光、喇叭等存在问题,而发现故障后没有及时维修。

客观原因。客观上的如驾驶室视野的有限性,大型车的驾驶员眼睛距地面距离一般可达到 2.4 米,而小轿车只有 1.2 米,会形成不同的视野死角;车辆因轮距长短不同而在转弯时产生不同的内轮差,特别是一些大型车转弯时,内后轮与内前轮的行驶轨迹差可达 2 米以上,从而影响行人安全。

管理原因。车辆管理上的问题也影响行车安全。不对车辆进行必要的养护与检查可能引发机械故障,如刹车失灵、轮胎爆炸等。旅游车没有配备装有纱布、胶布、止血药等救助物品的急救包,或者司机出车时没有携带,使得事故发生后无法对乘客进行及时救治。

3. 道路环境。

道路环境包括道路构造、安全设施、交通环境(交通设施、交通管理等)和自然环境(气候、昼夜、沿线地形地貌)等,道路环境条件引起的事故占事故总数的 19%。

道路构造。车道宽度会影响行车安全。调查表明,行车道宽度增加 22%,交通量较小的路段事故降低 21.2%,交通量较大的路段事故降低 46.6%,但车道宽度大于 4.5 米时,驾驶员会在同一条车道内利用富裕的宽度超车,反而会增加交通事故发生的概率。

交通管理。护栏、照明、中央隔离带、交通标志等安全设施的合理设置可以减少交通事故的发生。道路因缺乏维修保养,路面变形、表面损坏、扬尘及障碍物清理不及时等,易造成事故。

自然环境。雨、雪、雾等天气,道路能见度降低,路面摩阻系数变小、制动距离变长,一般路面干燥时摩阻系数为 0.5—0.7,潮湿时为 0.3—0.4,降雪结冰时为 0.1—0.2,雨雪天气时汽车抗侧滑力、方向盘控制力变差,易造成事故。

(二)道路交通安全管理

自 1899 年发生第一起有记录的车祸以来,全球因车祸死亡人数累计已达 3 000 多万,超过第二次世界大战死亡人数,而车祸每年造成的经济损失约占各国 GDP 的 1%—3%。因此,要通过司机的安全教育管理、车辆的安全措施保障和道路的安全建设保养等措施,减少和规避交通事故的发生。

1. 司机安全管理。

驾驶员的安全管理主要通过行车安全的标准与制度来控制和管理。旅游汽车企业应参照交通法规的有关规定,结合旅游汽车企业的特点和实际情况,认真制定驾驶员心理生理检查、安全驾驶操作、例行维护所驾车辆等标准;制定驾驶员岗位责任、行车安全教育培训、安全奖惩、行车安全监督检查、违章肇事处罚等安全管理制度,并在驾驶员的安全管理中严格执行,以保证旅游交通的安全。

2. 车辆安全管理。

实行旅游车辆的安全管理,必须建立车辆运行安全管理标准和制度,从用车的安全日常保养、车辆的定期检测维护、车辆的按期报废等三个方面着手保障车辆的使用性能。车辆运行安全管理标准主要有车辆安全部件维护、车辆安全附属设施质量、车辆年度检验等标准;管理制度主要包括车辆保险、车辆技术状况定期检查、车辆安全技术档案、车辆运行安全检查等制度。在车辆的日常保养和定期检测中,应对轮胎、制动、转向灯、喇叭、反光镜等与安全行驶相关的各部位进行全面细致查验,及时排除隐患。将与安全有关的工具和车内设备准备齐全,如备胎、千斤顶、三角警告标志、急救箱(碘酒、黄药水、红药水、夹子、药棉、纱布和绷带等)、救生锤、灭火器等。另外,应用高新科学技术,推广智能旅游车辆配载系统和智能旅游车辆安全信息,服务系统等智能交通技术,如秦皇岛市建成的"智能旅游交通"系统,从而更好地保障旅游交通安全。

3. 道路安全管理。

搞好道路建设,抓好道路的设计、修建、改造、养护等环节,还要及时完善交通信号、标志和标线,做好公路出入口的控制以及通信和其他安全设施的建设。加强科技投入,采用先进的管理手段,完善站场的安全设施和管理。

(三)道路交通事故处理

道路交通事故发生后,如果能及时、正确地进行现场处理,可以使事故损失及伤亡和致残率降低 10% 以上。

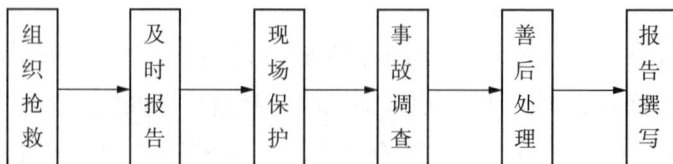

组织抢救 → 及时报告 → 现场保护 → 事故调查 → 善后处理 → 报告撰写

图 4.1 交通事故处理流程

1. 组织抢救。

资料表明,交通事故重伤者在 30 分钟内获救的生存率为 80%,在 90 分钟内获救的生存率为 10% 以下。因此,发生交通事故时,司机要立刻停车,切断车内电源,开启危险报警闪光灯,放置故障车危险警告标志,并协助处理事故。如有人员伤亡,全陪、地陪或接待人员等要立即组织现场人员抢救受伤的旅游者,特别是抢救重伤者。如无法就地抢救,要将伤员送往距出事地点最近的医院抢救。

2. 及时报告。

陪同人员应立即向当地交通管理部门报案,并报告上级主管部门或企业,如有人员伤亡,应拨打 120 急救电话。报警时应报告事故地点、性质、人员伤亡情况、报警人电话和车牌号码等,以便交通指挥中心合理调配救援人员和车辆。

3. 现场保护。

发生交通事故后,司机和导游人员应保护好现场,现场保护的主要内容有:肇事车停位、伤亡人员的倒地位置、各种碰撞碾压的痕迹、刹车拖痕、血迹以及其他散落物品等。现场保护的方法是:寻找现场周围的就便器材,如砖石、树木、木杆、绳索等,设置现场保护警戒线,指挥过往车辆从旁边或绕道通行,禁止无关人员和车辆进入。

4. 事故调查。

有关单位要及时组织、指挥有关人员对现场进行清理、勘察,监控肇事者或重大嫌疑人,司机和相关人员要配合交警做好调查取证工作,并听候处理。

5. 善后处理。

交通事故发生后,导游人员应做好团内其他旅游者的安抚工作,如果事态不影响旅游活动的进行,应继续组织该团的参观游览活动。查清事故原因后,导游人员应向全团旅游者说明,并按照有关法律和安全条款对旅游者进行赔偿。

6. 报告撰写。

交通事故处理结束后,导游人员要撰写事故报告,内容包括事故的原因和经过、抢救经过、治疗情况,事故责任及对责任者的处理,旅游者的情绪及对处理结果的反映,事故教训和今后的防范措施等。报告力求详细、准确、清楚。

(四)自驾车应急处置

自驾车旅游除了常规旅游中易发生的一些危险之外,由于驾驶者大多不是专业司机,车辆事故发生的几率明显高于普通团队。所以,在自驾游之前,要携带专用工具箱、警示牌、药箱等应急用品,对车辆的制动、转向、轮胎等进行详细检查,最好购买相关的保险,并掌握相关紧急情况的应急处置方法。驾车时,要专注,疲劳时,要休息,意识到开车就是"手握生死薄,脚踏鬼门关",来不得半点疏忽。

1. 撞车应急处置。

遇有险情时,应保持冷静,首先应制动减速,在撞车的瞬间,应尽可能早地远离方向盘,双臂夹胸,手抱头。乘客应双手抓住前排座椅、扶杆或把手,低头,用前排座椅靠背和双手臂保护头部。撞车或者因故障停车后,应按照"先救人,后顾车;先断电路,后断油路"的原则进行处理。在车祸现场不要吸烟,也不要围观。

2. 爆胎应急处置。

高速公路上发生的交通意外事故有 40% 左右是由于爆胎所引起的。车辆在行驶中轮胎突然爆裂时,要全力控制方向盘,保持车身正直向前,尽可能抢挂低速挡,利用反拖发动机制动。不要踩急刹车,以避免车辆横甩发生危险,用点刹的方式将车辆停放在路边不妨碍交通的地方,并开启危险报警闪光灯,在车后设置警告标志。

3. 侧翻应急处置。

即将发生翻车时,驾驶员应高喊,提醒乘客做好准备,自己要牢牢抓住方向盘,脚部钩住踏板,乘客应抓住车上的固定部件,尽量使身体固定,防止在车内翻滚、碰撞而致伤。车停下后将车熄火,下车后救人。如果条件允许,应卸下蓄电池,放出油箱内的燃油,以防引起火灾,然后求救或设法使车身放正。

4. 落水应急处置。

在车辆沉入水中之前,打开中控,若有可能,应弃车逃出。车辆沉入水中后,不要急于打开车窗和车门,防止水涌进;当水位到达下颌时,表示汽车内外压力差不多相等,可深吸一口气,再破窗或打开车门潜水逃生。

5. 刹车失灵应急处置。

车辆行驶中如刹车突然失灵,应沉着冷静,用手制动或挂低速挡减速。如果刹不住车,应该利用天然障碍物,给车辆造成行驶阻力,必要时可把汽车车身靠向路旁的岩石或大树,达到停车的目的。乘客应抓紧扶手,身体远离车辆障碍物一侧,不要影响驾驶员的操作,更不可跳车。

6. 车辆失火应急处置。

汽车在行驶中失火,应迅速切断油路、电源并停车,疏散司乘人员逃离失火车辆,如果车门无法开启,应砸碎车窗逃生。要视着火具体部位确定逃生和扑救方法,如果着火部位是汽车发动机舱,应取下随车灭火器,由发动机罩的缝隙处,对准起火部位喷射灭火,切记不可打开发动机上罩,以免火势蔓延。

7. 恶劣天气应急处置。

在雾霾天气中行驶时,要打开防雾灯、大灯和双蹦灯,并勤按喇叭。如果车灯损坏,绝对不要冒险在大雾中行驶。停车后所有的人都要从右侧下车,离公路尽量远一些,千万不要坐在车上。如果是停在高速公路的紧急停车带,人最好能翻过护栏,到路基外面等候,避免被车撞到。

冰雪路面的制动距离一般是干燥路面的3—4倍,所以,雪后驾车,起步不要过猛,以适应冰雪路面,避免驱动轮滑转。保持车距,避免超车,控制车速,特别是在转弯或下坡时,必须将车速控制在能随时停车的范围内,需要加速或减速时,油门应缓缓踏下或松开。不要空挡滑行,避免紧急制动,尽量利用发动机的牵制作用减速。

四、水运交通安全

水运交通事故是指在海域或江、河、湖面乘坐轮船、游船、汽艇、帆船、橡皮艇、竹筏等水上交通工具而引发的翻船、沉船等危及人身、财产安全的事故。水运交通事故的致损原因有很多,可能是各种自然因素的影响,如台风、海啸、浓雾、低温等,但有 3/4 的事故是由人为因素造成的,如碰撞、触礁、搁浅、火灾和爆炸等。虽然乘船旅行是最安全的旅行方式之一,但每年仍有数千人因此丧生。2018 年 7 月 5 日,"凤凰号"在普吉岛附近海域沉没,事故共造成 47 名中国游客丧生。因此,要加强水上交通安全的防范与管理,杜绝恶性事故的发生。

(一)完善安全管理体制

完善内部管理体制,必须有完整、配套的法规,明确的岗位责任制和正常的工作程序,同时要按照交通部门的有关要求加强自身建设。各地水上交通部门要建立起一支作风严谨、纪律严明、积极肯干、秉公廉政的港监队伍,在水上交通安全工作中发挥应有的职能作用。

强化外部管理体制,除了要发挥行业管理部门的纵向、横向两个安全管理网络的作用外,还要与农林、渔牧、水利、旅游等有关部门协调配合,进一步明确水上交通安全的管理责任,理顺管理机制,按照交通部门制定的水上交通安全方针,共同创造一个良好、有序、安全的水上旅游环境。

(二)加强安全法规教育

针对水上航运安全,国家及相关部门已经制定、颁布了一些法规和政策,如《海上交通安全法》《内河交通安全管理条例》《船舶安全检查规则》等。管理部门应对航运码头、船运公司的船务人员以及旅客等进行相关的水运安全法规、制度的宣传教育,并严格执行各项法规条例,从而保障水上旅行安全,防范水运事故。

(三)提高从业人员素质

加强对水上交通从业人员的业务技术培训,做好船员的考试和发证工作,尤其是对新船员进行的培训,要严格把关,不合格者不允许上岗操作。制订培训计划和措施,对现有船员分期、分批进行培训,重点对船员的驾驶技能、安全法规、机械常识、突发事故处理能力进行培训,提高船员的技术能力。同时,认真做好船员证的审验和档案管理工作。

(四)强化现场安全管理

强化现场安全管理,查处无证、无照船舶和违章行为,对没有营业执照和保险的船舶,一律不准从事旅游及客货运输活动。对违反各项水上交通安全管理规定和操作规程、不服从安全管理的船舶,应责令其停航,并按规定处罚,决不姑息迁就。

对客流量大、事故多发的水域和事故多发企业应进行重点监控,在偏远水域,要建立船舶管理组织,把个体船舶组织起来,消灭安全管理空白点。为确保游客安全,对超载滥载、带病行驶等超安全条件、不符合要求的违章行为,要严肃查处。在大风大雨等恶劣和多变天气情况下,应组织监督艇加强巡逻,防止船舶冒险航行而引发事故。

(五)水运遇险的自救

乘客上船后,应了解安全出口的位置,以便在遇到非常事态时迅速撤离。当船舶即将相撞时,应迅速离开碰撞处,拉住固定物,防止摔伤。听到沉船警报信号时(一分钟连续鸣七短声、一长声),应立即穿好救生衣,扎紧系牢救生衣的绳带,按各船舱中的紧急撤离图示离船。遇险船舶应发出求救信号,并尽可能详细地将地点、时间、遇险性质告知救助中心。

遇险时,不可惊慌失措,要保持冷静。在紧急情况下,船长会下令弃船并释放救生艇(筏),组织乘客登救生艇(筏)逃生,每个筏上应配备1—2名强壮者,以防不测。上了救生艇后,应尽快远离船舶,防止下沉的船舶造成漩涡,把救生艇打翻。如果不能判断所处方位,应停留在原地,等待救援。弃船跳水时,应选择船身较高、没有破洞的一侧,迎着风跳,避开水中的漂浮物。跳时双臂应交叠在胸前,压住救生衣,双腿伸直并拢,深屏一口气,头上脚下,垂直跳入水中,同时用手保护口鼻,防止呛水。

五、索道交通安全

索道安全事故的发生既可能是非人为的原因,也可能是人为原因。2014 年 4 月 12 日,井冈山杜鹃山景区索道因机械故障致使一轿厢松落,导致厢内 1 人遇难,4 人受伤。2015 年 3 月 28 日,一名旅游者在湖北大冶市小雷山风景区乘坐索道时被卡,从百米高空坠亡。

（一）安全管理措施

1. 设计制造。

索道设计必须确保载人索道及其改造工程符合有关标准的规定,索道设计完后,要进行设计鉴定评审。索道制造单位必须依据通过设计鉴定评审的设计进行制造。在制造过程中,制造单位对载人索道设计的任何改变,均应取得设计者的认可,重新通过设计鉴定评审并予以记录。

2. 安装测试。

载人索道安装单位必须严格按照设计者或制造单位提供的完整、正确的设计制造资料进行安装、试运行、试验和检验活动。安装单位应将安装和试运行过程中的每个重要步骤记录下来,在载人索道安装结束交付运行前,必须经过验收与测试。

3. 维修改造。

当索道运营单位需要对索道进行修理时,主管人员应记录所有索道修理改造的细节。索道维修与改造工作应符合索道运行单位质量管理体系的规定要求,所有维修与改造活动应由具有资质的人员进行。索道修理改造后,经检验人员检验合格,取得新的合格证后,方可投入运行。

4. 运行维护。

索道运营单位应建立、执行索道安全检验、管理和维护制度。索道设备必须由具备相应应急处理能力和上岗资格的人员来操作。索道必须在设计限制条件下安全运行,在运转过程中,所有相关安全装置都必须处于安全工作状态。在索道运行期间,操作人员必须在岗,随时准备处理各种紧急情况。

运营单位应以索道设备管理民航化为目标,认真坚持早巡线,制定并实施日、周、月、季、年及重大节日前的检查制度。当发现索道存在安全隐患时,要尽快通知主管人员,主管人员应立刻安排人员检查索道。一旦确定索道存在不安全因素时,要立即将索道停运,并详细记录相关细节,待隐患排除后再恢复运转。索道及相应的安全装置要在确保安全的前提下进行维护。

（二）个体应急方法

乘客登上缆车后,应均匀排坐,不可偏挤在一侧,不可探出身体去拍照、观光。在车厢中不能上蹿下跳、嬉闹、左右摇晃。遇雷雨天时,不可在缆车上拨打手机。同一团队的旅游者被分散在前后数辆缆车上时,不要相互呼叫、拍照,应注意车厢的平衡和自身的安全。

停运的应急。空中缆车的提绳在运转过程中被齿轮卡住,突然停电或遇到雷击、大风等均可导致突然停止运行。旅游观光景点索道操作室外应架设扩音器,工作人员可及时与乘客取得联系,把被困原因和营救方法告诉乘客,让乘客耐心等待救援。乘客应保持镇静,不要乱跳乱叫,不可盲目行动,要耐心等待救援。

坠落的应急。索道大多设在山区,也有跨海、跨江河的,因恶劣天气、雷击、缆车质量和乘客数量超载等原因,都可能导致车厢坠落。车厢坠落时应立即抓牢固定物体,尽量保持头朝上。可将随身携带的包裹、衣物垫在脚下,增加缓冲力,减轻伤害。要将孩子托起,以减少冲击力,避免孩子被摔死。

第二节　消防事故的防范与应对

火灾是一种极为常见的灾害事故,其发生面广、危害性大、时效性强、处置救助难。据不完全统计,世界每年发生火灾约 22 万起,过火森林面积达 640 多万公顷,约占地球森林总面积的 0.18％。"贼偷三次不穷,火烧一把精光",火灾会造成巨大的经济损失,经济发达国家的统计表明,每年的由火灾造成的直接财产损失约占GDP 的 0.2％左右。

一、消防安全概述

燃烧必须同时具备可燃物、助燃物、着火源三要素。当具有足够量的可燃物和助燃物,着火源的温度高于可燃物燃点且有足够的热量,即燃烧三要素同时存在、相互结合、相互作用时,才能引起燃烧。

（一）火灾原因分析

血的教训告诉人们,大多数火灾都是由一些小的隐患或疏忽造成的,部分人员对安全工作认识不足、意识淡薄、行为不当等,都会致使旅游区发生火灾。

1. 安全意识淡漠。

发生火灾的原因很大一部分是由于组织和个人的消防安全知识欠缺、风险意识淡薄,一些单位、场所和旅游者认为发生火灾的偶然性很大,存在大意、侥幸和抵触心理。社会公众缺乏必要的报警、灭火、逃生等基本安全知识和技能,也是导致灾难损失加重的重要原因。

2. 日常用火不慎。

一些旅游区为了开展多种经营,多渠道增加收入,把周边的房屋出租出去,用于旅馆、商店、餐厅等经营活动,导致火源难以管理,一旦周边着火,容易引火烧身。而在旅游活动中用火不慎,也会引发火灾。2009 年元旦,泰国曼谷埃卡迈地区的 Santika 夜总会由于新年放焰火引发火灾,致死 59 人,其中一些死者是来自澳大利亚、荷兰、尼泊尔和日本的旅游者。

3. 电气设备老化。

电气设备老化所引发的火灾事故一般占火灾总数的 30%。旅游区内发生此类事故的原因一般为:电器使用不当、电线破损;用电线路导线没有满足用电设备的绝缘要求造成短路和漏电;电器设备陈旧、老化;大量使用照明灯、灯箱、射灯,因电器使用过多而超负荷。另外,旅游区在举办一些临时展览时,电线往往临时乱拉、乱接,线路开关随意乱设,从而埋下火灾隐患。

4. 消防设施滞后。

一些旅游区在建设之初没有按照国家消防技术规范的要求进行建设,消防设施没有按规定配备,消防设施不全,存在先天性火灾隐患。一些旅游区由于运作时间过长,消防灭火器材年久失修,缺乏必要的维护保养(消火栓被圈占、遮挡,自动报警设施、喷淋设施被损坏),带病运行。不同程度地存在着诸如可燃材料未进行阻燃处理,消防水源不足、无法使用,安全疏散不符合要求(疏散指示标志不足,应急照明损坏,安全出口锁闭或数量不足,疏散通道被堵塞、占用)等火灾隐患。

5. 防火工作复杂。

旅游区分布面积广、植被类型不一、气候条件各异、人员素质参差不齐,给防火工作的开展带来了难度。旅游区内道路涉及衔接线、干线、支线和游览线等多种类型,路口多,路线长,道路两旁人为活动频繁,火源管理防不胜防。此外,许多森林旅游区内山高坡陡,峡谷纵深,溪流湍急,地形相当复杂,一旦出现火情,很难迅速组织扑救。

6. 个人行为不当。

许多旅游设施,如古建筑等,以木材为主要材料,以木构架为主要结构形式,火灾荷载大,耐火等级低(如松木的燃点约为 250 摄氏度),特别是一些枯朽的木材,质地疏松,遇到烟头(表面温度约为 300—450 摄氏度)、电器操作不当等迸发的火星,都有可能引发火灾。故宫从兴建到清王朝覆灭的 400 多年里至少经历了 50 次重大火灾,其中大多是人为原因造成的。

户外火灾大多系人为原因造成。烧荒垦地、烧灰积肥、吸烟、上坟烧纸、故意纵火等是引发森林火灾的主要原因,占户外火灾总数的 95% 以上。"一点星星火,可毁万顷林",烟头的随意扔放、不合理的野炊和烧烤活动等,常会引发火灾。1972 年黄山天都峰因旅游者乱扔烟头引发火灾,毁林约 30 平方千米,一些珍稀树种损害严重。

(二) 火灾造成人员伤亡的原因

火灾造成人员伤亡的主要原因是由于逃生不当,如踩踏、烟熏、窒息等占总伤亡的 80%—90%,而烧死烧伤的只占 10%—20%。

1. 逃生不当。

大多数人面对危险时惊慌失措,甚至失去理智,采取错误的行为,危及自身和他人的人身安全。据统计,我国每年在火灾事故中丧生的 3 000 多人中,绝大多数是由于不懂逃生知识,采用错误的逃生方法,盲目跳楼或擅自关闭安全疏散通道而造成死亡。

2. 烟熏中毒。

人在火灾中所能忍受的极限状态为:干燥空气中温度上升到 300 摄氏度、一氧化碳浓度达到 1%、二氧化碳浓度达到 12%、氧气含量下降到 7%。其中任何一项达到了最大极限值,人生存的可能性都很小。在火灾发生过程中,会出现大量烟雾,往往发生烟熏、缺氧、一氧化碳等中毒昏迷或死亡。据报告,在 28% 的建筑物火灾中,一氧化碳是主要的毒物;在 10% 的火灾中,一氧化碳均超过 0.5% 的急性致死浓度,当空气中一氧化碳的含量达到 1% 以上时,身体较弱者 1 分钟后即可死亡,身体较强者 2 分钟后即会死亡。在非建筑物火灾中,氰化物和缺氧是潜在的致死因素。

3. 准备不足。

当人们缺乏充足的应急知识时,对可能发生的危险情况准备不足,如在相对封闭的公共场合不了解安全出口和楼梯的位置而造成无法及时逃生;在细小可燃物,比如草类、沟塘草甸等地方,火的发展和蔓延都很快,往往因躲避不及时造成人员伤亡;逃生中过于慌乱,被断木、滚石砸伤砸死,或落崖摔伤摔死。

4. 高温热害。

在火灾发生过程中产生的高温,往往会造成人员高温脱水、体力消耗、身体受损,从而造成人员伤亡。高温气流被人体吸入后,咽喉还会产生水肿堵死气管,造成窒息死亡。

（三）灭火的基本方法

灭火的根本途径是阻止燃烧三要素的相互结合与相互作用,削弱或去除其中任何一个条件。灭火的基本方法有隔离法、窒息法、冷却法、抑制法。

表 4.2　灭火的基本方法

火火法	灭火原理	具体措施
隔离法	把燃烧物与未燃物隔开,中断可燃物供给,使燃烧停止	关闭可燃气体、液体管路阀门;将毗邻火源的可燃物,易燃、易爆和助燃物品拆除、搬走等
窒息法	阻止空气流入燃烧区或用不燃烧的惰性气体冲淡空气,使燃烧物得不到足够的氧气(空气中的氧气含量降低到 14%—16% 以下)而熄灭	二氧化碳、氮气、水蒸气等灭火器材;封闭建筑物的门窗和设备的孔洞,用石棉毯、湿棉被、黄沙等不燃物或难燃物覆盖在燃烧物之上等
冷却法	将灭火剂喷射到燃烧物或火源附近的可燃物上,把燃烧物的温度降低到燃点以下,或不受火焰辐射,使燃烧停止	清水和二氧化碳灭火器等
抑制法	加入特殊的物质,销毁燃烧区中的自由基,消除燃烧不断继续的重要物质基础,终止燃烧	卤代烷灭火剂等

（四）火灾事故处理程序

旅游区发现火情时,应及时通过报警装置或者拨打 119 火灾报警电话通知消防部门。拨通 119 后,报告内容主要有:失火的准确位置;燃烧的物质、火势大小和受火灾威胁的物质；报警人姓名、电话号码等。在拨打 119 报告火警后，还应主动向当地公安部门报告，以便他们能在第一时间赶到现场展开火灾原因调查，维持现场秩序。

旅游区管理部门应把火情及时通知导游人员及旅游者，安排工作人员疏散旅游者。同时组织力量迅速、有效地扑救，引导旅游者自救，并抢救伤员。若有重伤者，应迅速将其送往医院；若有旅游者死亡，应按有关规定处理。火灾扑灭后，应保护好现场，导游人员还应采取各种措施稳定旅游者情绪，解决因火灾造成的各种困难，设法使旅游活动继续进行。相关部门要调查火灾原因，处理善后事宜，并撰写详实的书面报告。

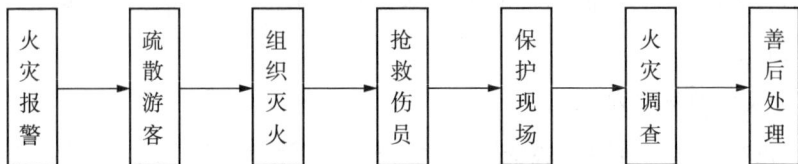

图 4.2　火灾事故处理流程

二、消防安全管理

在中国古代，人们就总结出"防为上，救次之，戒为下"的消防经验。预防是防火的前提和关键，灭火是被动手段、挽救措施。

（一）健全安全管理制度

1. 健全消防制度。

旅游区应贯彻"预防为主、防消结合"的方针，执行国家和当地政府发布的消防法规和有关指示，制定防火制度和灭火方案，建立健全一整套科学合理、便于操作的消防安全管理制度，按照立足自防的原则，实行科学防范和严格管理，有效地预防和消灭火灾。

2. 编制消防规划。

旅游区要编制消防安全规划，在旅游区建设中，消防设施要同计划、同建设、同运行、同检查、同评比，防火工作要做到经常化、制度化。建立旅游消防管理体系和消防安全宣传教育体系，形成"消防安全、人人参与"的局面。

3. 保障消防投入。

没有消防建设投入，就不会有消防安全，投入不到位，消防安全就难以到位。

因此,应保障一定的经费投入,抓好"人防、物防、技防"措施的落实,配备必需的消防设施,提高旅游区消防系统的科技含量,消防设备器材应布局合理、使用方便。可从门票收入中安排一定的资金,用于防火基础设施和消防队伍建设,不断提高火灾的防范和扑救能力。

4. 落实消防责任。

构建旅游区消防责任体系,层层签订消防安全责任书,实行逐级消防安全责任制和岗位防火责任制,做到分工明确、责任到人、各尽其职、各负其责。加强消防责任追究,确保消防安全责任、消防安全制度和措施落到实处。

5. 加强消防检查。

旅游区消防管理应符合《中华人民共和国消防法》和其他相关法规、标准的规定,在指定位置安装灭火器、报警器、消火栓、消防水缸等消防设施。定期检查,排查火险隐患,找出薄弱环节,采取有针对性的对策和措施,彻底消除火灾隐患,确保消防设施、设备及器材始终处于良好状态。在营业时间和营业结束后,还应当指定专人,进行安全巡视检查。

(二) 完善消防设施设备

1. 加强消防系统建设。

加强消防系统建设,有利于在火灾发生后,使消防力量及时有效地控制住火势。基于中国通信、道路和消防装备等的实际情况,消防站责任面积在 4—7 平方千米,消防力量才能在 15 分钟内到达火场出水,从而进行有效扑救,防止火势蔓延。但目前中国不少地区消防站布局不合理,责任区面积过大,如广州市平均为 29 平方千米,上海市平均为 122 平方千米,达不到迅速到达火灾现场的要求。

2. 应用先进技术装备。

应用先进的消防设施和报警装置,如利用电子技术、气象科学、遥感技术、激光和通信技术等,为消防安全提供先进的手段和技术条件。在商场饭店、娱乐场馆等公共场所,安装智能的消防设施设备,如烟感报警器和自动喷淋设施等。根据建筑布局和使用性质的要求、火面和建筑物内的防火分区和防烟分区规定,对容易起火的部位与其他部位之间安装防火分隔设施设备,如防火墙、防火门、防火卷帘等。

3. 保证逃生通道畅通。

建立并保持消防通道和人员疏散通道的畅通,在游客集散地、主要通道、危险地带等区域张贴消防安全标志,利用人们在危险时趋光的心理,合理布置足够的应急照明设备和疏散指示灯。严禁将安全出口上锁、阻塞,1942年美国波士顿椰林夜总会火灾时,7个出口中有6个上锁,剩下一个出口是旋转门,造成300余人被挤死。

（三）严格火源火种管理

火源管理是旅游区消防工作的重中之重,要掌握火源的规律和特征,有针对性地对旅游区的一切火源进行严格管理。

1. 室内火源管理。

旅游区室内的各种电器、电路、管道、烹饪设备等,都是室内火源。要为各种电气设备的使用和操作制定相应的安全操作规程,并严格执行;各种电气设备的安装和使用必须符合防火安全要求,严禁不当操作。饮食场所的各种灶具及煤气罐的维修、保养应指定专人负责;煤气管道、烟道及各种灶具附近不准堆放可燃、易燃、易爆物品;煤气罐与燃烧器及其他火源的距离不得小于1.5米;使用火源的工作人员,不得离开自己的岗位,做到人走火灭;烹调操作要控制好用火量,用火量不应过猛,以免引起烟囱、烟道内油污和烟垢燃烧而造成蹿火或飞火;煤灰、木炭灰要经确认无残火及降温后,再倒至指定的安全地点。

2. 户外火源管理。

旅游区的户外火源按空间可分为区域性火源和流动性火源,按时间可分为时令性火源和常年性火源。区域性火源如烧烤区、索道沿线等区域的火源,这类火源比较集中,可采取巡逻与设岗相结合的方法,做到严防死守;流动性火源如探险、考察、野营等用火,这类火源危险性较大,要认真做好旅游者进山登记,杜绝携带火种上山。时令性火源如寒暑假学生旅游及野炊活动等,这类火源随意性强,必须有针对性地进行防范,如对上山人员的火种进行收缴,指定用火范围,跟踪巡查等;常年性火源如机动车辆、电线光缆等,这类火源较容易控制,要定期检查。

（四）加强消防教育培训

隐患险于明火,防范胜于救灾。通过消防安全教育培训,增强员工的消防安全意识和法制观念,增加员工防火灭火的常识和技能,可有效预防和消灭火灾的发生。

1. 组建消防队伍。

旅游区管理与使用单位,应根据范围、任务大小配备专职或兼职的消防管理人员,组建专(兼)职的消防队伍,如黄山风景区从1987年就组建了由50人组成的专业防火大队。旅游区可按员工总数20%—30%的比例建立群众性的志愿消防组织,开展经常性的自防与联防活动,做到平时能防火、灾时能扑救。

2. 加强员工培训。

要有计划、分批次地组织消防安全责任人、消防安全管理人、专(兼)职防火员、重点岗位、特殊工种人员和普通员工进行消防安全培训,使每个员工都能做到"一熟三懂三会"(一熟:熟悉消防通道;三懂:懂本岗位消防职责、懂火灾预防知识、懂初起火灾扑救方法;三会:会报警、会使用灭火器材、会组织人员疏散)。把取得合格证作为上岗的必要条件之一,如张家界武陵源景区对旅游从业人员进行消防培训,合格者颁予《消防安全培训合格证》,为旅游区的消防安全奠定了良好的基础。

旅游区还可根据实际情况,通过专家讲座、专题报告、宣传橱窗等形式进行宣传教育,提高员工的消防安全意识,消除麻痹思想,落实防范措施,培养员工的消防技能和素质,提高单位自防自救的能力。通过举行消防演习、学习消防安全管理手册、举办消防安全知识竞赛等多种形式、丰富多彩的消防安全宣传教育活动,配合安保组织一起做好消防工作。

3. 进行公众教育。

公众消防意识淡薄是旅游区发生火灾的重要原因之一。一方面,管理部门要与旅游区的经营单位和周边居民签订《消防责任书》,通过发放消防宣传资料、召开消防安全会议等形式进行宣传教育。另一方面,强化旅游者的消防安全提示,如在门票上印制防火注意事项,在旅游区入口、游客休息场所、宾馆(饭店)和火险重点地段树立防火宣传牌,制作警示标志和刷写防火宣传标语,使旅游者树立消防意识,熟悉消防设施和逃生路线。

(五)抓好消防安全关键

明确消防重点,对关键人群、关键时段和关键部位进行管理。

关键人群主要是指自制力不强的人群,如未成年人,应对其加强监督管理。

关键时段主要是旅游旺季、清明扫墓和干燥多风季节等。在火险高危时段,旅游区要对局部区域严加管理,甚至"禁游",以确保万无一失。九寨沟景区根据《九寨沟护林防火条例》,从每年11月初起至翌年4月中旬进入护林防火警戒期,部分区域不对旅游者开放,如长海至五彩池栈道、原始森林至日则保护站景点、箭竹海至珍珠滩栈道等,从而将潜在的火灾风险降到最低点。

关键部位主要是指野营、烧烤、古建筑等场所。开展野营、野炊、烧烤等项目,应划定专用活动场地,用火和燃料由旅游区负责提供,四周设防火隔离带,确定专人看管,严格用火制度。禁止利用古建筑作为旅店、食堂、招待所或职工宿舍,严禁将煤气、液化气等易燃易爆物品引入古建筑内,禁止在古建筑的主要殿屋内用火。宗教活动场所应按照《宗教活动场所和旅游场所燃香安全规范》的要求,烧纸、焚香必须在指定地点,并有防火措施、专人看管或采取值班巡查等措施。

三、火灾逃生方法

首先要做到的一点,就是要有逃生的意识。进入公共场所或车辆,一定要有意识地观察所在位置的结构布局,记住疏散通道、安全出口及楼梯等的方位,记住警铃、灭火器等的位置。一旦遭遇火灾,要临危不乱、沉着冷静,立即按警铃或通过电话报警,并镇定、有序地疏散撤离。

(一) 火灾初起,全力扑灭

火灾通常都有一个从小到大,逐步发展,直至熄灭的过程,其过程一般可以分为初起、发展、猛烈、下降和熄灭五个阶段。初起到发展一般要经历 5—7 分钟,初起火灾燃烧范围小、火场温度低、热辐射作用弱,是灭火的最佳时机,要争分夺秒,根据火场情况,立即组织力量奋力将其控制、扑灭。

可以使用灭火器、消火栓、消防水喉或者就地取材进行灭火。灭火器的使用方法一般为"一拔、二拿、三压":横向拔出保险销、拿起喷嘴并对准火源、压下压把喷出灭火剂灭火。如火势失控或火势不明时,应当机立断,切断失火房间或楼层的分路电源,关闭通风管道和门窗,开启排烟设备,疏通逃生通道。迅速组织人员疏通通往失火现场的道路和建筑物周围的消防通道,以使消防车辆、装备顺利到达和消防灭火工作迅速展开。

表 4.3　常见火灾类型及扑救方法

火灾类型	扑　救　方　法
油锅起火	不可用水灭火,应迅速关闭燃气开关,盖上锅盖或将菜倒入锅内
油类物质起火	不可用水灭火,要用砂土覆盖灭火
液化石油气具起火	迅速关闭气阀;无法关闭时,用湿巾被等覆盖起火器具,使火熄灭,然后关闭气阀;角阀失灵时用湿毛巾、肥皂、黄泥等将漏气处堵住,并对气瓶进行水冷却
电器用具起火	切断电源,用干粉或 1211 灭火剂灭火,或用棉被、毛毯浸水后覆盖
布料、木材、纸张起火	用面盆、水桶等盛水浇灭

（二）明辨方向，疏散人员

火灾来势极快，10分钟后便可进入猛烈的阶段，此时，烟气的水平扩散速度可达0.5—0.8米/秒，竖向垂直扩散速度更是高达3—4米/秒，并且常常伴有"爆燃"和建筑物坍塌等情况发生。在一般情况下，火场出现浓烟、高热缺氧、产生有毒有害气体致人伤亡的时间是5—20分钟不等。起火后的10—15分钟，一氧化碳已经超过人体接触的允许浓度，空气含氧量迅速下降，火场温度接近400摄氏度，十分危险。因此，初起火灾无法控制，火势蔓延开时，应及时设法逃生，火场逃生的时间应在15分钟以内。

宾馆、饭店等服务设施内的各楼层服务台值班人员，在火灾紧急情况下，必须负责通过安全疏散路线引导客人迅速安全转移。疏散人员时，可利用广播，也可以派人组织、引导建筑物内的人员经由安全通道到达安全地点，防止因乱跑乱逃造成伤亡。此外，值班人员在闻警后还应当组织义务消防队员、职工，及时赶赴火场扑救。

发生火灾时，如果在房间里，打开房门前，先用手感觉门面或金属门把，如果门不热，可以按疏散人员的指示或疏散指示标志从安全通道和楼梯逃生，撤离中切忌乘坐电梯逃生，离开房间以后，要关好房门，以防火势蔓延；如果门把已烫手，或门隙有烟冒出来，表明通道已被烟火封堵，应背向烟火方向离开，通过阳台、气窗、天台等往室外逃生。逃离险境后，切莫重返险地。

（三）应急处置，科学应对

1. 有害烟气应对。

"火沿高，烟奔上"，火灾产生的有害烟气的蔓延速度超过火的5倍。在美国发生的一次高层建筑火灾中，虽然大火只烧到5层，但由于浓烟升腾，21层楼也有人窒息死亡。因此，在逃生过程中，要做好防烟害的准备。如果在逃生时遇到浓烟，可用水把身上的衣服打湿，用湿毛巾、口罩、衣物等捂住口鼻，湿毛巾等会使呼吸阻力增大，含水量应控制在其自身重量的3倍以下，毛巾叠8层，一般除烟率可达60％。采用低首俯身或匍匐贴地的姿势沿墙根爬行撤离，不能做深呼吸。还可用大透明塑料袋左右抖动，让里面充满新鲜空气，然后迅速罩在头部，捏紧下口，迅速逃生，这样可赢得约5分钟的时间。

2. 身上着火应对。

若身上着火，应采用灭火器、水浸、水淋、就地卧倒翻滚或用厚重衣物压灭火苗，千万不可直立奔跑、站立呼喊或用手拍打，以免助长燃烧，引起或加重呼吸道烧伤。灭火后,伤员应立即将衣服脱去,如衣服和皮肤粘在一起,可把未粘的部分剪去,并对创面进行包扎。

3. 烧伤创面处理。

在火场,对于烧伤创面一般可不做特殊处理。为防止创面继续污染,避免加重感染和加深创面,对创面可用三角巾、大纱布块、清洁的衣服和被单等,进行简单包扎。尽量不要弄破水泡,不能涂龙胆紫一类有色的外用药,以免影响对烧伤面深度的判断。手足被烧伤时,应将各指趾分开包扎,以防粘连。

(四)逃生有术,跳楼有法

如果着火层的大火已将楼梯封住,着火层以上的人员无法向下疏散时,被困人员可先疏散到阳台、屋顶或相邻未着火的楼梯间,再设法向地面疏散。

1. 缓降逃生。

高层、多层公共建筑内一般都设有高空缓降器或救生绳,可以用这些设施逃生。如果没有专门的设施,逃生通道被切断且短时间内无人救援时,可用绳索、床单、窗帘、衣服等自制简易救生绳,用水浸湿后从窗台或阳台沿绳缓慢滑到下面的楼层或地面。

2. 徒手跳楼法。

在非跳即死的情况下跳楼时,要抱一些棉被、沙发垫等松软的物品或打开大雨伞,选择往楼下的石棉瓦车棚、花圃草地、水池河滨或枝叶茂盛的树上跳,以减缓冲击力。二、三层可以用手抓住窗台,使身体自然下垂,再往下跳,落地前屈膝,身体弯曲,蜷成一团,用前脚掌着地,落地后顺势滚翻。

3. 杆棒跳楼法。

用一根结实的比人稍长的杆棒(木棒、竹竿、铁棍、钢管等),最好在杆棒两头捆上重物。下跳时,双手将杆棒抱住,双腿夹牢,两脚交叉扣住,如爬竹竿一样,头与手的上部、脚的下部务必留出一段,各约50厘米。

4. 软家具加重法。

在沙发、席梦思(最好数床相叠)等易得到的家具下面捆上重物,如哑铃、水泥板等,总之,越重越好,使其重心尽量降低,防止下落时翻转,然后人蹲在上面,两手紧紧抓住软家具,从窗口或阳台一起跳下。

(五)积极呼救,固守待援

当无法脱身时,应远离着火点,在隔离烟火较好的房间里,紧闭迎火的门窗,打开背火的门窗,用湿布巾塞堵迎火门窗的缝隙,并往门窗、地上等处不断泼水降温,这样可以赢得 20—30 分钟抵挡火势的时间。如果房间有中央空调的通风口,要将其塞住。

设法使自己处于阳台、窗口等易被人发现并可供呼吸的安全地方,在阳台上避险时,应先关好后面的门窗。等待营救时,白天可向窗外晃动色彩鲜艳的衣物,向室外抛沙发垫、枕头等小物品,使救援人员容易发现;夜晚可以用手电筒等在窗口闪动或者敲击窗框、喊叫等,向救援人员发出求救信号。

（六）户外火灾,合理处置

干燥、高温、大风天气使森林中可燃物的含水量下降到 40％ 以下时,极易发生森林火灾。在时间上,森林火灾的易发期为 3—5 月,在一天之内,7—20 时为易发期,其中 10—16 时为集中阶段。

1. 尽快逃离。

在户外遭遇火灾,应当尽力保持镇静,注意观察风的切变、回旋、转变等,灵活应对、合理处置,尽快撤到火烧迹地,或者逃离到崖壁、沟洼等大火不及的地方躲避。密切关注风向、风力和火势变化,选择逆风方向或风向垂直的两侧逃生。如果被大火包围在半山腰时,要快速往山下跑,切忌往山上跑,因为火向山上蔓延的速度快于人的逃跑速度。

2. 点火自救。

如果在山谷、山脚被火包围,应退到平坦、开阔、植被较少的地区,点火自救。可以主动点火烧掉周围的可燃物,点燃的火带要尽可能宽,至少宽 10 米,当烧出一片空地后,应迅速撤离到空地避火。点火时要判断准确,从背向火头方向点火,防止被火卷入烧伤。点火后,要抓紧时间迅速撤离。

3. 被困突围。

一旦被困着火区域,应当使用沾湿的毛巾、衣物遮住口鼻,附近有水的话,最好将身上的衣物浸湿,以防止高温、烟熏和一氧化碳等的伤害。在危急时刻,应选择火势较弱处用衣物盖住头部,迎着火势,快速冲出火场。

第三节　游乐设施事故的防范与应对

为满足人们寻求冒险、刺激的娱乐需求,游乐设施逐渐向高空、高速、高刺激的方向发展。随着游乐设施高度的不断提升、运转速度的不断加快、摆动角度的不断增大,游客身体和游乐设施承受的冲击载荷也不断增加,事故发生的概率和严重程度随之增大。2007 年 8 月 13 日下午,韩国釜山"环球嘉年华"游乐场的摩天轮发生观光缆车车厢翻转事故,5 名乘客从 20 米高空坠地死亡。

一、安全管理措施

游乐设施安全不仅影响旅游者在旅游区的旅游活动,而且也影响旅游区的形象和品牌的建设与推广,必须加强安全管理,保证游乐设施的正常运营。

(一)制度建设

1. 完善安全管理制度。

游乐园(场)要树立"安全第一、预防为主"的思想,把制度化建设作为设备安全管理的重要手段,建立健全特种设备安全管理规范、游乐项目安全操作规程、游乐活动安全操作程序和要求、特种设备安全检查保养、事故报告、紧急救护实施方案等各项安全管理制度。

2. 建立安全组织体系。

旅游区要建立完善、高效的安全管理机构和设施、设备安全管理组织体系,在安全管理机构内部设立设施、设备管理办公室,下设运行组、巡检组、维护组等分支岗位。根据旅游区客流量大小和任务量轻重确定人员编制数量。

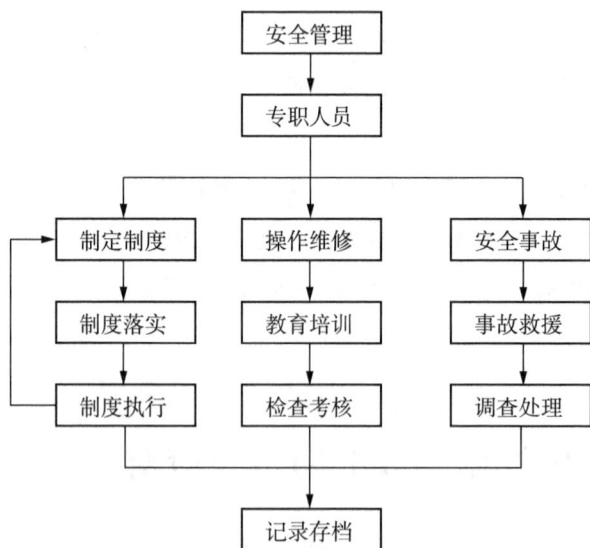

图 4.3　游乐设施安全管理保证体系

3. 健全安全保证体系。

建立健全游乐设施安全管理保证体系,并严格执行。制订年、月、周等安全管理目标和工作计划,做到目标明确、保障有力。逐级签订安全责任书,明确分工,责任到人,做到"安全无盲区,责任有人担"。严格按照安全管理制度和程序定期开展安全检查,建立安全工作档案。

(二) 设备管理

游乐设施的购置、使用、维护等按《游艺机和游乐设施安全》及国家有关部门制定的游艺机、游乐设施安全监督管理规定和水上安全卫生管理办法等有关规定执行。同时,采取预防、监控、救援、保险等有效措施,建立长效机制,强化安全职能,保障设备安全。

1. 购置安装。

游乐设施经营单位要购置符合国家有关技术安全规范,经国家安监部门审批制造,并取得政府相关部门颁发的使用许可证的游艺机和游乐设施。设施设备安装机构必须向安监部门报检,取得合格证后方可安装。设施设备安装后,应取得技术检验部门的验收合格证书,才能投入营业,同时在日常维护过程中还应坚持自检并报告有关故障。

2. 运行使用。

游乐场所要重视设施、设备运转中的安全保障条件,严禁使用超过安全期限的游乐设施载客运转,对各种不同的游乐设施设备应制定相应的操作规程,操作人员应具有相应有效的资格证或上岗证。凡有一定危险性的游乐设施,在每日运营前,要经过例行安全检查和试运行,并详细记录运行状态。引导旅游者正确入座,严禁超载,不偏载,开机前应先鸣铃提示,确认无任何险情后方可开机。凡遇恶劣天气或游艺、游乐设施故障时,应对外公告,并有应急、应变措施。

3. 事故处理。

游乐设施、设备出现故障或发生异常情况时,应当对其进行全面检查,消除事故隐患后,方可重新投入使用。一旦发生事故,应迅速采取有效措施,组织抢救,防止事态扩大,减少人员伤亡和财产损失;应按照国家有关规定,及时、如实地向特种设备技术监督管理部门、安全生产监督管理部门及其他相关部门报告。

4. 检查维护。

坚持高标准、严要求,禁止设备带病运转,定期对全游乐园(场)进行年、季、月、周、节假日前和旺季开始前的安全检查,检查定人、定时、定位、定标准,填写安全检查维修工作档案,责任人签字,存档备案。游乐设施、设备必须按要求定期维修、保养,相关部门和工作人员要时刻掌握设备状况,及早发现故障苗头,消除事故隐患,确保安全运行。及时检测设备的运行状态,按要求更换必要的零部件,保证设备处于良好的安全状态。同时,加强对备品、备件的管理。

(三)人员安全

1. 员工安全管理。

工作人员的技术素质、工作责任心、安全知识和意识是设备良好运转的重要保证。操作、管理、维修人员上岗前应进行专业培训,经考核合格后持证上岗。应以人为本,加强员工的安全培训和安全教育,提高整体素质。员工应注意着装的安全性,高空或工程作业时必须佩戴安全帽、安全绳等安全设备。员工在工作过程中应严格按照安全操作规程作业。游艺、游乐设施在运行中时,操作人员严禁擅自离岗。

2. 旅游者安全管理。

在游乐设施及其附近区域的醒目位置张贴旅游者须知、指示和警示标志等。在游乐活动开始之前,对旅游者进行安全知识讲解和安全事项说明,确保旅游者掌握游乐活动的安全要领,指导旅游者正确使用游乐设施。对有健康条件要求或不适合某种疾病患者参与的游乐活动,应谢绝不符合游玩条件的旅游者参与。在游乐过程中,应密切观察旅游者动态,适时提醒旅游者注意安全事项,及时纠正旅游者不符合安全要求的行为举止,排除安全隐患。如果发生意外事故,应按规定程序采取救援措施,认真、负责地做好善后处理工作。

(四)安全措施

1. 安全设施。

配备必要、充足、有效的安全设施,在危险地段设置安全护栏,一般高度由站人平面算起大于110厘米。各游乐场所、公共区域均应按消防规定设置报警设施和防火设备,并定期检查,设置安全通道并保持其畅通。设置残疾人安全通道和残疾人使用的设施。为旅游者设置避风、避雨的安全场所,装配处理意外事故的急救设施、设备。

2. 安全标志。

游乐场所内外要按照《安全标志》和《消防安全标志》等规定设置相应的安全标

志。各主要通道、岔路口应在适当的位置设置引导标牌。各游乐项目的入口处,应在明显的地方设置该项目的游乐规则。对容易发生危险的部位,应有明显的提醒游客注意的警告标志。安全标志应设在醒目的位置,清晰易辨、内容准确、符号规范,不可设在可移动的物体上。各种安全标志放置的高度应与视线齐平,最大观察距离的夹角不超过 75 度。对安全标志应随时检查,发现有变形、破损或变色的,应及时整修或更换。

3. 场内管理。

游乐场所内要设值班室,配备值班员,维护场内安全与卫生,确保场内无积水、无碎玻璃及其他尖锐物品;配备安保人员维护游乐园(场)的游乐秩序;条件允许的可设医务室,配备经过训练的医护人员和急救设施;水上游乐项目应设立监视台,按规定配备掌握救生知识与技能的、持证上岗的救生员,监视台的数量和位置应保证能看清全区的范围。

(五)安全监察

按照设计、制造、安装、使用、检验、修理、改造的七个环节,对旅游设施安全实施全过程一体化的安全监督检查。

1. 行政许可制度。

对游乐设施实施市场准入制度和设备准用制度。市场准入制度主要是对从事游乐设施的设计、制造、安装、修理、维护保养、改造的单位实施资格许可,并对部分产品出厂实施安全性能监督检验。对在用的游乐设施注册登记,定期检验,实行准用制度。

2. 监督检查制度。

监督检查的目的是预防事故的发生,其实现手段一是通过检验发现游乐设施在设计、制造、安装、维修、改造中影响产品安全性能的质量问题;二是通过分析事故发生的情况和定期检查发现的问题,用行政执法手段纠正违法违规行为;三是通过广泛宣传,提高全社会的安全意识和法规知识;四是发挥群众监督和舆论监督的作用,加大对各类违法违规行为的查处力度。

3. 事故处理机制。

游乐设施安全监察机构在做好事故预防工作的同时,要将事故处理机制作为安全监察工作的重要内容。事故处理机制包括事故应急处理预案、组织和物资保证、技术支持、人员救援、后勤保障、建立与舆论界可控的互动关系等内容。

二、个体安全防护

除游乐设施运营使用单位加强安全管理外,旅游者自身也应增强自我保护意识,最大限度地减少伤亡事故的发生。

(一)预防意外

选择正规的游乐场所,注意观察指示和警示标志,远离有潜在危险的区域。在游玩前,要观察游乐设施是否有监督检验部门颁发的安全检验合格标志,仔细阅读游乐设施的游乐规则和游客须知,以确定自己是否适合乘坐。在乘坐游艺机时认真遵从工作人员的安排,系好安全带,扣好锁紧装置,检查安全压杠是否压好。对有反转、剧烈碰撞等形式的游乐项目,旅游者还应将挎包、背包等交给工作人员暂时保管,眼镜、钥匙等物品要提前拿掉,以免损坏物品或伤及身体。

游艺机运行时,切忌好强逞能,私自解除安全装置,不可打闹、站立或将手、脚、头部私自伸出护栏之外。参与水上游乐项目时,禁止碰撞等不安全行为,以免发生意外。游玩时发现游乐设施有异常声响、气味、抖动、晃动等情况,或者感觉身体不适的,应及时告知工作人员,并尽早离开游乐设施。

(二)意外处置

在发生故障或事故,被困在空中或座舱中时,不要惊慌,也不要试图采取从空中跳下等危险动作。一般来说,游乐设施都有齐全的安全保护装置,运营单位也有安全有效的应急救援措施。乘客应听从工作人员的指挥,不要乱动、乱跑,应在安全设备的保护下,待游艺设备完全停稳后,在工作人员的指导下,有序地离开事故现场。如果受伤,应进行现场救治,或送医院诊治。

案例回放

一、西藏318国道曲水段重大旅游交通事故分析

2007年7月13日中午,在西藏318国道曲水段桃花村境内发生了一起重大旅游交通事故。西藏博达旅游客运公司的一辆金龙牌37座旅游大巴(内有旅游者28人、司机1人、导游1人)在前往日喀则的途中,行驶至拉萨市曲水县境内,因司机强行超车,导致车辆坠入离路面80米的雅鲁藏布江,事故造成包括司机、导游在内的

15人死亡,2人失踪,13人受伤。经拉萨市公安局交警支队鉴定,此次事故系江苏籍驾驶员范晓东超速行驶,在超车过程中临危采取措施不当造成,驾驶员负全部责任。此次事故是西藏自1980年对外开放旅游以来发生的第一起重大旅游道路交通事故。

此次事故暴露出诸多安全问题:(1)负团费。发生事故的旅行团由4家旅行社的12个门市部收散客拼团而成,该团收费为每人180元(含两天用车、一晚房费、三顿餐费、导游费、日喀则扎什伦布寺门票),而实际此旅游线路的最低成本约为每人300元。(2)非法营运。涉及此次事故的4家旅行社都是非法挂靠承包的门市部,死亡的司机没有达到"在西藏驾车5年以上才可经营旅游客运"的规定要求,导游没有办理正式手续。(3)监管不力,此次事故发生之前的半年内,西藏已发生了4起旅游交通事故,共造成1人死亡、28人受伤。(4)旅游者安全防范意识不强,此次事故只有旅行社购买责任保险,28个旅游者无一人购买旅游意外险,使伤亡游客无法得到充分的赔偿,给事故的善后处理带来很大困难。

负团费的存在必然导致接待旅行社通过降低服务质量、安排低档次接待设施、雇用非专业司机、不购买保险等方式来赚取利润,导致旅游者安全风险增加。

资料来源:http://www.cnta.gov.cn/html/2009-3/2009-3-3-14-8-07788.html。

二、自驾车出游的安全注意事项

随着私家车的普及,驾车旅游已成为一种旅游常态。为了出游安全愉快,需要注意一些安全事项。

(一)制订出游计划

驾车出游前,要做好行车计划,主要内容包括日程安排、里程、三餐投宿地点、沿途景点以及道路状况等,出游计划越详细越好,这会给你的旅途减少麻烦。

(二)检查车辆安全

仔细检查车况,灯光要齐全有效、制动要完好无损、方向要正常无误,机油、防冻液等充足,雨刷、轮胎、后视镜等外部设备状况良好。

(三)备好安全装备

车辆备件"四大法宝"(拖车绳、蓄电池连接线、三角停车警告牌、备用轮胎)随车携带。带好千斤顶、击窗锤、灭火器、换胎扳手等随车工具以及通讯工具,急救包

（创可贴、止血袋、绷带、纱布等），应急灯，指南针，充气设备，汽车救援卡等。

（四）遵守交通法规

带好身份证、驾驶证、行驶证等相关证件。系好安全带，不超载、不超速，不闯红灯，不酒后开车，不疲劳驾驶。发现车况不好时应停车检查，切不可心存侥幸继续行驶。

（五）旅途遇险理赔

旅途中遭遇交通事故，应沉着冷静，首先开启危险报警闪光灯并在故障车来车方向放置三角警告牌（普通公路50—100米，高速公路150米，雨雾天气200米），夜间还应当同时开启示廓灯和后位灯；然后立即报案，通知交警。如果有人员伤亡，要积极救助，并赶紧请求医疗机构救助。此外应拨打投保公司电话（不超过48小时），保险公司会及时派遣当地分公司的查勘人员赶至事故现场，如果车辆不能行驶，请等待车辆救援。若事故涉及理赔，车主应向查勘的保险公司人员提出索赔请求。其后车主可选择到当地保险公司推荐的维修站进行维修，车辆修好并待事故结案后回投保地提交索赔材料。

三、游船安全不容忽视

2016年6月4日，四川省广元市白龙湖风景名胜区内发生一起沉船事故，核载25人、实载18人的广元市轮船公司"双龙"号游船在返航途中受风浪作用翻沉，造成15人死亡，3人受伤。事故原因：突发局地强对流天气造成的强风骤雨并伴大浪；气象预警信息传递机制不健全、预警设施管理不到位；违规签订船舶挂靠协议；有关工作人员未能严格要求乘客穿戴好救生衣。2017年1月28日，一艘载有28名中国游客和3名船员的游船在前往马来西亚沙巴知名景点环滩岛时沉没，事故造成4人遇难，5人失踪。事故原因：当时风高浪急；涉事船只改变设计用途，涉嫌超载，游船在途中船底穿漏；救生衣损坏。2018年7月5日，两艘（"凤凰"号和"艾莎公主"号）载有122名中国游客的船只在返回泰国普吉岛途中，突遇特大暴风雨发生倾覆，75人获救，47人遇难。事故原因：突遇特大暴风雨；预警管理不到位；垃圾卷入游船排水系统，导致排水不畅、船体不稳，最后倾覆；部分游客未穿救生衣。

近几年，游船事故频发，加强游船的安全管理刻不容缓，游船必须有检验合格证，要定期对游船进行维修、保养和安全检查，使之保持良好状况；禁止无照驾驶和酒后驾驶;设置相应的救护器材和救护人员;遇四级以上大风或暴雨时,游船停止活动;游人乘坐游船,必须遵守秩序,穿好救生衣,不拥挤、不打闹。另外,要提升船员的安全意识和应急技能,安全意识强了,安全技能足了,安全监管到位了,安全事故自然就少了。

四、马岭河风景区索道事故

1999 年 10 月 3 日 10 时 50 分左右,位于贵州省黔西南州兴义市马岭河峡谷风景区发生一起索道钢丝绳断裂,吊厢坠落事故。此次事故造成 14 人死亡,22 人受伤,是我国客运索道迄今为止发生的最严重的一起群死群伤特大伤亡事故。

事故发生的主要原因:

(1) 违规设计、安装、使用。该索道违反原劳动部颁布的《客运架空索道安全运营与监察规定》,设计图纸未经审查,竣工后未经安全管理部门审查和验收检验,在未取得《客运架空索道安全使用许可证》的情况下,违规运营。

(2) 设计严重违反安全规范,在 9 个方面违反安全规范,存在严重安全隐患。其中《客运架空索道安全规范》规定,"每台驱动机上应配备工作制动和紧急制动两套制动器,两套制动器都能自动动作和可调节,并且彼此独立"。马岭河索道设计、制造未执行以上标准规定,在驱动卷筒上没有装设紧急制动器,运行中唯一的制动闸失灵,造成索道失控坠落。

(3) 索道站长、操作和管理人员未经专业技术培训,无证上岗;运行管理混乱,以包代管,工作人员违规操作;吊厢严重超载运行,核载 10 人,却挤进 35 名游客。

旅游特种设备应在设计、安装和营运等方面进行全过程安全管理,按照相关要求做好安全防护工作,才能杜绝安全事故的发生。

资料来源:《特种设备 10 起具有重大影响事故回放》,《中国质量报》2005 年 11 月 15 日。

练习思考

一、填空题

1._____是旅行安全最主要的表现形态,也是旅游活动各环节中影响最大、发生频率最高的不安全事件之一。

2. 火车在遭遇出轨、相撞等事故时,遇险乘客要保持冷静,不能跳车,应在列车紧急刹车的瞬间,采取_____的自我保护姿势。

3. 车辆因轮距长短不同而在转弯时产生不同的_____,特别是一些大型车在转弯时,会影响行车安全。

4. 燃烧必须同时具备可燃物、助燃物、_____三要素。

5. _____火灾燃烧范围小、火场温度低、热辐射作用弱,易扑灭。

二、单项选择题

1. 在飞机起飞后的(   )分钟和着陆前的 7 分钟内,最容易发生意外事故。

   A. 5   B. 6   C. 7   D. 8

2. 在 80 千米/小时的车速下,司机的视野范围为(   )度。

   A. 70   B. 65   C. 60   D. 40

3. 据统计,火灾中死亡的人有 80% 以上属于(   )。

   A. 被火直接烧死   B. 惊吓致死

   C. 跳楼致死   D. 烟气窒息致死

4. 如果酒店着火,你在客房里,该如何正确确认火情?(   )

   A. 打电话询问   B. 用手触摸门把感知温度

   C. 等待救援   D. 开门观看

5. 在森林火场中,穿越火线时要用衣服蒙住头部,快速(   )冲越火线。

   A. 逆风   B. 顺风   C. 斜风   D. 均可

三、简答题

1. 旅游途中发生交通事故应该如何处理?

2. 简述索道的安全管理措施。

3. 旅游区消防管理的措施有哪些?

4. 如果你在酒店住宿,不幸发生火灾,你该如何应对?

5. 游乐设施设备应该如何管理?

四、列举题

1. 列举造成旅游交通事故的主要因素。

2. 列举灭火的基本方法。

第五章

公共卫生事件的防范与应对

学习要点

了解公共卫生的管理措施；熟悉旅游者健康管理措施；掌握饮食卫生安全管理措施；掌握食物中毒的防治措施；熟悉传染病的预防、应急管理措施；掌握突发疾病、创伤受伤的应急处置；掌握昏厥休克的急救方法。

基本概念

食品腐败变质、食物中毒、传染源、人工呼吸

人们对旅行与疾病传播的认识已有几个世纪，中世纪的威尼斯就规定到港的旅游者要强制接受防疫检查，乘客和船员登陆前要在港口停留 40 天，以防城市受到瘟疫的侵害。旅游过程中的公共卫生事件与疾患会影响游客的身心健康，干扰旅游活动的正常开展。

第一节　公共卫生安全概述

一、常态化公共卫生管理

（一）法律制度建设

各旅游管理部门应在一系列有关卫生健康的国家法规政策的基础上，针对旅

游系统的环境和人员特征,制定当地的实施办法、细则、应急预案等。旅游区应与地方医院联动,制定有效的医疗急救措施和医疗服务制度,将旅游公共卫生风险管理纳入旅游区的日常管理之中,并不断完善应急机制。

（二）防控体系构建

旅游地应配备医疗室(站)和有相应资质的医护人员,配备必要的药品、医疗器械和救护交通工具等。旅游地应建立多部门组成的、针对突发公共卫生事件的联防联控机制,建立涉及政府、卫生、医疗、旅游、景区、安检、公安、红十字会、宣传等部门和单位的疾病协调防控体系。

（三）环境卫生管理

旅游环境卫生包括旅游交通(车、船、飞机等)卫生、住宿卫生、景点卫生、公共卫生等,旅游管理单位应加强旅游区环境卫生管理,建立和完善旅游区公共卫生评估与考核机制,预防传染病的流行。

（四）卫生事故预防

开展或组织旅游者参加登山、驾车、潜水、滑雪、游船、探险、漂流、蹦极、骑马等特种旅游项目,应事先制定具体的安全防范措施和救援预案,并向旅游者明示。在旅游活动过程中应配备常见的急救药品,预约好行程中的救护医院。

二、公共卫生事件的防范与处置

（一）应急救援处置程序

发生公共卫生事件后,一般的应急处置程序如下:

旅游团或饭店发现疑似重大传染性疫情时,导游人员应及时向当地卫生防疫部门报告,服从卫生防疫部门安排,同时向当地旅游行政管理部门和本旅行社报告,并提供旅游团的详细情况,组团旅行社应立即向本社所在地旅游行政管理部门报告。饭店应立即向当地旅行社和卫生防疫部门报告,服从卫生部门的安排。

旅游团所在地旅游行政管理部门接到疫情报告后,要积极、主动地配合当地卫生防疫部门做好旅游团住宿的旅游饭店的消毒防疫工作,以及旅游者的安抚、宣传工作。如果卫生防疫部门作出就地隔离观察的决定,旅游团所在地旅游行政管理部门要积极协助旅游团安排好旅游者的食宿,并做好后勤保障工作;同时,应向上一级旅游行政管理部门报告,并及时将有关情况通报组团旅行社所在地旅游行政管理部门。

卫生防疫部门正式确诊为传染病病例后,旅游团所在地旅游行政管理部门要积极配合卫生防疫部门做好消毒防疫工作,并监督相关旅游经营单位按照国家有关规定采取消毒防疫措施;同时,向旅游团途经地区的旅游行政管理部门通报有关情况,以便配合有关部门及时采取相应防疫措施。

疫情发生地旅游行政管理部门接到疫情确诊报告后,要立即向上一级旅游行政管理部门报告,同时报告省旅游行政管理部门。省级旅游行政管理部门接到报告后,应按照旅游团的途经路线,在本省范围内督促该旅游团途经地区的旅游行政管理部门配合有关单位做好相关的消毒防疫工作,并及时上报省委、省政府和文化和旅游部。

（二）旅游区的应对举措

事发旅游区应针对所发生的公共卫生事件作出准确、迅速的反应,对事件进行实时的监测、追踪、评估,预测其危害与发展方向,积极有效地进行应急救援,与媒体和公众进行有效的沟通,将物质和精神损失最小化。

（三）带队导游的应对措施

旅游者意外受伤或患病时,导游人员应及时救治,如有需要,应陪同患者前往就诊。旅游者病危时,应立即协同领队或亲友送病人到急救中心或医院抢救,或请医生前来救治。患者如系国际救援组织的投保者,导游人员还应提醒领队及时与该组织的代理机构联系。在抢救过程中,导游人员应要求旅行团的领队或患者亲友在场,并详细记录患者患病前后的症状及治疗情况。导游人员应稳定其他旅游者的情绪,并继续做好旅行团的后续工作。

（四）公共卫生事件的后续管理

应及时总结公共卫生事件的处理结果,进一步提升安全意识,把握公共卫生事件后市场调整的机遇,开展市场营销,重建目的地的声誉。对原先的应急预案进行评估,修正、更新应急预案,切实建立起有效的公共卫生事件的防范机制。

三、旅游者健康管理

在旅行过程中,旅游者因过度疲劳、饮食不当、水土不服等,可能会诱发一些不适或疾病,轻者影响旅游活动,重者可能危及健康甚至生命。因此,旅游者应该了解自己的健康状况,掌握旅途中常见疾患的预防、自救和救助方法。

（一）旅游时易患的疾病

统计资料表明，在旅途中，有 1/5—2/3 的乘客在搭乘国际航班时曾经出现过疾病，而平均每 10 万名乘客中就有 1 名出现致命性疾病。因此，了解旅游时易患的疾病，对于旅游者和旅游企业都很重要。

1. 消化系统疾病。

消化系统疾病是在旅游时发病率最高、最常见的一类疾病，包括腹泻、急性胃炎、食物中毒、痢疾等疾病。这类疾病主要是由于饮食习惯的改变、食物不洁或细菌感染等原因引起的。此外，由于旅游活动造成身体过度疲惫、机体免疫力下降，也会引发此类病症。消化系统疾病常常给游客带来很大不便。数据显示，发生此类疾病的旅游者中约有 1/5 的人因为需要卧床休息而不得不改变或放弃原有的旅游计划。所以，旅途中应劳逸结合，注意饮食卫生，避免此类病症的发生。

2. 呼吸系统感染疾病。

呼吸系统感染疾病的发病率仅次于消化系统疾病，包括感冒、发热、咽喉炎及流行性感冒等病症。这类疾病主要是由于气温的变化、病毒或细菌的感染所引起。长期旅游而引起的过度劳累、免疫力下降，也会引发此类病症。旅游者出游时应带齐衣物，根据天气变化及时增减衣物，就能对此类疾病达到很好的预防效果。

3. 心脑血管类疾病。

心脑血管类疾病主要包括高血压、冠心病、心绞痛、心肌梗死等，那些原本就患有此类疾病的旅游者，在旅游时如果过度劳累或情绪强烈波动，容易引发此类病症。因此，患有此类疾病的旅游者最好不要单独出游，应尽量在亲友的陪同下旅游。出游前，应征询医生的意见，并随身携带药物，以备不时之需。

4. 皮肤病。

一些旅游者在旅游过程中还会发生皮肤病，如湿疹、荨麻疹等。此类病症的发病原因比较复杂，较难确认。因此，旅游者一旦发生此类疾病，应当及时求医治疗。此外，应注意保持身体卫生和皮肤干净，对于此类疾病有一定的预防效果。

5. 传染性疾病及慢性病。

旅游者的意外死亡事件，由传染性疾病所致的不到 3％，但是，一些传染病能够通过蚊虫叮咬传播，让人防不胜防。旅游者在出游时应尽量不要在环境差、蚊虫孳生的地方逗留。患有糖尿病、慢性哮喘等慢性病的旅游者，出游前一定要得到医生的同意，以免发生不测。

（二）出行前的健康管理

1. 做好旅游健康检查。

出游前，应对个体进行健康检查，以便根据自身健康情况作适当的旅游安排。

自我检查。自我检查主要是看体重、脉搏是否正常，有无发热、咳嗽等异常症状或不适，体力是否充沛，旧疾是否有复发的体征等。通常每个人对自己的健康情况有一种趋势性的估计。一日游或近郊短途游，未患重要脏器病变又无自觉不适，能正常工作者可不必请医生检查，正常出游。

医生检查。凡遇到身体异常或不适时，旅行前应到医院进行检查。医生检查，可视旅行的目的地、旅行日程、旅游方式等的不同而不同。乘车船时间较长或旅程较长者，可进行常规检查，包括心血管（血压、心电图等）、肝、肺、肾、四肢、关节等重要脏器或组织功能检查；慢性病患者除常规项目外，还要进行一些针对性检查，如糖尿病患者的血糖水平、脑动脉硬化者的脑供血情况、痛风病人的血尿酸等；对于高山旅游、探险旅游等特殊旅游项目，应做某些专项的功能测定，如肺通气功能测定、低氧反应试验等。

2. 选择旅游目的地。

根据身体条件选择目的地。除一些不适合旅游的患者外，凡患有心脑血管、肝、肾等重要器官疾病恢复期或代偿期的病人，不宜选择旅程时间较长，距离较远的旅游地，这类患者也不适合到环境、生活、交通条件较差的地方旅游。不可忽视目的地气候条件，如有泛发性皮炎或炎热天气下有湿疹病史者，不宜到南方高温潮湿地区旅游；慢性气管炎病人不宜到寒冷地区旅游；肺心病人不宜到高山旅游。

根据身体条件选择旅游时间。人因生病或生理条件改变等因素，并非任何时间均适合外出旅游。如对桂花过敏者，在 9 月中旬至 10 月中旬就不适合到有桂花的景点旅游；女性怀孕后的前 3 个月，过多的活动易引起流产，不宜出游；有肺心病、慢性支气管炎患者，不适合在冬季出游；有溃疡病的人在秋冬和冬春交接的季节易复发，不宜出游。要选择心情舒畅、精神饱满时出游。

根据身体条件选择旅游项目。患有某些疾病者，可参加专项保健旅游，如风湿性关节炎者参加温泉休闲游，通过温泉矿泉疗养，促进恢复；皮肤病患者可参加药浴、保健游。各种慢性病患者可根据病况选择旅行项目，如胆石症患者不宜选择颠簸剧烈的项目；晕车、晕船的人，不宜选择海上游。

3. 准备旅游药物。

在医疗资源缺乏或不熟悉语言和环境的情况下,自己准备的药物可以帮助旅游者处理较轻微的健康问题。因此,旅行时间较长或出国旅行时,可先查询一下当地的气候、环境卫生及疫情资料,有针对性地准备一些内服或外用药品,如止泻药、感冒药、消炎药、止血药、止痛退热药、晕车药、防暑药、碘酒、创可贴、纱布等。患有特殊疾病的旅游者应随身携带有针对性的急救药品或经常服用的药品。有心血管、神经系统等疾病的旅游者,在旅游时最好随身携带一张疾病卡片与急救药品,卡片上应写明姓名、年龄、疾病名称与用药情况,以备突然发病时使用。

(三)旅途中的卫生健康管理

1. 疲劳的应对。

研究表明,多数旅游活动所需的能量属于中等体力活动以上的能量消耗。轻度疲劳者稍加休息就能恢复,而重度疲劳可能致病或诱发旧病复发。因此,在旅途中要避免重度疲劳的发生,应根据疲劳程度及时调整旅游活动和行程。

表 5.1　旅游中疲劳程度的估计

项　目	轻度疲劳	中度疲劳	重度疲劳
自我感觉	睡眠良好,食欲佳,没有持久的不适	睡眠不深,不易入睡,食欲欠佳,嗳气,腹胀,休息后次日仍未恢复至正常	头昏脑涨,失眠,头痛,食欲明显减退,甚至恶心呕吐,全身酸痛乏力,精力不济,体力不支,休息后症状仍未消除
排汗量	与活动量相一致	明显增多,特别在肩带部位	非常多,往往是稍有活动就大汗不止
呼吸	略增快,但稍微休息后就平稳如常	显著加快,需较长时间才能恢复	快而浅,甚至有节律紊乱
脉搏	稍加快,稍微休息后就恢复正常	加快,恢复时间稍长	明显加快,短时间内不能恢复正常
精神状态	面色稍红,精神饱满	面色明显偏红,持续时间长,略有疲倦感	面色十分红,或者苍白,面容倦怠
活动动作	自如	灵活性、准确性降低	步态沉重,拖沓

出游应轻装上阵,在途中应注意休息,不要到心跳、气喘明显时再休息。当发现中、重度疲劳时,不可勉强随行,应减少活动量或强度,多注意休息,洗热水澡或用热水泡脚、自我按摩等以消除疲劳,待恢复后再继续旅行。

2. 疾患的应对。

在旅游途中如突发疾患,应根据不同疾病的特点采取相应的措施,减轻病患者的痛苦、化解轻微的疾患,或者争取到足够的抢救时间。同时,根据具体情况送医院诊治。

第二节　饮食卫生安全管理

国以民为本,民以食为天,食以安为先。饮食卫生安全是旅游卫生安全中的重要一环。在旅游全过程中,旅游者发生食物中毒,或因饮食不洁而生病的事例时有发生。

一、食品污染类别

食品从原料种植、养殖到生产、加工、贮存、运输、销售、烹调直至被送上餐桌的各个环节,需要与许多物质接触,这些物质都有可能存在有害因素,使食品受到污染,从而对人造成不同程度的危害。

(一)生物性污染

1. 微生物污染。

微生物污染主要有细菌与细菌毒素、霉菌与霉菌毒素等。动植物在生长过程中易受微生物的污染。某调查显示,鱼虾等水产品平均带菌率为50%左右,夏季甚至高达90%以上。某旅游区对120例腹泻者进行调查,发现95例是在旅游区生食水产品所致,对其中60例进行肠道菌检查,检出率高达93%。

2. 寄生虫污染。

寄生虫和虫卵污染通过病人、病畜的粪便间接通过水体、土壤污染食品或直接污染食品。在三峡的秭归到奉节段,发现当地生长的石蟹,体内有肺吸虫的囊蚴,尤其一些溪流中的石蟹含囊蚴率达80%。有人调查发现,当地肺吸虫病人多,这些病人99%曾吃过用酒浸泡过的石蟹、醉蟹。至今当地仍将醉蟹当作土特产推销。

3. 昆虫和病毒污染。

昆虫污染主要包括粮食中的甲虫、螨类、蛾类以及动物食品和发酵食品中的蝇、蛆等;病毒污染如脊髓灰质炎病毒和口蹄疫病毒等。

（二）化学性污染

食品化学性污染涉及范围较广,情况复杂。包括来自生产、生活和环境中的污染物,如农药、兽药、有毒金属等;食品容器、包装材料、运输工具等接触食品时溶入的有害物质;滥用和添加的食品添加剂,如三黄鸡特别黄,粉皮特别绿,可能是因为过量添加色素,红皮花生米、彩色糕点、红色山楂片等传统食品均添加了色素,不宜多食;食品加工、贮存过程中产生的物质,如酒中有害的醇类、醛类等;掺假、制假的食物,如毒大米。

（三）物理性污染

物理性污染主要来源于复杂的多种非化学性的杂物,如食品在产、储、运、销过程中混入的草籽、沙石等;食品的放射性污染,来自放射性物质的开采、冶炼、生产、应用及意外事故造成的污染,如日本福岛核事故污染的食品。

二、食品变质辨别

食品腐败变质泛指在以微生物为主的各种因素的作用下,食品降低或失去食用价值的一切变化,如肉、鱼、禽、蛋的腐臭,粮食的霉变,蔬菜水果的溃烂,油脂的酸败等。食品变质是食品本身、环境因素和微生物三者互为条件、相互影响、综合作用的结果。许多食物在宰杀或收获后一定时间内,其所含酶类要继续进行一些生化过程,如蔬菜水果的后熟,会引起食品组分的分解,加速腐败变质。

（一）食品变质的条件

食品的营养成分构成、水分含量、pH 值及渗透压等对食品中微生物的繁殖、菌相构成及优势菌种均有重要影响,决定食品腐败变质的进程及特征。含蛋白质丰富的鱼、肉、禽蛋及大豆制品,常以腐败菌为优势菌种,以蛋白质腐败为基本特征;含碳水化合物多的食物在细菌和酵母作用下,以产酸发酵为基本特征;以脂肪为主的食物,因不适于微生物的繁殖,主要在理化因素作用下发生酸败。

食品所处环境的温度、湿度、阳光的照射等对食品的腐败变质有直接作用。微生物在食品腐败变质过程中起着重要作用,食品组织溃破和细胞膜碎裂为微生物的广泛侵入与作用提供了条件,从而导致食品腐败变质,如细碎的肉馅、解冻后的鱼和肉、籽粒不完整的粮豆和溃破的蔬菜水果等,都易发生腐败变质。

（二）食品变质的影响

腐败变质的食物不同程度地具有使人难以接受的感官性质，如刺激性气味、异常颜色、组织溃烂及黏液污秽等。食物成分的分解造成营养价值的流失和破坏。腐败变质的食物一般微生物污染严重，菌相复杂，菌量增加，致病菌和产毒霉菌存在的可能性较大。腐败变质的食品可对人体造成损害，如不良反应及中毒。

（三）食品变质的辨别

掌握食品变质的辨别要点，选择质量良好的食品，避免购买劣质食物。

表5.2　常见食品变质的辨别要点

食品名称	变质的辨别要点
粮　　豆	粮豆籽粒不完整及表面发生霉变
蔬菜水果	变色、溃烂、散发异味
禽　　肉	禽肉表面产生各种色斑、发黏、发臭
禽　　蛋	打开后可见"黑斑蛋""散黄蛋""泻汤蛋"，散发恶臭
畜　　肉	畜肉发黏、发绿、发臭
奶	变色，乳液中有凝块，有臭味，酸奶表面生霉，有气泡和大量乳清析出
鱼	口内有污物，鱼鳞易脱落，少光泽，眼球凹陷，鳃盖松，呈褐色并有臭味，腹部膨胀或破裂，鱼体变软，无弹性，手指按压骨肉易分离，有臭味
虾	色泽暗淡，肉质松软，头尾脱落，有臭味
贝	贝壳抱合不紧，易掰开，有异味，有汤水流出
油　　脂	油脂混浊，产生特殊的刺激性哈喇味
罐　　头	罐头底盖向外鼓起，穿洞有腐败味气体逸出，内容物有异味或伴有汤汁混浊、肉质液化

三、饮食卫生安全管理

饮食卫生安全直接影响食用者的健康，管理不当会引致卫生事件。因此，饮食卫生安全管理是保证菜品和饮品质量、防止污染、预防疾病的重要手段。

（一）食品安全管理

1. 建立食品安全制度。

各旅游点、食品加工、销售企业应建立保障食品安全的各项规章制度。完善食品采购、验收、仓储、索证、餐饮器具消毒登记，从业人员培训及健康检查，定点屠宰等制度。制定食品安全事故应急预案和实施方案，提高食品安全事件的应急处理能力。

2. 保障食品安全生产。

旅游企业要把保障旅游者食品卫生安全生产作为服务的重点,食品和饮品在采购、贮藏、生产和销售的全过程中,要保证始终处于安全卫生的状态。例如,原材料新鲜,不受污染和不带致病菌,采取消除有害昆虫及其孳生条件的措施,与有毒、有害的场所保持规定的距离,在卫生许可条件下储藏;生产过程符合卫生条件,生产人员身体健康,食品用具清洗、消毒,使用安全无害的洗涤剂、消毒剂,设施设备符合卫生标准;收款人员不应接触食品,钱票与食物应保持合理距离。

3. 加强食品安全检查。

旅游、卫生、工商、安监、环保等部门要紧密配合,认真履行职责,加强联合、综合执法力度,对旅游区内各旅游点、食品经营、加工、销售企业进行食品卫生安全检查,对经营企业的各类证照、卫生条件、设施、食品原料的进货渠道及票证等方面进行重点整治和检查。对无卫生许可证、无营业执照的企业应坚决予以取缔;对无证上岗人员应一律劝退,不符合卫生要求的一律停业整改;对来路不明的食品原料、过期食品及有毒有害食品和病死畜禽应开展追查,发现问题按"三定"原则(定责任单位、定整改措施和定整改期限)处理。

(二)业主安全教育

餐饮从业人员必须达到国家规定的健康标准,定期进行身体检查,做到"早发现、早报告、早隔离、早医治"。餐饮从业人员有皮肤溃破、外伤、感染、腹泻等症状的,不可带病加工食品,工作前、处理食品后、便后要净手。

进行食品安全宣传(如食品卫生安全知识讲座)和从业人员培训,从食物中毒发生的原因及预防措施、食品原料采购管理、加工制作过程卫生等方面进行详细讲解。与各经营户签订《食品卫生安全承诺书》,使之养成良好的食品卫生操作习惯。加强餐饮经营业主和服务人员的职业道德和法制教育,防止出现餐饮从业人员与旅游者因冲突而引发的安全事件。通过教育并出台相关的规章制度与措施,防范与杜绝饮食场所出现的针对旅游者的欺诈、强买强卖、宰客等非法经营行为。

(三)现场安全管理

由于旅游者警惕性低,在餐饮场所可能会出现物品丢失、摔伤、餐具破损导致受伤、烧烫伤等伤害,甚至还可能出现因饮食习惯差异导致旅游者与旅游者、旅游者与餐饮经营者或当地人之间的冲突。2011年11月9日,阚女士在北京汉拿山紫竹桥店就餐时摔倒受伤,法院最终判决汉拿山赔偿4万余元。因此,要加强餐饮场所的现场管理,防止发生各类人为原因造成的游客伤害事故。

（四）旅游者饮食卫生

旅游区相关经营与管理部门要不断提高公众的食品安全意识,引导旅游者正确消费,而旅游者也要加强自身的饮食与身体卫生,防范食品相关的疾患。

防止病从口入,应在卫生较好的餐饮点用餐,不在路边摊点用餐,不购买沿途叫卖的熟食品。避免暴饮暴食,为了不增加胃肠负担,在车船或飞机上要节制饮食,一般进食量比平常减少1/5。在选用食品前应先检查其质量,不吃过期变质的食物。不饮用生水,瓜果洗净或去皮后再吃。不受"醉""生""鲜"等具有特色的地方名特产品的诱惑,如江苏的醉虾、广东的生鱼粥等,食品一定要经过加工煮熟方可食用。在旅行途中,要常用清洁水充分冲洗暴露的皮肤,可将黏附的致病微生物、寄生虫卵等洗去,或至少明显降低携带量。

四、食物中毒防治

食物中毒是指摄入了含有生物性、化学性的有毒有害物质的食品,或者把有毒有害物质当做食品摄入后出现的非传染性的急性、亚急性疾病。

（一）食物中毒的特征与症状

食物中毒是最常见、最典型的食源性疾患。据国家突发公共卫生事件报告管理信息系统数据,2017年收到食物中毒事件报告348起,累计报告病例7 389例,死亡140例。根据世界卫生组织估计,发达国家食源性疾病的漏报率在90%以上,而发展中国家则为95%以上。

旅游食物中毒的特征表现为:病人有食用同一污染食物的历史,短期内很快形成发病高峰;病源相同,患者临床症状相似,以急性胃肠道症状为主;疑似食物中毒报告起数多,但确认上报的少;疑似食物中毒发病人数绝大部分为外地旅游人员,且较多为团队旅游人员;食物中毒发生的可疑餐馆、饭店多为旅游定点饭店或中小饭店;化学性食物中毒较少,多为细菌性食物中毒;原因食品和致病因素查明率较低。

　　食物中毒以呕吐和腹泻为主要症状,常在食后 1 小时至 1 天内出现恶心、呕吐、腹痛、腹泻等症状,严重者可出现脱水、休克、循环衰竭而危及生命。

表 5.3　常见毒物中毒的主要症状

	主要症状	毒　　物
特殊面容	颜面樱红	氰化物、一氧化碳
	颜面潮红	阿托品、河豚
	颜面、口唇青紫	亚硝酸盐、苯胺、硝基苯
特殊气味	苦杏仁味	氰化物、硝基苯
	消毒水味	酚、来苏水
	酸臭味	有机磷、磷化锌
	霉臭味	六六六
血液变化	血色正常不凝	敌鼠钠盐
	血色鲜红	氰化物、一氧化碳
	血色酱色不凝	亚硝酸盐、苯胺、硝基苯
消化、泌尿系统	流涎	有机磷、有机氟、砷、汞
	口鼻冒白沫	有机磷
	口鼻冒灰色或血色沫	安妥
	剧烈腹痛	酚、砷、汞、磷化锌、斑蝥、河豚
	口渴	磷化锌、砷
	剧烈呕吐或腹泻	砷、汞、巴豆、桐油、蓖麻
	血尿、尿闭	汞、斑蝥、蓖麻、敌鼠钠盐
神经系统	闪击样昏倒、迅速死亡	氰化物、烟碱
	昏睡	吗啡、一氧化碳
	痉挛	氰化物、氟乙酰胺、毒鼠强
	强直性痉挛	士的宁
	震颤	有机磷、有机氯
	幻觉	颠茄、曼陀罗、大麻、芥草
	狂躁不安	氟乙酰胺、曼陀罗、颠茄
	口唇、四肢发麻	河豚、蟾酥、大麻
	视觉障碍、复视、失明	甲醇
	瞳孔缩小	有机磷、吗啡、氯丙嗪、磷化锌
	瞳孔散大	颠茄类、大麻、奎宁
呼吸、循环系统及其他	呼吸浅慢、血压下降	安眠镇静药、吗啡
	肺水肿	有机磷
	心跳加剧、心律紊乱、出汗	氟乙酰胺、氨茶碱
	大量出汗	有机磷
	体温升高	有机磷、有机氯、阿托品
	皮肤发红、起泡	斑蝥、巴豆、强酸

（二）食物中毒事故处理程序

食物中毒事件应急救援处置程序：

旅游团和饭店发生食物中毒事件时，导游人员应立即与当地卫生医疗部门取得联系，争取救助，同时向所在地旅游行政管理部门和本旅行社报告，饭店应立即向当地旅游行政管理部门和卫生医疗部门报告，同时采取适当的救援措施。

事发地旅游行政管理部门接到报告后，应立即协助卫生、检验检疫等部门检查旅游团活动和用餐场所、饭店内的相关场所，查明毒源，采取相应的救援措施。

事发地旅游行政管理部门在报告上级旅游行政管理部门的同时，应向组团旅行社所在地旅游行政管理部门通报有关情况，以便及时采取相应的防疫措施。

组团旅行社所在地旅游行政管理部门接报后，应及时协助组团旅行社和事发地政府做好旅游者亲属的安抚工作。

旅游区针对食物中毒的应急处理程序：

旅游区发生旅游者食物中毒事件后，应立即停止生产经营活动，并向所在地卫生行政部门报告，报告内容包括发生中毒的地址、单位和时间；中毒人数、危重人数及死亡人数，发病经过和主要临床表现；进食范围、发展趋势、可疑食物；已经采取的措施和需要解决的问题等。使卫生行政部门能尽早采取控制措施，防止事态扩大，同时有利于查明原因并及时处理。

旅游区应成立临时指挥部，负责整个应急工作；全力以赴，积极抢救病人，向医务人员了解中毒者的症状和抢救过程；追回并封存造成食物中毒的食品或可疑食品；搜集并保留与食物中毒有关的原料、餐具、工具、设备和现场，搜集并保留病人的排泄物和呕吐物，以备检验；及时了解现场情况，访问事主和相关群众；协助调查人员对食物中毒进行调查，如实向调查人员提供发病情况、就餐情况和食品加工过程的细节等。

（三）食物中毒预防

1. 细菌性食物中毒。

细菌性食物中毒是指进食含有细菌或细菌毒素的食物而引起的食物中毒，包括感染型和毒素型细菌性食物中毒。细菌性食物中毒是最多见的一类食物中毒，占食物中毒人数的95%以上，其发病率较高而病死率较低，多发生在气候炎热的季节。由于需要运输而延长了保存时间的盒饭，是常见的细菌性食物中毒的中毒食品。细菌性食物中毒一般在几小时至48小时内发病。感染型细菌性食物中毒的临床表现为胃肠道综合征,并多伴有发热症状;毒素型细菌性食物中毒的临床表现通常以上消化道症状为主,恶心、呕吐为突出症状,发热较少见。

表 5.4　常见细菌性食物中毒的预防

类　别	中毒原因	中毒表现	预防及救治措施
沙门菌	多由动物性食品,特别是肉类引起,也可由家禽、蛋类、奶类食品引起	以急性胃肠炎为主,潜伏期一般为12—36个小时。有腹痛、呕吐、腹泻、恶心、头痛、全身乏力和发冷等,粪便为黄绿色水样便,有时带脓血和黏液。一般发热 38—40 摄氏度,重症病人出现寒战、惊厥、抽搐和昏迷	食品要生熟分开、肉禽蛋类要煮熟、低温储存的食物、剩菜要加热
变形杆菌	腐物寄生菌,人和动物的带菌率可高达10%左右。动物性食品和豆制品,凉拌菜受腐败物及人或动物粪便污染,多发于夏秋	潜伏期一般为 5—18 个小时。上腹部刀绞样痛和急性腹泻为主,腹泻多为水样便,伴有恶心、呕吐、头痛、发热(体温一般在 38—39 摄氏度)。病程一般为 1—3 天,很少有死亡	食品要彻底加热、贮藏食品要冷藏、注意个人卫生
葡萄球菌肠毒素	奶类、蛋类及蛋制品、糕点、熟肉类受到人或动物的化脓性病灶污染	潜伏期一般为 1—6 个小时。出现恶心、剧烈呕吐、腹痛、腹泻等症状。病程较短,一般 1—3 天痊愈,很少引发死亡	饭前便后洗手、奶蛋类彻底加热、低温储存奶蛋类、不带病加工食物
副溶血性弧菌	嗜盐菌,海产品、卤菜、咸菜受到海水、海产品上的细菌污染,多发于 6—9 月	发病急,恶心、呕吐、腹泻、腹痛、发热,尚有头痛、多汗、口渴等症状。腹泻为水样便,重者为黏液便和黏血便。病程 2—3 天	海产品要烧熟煮透、适量加醋、生熟分开、低温储藏
黄曲霉毒素	分子真菌毒素,其毒性为氰化钾的 10 倍,砒霜的 68 倍,并有很强的致癌性。保存不当,霉变的谷物、坚果、油类等	发病快,潜伏期为 1 小时内。恶心、呕吐、腹痛、腹泻、头痛、乏力,可伴有发热、黄疸、嗜睡,重症者在 2—3 周内可出现腹水、下肢浮肿、肝脾肿大,多数患者在死前可有胃肠道大出血表现	不加工、食用霉变玉米、大米和麦类等;采取补液、利尿、保肝等疗法

应严把食品的采购关,禁止采购腐败变质、油脂酸败、霉变、生虫、污秽不洁、混有异物或者其他感官性状异常的食品,以及未经兽医卫生检验或检验不合格的肉类及其制品(包括病死牲畜肉);储存食品要在 5 摄氏度以下,若能做到避光、断氧,效果更佳,注意食品的储藏卫生,防止尘土、昆虫、鼠类等动物及其他不洁物污染食品;加工食品必须做到烧熟烧透,加工食品的工具、容器等要做到生、熟分开,加工后的熟制品应与食品原料或半成品分开存放,半成品应与食品原料分开存放。

2. 化学性食物中毒。

化学性食物中毒是指误食有毒化学物质,如农药、鼠药、某些金属或类金属化合物、亚硝酸盐等,或食入被其污染的食物而引起的中毒。化学性食物中毒一般进食后十几分钟到几十分钟即可发病,发病有群体性,病人有相似的临床表现,其发病的季节性、地区性不明显,但发病率和病死率均比较高。

表5.5 常见化学性食物中毒的预防

类别	中毒原因	中毒表现	预防及救治措施
亚硝酸盐	亚硝酸盐可使正常的低铁血红蛋白被氧化成高铁血红蛋白,失去输送氧气的功能,因而出现组织缺氧的紫绀现象。摄入 0.2—0.5 克即可中毒,摄入 1—2 克可致人死亡	潜伏期为 30 分钟至 3 小时,口唇、指尖及全身皮肤青紫,呼吸困难,并有头晕、头痛、恶心、呕吐、心跳加快、呼吸急促,甚至昏迷、抽搐,可因呼吸衰竭而死亡	不吃腐烂变质的蔬菜、不吃隔夜和变味的剩饭菜、不吃放置过久的食品、不吃劣质熟食品、不吃过多的腌制品,尤其是未腌透的。催吐、洗胃、导泻。解毒可注射或口服 1% 亚甲蓝溶液,服用维生素 C 和葡萄糖
农药	食品容器被农药污染;喷洒农药的瓜果、蔬菜,未过安全间隔期即采摘食用;误食农药毒杀的禽畜	潜伏期一般为 2 小时内。头痛、恶心、呕吐、多汗、瞳孔缩小、血压升高等,严重的出现青紫、肺水肿、抽搐、昏迷、呼吸衰竭甚至死亡	催吐、洗胃,快速排出毒物;对症治疗,及时应用特效解毒药,如轻度中毒者可单独给予阿托品,中度或重度中毒者需要阿托品和胆碱酯酶复能剂两者并用
有毒化学物	误食	随不同毒物而不同	严禁将有毒有害化学物与食品一同放置,不随便使用来源不明的食品或容器,手接触有毒化学物后要彻底清洁

加强亚硝酸盐的保管,避免误作食盐或碱面食用。鼠药、农药等有毒化学物要标注明显,存放在专门场所并上锁。对中毒者的救治要"快",使用快速毒物检验和简易动物试验,初步确定中毒食品和化学性毒物。利用催吐、导泻清除尚未吸收的毒物,到医院后进行血液净化治疗、解毒剂治疗、功能拮抗剂治疗和对症、支持治疗。

3. 有毒动植物中毒。

有毒动植物中毒是指误食有毒动植物或摄入因加工、烹调方法不当未除去有毒成分的动植物食物而引起的中毒。潜伏期一般较短,病死率因动植物种类而异。植物性食物中毒多数没有特效疗法,动物中除含高组胺鱼类中毒外,尚无解毒治疗方法,仅仅是对症治疗和支持疗法,治疗不及时可导致死亡。

表5.6　常见动植物食物中毒的预防

类别	中毒原因	中毒表现	预防及救治措施
豆浆	食用加热不彻底的豆浆。生大豆含有有毒的胰蛋白酶抑制物,可抑制体内蛋白酶的正常活性,并对胃肠有刺激作用	潜伏期为数分钟至1小时。恶心、呕吐、腹痛、腹胀,可伴有腹泻、头痛、乏力等症状,一般不发热,可很快自愈	豆浆一定要煮开后再喝
豆角	豆角含有皂甙和红细胞凝集素,具有凝血作用,当烹调未熟透时,食后容易引起中毒	潜伏期为数十分钟至5小时,主要为胃肠炎症状,如恶心、呕吐、腹痛、腹泻,以呕吐为主,并伴有头晕、头痛、出冷汗,有的四肢麻木,胃部有烧灼感,病程一般为数小时或1—2天	烧熟煮透。无需治疗,吐泻后会自愈,或服用低分子右旋糖酐、肝素
鱼类组胺	青皮红肉的海产鱼类,如鲐鱼、鲭鱼、沙丁鱼、秋刀鱼等,这类鱼含有较高量的组氨酸,经一些细菌作用,组氨酸经脱羧酶作用产生组胺和类组胺物质——秋刀鱼素	潜伏期为数分钟至数小时。类过敏性症状,如脸红、头晕、心跳呼吸急促、心慌、脉快、胸闷和血压下降等,部分病人眼结膜充血、瞳孔散大、视力模糊,口、舌及四肢发麻、恶心、呕吐、腹痛、荨麻疹等。发病快、症状轻、恢复快、少有死亡	加强鱼类食品的卫生管理;过敏体质的人不能食用;选购新鲜海产品
鱼胆	食用鱼胆	恶心、呕吐、上腹部疼痛、腹泻。肝脏肿大,有触痛,并有黄疸、肝功能异常。严重者有腹水,甚至发生昏迷等。肝脏损害多在食后1—3天发生,肾脏损害表现常发生在食用3天以后	无特效解毒剂,洗胃排毒或注射肾上腺皮质激素
河豚	含有河豚毒素,是一种神经毒,需220摄氏度以上方可分解,盐腌或日晒不能破坏。卵巢和肝脏有剧毒,其次为肾脏、血液、眼睛、鳃和皮肤	潜伏期为10分钟至3小时。可引起中枢神经麻痹,唇、舌、面部或肢端感觉异常,有麻木和漂浮感。重症者瞳孔与角膜反射消失,肌肉麻痹、瘫痪,抑制呼吸中枢而死亡	宣传教育,防止误食。统一加工处理,经鉴定合格后方准出售。送医院抢救,排毒或注射盐酸半胱氨酸
贝类	受藻类污染的贝类含有石房蛤毒素及其衍生物,常见的如蚶子、花蛤、香螺、织纹螺等	唇、舌、手指麻木,进而四肢末端和颈部麻痹,并伴有发音障碍、流涎、口渴、恶心、呕吐等,严重者因呼吸肌麻痹而死亡	防止误食污染贝类,除去内脏、洗净、水煮、弃汤
毒蘑菇	我国有100种左右毒蘑菇,色彩鲜艳,有疣、斑、沟裂、生泡流浆,有蕈环、蕈托及奇形怪状的野蕈,一般有毒	胃肠炎型:剧烈恶心、呕吐、腹泻,阵发性腹痛;神经精神型:幻觉、狂笑、行动不稳,也可引起交感神经兴奋;溶血型:溶血性黄疸、肝脾肿大、肝区疼痛,死亡率高	宣传教育,不采食野蘑菇。催吐、洗胃或注射毒蕈血清

一些常见的食物贮藏不当，发芽、发霉时可能会产生毒素。如发芽的马铃薯产生的龙葵素含量可达 0.5%，食用可引起中毒；霉变红薯含有甘薯酮、甘薯醇等毒素，且煮、蒸、烤等均不能破坏毒素；每年 2—3 月，甘蔗容易霉变，其中的节菱孢毒分泌 3-硝基丙酸，食用后病死率和出现后遗症率达 50%。

一些食物自身或由于污染积累含有毒物，如苦杏仁中含有杏仁甙，生吃后，释放出剧毒物质氢氰酸，生吃苦杏仁 0.4—1 克/公斤体重，即可中毒而死；"十年的鸡头赛砒霜"，鸡在啄食中吃进的重金属主要储存于脑组织中，鸡龄越大，储存量就越多，毒性就越强，鸭头、鹅头等也同样不宜多吃；鱼体内含两种不饱和脂肪酸-22 碳六烯酸（DHA）和 20 碳五烯酸（EPA）对清理和软化血管、降低血脂以及健脑、延缓衰老都很有好处，其主要集中在鱼头内，但鱼头的农药残留量是鱼肉的 5—10 倍，并且污染物蓄积量也较高，不可多吃。

（四）食物中毒应急处置

1. 催吐。

食物中毒自我急救的最常用办法是催吐。如果吃下有毒食物的时间在 2 小时以内，可以进行催吐：饮用温盐水（食盐 15 克，水 240 毫升）、生姜水（生姜 100 克，捣碎取汁，水 200 毫升）或淡肥皂水催吐；服用"十滴水"催吐吃下去的荤食；用手指、筷子、鸡鸭毛等直接刺激舌根部及咽部引吐。昏迷者不宜进行催吐。

2. 导泻。

如果吃下中毒食物的时间较长，已超过 2 小时，但精神较好，则可服用泻药，促使中毒食物尽快排出体外。一般用大黄 30 克，一次煎服；老年患者可用元明粉 20 克，开水冲服；体质较好者，可用番泻叶 15 克，一次煎服或用开水冲服。常用的导泻剂有硫酸镁和硫酸钠，用量 15—30 克，加水 200 毫升，口服。还可饮用大量干净的水，稀释血中毒素的浓度，并服用利尿药，对毒素进行稀释排泄，或者用肥皂液、浓茶水或 2%碳酸氢钠洗胃、肠。

3. 解毒。

对症治疗，服用相应的解毒物解毒。对由变质的鱼、虾、蟹等引起的食物中毒，可取食醋 100 毫升，加水 200 毫升，稀释后一次服下，或用紫苏 30 克、生甘草 10 克一次煎服；若误食了变质的饮料或防腐剂，可用鸡蛋清、牛奶或其他含蛋白质的饮料灌服，或用大蒜捣汁服用；如果是生物碱、重金属和酸类等毒物，可服用通用解毒剂（活性炭 4 份、氧化镁 2 份、鞣酸 2 份和水 100 份）进行吸附或中和。

（五）急救后的应对措施

食物中毒的病人经过应急处置后，应躺下休息，在停止呕吐之后，可以吃一点流质食物，如米汤、鸡蛋羹、藕粉等；待症状好转、病情转轻时，可吃一点半流质食物，如稀粥、面片汤等，但需忌油腻，也不能吃刺激性食物，如辣椒、胡椒等。如果呕吐，就不要吃东西，可喝一些茶水或淡盐水，以补充吐泻失掉的水分。病人经过急救，如症状未见好转或中毒较重者，应尽快送医院治疗。

第三节　传染病的防范与应对

旅游者在公共场所停留的时间短，流动性大，公共场所的用品和设施要接受数量大、交换快的人流和物流的影响，病原微生物和病媒生物的传播快。一旦人流中有传染源，物流中有病原微生物，便可通过人流的相互接触、公共场所物品的交叉污染和接触，由人流带向四面八方，广泛传播。北方某城市 1988 年夏秋季发生的急性出血性结膜炎，在不到两个月的时间内导致几十万人发病，就是通过公共场所（游泳池、理发店）及其公共用品（泳池水和理发毛巾）传播的。

一、传染病流行的影响因素

传染病流行有传染源、传播途径、易感人群三个环节。

（一）传染源

传染源是指病原体在体内生长繁殖并能将病原体排出体外的人和动物。传染病患者及病原携带者是重要的传染源，常常借咳嗽、吐痰、腹泻等方式促进病原体的传播或污染环境。一般症状明显期的传染性最强，此时病原体的排出数量最大。以动物为传染源传播的疾病有鼠疫、狂犬病、布氏杆菌病等，动物源性传染病患者一般传染性不强，人感染后不再传染给其他人。

（二）传播途径

常见传染病的传播途径一般分为四种：(1)通过空气传播，如流感、流行性腮腺炎、水痘、结核病等；(2)通过食物传播，如痢疾、甲型肝炎、霍乱、伤寒等；(3)通过接触或体液传播，如沙眼、红眼病、疥疮、狂犬病、水痘、艾滋病等；(4)通过虫媒传播，如登革热、乙型脑炎、疟疾、鼠疫等。

（三）易感人群

对某种传染病缺乏特异性免疫力的人称为易感者。易感者在某一特定人群中的比例决定了该人群的易感性。人群易感性受许多因素影响而改变，主要有人口动态的改变、人们免疫水平的高低、病原体的变异或种型的变化等。

二、传染病的预防措施

旅游者应对前往及停留旅游目的地的环境、气候、疾病流行、卫生状况、医疗条件等进行了解，根据自己的健康状况采取相应的防范措施。

（一）控制传染源

旅游区应贯彻"积极防范、预防为主"的方针，做到"五早"（早发现、早报告、早诊断、早隔离、早治疗），对诊断出的传染病人要积极进行治疗，同时向卫生防疫部门报告，以便对患者所在地区进行隔离，制止传染病蔓延。对与病人接触者和病原体携带者，应进行医学观察、检疫或隔离，还可进行预防接种与药物预防。对动物性传染源，原则上应采取消灭办法，如对感染疯牛病的牛进行宰杀并进行焚化深埋处理。

（二）切断传播途径

通过对空气、公共场所等的消毒，切断各类传染病的传播途径。

1. 空气净化消毒。

应根据天气情况，适时开门、开窗或者用机械通风；保持空调卫生，空调过滤网、表冷器、送（排）风口应保持清洁，无积尘、无霉斑；有呼吸性传染病疫情发生的建筑物，应及时关闭其所涉及的空调区域，由专业人员进行空气消毒，确认安全后，方可重新启用；每日上班前、下班后，应湿式清除地面、物品表面的灰尘，并进行地面和空气消毒。

2. 公共场所消毒。

有疫情时，应用消毒剂对公共设施进行擦拭，擦拭的次数依客流量而定，客流量大时，至少1小时擦拭一次；桌、椅、公共卫生间水龙头，应一客一消毒。公共场所的一切公共用品，均应按规定进行严格的清洗、消毒和保洁工作。

3. 饮食场所要求。

加强餐饮卫生，食品加工、制作、贮藏应生熟分开；加工制作直接入口的凉菜、熟肉等,应做到"五专"(专人、专室、专工具、专消毒、专冷藏),提供加工人员二次更衣和洗手的设施,制作间每日上班前、下班后应进行空气消毒;出售直接入口食品,应有防尘、防蝇设施,并要做到货款分开,工具售货;盛装食品的餐具和容器,应严格清洗、消毒并保洁,防止二次污染;垃圾及污物应及时收集,袋装密闭储存并转运处理。

(三)保护易感人群

据统计,在由于旅游而造成的疾病中,至少有 6% 是可以通过接种相关疫苗加以避免的。因此,可通过预防接种增强人体的主动和被动的特异免疫力。另外,应积极开展各项健康有益、积极向上的旅游活动,锻炼身体,增强体质,保持饮食平衡和起居、生活规律化,也可提高机体的非特异性免疫力。在传染病流行期间,旅游者可口服相应的药物进行预防,如口服乙胺嘧啶或氯喹,可预防疟疾,吃大蒜或马齿苋可预防细菌性痢疾。

(四)常见传染病的预防

出门旅游时,要关注目的地的传染病流行情况,尽量避免到传染病流行的目的地旅游。如果到可能感染传染病的区域旅游,需做好相应的预防准备。如到坦桑尼亚旅行,最好自备抗疟药、防蚊药及其他常用药品,行前应注射黄热病、流脑、乙肝和霍乱疫苗。

1. 感冒。

感冒是一种自限性疾病,病程 5—7 天。不到有可能或已经发生流感的目的地或疫区去,在公共场所应注意回避感冒者,与患者保持 1 米以上的间距。注意气候变化,适时增减衣服,避免忽冷忽热,以防风邪侵袭。保持室内空气流通,在拥挤的车厢或温度较低的环境中,应多饮水。保证充足的睡眠,讲究营养,恢复体能,提高机体免疫力;保持手、眼、鼻的卫生,每天用清水洗手、眼、鼻腔两次以上。

2. 禽流感。

禽流感主要通过禽类粪便中的禽流感病毒传播。所以,要注意饮食卫生,禽蛋表面的粪便应当洗净,禽肉、蛋必须煮熟后再吃,加工和保存这类食物要生熟分开;避免接触水禽、候鸟等易于携带禽流感病毒的动物,接触后要洗手;多摄入一些富含维生素 C 等有助于提高免疫力的食物和药物。如果出现发热、头痛、鼻塞、咳嗽及全身不适症状,应及时就诊。

3. 登革热。

登革热是经蚊子传播的一种急性传染病,主要流行于热带和亚热带 100 多个国家和地区。防治措施主要有：采用环境治理与使用杀虫剂进行化学防治相结合，控制成蚊和幼虫；旅游区要填树洞，清理排水沟、下水道，对水缸加盖，勤换水，在水塘内放养食蚊鱼；到登革热流行的国家和地区旅行，用以苄氯菊酯为原料的蚊虫驱避剂涂抹在暴露的皮肤上，喷洒在衣领、袜子等处，可防止蚊虫叮咬。

4. 艾滋病。

艾滋病是在 20 世纪 80 年代被发现的，已造成几千万人丧生。艾滋病主要通过性传播、血液传播和母婴传播，一般的接触并不会传染艾滋病。妓女、男同性恋者、注射毒品者是艾滋病感染率最高的群体。南非、印度、泰国等国家的艾滋病感染人数较多，这些地区也是中国公民出境旅游的开放目的地，旅游者出游时要洁身自爱，不要参与涉及色情的项目。

5. 军团杆菌。

军团杆菌存在于土壤和水体中，在自来水中可以生存 1 年左右。天然淡水源中存在着 41 种军团杆菌，病死率为 $10\%—15\%$。在人工管道系统、加湿器水、浴池水、温水泳池、喷头淋浴水、空调冷却水中都可能含有军团杆菌。为防治军团杆菌，要避开高危的水环境：停滞不流动的、水温较高（25—42 摄氏度）、雾化的水；对污染源进行消毒，保持空调清洁，对饮用水进行高温加热以杀灭军团杆菌。

6. 非典型肺炎。

传染性非典型肺炎是由新型冠状病毒引起的，主要通过飞沫和接触传染。防范措施主要有：不要到有非典型肺炎病例发生的地区旅游；常开窗，保持空气流通；不与已诊断为非典型肺炎的病人握手、拥抱、亲吻，不接触病人的痰等分泌物以及使用病人用过的物品；注意勤洗手、勤换衣、勤通风；不要与人共用毛巾，洗手后，应用清洁的毛巾或纸巾擦干。

7. 非性行为性病。

一些病原微生物离开人体后，在适宜的环境下还能生存一段时间，如淋病的淋球菌，在潮湿的毛巾、被褥、衣裤上可以生存 10—72 小时，在坐式马桶坐板上可存活 18 小时。因此，被性病病人接触或使用过的被褥、马桶、浴缸等，就可能成为淋病、白色念珠菌病、生殖器疱疹、阴虱病、阴道滴虫病、尖锐湿疣病等性病的传染源。

防范措施主要有：选择达到卫生标准的旅馆住宿；不使用未经消毒的马桶、浴缸、床单等用品；出行最好自带毛巾、水杯等日用品，尽量洗淋浴，不洗盆浴、池浴；

使用坐式马桶应加用临时简易坐垫,在如厕前扔一些厕纸在马桶里面,吸收可能溅出的液体;睡觉时要穿长的内衣裤,千万不可裸体盖用旅店的被褥;做好个人卫生,饭前便后洗手。

三、传染病应急处置

(一)前期处理

应尽快将受害者送往有关的医院,及早抢救,在送医院前,对于其表现出的前期症状要进行观察,并采取适当的措施。传染性疾病的主要症状是发热,体温高于38.5摄氏度为高热;高于正常体温,但低于38.5摄氏度为低热。

如果出现低烧,应该先补充体液,如蔬菜汁、花茶等。在有条件的情况下,可以用湿毛巾冷敷全身,或者用海绵蘸温水擦拭全身、泡温水澡等。测量体温,应该在饮食30分钟后进行才比较准确。低烧期间应该注意增减衣服,所穿衣服不宜过多,以利于散热,但也不能太少,以免着凉。

高烧是比较危险的,应该根据引起高烧的不同病因进行针对性的处理。如果服药后发热症状没有缓解,应当及时呼叫120急救车,或将病人送往最近的医院进行详细检查。

(二)疫情管理

1. 疫情报告。

疫情报告是预防和控制传染病流行的重要措施,在传染病的防治工作中起着十分重要的作用。旅游区管理单位应配有专职或兼职人员负责传染病疫情的登记和报告工作,发现传染病或疑似传染病,应当按照规定程序向有关部门及时报告。同时,应及时将病人送医院进行隔离治疗和医学观察,对传染病患者接触过的有关场所、用品、用具等进行消毒。

2. 控制隔离。

对于一些传染性疾病,特别是病因不明的,应控制旅游者的广泛流动。如始于2003年的禽流感,许多国家将重点放在对入境旅游者的检查方面,在法国、瑞典、德国等欧洲国家相继发现禽流感疫情后,加拿大海关就加强了对欧洲旅游者的禽流感相关的卫生检查。

对传染病病人要进行隔离,肠道传染病要避免与病人接触;呼吸道传染病要保持室内空气流通,其生活用品要与健康人分开;通过昆虫、动物传播的疾病应配置防护用品。

3. 病因调查。

查明疫情的病因是有效抢救、治疗、控制、预防的关键。查明了病因，各项措施的落实才更有针对性，目标才更明确。

（三）卫生监督

旅游区管理单位应协助当地卫生监督机构，做好食品卫生、饮用水卫生、公共场所卫生等的监督工作。内容包括：经营单位室内外环境卫生；餐具、杯具、茶具、拖鞋、毛巾等公共用品和用具的清洗、消毒和保洁工作；冷菜制作间"五专"检查和二次更衣室卫生状况检查；监督检查食品生产、销售"生熟分开"情况和货款分开情况；食品防尘、防蝇、防鼠、防蟑等落实情况；垃圾的收集和储存情况；从业人员健康证有效性检查等。

第四节　急病急症的应急处置

旅游是一项有益身心健康的活动，但由于旅途疲劳、疾病传染、事故意外等原因引发的一些突发性疾病、传染病、创伤等疾患，不但影响旅游者及其同伴的旅游兴致，重者还可能危及患者的健康甚至生命。

一、突发疾病应急处置

突发疾病的应急处置目的是：抢救生命，降低死亡率；防止病情继续恶化；减轻病痛，减少意外伤害，降低伤残率。

（一）心脑血管疾病的应急处置

1. 脑血管病。

旅游者如果发生头痛、头晕，或是突然晕倒昏厥时，不可随意搬动患者，应观察其心跳和呼吸是否正常。若心跳、呼吸正常，可轻拍患者并大声呼唤，使其清醒。同时将其领口和腰带松开，使其呼吸通畅。如果病人想要呕吐，可让病人的头转向侧面，避免呕吐物造成气管堵塞。戴有假牙的，要把假牙取出。

如患者意识模糊，可以用纱布包裹一个压舌板，或是类似的东西，塞进病人的嘴里,保持通气顺畅。检查病人的四肢是否运动良好,让病人握住你的手,看他是否有力气。如果病人有一侧肢体没有力气,不能自主运动,那么就要首先考虑到病人得的是脑血管病。应让病人继续平躺,同时拨打急救电话。如患者无反应,则说明情况比较严重,应使其头部偏向一侧,并稍放低,取后仰头姿势,然后采取人工呼吸和胸外心脏按压的方法进行急救。

2. 冠心病。

冠心病也称缺血性心脏病,有隐匿型或无症状型冠心病、心绞痛、心肌梗死、心肌硬化、猝死五种类型,最常见的是心绞痛和心肌梗死。当旅游者出现持续性的胸前区胸闷或胸前区疼痛时,要保护好病人的颈部,让病人平躺,采取平卧位,以减少不必要的耗氧,同时用拇指掐患者中指甲根部。有心绞痛病史的旅游者,外出游玩应随身携带急救药品,发病时迅速把硝酸甘油含于舌下,有条件的可吸氧。

如果心前区疼痛持续时间长于 30 分钟,含服硝酸甘油等药物以后症状没有得到缓解,病人出现大汗、面色苍白、呼吸急促等症状,可能是心肌梗死。在拨打急救电话的同时,要解开患者的衣领,以保持呼吸通畅,如果病人昏迷,立即进行人工呼吸和胸外心脏按压。

3. 高血压急症。

高血压急症是指血压骤然升到 200/120 毫米汞柱以上,会出现心、脑、肾的急性损害。当病人血压突然升高时,应让病人安静休息,将头部抬高,取半卧位,尽量避光,可按压劳宫穴(握拳时中指尖抵掌处)控制血压。当血压很高时,可给病人舌下含服心痛定(硝苯地平)。心痛定起效迅速,可以使血压较快地降下来。如果这个措施不能解决问题,应尽快送医院,行车要尽量平稳,避免过度颠簸造成脑溢血。

4. 心源性哮喘。

奔波劳累可能会诱发或加重旅游者的心源性哮喘。发病时患者应取半卧位或坐在椅子上,用布带轮流扎紧患者四肢中的三肢,每隔 5 分钟一次,这样可有效减少回心血量,减轻心脏负担,缓解症状。

(二) 消化系统疾病的应急处置

1. 胆绞痛。

旅游途中若摄入过多的高脂肪和高蛋白,容易诱发急性胆绞痛。患者发病后应平卧于床,并用热水袋在其右上腹热敷,也可用拇指压迫刺激足三里穴,以缓解疼痛。

2. 胰腺炎。

一些人在旅游时由于暴饮暴食而诱发胰腺炎。患者发病后应严格禁止饮水和饮食,可用拇指或食指压迫足三里、合谷等穴位,以缓解疼痛,并及时送医院救治。

3. 急性肠胃炎。

由于旅途中食物或饮水不洁,极易引起各种胃肠道疾病。如出现呕吐、腹泻和腹痛等症状,可口服黄连素、痢特灵等备用药,或将大蒜压碎后服下。

（三）晕动病的防治

晕动病是指晕车、晕船、晕机和由于摇摆、旋转、加速度运动引起的一种疾病。据统计,约有 20% 的旅游者会在乘车时发生晕动病。晕动病主要由于颠簸或速度改变刺激了内耳的平衡器官,使其平衡功能暂时失调而引起的。当眼睛不断观看迅速移动的景物、通风不良、闻到汽油味或饥饿、过饱、睡眠不足、过度疲劳时,易诱发晕动病。

1. 预防措施。

乘车、乘船和乘机前要有充足的睡眠,旅途中不宜过饥、过饱;尽量坐在颠簸较轻、面向前进方面的舒适位置;注意车厢、船舱内的通风换气,保持空气新鲜;不要观看旅途两旁晃动的物体,避免阅读,可闭目养神;在乘车、船和飞机前半小时口服抗晕药物,如晕海宁,同时服用维生素 B_6,效果更佳,也可取 3 厘米×3 厘米大小的伤湿止痛膏或卫生胶布贴在肚脐上,或者切一片生姜敷在内关穴（男左女右）上,外面用胶布或手帕包扎住,出行前喝一杯加醋的温开水。另外,含服人丹或用清凉油涂擦太阳穴和鼻唇沟两侧,也有一定的防晕作用。

2. 治疗措施。

发生晕动病时,应将患者安排在安静、通风良好、运动刺激小的位置,使其保持闭目仰卧或半卧位,将头部抬高固定,尽量减少头部晃动。束紧腹带,减少腹中脏器的振动,转移患者注意力,消除其紧张心理,都有助于减轻症状。戴多层涂清凉油的口罩,可以减轻因视觉或嗅觉因素诱发的晕动病症状。由于空气不好或汽油味而引起的晕动病,应将患者移至通风处或无汽油味处。还可以通过刮痧来治疗,具体手法为:手指弯曲,用食、中二指第一指关节蘸水,挟弹病人的印堂穴及颈部两侧和背部脊柱两旁的皮肤,直至皮下出现紫红色斑点为止。

二、创伤受伤应急处置

（一）小外伤的应急处置

擦伤、刺伤、切割伤、夹伤、挫伤、扭伤等，统称小外伤。旅途中要谨防被尖锐物体扎伤，经过高处或钢索栈道时，要扶好栏杆或钢索，不要拥挤追逐，小心踏空挫伤，经过台阶和狭窄、路滑地段时，应谨防跌倒扭伤。

1. 擦伤。

如果伤面浅而小，皮肤表面又比较干净，可外贴创可贴，一般在3—5天内可以愈合。若伤面有渗血，并且比较脏时，应先用淡盐水、冷开水或肥皂水反复冲洗伤口，防止污物嵌入皮下组织，然后用干净的纱布、敷料或手帕包扎。若伤面大而深，或嵌入脏物较多，应尽早去医院诊治。

2. 刺伤。

被木刺、竹刺、针、钉等物刺伤后，如刺入物较干净，可想办法把刺挑出或拔除，然后用碘酒、酒精等消毒后再进行包扎。如伤口不清洁，要先用凉开水或凉茶水冲洗干净，再行处理。如果物体刺入体腔或肢体，或刺伤较深，伤及神经、血管，刺入物又脏或生锈，则不要拔出刺入物，应该保留刺入物靠近体表的一段，用干净纱布或手帕盖住伤口，尽早去医院救治。

3. 炸伤。

如果被炸伤，出现变形等骨折症状时，可就近寻找树枝或其他硬物捆在相应部位上使其保持炸伤后的姿势，并立即到医院就诊。如果出现大出血等外伤时，应用纱布或干净的衣物压住出血伤口后送往医院。如被炸伤眼睛，不能用水冲，不可用手揉，不要自行做任何处理，应在最短的时间内将伤者送往医院。如果被炸断肢体，可将残肢用干净的布包起来，外面套塑料带、橡胶手套等不透水材料，扎紧后，放入冰块里，或用冰棍或冷冻的猪肉块等代替，用来降温，然后争取在6—8小时内随伤者一起送至医院再植。

4. 刀扎伤。

如果旅游者发生刀扎伤，千万不能拔出伤口中的刀具，要搀扶伤者躺下，同时在伤口附近放置衬垫，保护伤口，以免伤口被拉伤、撕裂。在伤口周围放置纱布或干净毛巾，并进行轻按压，以减少出血。用纱布或毛巾卷成一定的厚度，放置于刀具两侧，再用纱布、布带或绳子对刀具进行包扎固定。在专业救护人员到来前，要密切观测伤者的反应。当腹部损伤较大的时候,如果肠管等物外溢,千万不要把肠管再送回至肚子里,而是维持原状,用纱布或干净毛巾以温水浸湿后盖住,或用干净的盆、碗等扣住,不要挤压外溢的肠管,尽快送医院急救。

5. 切割伤。

浅的切割伤,一般伤口不大,出血不多,伤口也较干净,可先止血,然后用碘酒、乙醇消毒伤口周围皮肤,最后贴上创可贴,或用消毒纱布包扎。大而深的切割伤可达肌肉、血管、神经等组织,应尽量止血,适当包扎,送医院急诊。

6. 扭伤拉伤。

扭伤是旅游者常见的外伤,关节扭伤切忌立即搓揉按摩,应马上用冰块、冷水袋或冷毛巾等冷敷受伤部位 15—20 分钟,以减轻肿胀,然后用手帕或绷带扎紧扭伤部位,也可就地取材,用活血、散淤、消肿的中药外敷包扎,并减少活动。

为了防止脚腕拉伤,出游时最好穿高帮的鞋子。如果脚腕拉伤,要固定脚腕,先将伤者的袜子脱掉,如果踝骨损伤,应该用夹板固定;如果韧带拉伤,应用医用绷带对患处进行固定。固定的时候,绷带应松紧合适,呈 8 字形缠绕。

(二) 骨折的应急处置

骨折处如有伤口,应先用纱布或清洁布巾对伤口做初步包扎、止血。为防止加重损伤,应就地取材,用木棍、竹条、树枝、雨伞、拐杖等将肢体骨折部位的上下两个关节固定起来,然后送医院处理。运送伤者时,最好使用门板或担架,车辆行驶要尽量保持稳定,减少晃动。关节损伤或摔伤时,如果不能判断是否骨折,而伤者患处迅速肿胀,或是疼痛很厉害的情况下,视同骨折处理。

1. 手臂骨折。

手臂外伤的时候应在局部加压覆盖,利用弹性绷带、纱布或布条包扎,然后用三角巾对伤肢进行固定。如果伤者的手指没有受伤,应将手指甲床露出,看看有没有发冷发白。检查手腕关节处的桡动脉,查看搏动情况,以免因为包扎过紧,影响血液供应。

2. 腿部骨折。

腿部骨折可利用健侧肢进行固定,夹板与伤腿之间、打结的一侧用毛巾加垫,捆绑的时候,带子要避开受伤部位,在健侧打结。大腿骨折时取一长一短夹板两块,分别放在伤腿的外侧(足跟至腋窝)、内侧(足跟至腹股沟),并分段绑缚几道;小腿骨折时取长短相等的夹板(足至大腿)两块,放在伤腿内外侧,从大腿至踝部分段扎四道。

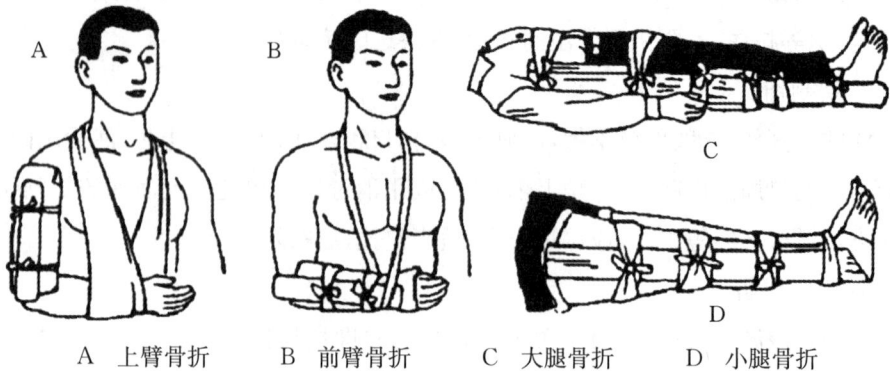

A　上臂骨折　　B　前臂骨折　　C　大腿骨折　　D　小腿骨折

图5.1　常见骨折的固定包扎方法

3.脊柱骨折。

应立即让伤者俯卧(脸朝下)在硬担架或木板上,腹部及胸部加薄枕头或衣被衬垫,使其固定不移动,以避免脊髓受伤或受伤脊柱进一步加重,造成截瘫甚至死亡,在急救之后等待医务人员前来处理。对于颈椎和腰椎受伤人员,要在暴露其全身后用硬木板担架固定,然后再慢慢移出,并及时送医救治。

(三)创伤出血应急处置

正常成年人全身血量约占体重的7%—8%,失血达到血液总量的20%以上就会有生命危险。因此,人在短时间内失血1 000毫升以上就会危及生命。因此,止血是防止休克、挽救伤者生命的重要措施,有效的止血能够赢得将伤者送到医院的宝贵时间。

1.包扎止血法。

对于小伤口出血,应先用清洁水或生理盐水将伤口冲洗干净,盖上用干净的敷料或手绢、毛巾、衣物、餐巾纸折叠成的比伤口稍大的厚垫子,再用绷带、布条加压包扎。覆盖伤口的敷料要稍微厚一点,一般在8—12层,所选用的毛巾或手绢也要稍微厚一点。如果是静脉出血,在包扎止血以外,要用手或其他物体在包扎伤口上方的敷料上施压5—15分钟,使血管压扁,血流变慢,易于形成血凝块。

2.指压止血法。

指压止血法适用于动脉出血,是用拇指压住出血的血管上部,用力把血管压向骨头,以便把血的来源阻断。

前部头皮出血	后部头皮出血	颈部出血	面部出血

压迫耳前颞动脉	压迫耳后动脉	压迫伤侧颈总动脉	压迫面动脉

肩部和腋窝出血	上臂出血	前臂出血

  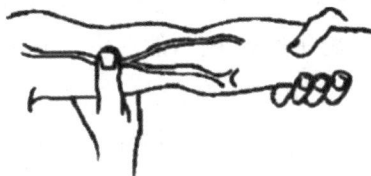

压迫锁骨下动脉	压迫上臂内侧肱动脉	压迫肱动脉末端

手掌出血	下肢出血	脚出血

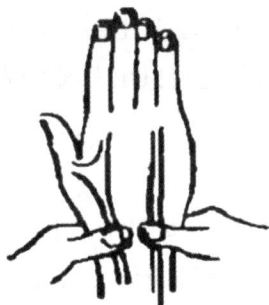  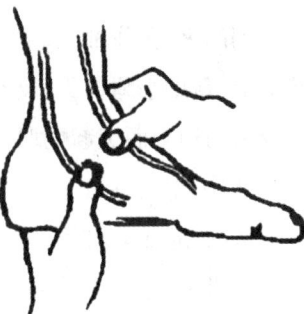

压迫桡动脉和尺动脉	压迫股动脉	压迫足背动脉和胫后动脉

图 5.2　指压止血方法图示

3. 止血带止血法。

止血带止血法适用于四肢出血,在出血部位的上方用止血带将伤肢扎紧,进行止血。如果前臂血管损伤,应先用毛巾或其他平整的敷料包扎将要上止血带的部位;然后用止血带或长布条将包扎部位紧紧加压扎牢打结,止血带一般捆绑在上臂的中段;再用食指粗的木棒或铁棒,穿到布条下,拧紧后固定。如果小腿大血管损伤,处理方法与前臂出血一样,止血带捆绑位置在大腿的中段。定时放松止血带,上肢每隔半小时,下肢每隔 1 小时放松一次,每次 3—5 分钟,放松期间用指压法止血,再次结扎止血带的部位应上下稍加移动。

（四）抽筋的应急处置

抽筋多发生在连接两个相邻关节的肌肉组织,活动前、游泳下水前和晚上睡觉前,按摩四肢肌肉可预防抽筋。救治抽筋不应强拉硬扯,应按摩抽筋部位,小心地舒展、拉长抽筋部位的肌肉,使它保持在伸展状态。

1. 手臂或手抽筋。

手臂抽筋:将手握成拳头并尽量曲肘,然后再用力伸开,反复数次,直到恢复。手掌抽筋:用另一手掌将抽筋手掌用力压向背侧并作震颤动作,直到恢复。手指抽筋:将手握成拳头,然后用力张开,张开后,又迅速握拳,反复数次,直到恢复。

2. 腿脚抽筋。

旅游中腿脚运动过量,易使腓肠肌过度疲劳,或者掌管解除疲劳作用的肝脏功能下降,从而导致腓痉挛,产生剧痛,应进行防治。大腿抽筋时,应弯曲抽筋的大腿,使其与身体成直角,同时弯曲膝关节,然后用两手抱着小腿,用力使它贴在大腿上并做震颤动作,随后,猛然向前伸直,反复几次可恢复。小腿或脚趾抽筋:用抽筋小腿对侧的手,握住抽筋腿的脚趾,用力向上拉,同时用同侧的手掌压在抽筋小腿的膝盖上,帮助小腿伸直,反复多次,直到恢复。小腿抽筋时,还可以用大拇指强力按压腘窝两边硬而突起的肌肉主根,使抽筋停止。

3. 水中抽筋。

下水前,应活动身体、按摩四肢,可预防抽筋。水中抽筋时,要仰浮在水面,拉伸抽筋的肌肉,舒缓后,再游回岸。如果腿脚抽筋,可用手使劲往身体方向扳脚拇指,扳脚拇指时,大腿要尽量向前伸直,脚跟向前蹬,反复进行,直到症状缓解。屈伸无效时,应用手使劲按摩,并采取拽、掰的方法使其恢复。

（五）腿脚肿的防治

在户外旅行,要学会科学走路(要走不要跳、要匀不要急、走阶不走坡、走硬不走软、避滑就涩、快去慢返),才能玩得轻松、愉快又安全。旅游活动要劳逸结合,妥善安排旅游时间和路线。途中应注意体位的变化,站立和行走一段时间后,应休息一段时间。长时间坐车、船时,要把两腿抬高,便于下肢静脉血液回流。外出旅游需长时间行走或登山时,应穿软底平跟鞋,最好打上绑腿或用宽布带在小腿上缠几圈,每天旅游结束后,用热水烫脚,使脚部放松。发生旅游性腿脚肿后,要平卧休息,把腿脚垫高,使其高于心脏,便于血液回流,观察一两天之后,一般即可好转;若症状没有减轻,到医院治疗。

（六）烧烫伤的应急处置

在通常情况下,凡热源超过 45 摄氏度,均可导致皮肤出现损伤。发生小面积烧烫伤后,最及时、最科学的方法,就是尽快进行冷处理。将烧烫伤创面放在凉水中浸泡,或放在自来水下冲洗约 30 分钟,即便起了水泡或是水泡破了,也不要担心会感染,要继续用凉水冲洗,直到停止冲洗时不感觉疼痛为止。如果周围没有凉水,可用一些冰冻的东西用塑料布或毛巾包好后,敷在创面上。创面不可以用酱油、牙膏、紫药水等涂抹,否则会造成创面掩盖或加深。大面积烧烫伤或电击烧烫伤不适合冷水冲洗,应送医院救治。

三、昏厥休克的急救处理

为避免昏厥,出行前应吃好、吃饱,并随身携带一些奶糖、巧克力等高糖食品,以备心慌出汗、饥饿眩晕时补充能量,减轻症状。

（一）急救工作原则

在通常情况下,心脏停搏 3 秒时病人即感头晕,约 10 秒就会晕厥,不到 1 分钟瞳孔就会放大,6—8 分钟大脑就会产生不可逆的损伤。因此,遇到旅游者昏厥休克,要根据急救工作原则和现场情况进行急救。急救原则主要有:沉着大胆、细心负责、分清轻重缓急、果断实施急救;先重后轻、先急后缓、先近后远;在同一伤者中,先救治生命,再处理局部;观察现场环境,确保自身及伤者的安全;充分运用现场可供支配的人力、物力协助急救。

（二）急救前的工作

发现旅游者晕厥时,应让病人立即躺下,去掉枕头,使头略低,同时松开衣领,并将头部偏向一侧,使脑部增加回流血量。注意保暖,给病人喝点糖水或热浓茶,病人会逐渐恢复知觉的。若病人抽搐时,可用手指掐掐其合谷穴或人中穴（上鼻唇沟的中上 1/3 处）。以病人最舒适的方式移动身体,若撞击到头部,应水平躺下;若脸色发青,需抬高脚部,而脸色发红者需稍抬高头部;有呕吐感者需让其侧卧或俯卧;如外伤出血,应将头部放低,伤处抬高。

(三)急救处理步骤

据统计,晕厥后 1 分钟开始急救,90％有良好效果,4 分钟内复苏者可有半数存活,4—6 分钟复苏者有 10％存活,12 分钟后救活的可能性就很小。因此,急救处理时间紧迫,对病情危重者的救治,一要遵守急救原则,二要抓住重点,迅速按相关步骤进行处理。

1. 判断意识。

施救人员首先要判断现场周围的环境是否安全,在判断现场环境安全以后,应迅速来到病人身边,判断伤病者的伤病原因、疼痛部位、伤病程度。如果呼吸和心跳均正常,可轻拍伤病者肩部(或面部),轻声跟他说话,对婴儿应拍击足跟或掐其合谷穴。如果病人没有任何反应,说明病情较严重,要让患者头部偏向一侧并稍放低,使其脚部高于头部,检查脉搏、心跳等情况,再采取其他措施。

2. 翻转为正确体位。

若伤病者已无意识,应将患者摆成复原卧式(侧卧位):先把患者一侧上肢向上摆成直角,把对侧的下肢掖在另外一侧下肢的膝盖以下,另一只胳膊放在病人的脸颊边,然后把病人翻过来。其优点是病人的口腔向下,昏迷的病人容易呕吐,这样呕吐物会顺利地流出来,不会造成气道的堵塞。

如果要做人工呼吸或胸外心脏按压,伤病者的体位应为仰卧在坚硬平面上,如俯卧或侧卧,应翻转为仰卧,方法为:抢救者先跪在伤病者一侧的肩颈部,将其两上肢向头部方向伸直;然后将离抢救者远端的小腿放在近端的小腿上,两腿交叉;再用一只手托住伤病者的后头颈部,另一只手托住伤病者远端的腋下,使头、颈、肩、躯干呈一整体,同时翻转成仰卧位;最后,将其两臂还原放回身体两侧。同时,要注意保护其头部、颈部。

3. 打开气道。

由于意识丧失,伤病者舌肌松弛、舌根后坠、会厌下坠、头部前倾,易造成呼吸道阻塞。抢救者应将伤病者颈、胸、腰部的贴身衣服松开,将患者口鼻内的污物、血液、呕吐物等清除,取出假牙,谨防呕吐物引起窒息,清除异物不可占用过多时间。打开气道的方法是压额提颏法:将一只手的小鱼际(手掌外侧缘)部位置于伤病者前额并下压,使其头部后仰;另一只手的食指和中指置于下颌骨下方,将颏部向前抬起,帮助头部后仰,使下颌角与耳垂间连线和地面垂直,使气道打开。婴儿头部轻轻后仰即可。整个开放气道过程要在 3—5 秒内完成,而且自始至终要保持气道畅通。救护人员手指不要压颏下软组织,以免阻塞气道。

4. 人工呼吸。

伤病者气道畅通后,抢救者应通过"一听二看三感觉"来判断病人有没有自主呼吸,一听是用耳听病人口鼻的呼吸声;二看是用眼看病人胸部或上腹部的上下起伏;三感觉是用脸颊感觉病人口中呼吸的气流。观察 10 秒钟后,如果发现伤病者没有自主呼吸,应立即实施人工呼吸:捏住病人的鼻孔,保持气道通畅的位置,用自己的嘴包住病人的嘴,向内吹气。要吹气 2 次,每次持续时间为 2 秒钟,每次吹气量约为 800 毫升。吹完气后,松开病人鼻孔,检查病人的颈动脉,判断病人的循环体征。如果 5—10 秒钟后,病人既没有颈动脉搏动,也没有任何反应,说明病人的心跳已经停止,应进行胸外心脏按压。

5. 胸外心脏按压。

发现旅游者心跳骤停时,先作心前区拳击术,急救者右手握拳,拳头抬起时离胸部 20—30 厘米,以中等力量拳击心前区,连续叩击 3—5 次,击后常使心脏恢复自主搏动。心前区拳击 3—5 下后,心跳仍未恢复者,应立即改作胸外心脏按压:保持病人呼吸道通畅的位置,抢救者跪在病人左侧,将右手食指和中指并拢置于"心窝"以上,再将左手掌根靠于食指处,以此为按压位(前胸正中下、胸骨体的下 1/3 处),再将右手手指扣锁在左手背上用力垂直按压,按压的频率为每分钟 80—100 次,深度为成人 4—5 厘米,婴儿 3—4 厘米。按压 15 次后,进行两次人工通气,然后再按压 15 次,4 个循环后,重新观察病人状态,如果病人仍没有任何反应,继续做胸外心脏按压和人工呼吸,比例为 15:2。

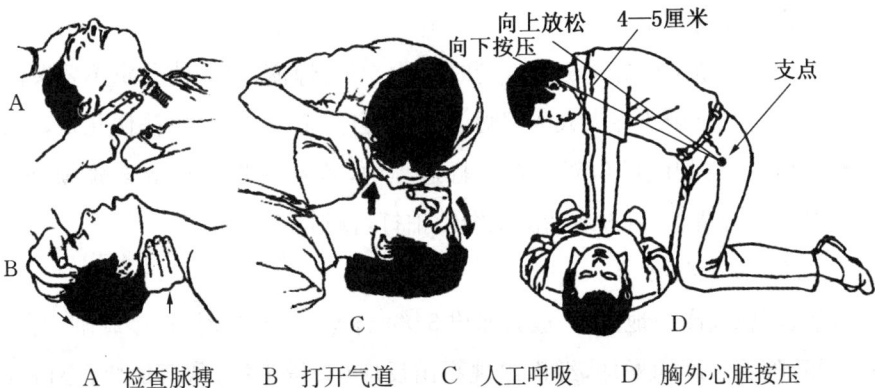

A 检查脉搏   B 打开气道   C 人工呼吸   D 胸外心脏按压

图 5.3　急救方法图示

(四)急救善后工作

在现场对伤病者采取了简单急救措施后,需对伤病者进行保暖,避免其消耗过多体力,致使症状恶化。搬运患者需在充分处理后安静地运送,搬运方法随伤患情况和周围状况而定。在搬运中,要随时注意伤病者的病况,若伤病者很疲劳,要适度且有规则地让其休息。在等待转运过程中,原则上不要给伤者任何饮料和食物。根据轻重缓急运送伤病者至医院救治,最好不用普通车辆运送危重病人。

四、其他疾患应急处置

(一)气道梗阻的急救处理

气道梗阻是指误吸入异物到气管。气道梗阻发病突然,病情严重,短时间内可危及人的生命。成人吸入异物后,若意识清楚,而且能说话,应让病人处于坐姿,身体前倾,头处于相对低的位置,用双手撑于腿上。用手拍击病人两肩胛中间的部位,同时要求病人自主咳嗽。如果这个方法没有奏效,要立即使病人站立,抢救者站在病人的身后,一腿在前,插入患者两腿之间呈弓步,另一腿在后伸直作支撑,双臂环抱患者腰腹部,一手握拳,拳眼置于脐与剑突之间,另一手固定拳头,并突然连续用力向患者上腹部的后上方快速冲击,直至异物被冲出。当吸入异物的病人丧失了意识时,救治者应跪立骑跨于病人髋部两侧,把一只手的掌根放在病人肋骨架的正下方,再将另一手叠加在前一只手上,然后向前和向下推动施压,向病人的后颈部进行冲击,直到阻塞解除。如没有他人可以提供帮助,可以自我抢救:一手握住另一手的拳头,拳眼置于脐与剑突之间,突然、连续、快速、用力向上腹部的后上方冲击,反复几次,如无效果,可将上腹部抵住椅背、桌边、栏杆等,用力冲击上腹部,直至气道内异物排出。

在旅途中,儿童发生异物吸入气管时,大人不要惊慌,设法使儿童不要哭闹,大人处于坐姿,将儿童俯趴在大人的双腿上,身体自然下垂,一只手扶住儿童,一只手有节律拍打其两肩胛间的位置。在拍打过程中,若发现儿童开始咳嗽,则暂停拍打,查看异物是否清除,若没有清除则继续拍打,直到异物被清除。

(二)高山反应的防治

在进入高原或高山地区(一般为海拔 3 000 米以上)旅游时,很多旅游者会感到不适、气短,随着高度的增加,继而出现高山反应(头晕头痛、脉搏加快、心慌气促、胸闷恶心、四肢无力等症状),严重时会导致旅游者死亡。据统计,在每年前往尼泊尔的登山旅游者中,因高山反应造成肺气肿、脑肿而死亡的人数达 20 人左右。

1. 预防措施。

高山旅游之前,要做健康体检,患有肺心病、慢性肺部疾病、哮喘、高血压、冠心病等心肺、脑血管病,以及急性中耳炎者和孕妇应禁忌高山旅游。高山含氧不足,海拔 3 000 米时氧气含量仅为海平面的 72%,应备氧气罐、早入睡、多休息、少活动、少说话、少走路、不携带过多物品、不剧烈活动。海拔每升高 150 米,气温降低 1 摄氏度,要注意防寒保暖,避免呼吸道急性感染。海拔每升高 100 米,紫外线强度增加 1.3%,应戴上太阳帽和太阳镜,选择防晒系数大于 15 的护肤品。高原或高山上人体消化功能降低,饮食要清淡,多吃高糖、高蛋白食品,禁烟酒,多补充水分。

2. 应急措施。

高山反应症状的轻重,是与缺氧的程度和海拔高度成正比的。一旦发生高山反应,应放慢或停止旅游活动的速度,如果出现头昏、恶心等轻微的碱中毒症状,可吸氧,适当喝一些酸性饮料,切记不可饮酒,以免增加耗氧量。一般来说,在出现高山反应症状后,不需特殊治疗,处理的方法主要是休息,让身体有充分的时间来适应高海拔环境,注意用鼻子呼吸,适量饮水。重症者需到医院治疗,或返回低海拔地区,以免发生意外。治疗药物主要有利尿剂、维生素类、肾上腺皮质激素等。

(三)小环境空气污染突发事件

1. 一氧化碳中毒。

一氧化碳中毒一般发生在室内,如果室内取火,必须通风良好,以防一氧化碳中毒。如果闻到煤气的异味,应关闭气阀,并开窗通风,切记不可开关电器(灯、排风扇等),不可接打电话,以免电火花引爆可燃气体,要避至安全处再报警。如果发现有人一氧化碳中毒,应迅速将中毒者转移至空气新鲜处,解开其衣领、胸衣、松开裤带、清除口中异物,解除中毒者的呼吸障碍。注意保持中毒者体温,可用热水袋或摩擦的方法使其保持温暖。意识清醒者可适量饮茶、水、咖啡。如果病人中毒情况较重,处于昏迷状态,应立即通知急救中心,同时进行人工呼吸或胸外心脏按压。

2. 密闭环境空气污染中毒。

在密闭环境(地窖、涵洞、下水道等)中,生物性有机物在需氧微生物的作用下,首先进行需氧分解,产生二氧化碳,随着氧气的大量消耗,厌氧微生物开始进行厌氧发酵分解,产生一氧化碳、甲烷、硫化氢等。密闭环境中的有机物越多,密闭时间越长,产生的有毒气体越多。当人们进入此类密闭环境中,就会被这些有毒气体熏倒,严重的会造成死亡。为了防止事故发生,不可盲目进入密闭环境,进入前应进行良好通风。如果发生事故,施救者应佩戴防护面罩,或用湿毛巾捂住口鼻,系好安全绳、导引绳后再进入现场,进入后立即将中毒者移至空气新鲜、通风良好的地方,并根据现实情况进行急救,严重的送医院救治。救援者进入现场救人时,若出现头晕、眼花、心慌、呼吸困难等症状,应立即撤出,以免中毒。

(四)用电安全措施

当人体接触 200 伏以下的低压电时,易引起心肌纤颤及心搏停止,200—1 000伏的电压可致心脏和呼吸中枢同时麻痹,1 000 伏以上的高压电多导致呼吸停止。触电局部可有深度灼伤,呈焦黄色,与周围正常组织分界清楚。

1. 规范使用电器。

每一种电器都有自己的使用规范,要按照使用规范使用各种电器。此外,插头与插座接触必须坚固,不能松动。在专用线路上配置电流大小合适的过载保护装置,以防线路短路、过载等导致漏电与着火。电器要连接地线,最好使用三相插头和插座,特别是淋浴器、洗衣机、电冰箱等最好再单接一根地线拉入地下。

2. 防范电击受害。

旅行中在接触使用交流电为电源的电气用品时,最好穿胶底鞋(尤以在卫生间内),以防遇到漏电时能起到一定的保护作用。旅行中不随意引接电器插件,不随意手摸裸露金属线和电器外壳。看到地面有供电电线断落时应绕开,不跨越,并提醒路人及时避开,同时报告相关电力部门。电力设施受损的现场隔离范围应离开断线处 8—10 米。高压线断点附近存在跨步电压,身处附近的人此时千万不要跑动,而应双脚并拢,跳离现场。

3. 触电自救方法。

在触电的最初几秒内,人的意识并未完全丧失,触电者可用另一只手抓住电线绝缘处,把电线拉开,摆脱触电状态;如果触电时电线或电器固定在墙上,可用脚猛蹬墙壁,同时身体往后倒,借助身体重量甩开电源。

4. 触电救助措施。

如果有人不慎触电,最重要的抢救措施是立刻切断电源,然后再根据具体情况抢救伤者。如果病人呼吸、心跳都已停止,在报警求助的同时,应立即在现场进行人工呼吸和胸外心脏按压。切断电源拨开电线时,救助者绝不能用手去拉触电者,而应穿上胶鞋或站在干的木板凳子上,戴上塑胶手套,用干燥的木棍、竹棒或干布等不导电的物体挑开电线。

（五）核污染事件的防护措施

核事件的危害不仅在于人员受照、人员伤亡和财产损失，更重要的是社会危害和政治影响。如果旅游目的地遭受核污染，应取消或延迟行程；如已在目的地，应立即采取应急防护措施，包括：隐蔽、撤离、服用稳定碘、控制出入、呼吸防护、淋浴、洗澡及更换衣服、使用防护服等；旅游目的地应采取长期防护措施，包括：控制食品和饮水、建筑物和土地消除污染、临时性避迁和永久性重建等。

案例回放

一、"口水油"接替"地沟油"登餐桌

2010年3月20日，西安市药监局食品稽查分局执法人员在重庆胖妈烂火锅西安总店，发现其存在泔水油回收装置，现场查获的账单也表明火锅店涉嫌回收地沟油（将剩饭剩菜简单加工提炼出来的油）。据此，西安市药监局食品稽查分局以涉嫌回收泔水油二次利用，违反《食品安全法》，责令该店停业整顿。

地沟油给餐饮业中的火锅造成的"烫伤"还没好，重庆老堂客火锅就"忘了疼"。2011年7月28日，经央视曝光，重庆老堂客火锅将顾客吃过的火锅油回收，提炼出口水油（将顾客吃过的底料油用铁勺及篦子过滤掉客人吃剩下的残留杂质后，煮沸熬制而成）端上了餐桌，还打着"防止技术泄密"的旗号禁止老油（加入多种配料用小火慢慢提炼出来的火锅红油，主要用的是牛油、菜油和茶油）出堂。

食品行业是一种特殊行业，直接关系到人的身体健康乃至生命安全，政府相关部门应完善制度、严格监管，企业应讲究诚信、保证品质，顾客要擦亮眼睛、防止受害。口水油可通过看、闻、尝（看透明度，口水油带颜色，并有沉淀物和杂质；闻气味，口水油有异味和酸败味；尝味道，口水油带酸味或焦苦味）来鉴别。

二、四川海螺沟景区食物中毒事件的警示

2010年10月8日上午8时许，来自广州、上海、浙江等地的旅游者在四川海螺沟景区的明珠花园酒店就餐，早餐10分钟后，开始不断有旅游者出现脸色发紫、头

晕、呕吐等不适症状,谢导发现情况后立即向当地公安局报警,接报后,海螺沟公安分局迅速组织民警赶往出事酒店,协助将旅游者送往景区人民医院救治。海螺沟景区管理局接报后立即启动了应急预案,并迅速向当地政府部门报告,政府部门随即成立了工作组,赶赴海螺沟,协同开展救治工作。在景区管理局的统筹安排下,发现的43名中毒人员被相继送往海螺沟景区人民医院进行救治,救治过程中,1名广东籍旅游者谭女士于当日上午经抢救无效死亡,其他42名中毒人员经医疗专家组4天的全力救治,全部治愈。

10日晚,四川省疾病预防控制中心对海螺沟旅游者食物中毒事件出具的检验结果报告令人触目惊心。检测显示,1千克面条含10.8克亚硝酸盐,1千克烫饭含11.3克亚硝酸盐,1千克泡菜含8.41克亚硝酸盐,除这三样食品外,其他部分食品或原料的亚硝酸盐含量也超标,其中豆腐乳中的亚硝酸盐含量为12毫克/千克,鸡精、白糖中的含量分别为7.1毫克/千克、2.2毫克/千克,味精中亚硝酸盐的含量是833毫克/千克。游客的呕吐物中也含有大量的亚硝酸盐,其中1名旅游者呕吐物的亚硝酸盐含量为1.65克/千克。甘孜州公安局、食品药品监督管理局、旅游局、工商局等部门,联合对事故原因进行调查、取证工作,查明此次事故为误用亚硝酸钠所致。事后,相关部门对涉事的明珠花园酒店给予了相应的行政处罚,酒店方对死者家属及中毒病员也进行了相应的赔偿。

从此次事件中,景区管理者应该吸取教训,景区应当建立完善的、科学的、制度化的食品安全管理体系,对食品进行全过程安全监管,填补所有的安全漏洞,从而保障游客的饮食安全。食物中毒事件是发生频率比较高的旅游安全事件之一,导游和游客如能掌握食物中毒的自救方法,在发现食物中毒症状后第一时间进行自救,就能够大大地降低食物中毒造成的危害。在此次事件中,有一个义乌的6人自驾游团队,在出现不适反应后,随队医生立即让他们猛灌矿泉水,然后催吐自救,随后他们被送往医院,除1人需要输液治疗外,其余5人均无需治疗。

资料来源:作者根据《新华网》2010年10月12日相关报道改编。

三、崂山风景区为游客健康保驾护航

2007年5月的一天,年近七旬的上海游客陈先生与家人一起随旅行社来崂山风景区旅游,当到达严华寺附近时,因旅途劳累,加上天气炎热、走得太急,陈先生突发心脏病,晕倒在景区内的山路上。由于老人身上未带急救药品,其家人顿时不知所措,随团导游急忙到崂山风景区棋盘山管理处求助。管理处接到救助请求后立即组织救护人员带上急救药品和担架赶到了事发现场,让大家给老人让开通风透气的通道,接着将准备好的速效救心丸放进了病人口中,并用手掐病人的人中穴。几分钟后,病人终于苏醒过来。之后,工作人员用担架把病人抬下了山,并协助安排车辆将病人送往医院,为病人接受进一步治疗赢得了宝贵的时间,稳定了老人的病情。病人家属对景区工作人员十分感激,事后向棋盘山管理处送去了锦旗。

棋盘山管理处的管理人员对该事件处理十分及时、到位,在事件发生后,及时赶到现场,对病人进行初步抢救,稳定病人的病情,为进一步医治争取宝贵的时间。因此,高效、及时的安全管理不仅保卫游客生命财产的安全,也为景区打造良好的市场声誉。

资料来源:沈绍岭:《旅游景区细微管理》,中国旅游出版社 2009 年版。

练习思考

一、填空题

1. 在旅游途中,如自我感觉睡眠不深,不易入睡,食欲欠佳,休息后次日仍未恢复至正常,则表明_____疲劳。

2. 食品的生物性污染包括_____、寄生虫、昆虫、病毒等的污染。

3. _____是最常见、最典型的食源性疾患。

4. 传染病流行有传染源、传播途径、_____三个环节。

5. _____是指晕车、晕船、晕机和由于摇摆、旋转、加速度运动引起的一种疾病。

6. 心肺复苏时打开气道的方法是_____。

二、单项选择题

1. 以下选项中,不属于食物中毒特征的是( )。

   A. 许多人同时发病   B. 病状相似、病情急、进展快

   C. 有食用某种食物的历史   D. 具有传染性

2. 食物中毒病人出现腹痛、呕吐、腹泻、恶心、头痛、全身乏力和发冷等,粪便为黄绿色水样便,有时带脓血和黏液,是由( )引起的。

   A. 沙门菌   B. 变形杆菌

   C. 葡萄球菌肠毒素   D. 副溶血性弧菌

3. 旅游团在旅游定点餐厅用餐,发生旅游者食物中毒事件的,必须向(　　)报告。

    A. 旅游行政管理部门　　　　　　B. 工商行政管理部门

    C. 卫生行政管理部门　　　　　　D. 卫生防疫部门

4. 关节扭伤时的应急处理方法是(　　)。

    A. 搓揉　　　　　　　　　　　　B. 按压

    C. 冷水或冰块冷敷　　　　　　　D. 消毒

5. 如果后部头皮出血,应指压(　　)进行止血。

    A. 耳前颞动脉　　　　　　　　　B. 耳后动脉

    C. 伤侧颈总动脉　　　　　　　　D. 面动脉

6. 小面积烧伤时,正确的急救方法应该是(　　)。

    A. 立即用嘴吹灼伤部位

    B. 以最快的速度用冷水冲洗烧伤部位

    C. 包扎后去医院诊治

    D. 涂红药水、牙膏等

7. 进行口对口人工呼吸时,以下(　　)表述是错误的。

    A. 吹气时,要用手捏住患者的鼻子

    B. 每次吹气之间应有一定的间隙

    C. 每分钟吹气次数不得超过10次

    D. 要清除病人口、鼻内的泥、痰、呕吐物等

8. 发现人员触电时,应采取(　　),使之脱离电源。

    A. 立即用手拉开触电人员　　　　B. 用绝缘物体拨开电源或触电者

    C. 用铁棍拨开电源线　　　　　　D. 自行撤离

三、简答题

1. 旅游者应如何防范发生食品安全问题?

2. 简述旅游饮食安全管理的内容。

3. 如果发生食物中毒事件,该如何应急处置?

4. 旅游途中应如何防治晕动病?

5. 旅游者发生昏厥休克时,应如何急救?

第六章
社会文化事件的防范与应对

学习要点

掌握社会安全的管理策略；熟悉社会安全事故的应急处理程序；了解政治事件的应对方法；掌握人身安全的防范措施；掌握盗窃、诈骗、抢劫、绑架等的防范和应对措施；掌握人群事故的安全管理措施；了解不同地区的文化习俗差异。

基本概念

恐怖袭击、首轮效应、晕轮效应、群集行为、客流安全客量

社会政治环境和经济文化环境，也与旅游安全息息相关。社会秩序、恐怖活动等，凡与人类活动相关的诸项因素，都在影响着旅游的进程和发展。

第一节　旅游社会安全概述

一、社会安全管理策略

发生在旅游区的社会人身安全事件以侵财犯罪为主，常见的有盗窃、诈骗、抢

劫以及黄、赌、毒等。旅游区应加强社会安全管理,防范不法分子乘机作案。

（一）加强旅游安保管理

加强旅游区的安保工作,为旅游区的安全运营保驾护航。武陵源风景区针对治安建立以"四警联动"为主体的全方位的景区立体防控体系,即以巡警为中心的城区防控体系和以"两会一队"为核心的外围治安防控体系,还设立了旅游巡回法庭,从而有效地保障景区安全。

1.完善法律体系。

旅游犯罪和意外事故的发生与旅游法律环境密切相关,尤其是旅游安全保障和旅游者权益保护方面的立法和执法。要建立健全旅游区的治安管理制度(食、住、行、游、购、娱等安全要求的管理与控制制度;旅游区内经营者、从业者、社区居民、旅游者的治安管理与防范制度;旅游接待各环节治安管理工作中的联合、分工制度,信息联络制度;旅游区内各相关部门的治安管理责任制度等),增强旅游安全的保障和维护能力。

2.加强员工管理。

旅游区员工在日常工作中有机会接触到客人的钱、财、物,如果他们的自身修养不足,会令旅游区的安全管理工作防不胜防。如从酒店出现的盗窃案件来看,内部员工作案、内外勾结作案占了相当大的比例。2008年,在广州的涉外酒店里就发生过多起内部员工盗窃的案例。因此,旅游区在招聘员工时应该严格把关,在日常工作中要加强员工的素质教育和管理,避免出现"内贼"。

3.装配安保设施。

旅游区应在各出入口、交通路口、检票口、游览必经通道、文物展览室、停车场、游乐场所和其他存在潜在安全事故的敏感位置安装监控摄像头,全方位、全天候地掌握旅游区各关键部位的实况(旅游区人员进出情况、可疑的人和事、突发紧急情况、交通状况、违法行为、安全措施执行情况等),对各场所的安全状况自动监控、自动识别、自动报警,保护旅游区、旅游者的生命财产安全。

在售票处、各景点、各路段、旅游区财务部、文物和贵重物品展览室、重要资料保存处等处,应安装防盗报警装置,如开关式报警控制器、载波报警控制器、无线电报警控制器、计算机控制网络、自动红外传感器、声控传感器、超声波传感器等。

4.做好区内安保。

旅游区要组建专门的安保力量,对区内进行守护和巡逻,以维护区内公共秩序,预防治安事件和违法犯罪行为的发生。巴西的巴伊亚在1991年就组建了保护旅游者的警察队伍(DELTUR),以打击针对旅游者的犯罪活动。旅游区安保管理的目标,通常是旅游者、车辆密集的部位,如交通路口、游览点、停车场、出入口等;机要部位,如档案室、文献资料室、控制室等;文物、贵重物品存放部位,如展厅、库房、修复室等。

安保人员的主要职责为:对可疑人员进行检查,如查验证件、检查外出所携带物品、私人会客登记等;疏导交通,以保证旅游区内的交通顺畅通行;维护公共秩序,对纠纷、扰乱治安等行为加以制止,必要时报告上级主管部门;保护文物等贵重物品和机要部位的安全;安全设施设备的检查,及时发现各场所、各部位的安全隐患;协助公安机关查处治安案件和一般刑事案件等。

(二)营造健康旅游环境

1. 保障运营环境。

一个健康的旅游运营环境,包括市场化的竞争机制和科学化的管理制度。为实现此目标,一方面,要促进旅游目的地的市场化竞争以达到优胜劣汰,推动旅游目的地旅游企业的集团化发展进程,改变旅游企业小、散、弱、差的发展状态,通过培植区域旅游龙头企业,带动区城旅游业的持续快速发展,提升行业、产业素质和整体竞争力,从而增强旅游业的抗风险能力;另一方面,要促进旅游管理理念和管理制度的更新,提高旅游管理的科学化水平,强化旅游目的地的内部管理,避免因内部失误而导致的旅游安全事故。

2. 打击黄赌毒。

黄赌毒指在旅游娱乐场所发生的卖淫嫖娼、赌博和吸毒等严重损害人们身心健康的不法活动。在旅游过程中,要教育旅游者不参与黄赌毒活动,发现黄赌毒时,应向有关部门及时报告。旅游从业人员要提高警惕,积极配合公安、司法机关,控制及防范旅游者参与黄赌毒。各旅游地公安、旅游等部门应联合起来,定期或不定期对娱乐场所进行检查,对从事黄赌毒行为的个人或企业进行严厉打击。

(三)治安事件有效应对

旅游区社会安全管理工作中必须贯彻"群防、群治"的原则,除日常的治安维护、巡视外,还要预防打架斗殴、盗窃、抢劫及蒙骗旅游者、强拉强卖等违法行为的发生,发生此类事件时,要有效应对,维护旅游区的治安秩序。

1. 打架斗殴应急措施。

当旅游区内发生斗殴事件时,应立即制止劝阻,并劝散围观人群。如双方不听制止,事态继续发展,场面难以控制时,应迅速报告公安机关,并知会旅游区相关部门人员。保安员应迅速到场戒备,防止损坏旅游区物品。如旅游区物品有损坏,则应将殴斗者截留,要求赔偿。如有伤者,则应对其进行急救后,交警方处理。现场需保持原状,以便警方勘查,并协助警方辨认滋事者。如斗殴者乘车逃离,应记下车牌号码、颜色、车型及人数等特征。协助警方勘查打斗现场,收缴各种打架斗殴工具。

2. 盗窃案件应急措施。

旅游区盗窃案件指发生在旅游区内的旅游者或企业的现金、物品被盗或旅游区设施设备被盗的事件。安保人员要密切注意仔细观察旅游区内的可疑人员,发现可疑情况,应立即前去查看。如发现犯罪分子正在作案,应立即组织力量进行围堵,将其抓获。旅游区员工在发现盗窃案件时,应报告安保部,并保护好现场,严禁旅游者或其他无关人员进入现场。安保部管理人员到达现场了解基本案件后,视情况作出是否向公安机关报警的决定。公安人员到达现场后,安保部配合公安人员工作,有关部门做好善后工作。

3. 抢劫案件应急措施。

当旅游区发生抢劫案件时,如劫匪持有武器(指枪械),在场员工应避免与匪徒发生正面冲突,保持镇静,并观察匪徒的相貌、身型、衣着、发型及口音、逃跑路线等特征。劫匪未持有武器且有足够人手可以制服匪徒时,则应等待适当机会将之擒获,交与警方,但决不可草率从事,以免造成不必要的伤亡。工作人员发现旅游区内发生劫案,应立即报警。对劫匪遗留的凶器、作案工具等,不要用手触摸。划出警戒范围,不要让无关人员进入现场。公安人员未勘查现场或未处理完毕之前,相关人员不要离开。如有伤者,应立即送往医院救治。

4. 爆炸恐吓应急措施。

旅游区员工在发现爆炸、爆炸物或收到爆炸恐吓电话时,要保持冷静,并及时向公安机关报警,报警时应讲明发现爆炸或爆炸物的时间、地点和情况。尽可能地保护现场,不轻易触动可疑爆炸物。旅游区要组织临时指挥部,根据各部门汇报的情况,组织、指挥、协调各项工作,统一下达指令,采取有力措施,安排有关部门做好善后工作。安全保卫部可根据实际需要请示上级同意,划分警戒区域和疏散危险区域的人、财、物。警方到场后,在场人员听从警方指挥,全力协助和配合警方妥善处理。

5.绑架案件应急措施。

当旅游区发生人质绑架案件时,发现案情的员工应立即向旅游区领导和安全保卫部报告。接报后,应急处理小组可在事发地附近设立指挥部,并在第一时间报警。在警方到达之前应封锁消息,严禁向无关人员透露现场情况,以免引起旅游者的惊慌和群众围观,导致劫匪铤而走险,危害人质安全。应尽量满足绑匪的一些合理要求,如送水、送食物,以稳定绑匪情绪。疏散人员,以防劫匪带有爆炸危险物品。保安、工程人员应在附近待命,配合公安人员的行动,并划出警戒范围。

二、社会安全事故应急处理程序

(一)突发社会安全事件的应急救援处置程序

在大型旅游节庆活动中发生突发事件时,应由活动主办部门按照活动应急预案,统一指挥协调有关部门维持现场秩序,提供救援。旅游团应积极配合,服从事发地政府的统一指挥,疏导旅游者,配合做好有关工作,并按规定及时上报事件有关情况。

港澳台地区和外国旅游者发生伤亡事件时,组团社和地接社或相关饭店除积极采取救援外,还应注意核查伤亡人员所在的旅游团名称、国籍、性别、护照号码以及在境内外的保险情况,通过有关渠道,及时通知港澳台地区或有关国家的急救组织,请求配合处理有关救援和安抚事项。

(二)省外突发事件的应急救援处置程序

省内组织的旅游团在省外发生突发事件时,导游人员要及时向本旅行社报告,同时报告事发地旅游行政管理部门和相关部门,争取救助。旅行社接报后应报告所在地旅游行政管理部门。有关旅游行政管理部门应积极配合事发地有关部门开展工作,并向省旅游行政管理部门报告。对于较大突发事件,由县区市旅游行政管理部门派人赶赴事发地协助救援工作;对于重大突发事件,由省旅游行政管理部门派人赶赴事发地协助救援工作。

(三)国(境)外突发事件的应急救援处置程序

在组织中国公民出国(境)旅游中发生突发事件时,旅行社领队应及时向中国驻所在国或地区使(领)馆或有关机构和本旅行社报告。接受中国驻所在国或地区使(领)馆或有关机构的领导和帮助,将损失降到最低程度。

(四) 旅游区人身安全事件处理程序

在爆炸、凶杀、抢劫、绑架等暴力手段造成人身伤害的案件发生后,旅游区安保人员接到报案后,应报告当地警方,并火速赶赴现场,组织人员对伤员进行抢救;保护现场,收集整理遗留物和可疑物品;及时组织力量,力争当场抓获犯罪分子,发现重大嫌疑分子时,应布置专人秘密监控;警方到来后,应协助警方破案。

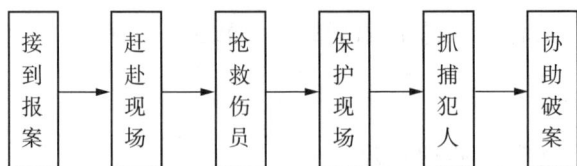

接到报案 → 赶赴现场 → 抢救伤员 → 保护现场 → 抓捕犯人 → 协助破案

图6.1　人身安全事故处理流程

(五) 旅游者违法事件的处理程序

1. 国内旅游者违法的处理。

安保人员在接到有关旅游者违法的报告后,应问明事情发生的时间、地点和经过,记录当事人的姓名、性别、年龄、身份等,立即向旅游区负责人汇报。负责人接到报告以后,应立即派保安主管和警卫人员到现场了解情况,保护和维持现场秩序。安保人员在找违法旅游者了解情况之前,一定要慎重,对于其违法行为,要查明情况,在征得上级领导同意后,向旅游区的上级主管部门和公安部门报告,并对违法行为人进行监控,等待公安人员前来处理。事件处理完毕后,应将事件情况和处理结果记录留存。

2. 涉外旅游者违法的处理。

外国旅游者在国内违法的,要及时通知该国驻华领事馆或大使馆,通知的内容包括外国旅游者的外文姓名、性别、入境时间、护照或证件号码,案件发生的时间、地点及有关情况,当事人违章、违法、犯罪的主要事实,已采取的法律措施及法律依据等。对于外国游客违法案件的处理,应在对等和互惠原则的基础上,严格履行我国所承担的国际条约义务,做到事实清楚、证据确凿、适用法律正确、法律手续完备。

第二节　政治社会安全管理

旅游目的地的政治社会变化如战争、武装冲突、政治局势不稳定所导致的暴乱、政府更迭、社会动荡、恐怖主义活动、国与国之间的摩擦和贸易冲突等,都可能引起旅游安全问题,对旅游业影响最大的是战争、军事冲突和恐怖主义活动。2006年5月27日,在斯里兰卡反政府武装泰米尔伊拉姆猛虎解放组织控制区附近的一座国家公园发生了地雷爆炸事件,当场就造成了8名乘车追踪野生大象的欧洲旅游者死亡。

一、政治军事动荡的安全防范

国家和集团之间的冲突、由于战争导致的磨难和劫掠等政治军事动荡,对旅游业影响巨大,如也门的政治动荡,20世纪90年代末发生的绑架和杀死旅游者事件,以及也门与恐怖组织的瓜葛等,都对其旅游发展形成了巨大阻碍。

政府不稳定,哪怕是短时期的政局不稳,近期发生过军事政变,有明显的社会不公现象,经历过快速的人口变化或者政府在一个认为其自身具有特殊的种族背景或属于正统宗教派别的单一政治集团控制之下的旅游目的地,都容易发生暴力事件,且这些地区在发生暴力事件时缺乏紧急反应系统,旅游者应考虑旅行过程中可能存在的风险,谨慎前往。

二、恐怖袭击的安全防范

旅游业成了恐怖主义的附带牺牲品,旅游者成为恐怖分子理想的袭击目标。一些国家、政府之间的矛盾和仇恨,使本国旅游者在他国更容易受到侵害。2002年10月12日,印度尼西亚著名旅游胜地巴厘岛发生恐怖爆炸事件,造成202人丧生,330多人受伤,其中多数为外国旅游者。2005年10月1日,巴厘岛再遭恐怖袭击,造成26人死亡,125人受伤,其中包括不少外国旅游者。

（一）恐怖袭击的手段

常规手段:爆炸(炸弹爆炸、汽车炸弹爆炸、自杀性人体炸弹爆炸等)、枪击

(手枪射击、制式步枪或冲锋枪射击等)、劫持(劫持人、劫持车、船、飞机等)、纵火等。

非常规手段:核与辐射恐怖袭击,通过核爆炸或放射性物质的散布,造成环境污染或使人员受到辐射照射;生物恐怖袭击,利用有害生物或有害生物产品侵害人、农作物、家畜等,如发生在美国"9·11事件"之后的炭疽邮件事件;化学恐怖袭击,利用有毒、有害化学物质侵害人、城市重要基础设施、食品与饮用水等,如东京地铁沙林毒气袭击事件;网络恐怖袭击活动,利用网络散布恐怖袭击、组织恐怖活动、攻击电脑程序和信息系统等。

(二)恐怖袭击的防范

为了防范恐怖袭击,在任何时候都要对周围的环境保持警觉和足够的了解。

1. 识别嫌疑人。

实施恐怖袭击的嫌疑人往往会有一些不同寻常的举止行为,如神色慌张、言行异常,着装、携带物品与其身份明显不符,或与季节不协调,冒称熟人,假献殷勤;在检查过程中,催促检查或态度蛮横、不愿接受检查;频繁进出大型活动场所,反复在警戒区附近出现等。对有上述行为的嫌疑人,我们应该提高警惕。

2. 识别可疑包裹。

在不触动可疑物的前提下,应做到:一看,由表及里、由远及近、由上到下无一遗漏地观察,识别、判断可疑物品或可疑部位有无暗藏的爆炸装置;二听,在寂静的环境中用耳倾听是否有异常声响;三嗅,黑火药含有硫磺,会释放出臭鸡蛋(硫化氢)味,自制硝铵炸药的硝酸铵会分解出明显的氨水味。发现可疑包裹时,不要触动该包裹,应立即报警,并迅速撤离。警察到达后,应协助警方进行调查。

3. 识别可疑车辆。

可通过以下情况识别可疑车辆:状态异常,车辆结合部位及边角外部的车漆颜色与车辆颜色是否一致,车辆是否改色,车的门锁、后备箱锁、车窗玻璃是否有撬压破损痕迹,车灯是否破损或用异物填塞,车体表面是否附有异常导线或细绳;车辆是否停留异常,违反规定停留在水、电、气等重要设施附近或人员密集场所;车内人员是否表现异常,发现警察后是否启动车辆躲避。

4. 出游注意事项。

应友好地同陌生人交流,但在谈及自己的情况及旅行目的、计划和行程时,应有所保留。在公共场合始终保持低调行事,避免大声交谈或争论问题。远离无人看管或认领的行李,并及时向安保人员通报。在有不安定因素存在的目的地旅行时,要避免参加当地的各类示威游行,避免在欧美人扎堆的地方长时间停留。

（三）生化袭击的应对

1. 化学恐怖袭击的识别。

异常的气味有:大蒜味、辛辣味、苦杏仁味等;异常的现象有:大量昆虫死亡、异常的烟雾、植物的异常变化等;异常的感觉有:出现恶心、胸闷、惊厥、皮疹等不适感;异常的物品有:遗弃的防毒面具,桶、罐,装有液体的塑料袋等。

2. 生物恐怖袭击的识别。

事件区发现不明粉末或液体、遗弃的容器和面具、大量昆虫;微生物恐怖袭击后 48—72 小时或毒素恐怖袭击后几分钟至几小时,出现规模性的人员伤亡;在现场人员中出现大量相同的临床病例,在一个地理区域出现本来没有或极其罕见的疾病;在非流行区域发生异常流行病;患者沿着风向分布,同时出现大量动物病例等。

3. 生化恐怖袭击的应急。

不要惊慌,利用环境设施和随身携带的物品遮掩身体和口鼻,避免或减少毒物、病原体或放射性尘埃的侵袭和吸入;尽快寻找出口,逆风撤离,使用交通工具,迅速有序地离开污染源、污染区域或辐射源;及时报警,请求救助;进行必要的自救互救,采取催吐、洗胃等方法,加快毒物的排出;脱离危险区后,应尽快用温冷水淋洗身体;听从相关人员的指挥,配合相关部门做好后续工作。

第三节　刑事案件安全防范

旅游者出行时,除了战争可能危及生命财产安全外,社会治安也是一个需要着重考虑的安全因素。旅游中发生的盗窃、抢劫、欺诈等刑事犯罪,会出现在任何国家,即使是在一些人们印象中社会治安一向良好的国家,如瑞士、法国等,针对旅游者的抢劫案件也屡有发生。据中国驻法大使馆的不完全统计,仅 2011 年 4 月在巴黎的中国公民遭盗窃、抢劫案件就达 15 起。

表 6.1　旅游刑事治安事件的特征

动　机	政治的、社会的、经济的
受害者	旅游者、经营者、当地居民
后　果	财物损失、身体伤害、致残、死亡
影响范围	当地、区域、国内、国际
预防措施	法律保障、安全设备保障、安全教育和培训

一、刑事案件的处理

　　旅游过程中发生歹徒向旅游者行凶、抢劫财物等刑事案件时,在场导游人员应挺身而出,发动旅游者一起与不法分子斗智斗勇,并遵照相关规定及时报案;旅游区安保部门接到报案后,应迅速派人赶赴现场,如有旅游者受伤,应立即组织抢救;采取有效措施保护现场,不准任何人进入现场,等待公安人员勘察;向事主了解案发经过和有关情况,询问相关事宜;通过询问,安保人员要对案发前后的情况有初步认识,判明案件的真伪;警方到来后,划定勘察范围,确定勘察顺序;对现场进行勘察,勘察的重点是进出口、事发现场及周边;通过现场勘察,分析判断案情,确定嫌疑人;查明案件后,应准备好必要的证明、资料,撰写书面报告,处理好各项善后事宜。

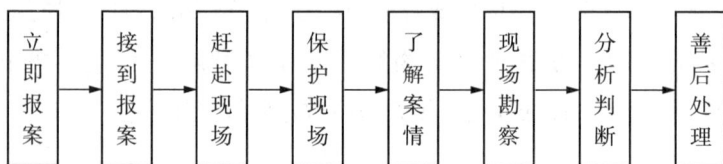

立即报案 → 接到报案 → 赶赴现场 → 保护现场 → 了解案情 → 现场勘察 → 分析判断 → 善后处理

图 6.2　刑事案件处理流程

二、宽泛性防范措施

　　刑事侵害的发生有其自身的规律,在时间上,一般在夏、秋两季,性侵害与性犯罪比较多,冬、春两季日短夜长,盗窃案件比较多,就一天而言,夜间犯罪率往往高于白天;在空间上,通常拦路抢劫、性犯罪案件多发生在行人稀少的偏僻地区,盗窃案件多发生在商业街区、旅游胜地等公共场所,以及公共交通工具上;在侵害对象上,犯罪分子对侵害对象在心理上投其所好、骗取信任,在行为上,抓住被害人胆小怕事的弱点,并利用其错误和隐私勒索财物。所以,旅游者要根据这些规律,采取相应的防范措施。

（一）注意保管财物

钱财是引发犯罪最主要的因素之一。外出旅游时尽量不要携带过多的现金、贵重的珠宝首饰，在穿着、言行中不过分显示自己的财富，在公共场所不外露、不炫耀钱财和贵重物品，在外用钱尽量使用借记卡、信用卡或旅行支票。携带小额现金，钱财、护照等贴身存放。手提包是盗抢的重点，乘车和用餐时不要将其放在明显位置，不要离开自己的视线。如果投宿的宾馆、酒店有保险柜，可以把贵重物品寄放到保险柜里。

（二）尽量结伴而行

外出最好结伴而行，男女的人数保持合理比例（3∶1），不要独自在偏远、阴暗处行走或滞留，尤其女性以结伴为好；万一要单身行走时，可以携带"哨子"，遇到不法侵害时可以吹响哨子示警，一可吓退坏人，二可用哨声呼救；与他人发生冲突时，不可恶言相加和污蔑、咒骂对方；单身女性搭乘电梯时，可站到电梯控制键旁，一旦受到侵害可用双手按下所有楼层的按钮或紧急救援铃，利用电梯每层都停的时机，设法逃脱或呼救。

（三）保持足够警惕

旅途中不要流露出自己缺乏社会阅历而且很软弱的样子。警惕身边举止和神色异常的人，不接受陌生人馈赠的饮料或食物。回到酒店客房时要记住锁门，尤其要锁上安全锁链，会客应在酒店大堂，有人敲门要先通过猫眼观察，不要随便给陌生人开门，离开酒店时不要遗留任何个人资料。在公共场所不要显示房卡钥匙，或是随意放置于餐厅桌上、游泳池或其他容易被窃走的地方。如果发现任何可疑的人或事，立即反映给安保部门。

（四）夜间避免出门

到一个不熟悉的环境，要避免夜间外出，白天也不要到游人较少处停留。天黑外出应走明亮、人多的街道，不要在僻静、狭窄、昏暗的小巷或街道行走停留，在马路上最好沿着迎面有车来的一边行走。当发现有人尾随或窥视时，不胆怯、不畏惧，可以采取改变原定路线等方式迅速躲避。

（五）掌握防身方法

旅途中遭到歹徒的攻击和行凶，易造成财产损失，甚至人身伤害。在遇到威胁时，应保持镇静，谨慎应对，迫不得已时按照"兵不厌诈、拳打不知、避其锋锐、攻其空虚、声东击西、左晃右实"的原则自卫,出其不意,快、准、狠地打击凶犯的要害部位(双眼、喉咙、腰部、裆部),保护自己。

1. 巧用硬物防身。

在面对歹徒无路可走时,可将梳子、钥匙、瓶子等随身的硬物戳夹在手指间握拳,使硬物的末端从拳头中伸出,用以打击歹徒,或戳其脸、眼等脆弱部位。在使用这些临时武器时,事先要隐蔽,待歹徒扑上来时,乘其不备,猛烈打击。

表 6.2　常用物体的防卫方法

物　　体	防　卫　方　法
皮　　带	迅速解下腰间皮带,紧握手中,使金属环扣在前,快速准确地抽打歹徒
鞋　　子	迅速脱下鞋子,对准歹徒面部猛打
钢笔、铅笔	将钢笔、铅笔握在手中,待歹徒扑近时,迅疾向其眼睛等要害刺去,贼必负痛逃窜
椅　　子	用椅脚劈歹徒胸部,或砸其膝关节和小腿。如椅子被抓住,可向前一步抬脚踢其裆部
沙土、石块	抓起沙土撒向歹徒头面,迷蒙其眼;抓起石头等掷击歹徒头面,然后趁势攻击或逃跑
酒　　瓶	握住酒瓶颈(细端),伺机砸向歹徒头部、两臂或膝关节

2. 对付棍棒攻击。

对付棍棒,要大致判断自己与歹徒的距离,保持戒备,随时注视对方的动作。架挡棍棒的始端或中间部分。以闪身左右跳等动作躲闪犯罪分子,躲闪时寻找机会与其靠近,看准时机快速反击,攻其要害,或抢夺其棍。

3. 对付徒手攻击。

徒手搏击容易形成对峙,甚至扭打在一起。要利用对方身体、平衡、力量的变化,快速解脱。同时,凭借对方力量破坏其身体平衡,将其抓获。另外,可以运用手、膝、脚等部位进行防卫或出击。

4. 对付匕首攻击。

保持一定的距离,注意其刺砍方向,迅速躲闪;架挡歹徒持匕首的手臂,并顺其移动方向给予反击;乘歹徒没有防备,打拿其关节,猛击其要害;利用熟悉的道路、街巷环境与犯罪分子周旋;利用棍棒等有效的防卫武器与其搏斗,或脱下上身外衣,展开并抖动,干扰歹徒视线,缠住歹徒凶器,飞脚踢歹徒裆部,将其制服。

表 6.3　常用防卫技术与方法

头撞法	用头猛撞歹徒下巴、面部和心脏等部位
揪发法	猛力拉拽歹徒头发，并抬膝撞击其面部
口咬法	口咬歹徒舌头、鼻子、口唇、耳朵、手指等
指击法	将歹徒小指捏住，用力向外侧扳；趁其不备用手指抠歹徒的眼、鼻、嘴、下巴等处；五指并齐，远距离时猛戳歹徒软肋、喉部等部位；挥臂用手指划扫其双眼
肘击法	利用肘部击打歹徒肋部、面部和胸部等
爪抓法	将手掌屈成爪，抓击歹徒面部、裆部等
膝击法	提膝向歹徒胯下或裆部、小腹猛撞
击腹法	如自己的脖子被歹徒勒住，速用肘部猛击其腹部
蹬跺法	用鞋跟猛蹬歹徒脚面

5. 枪击事件应对。

在高度危险地区旅游也许会遭遇枪战，如果附近有炸弹爆炸或枪击事件发生，第一选择就是迅速逃离，越远越好，未经训练的枪手很难射中 20 米以外的目标；一时难以逃离的，应选择质地不易被穿透、形状易于隐藏且能挡住身体的掩蔽物，如墙体、立柱、大树干，如一时没有掩蔽物，也可躲藏在门、灌木丛、座椅等隐蔽处，趴卧在地上，待确认枪声完全停止后再起身，逃生时要左右闪身，沿不规则路线跑动。如在车辆上，应迅速低头隐蔽于座椅后或蹲下、趴下，不可站立或跑动。

6. 女性简易防身。

单身女性成为歹徒袭击的主要对象，是各国犯罪的一个重要特征。女性在遭到攻击时，面对歹徒时可用脚踢或膝盖顶男性裆部，歹徒会因剧痛而下蹲和放手；如歹徒从后面抱住，可一手向后顶男性裆部，或用脚后蹬其膝盖或用力将歹徒的手指迅速扳向背侧等，使歹徒因剧痛而放手，乘机摆脱。如遇到强暴时，可将手指放进喉头，造成呕吐，甚至撒尿、拉屎，或者谎称自己有性病等，使对方恶心而失去兴趣。统计表明，对潜在强奸犯进行反抗的女性逃走的机会，远胜于不作任何抵抗的女性。因此，如有可能，见机采取防卫方法保护自己。根据《刑法》规定，对于强奸、杀人、绑架等暴力犯罪，采取防卫行为，造成不法侵害人伤亡的，不同于防卫过当，不负刑事责任。

三、针对旅游者行窃的防范

针对旅游者的偷盗行为，在各地都十分常见，中国旅游者行李被损以及被盗事件，在其他国家已发生过多起。因此，旅途中不可麻痹大意，要提高防范意识，财物要做到"集小成大件数清,随时清点不乱扔,离开不忘回头看",以防止钱财、物品被盗。

(一)识别扒手

扒手寻找行窃目标时,会转动眼珠;观察动静时,会侧目斜视;正在作案时,会两眼发直;作案得逞后,会余光观察别人。识别扒手,一看衣着,二看眼神,三看表现,四看动作。

衣着:扒手的衣着多数上衣肥大,袖子较长,大多不戴帽子,外衣习惯用暗扣和拉链。

眼神:扒手的眼神与普通人有明显不同,其无论处在什么场所和什么情况下,两眼总是会盯住人家的衣兜、挎包。临作案时,总要环视四周,看是否有人在注视他。下手掏包时,往往由于全神贯注,屏住呼吸,精神紧张,两眼发直、发呆,脸色时红时白。

表现:一是窜转,在车站和车上,两头窜动,在商场里楼上楼下转来转去,物色扒窃对象;二是尾随,选中对象后,他们会尾随其后,伺机下手;三是钻挤,在上下车人多拥挤的场所,不往空处钻,专向人身边挤;四是试探,借行车晃动而往反向偏的机会,用胳膊的下部或手背触探被扒人的衣袋,察看被扒人的反应,并伺机行窃。

动作:一是贴靠,乘人多拥挤尽量与被扒人贴靠,或并位相坐,或相挨站立;二是挡掩,制造事端,分散被扒人的视线和精力,掩护作案;三是掏割,借故与被扒人相撞,乘机割包掏钱,或借故将被扒人的手袋碰掉,装着帮助捡拾的刹那,将钱物掏走。

(二)防范扒手

要保持必要的防盗意识,出行时穿着要保守些,尽量少带现金,财不外露,包不离手。在处理事情时,要将提包或行李等置于自己的目光视线之内,或者暂时托付给熟悉的团友看护。车站、公共交通车辆、旅游景点、商店等人口流动性大、拥挤人杂的公共场所,要保持警惕,通过"四看",察言观色,综合分析,识别扒手,同时通过各种方式告知周边人员注意防盗。

(三)对抗扒手

如遇盗贼正在作案,应尽快拿起手边可用以自卫的工具,如棍子、酒瓶、凳子、砖头等,堵住盗贼逃跑的路线,大声呵斥、警告盗贼,对其形成威慑,同时大喊"捉贼",招呼团友。如盗贼胆敢行凶,可进行正当防卫,同时,发挥团队力量制服盗贼。如遇扒窃团伙,还要善于分化瓦解,逐个击破,力求一网打尽。

（四）抓获扒手

被扒或看到别人被扒时，不要慌乱，要胆大、心细，等到时机成熟时将盗贼抓获，力求人赃俱获，做到人证、物证、旁证齐全，防止被盗贼反咬一口；在酒店、宾馆、娱乐场所等发现被盗时，要保护现场，并尽快向治安保卫部门或公安机关报案；在车上发现或抓获盗贼时，应通知售票员或司机。抓获盗贼后要送保卫部门或公安机关处理。在无法当场抓获盗贼的情况下，应记住盗贼特征，以便向公安机关提供破案线索。

四、针对旅游者行骗的防范

在旅途中，旅游者通常会碰到各种各样的行骗事件，有恶狠狠的敲诈勒索，有抬高数倍价格的诈购，还有以假乱真的骗购。

（一）个体受骗原因

1. 首轮效应。

首轮效应是指第一次接触留下的印象。旅游者到了从未游览过的地方，碰到陌生的人和事，都有一种新鲜感，会在瞬间自觉与不自觉地作出判断，哪怕这仅仅是表面的、了解甚少的，这个印象较为鲜明、牢固，对以后的感知判断起主导作用。一些商人、小贩甚至不法分子，以和善、奉承、迎合的语言，获得首轮的好印象，进而达到其出售高价或伪劣产品的目的，甚至骗人、骗财等。因此，旅游者要力戒首轮效应不利的一面，不要以貌取人，以外观形象取物，对人和事物的辨别，要冷静，多次观察与思考。

2. 晕轮效应。

晕轮效应是指人们在观察陌生对象时会因某些个别特征推及其总体特征。在旅游过程中，一些不法分子往往会套近乎，如果旅游者将局部特征泛化为陌生人的整体印象，心理防范能力就会降低，往往容易受骗，或受到其他侵害。

3. 从众心理。

旅游者在旅游活动过程中，受兴趣、爱好以及性格、年龄、性别、体质等因素的影响，在行为上往往会出现随大流的从众行为。如果一些不法商贩利用强大的宣传攻势，宣传某产品的作用，其中总有一些人易受言语、实物等暗示影响而先行购买，持观望者看到别人买了，也纷纷加入，"一窝蜂"而上，易造成判断失误，甚至上当受骗。

（二）慧眼识别骗子

骗子往往利用一些人爱打小算盘、贪小便宜、迷信权贵、追名逐利等心理需求或心理缺陷，"送"其所需，"投"其所好，"献"人所喜，"帮"人所急，"解"人所难，他们在行骗之前，常常抓住当前社会上最带有趋向性并具有诱惑力的信息，主动与受骗者热情攀谈，如果猎物已上钩，则进而彼此建立"友谊"，取得受骗者的信任。在这个过程中，骗子也往往投其所好，抛一些诱饵，以便稳住阵脚，"放长线，钓大鱼"，以进一步取得受骗对象的信任，使受骗者一步步陷入骗网，直至心甘情愿作出更大的奉献。

旅游者要努力提高观察、分析和识别事物的能力，通过对方的语言、表情和行为，拆穿骗子的"西洋镜"，并将其绳之以法。骗子要达到欺骗别人的目的，就会千方百计地使他们的语言具有诱惑力，往往甜言蜜语，善于阿谀奉承；当对方有所察觉和怀疑时，骗子会表现出焦虑不安和恐惧的神色，还会巧圆其说，假作镇定；当被别人看出破绽时，则往往说话吞吞吐吐，顾左右而言他，或者答非所问，拐弯抹角，词不达意；当露出马脚后，为了脱身，会故作委屈，企图蒙混过关。

（三）熟悉骗术伎俩

骗子之骗术，可谓五花八门，诡计多端。但从古至今，其传统手法不外乎五个字：装、色、吓、诈、串。

装骗：装骗即伪装身份、职业或假扮其他为世人所崇敬的角色行骗，其中有装官行骗（伪装成领导、高干子弟、政法公安人员等行骗）、装亲行骗（装成老乡，骗取钱财）、装富行骗（乔装成公司高管或富商，招摇撞骗）、装神行骗（装神扮鬼，以画符、念咒、扶乩、祈神禳鬼等花样愚弄群众，骗财骗色）。

色骗：以女色为钓饵，骗取钱财。常见者一曰"放白鸽"，二曰"仙人跳"。放白鸽就是行骗者将自己妻女或拐骗而来的女子，"放"出去当有钱人妻子，嘱其捞足钱财后再像鸽子那样收回来。仙人跳就是男女合伙，猎物上钩之时，女骗子之"丈夫"或"亲属"突然闯入，敲诈勒索。

吓骗：用恐吓手段敲诈勒索钱财，恐吓旅游者交出钱款、财物。常见的有不法旅游娱乐休闲场所利用推拿、按摩等休闲消费活动敲诈钱财，如2009年上半年，湖南武陵源公安部门平均每月接到旅游休闲娱乐场所敲诈勒索旅游者案件的报警达10起左右。

诈骗：施用各种奸诈之诡计行骗，在旅游中常见的有以假乱真、以次充好等诡计行骗。旅游者如果购买了假冒伪劣商品，导游人员要详细了解购物地点、时间及购物凭证，并陪同旅游者前往退货；如数额较大，可直接向旅游管理部门投诉；情节严重的应报告公安部门。

串骗：合伙串通行骗，骗子大多结成团伙，狼狈为奸。如设在街头巷尾、车站码头及风景旅游点等处的绳套、扑克和残局等赌局骗术。

（四）避免上当受骗

骗子的骗术总是因人而施，贪图小利者，以金钱为诱饵；喜欢女色者，以色相为诱饵；信神信鬼者，以神灵为诱饵。防止受骗上当的关键在于自己，我们应当像抵制不良诱惑那样，努力加强锻炼自己的意志，通过各种方法识别骗子，并努力克服自己的心理缺陷，使自己的需求与社会的道德规范相一致，绝对不要试图通过不正当的途径来满足自己的欲望，从而抵制诱惑、避免上当。

五、针对旅游者抢劫的防范

抢劫是以非法占有为目的，以暴力、胁迫或其他方式使受害人当场交出财物或抢走受害人财物的犯罪行为。2013 年 3 月 20 日，中国赴法旅游团一行 23 人前往巴黎市区用餐后，遭遇多名歹徒抢劫，领队受伤，游客护照、机票、部分现金及财务被抢。

（一）预防麻醉抢劫

麻醉抢劫在世界各地均可能发生，在外旅行时，应注重防范，切忌麻痹大意。据报道，2010 年 11 月，就有多名中国游客、旅意华侨华人在意大利乘坐火车旅行时被歹徒用药迷晕，所携财物、证件被洗劫一空。

旅途中要警惕上前搭讪的陌生人，不要与陌生人过于亲近，不要有问必答、自我吹嘘，不要让陌生人知道你所带的财物和贵重首饰等。住宾馆、酒店时不要混住，如与别人同住，应对同室住宿的人有所警惕，若感觉不对，应立刻更换住处，同时向有关部门反映。不要随意使用陌生房间里的杯子，最好自己有专用的水杯，而且使用前应仔细清洗。热水瓶里的剩水不要喝，应该换新水饮用。在饭店、餐厅吃饭时，视线不要离开你的食物，以防被投放麻醉药物。避免与自己不熟悉的人一起进餐，婉拒陌生人请吃的东西（食品、饮料、香烟等）。

（二）歹徒跟踪应对

保持镇定，加快脚步，迅速向附近的商店、繁华热闹的街道或居民区转移。用手机打电话给朋友或家人，告知自己的位置和处境。如果被歹徒纠缠，应高声喝令其走开,并以随身携带的物品或就地拣到的木棍、砖块等作防御,同时迅速跑向人多的地方。没有绝对把握取胜时,不要轻易与歹徒发生正面冲突,不反抗则有生命危险时,则一定要奋起反抗,不能坐以待毙。反抗时,动作要迅猛,打击歹徒的要害部位,同时大声呼喊以震慑歹徒,在此过程中要不断寻找机会脱身。

六、被绑架劫持时的应对

绑架是指使用暴力、胁迫、麻醉等方法,劫持要挟人质的犯罪行为。2010 年 8 月 23 日,菲律宾首都马尼拉市中心基里诺大看台附近,一辆香港旅游团的观光客车遭劫持,造成 8 人遇难。如果被劫持,首先要保持精神上的镇定和心理上的冷静,坚定求生的信念,克服畏惧、恐慌心理,在保证自身安全的前提下,针对不同的情况采取不同的策略。

（一）保持沟通

与绑匪沟通是有困难的,但只有交谈才能争取到更多的存活时间和机会,要设法与绑匪攀谈,采用幽默的方式与作案人说笑,用言语引发他的同情,或用他所感兴趣的话题对其进行说服教育,晓以利害,感化绑匪。

（二）保护自己

当已处于作案人的控制之下无法反抗时,应降低姿态,凡事顺从,但也不可一味求饶,要保持镇定,表示自己会交出全部财物,并无反抗意图,消除绑匪的戒心。劫持事件通常解决起来费时较长,要节省精力与体力,多进食、多饮水,维持良好的体能状态。若无充分把握,不要轻易逃跑或反抗,也不要以言语或行动刺激绑匪,以免受到伤害。

（三）科学反抗

因地制宜,利用各种方法麻痹罪犯,抓住有利时机,借助有利地形,利用身边的石头、木棒、泥土、沙灰等与作案人僵持,使作案人短时间内无法近身,以引来援助者并给作案人造成心理上的压力。无论在什么情况下,只要有可能,就要大声呼救,或故意高声与作案人说话,惊动四周的人,引来周围人的救援。要趁作案人不注意时在作案人身上留下暗记,如在其衣服上擦点泥土、血迹;在其口袋中装入有标记的小物件等。

（四）挣脱绳索

绑匪给你捆绑绳索时,要深吸一口气,将肩膀向后收,绷紧胳膊,使其顶住绑绳,想办法将胳膊叠起来,留下尽量多的空隙;当绑匪捆绑了绳索离开后,肩膀向前收,胳膊收进身体里侧,使绳子松动;交错移动手及手腕,慢慢地让绳子向下滑动,直到手可触及,如果位置合适,可用嘴叼开绳头。

大腿、膝盖与小腿要尽力挣脱绳索。如果绑在脚踝上的,可用脚趾与膝盖一起移动,使两个脚踝彼此分开。如果绑在树上或者其他桩上,则不平整的地方捆绑处会更好松脱。绳索松开后,在突出物上把绳子磨断。

（五）伺机遁逃

衡量歹徒人数及发生地点是否对自己有利,寻找一切机会,伺机留下求救讯号,如眼神、手势、私人物品、字条等。找借口婉言拖延,寻求脱身机会,如周围有人,可寻机呼救,看准时机反抗或向有人、有灯光的场所逃脱,然后大声呼救。逃脱后动员群众抓获犯罪分子,并立即向公安机关、家人或亲友求助。

（六）及时报案

尽可能保留和隐藏自己的通讯工具,及时把手机改为静音,适时用短信等方式向警方求救,短信主要内容应包括:自己所在位置、人质人数、犯罪分子人数等。牢记歹徒的年纪、身形、口音、衣着、相貌等特征以及案件发生的时间、地点和过程,便于事后提供证言,有利于警方及时组织力量布控,抓获作案人。在警方发动突击的瞬间,尽可能趴在地上,在警方掩护下逃离现场。

第四节　人群事故安全管理

旅游区的承载力都是有限的,当客流量远远超出场地的容纳量时,就有可能造成人群事故。1990 年 7 月 2 日,沙特阿拉伯麦加,朝圣人群在通过一个地下通道时发生踩踏,1 462 人丧生。

一、旅游环境容量问题

（一）旅游区客流特点

客流分布不均。客流分布可分为时间分布和空间分布。根据统计,旅游区人群的日分布、时段分布不均匀现象明显,周末、节假日旅游者较多,单日旅游者主要集中于上午 10 点至下午 2 点。旅游区的不同场所或区域,人群分布同样不均匀,如展览会人群主要集中于展台,游园活动中人群主要集中于热门景点。

客流高峰难测。由于各种不确定因素的影响,旅游区的人群规模、人员流动难以预测,而在客流高峰时段,人群密集现象突出,存在事故隐患。

客流管理困难。旅游人群自组织性差、修养参差不齐、行为松散,旅游活动选择中常含有无知的成分,加大了安全管理的难度。

(二) 人群事故发生机制

人群事故的发生就如同在一个狭小的空间里,群集行为所聚集的人群如同危险的火药,一旦有了事故导索,就会引爆,酿成事故。

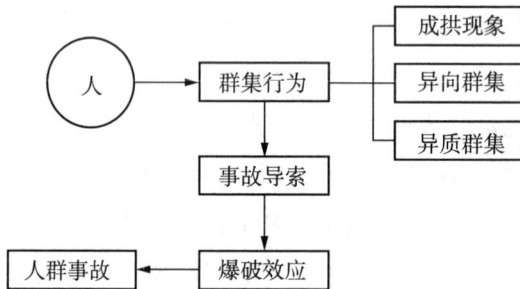

图 6.3   人群事故的发生机制

1. 群集行为。

群集行为是指人员的成群聚集。研究表明,人群在移动过程中的行进速度并不取决于个体的平均行进速度,而是取决于人群的密度。人群密度越大,群体的行进速度越低,当人群密度达到一定极限时,就会由于过度拥挤而不能前进。当旅游区旅游者过多时,往往形成群集,疏散速度接近于零,容易出现人员踩踏事故。

成拱现象。当人群从宽敞的空间拥向较狭窄的出入口或楼梯口时,除了正常的人流之外,处于危急之中的人由于逃避心理的作用,会从两侧挤入,从而妨碍正常的人群流动。由于群集密度增加而在出入口处形成拱形的人群,会因为所有人挤在一起无法通过。一旦构成拱形的各个方向的力量不平衡,就会出现"拱崩溃",此时部分人由于突然失去平衡被推倒,成为被踩踏的对象。如果没有良好的疏散引导,出入口会反复出现成拱和拱崩溃,造成大量人员伤亡。

异向群集。异向群集是指来自不同方向的人群相遇并产生对抗的现象,往往是由于人群疏散的路线设计不当造成的,室内室外均可发生。在紧急情况下,人们希望以最快的速度、最短的路径到达自己认为最安全的地方,当疏散人群的行进路线发生交叉或冲突时,来自不同方向的人群相互冲突、相互拥挤与阻塞,形成对抗,造成伤亡事故。我国华山曾发生的群体性挤踏事件,就是由于在狭窄的山路上,来自上山与下山两个不同方向的客流发生异向群集现象引起的。

异质群集。人群中每个个体的行进速度和承受拥挤的能力并不相同,行进速度明显低于群体平均行进速度的人就是异质群体(多为老人、小孩、妇女,以及那些由于物品失落,停下来弯腰拾物的人)。在紧急情况下,人们都急于超过那些在自己前面的异质群体,走得慢的人就有可能被后面的人推倒或绊倒,进而产生连锁反应,造成踩踏事故。

2. 事故导索。

人群事故往往是由一些小事故所引发的,这些小事故就是事故导索,如个别旅游者摔倒、浮桥晃动等。产生事故导索必须具备两个条件:一是客流规模超过旅游区管理人员与旅游者自身的控制能力;二是产生的事故实际危害信息难以被身处其中的人群辨识,造成信息不对称,从而导致人群恐慌。

3. 爆破效应。

爆破效应是指在客流群集时,旅游区一旦出现事故导索,在人的逃避心理作用下,少数人因恐惧产生了狂躁情绪并采取不理智的行为,其避难行动常常是自私、不合作、不合理的,并感染给周边的旅游者,引起群体情绪的狂躁与行为的不理智,形成爆炸式的反应,造成事故损失的成倍增加。例如,演唱会、体育比赛的看台因设计、结构或材料等原因倒塌后,引起观众的惊慌和拥挤,从而使看台的裂隙进一步增大而压伤更多的人,或者导致有人被汹涌的人流踩伤,事故危害的范围和程度均增加。

二、旅游客流安全管理

旅游区应建立负责客流安全管理的组织,对相关单位、人员进行培训,指导其处理相关问题。客流安全管理可以分为安全容量估算、旅游客流预测、客流分布监控、客流安全引导、客流应急疏散几个模块,通过信息技术、管理人员的协调配合,确保旅游客流合理流动,避免人群的局部群集。

（一）安全容量估算

旅游区安全容量的估算和控制,是保证旅游区良好秩序、避免发生人群事故的重要手段。

1. 客流安全标准。

旅游区的到访人员中,旅游者一般占人员总数的95％以上。安全容量与旅游者的基本安全空间标准相关。基本安全空间标准是指在旅游活动中,在保证安全的前提条件下,旅游活动主体和载体在旅游目的地所占用的空间规模大小和设施量。不同类型景区应按照《景区最大承载量核定导则》来确定景区的基本安全空间标准。

2. 客流安全容量。

客流安全容量是指旅游区容纳旅游者的安全空间承载能力,一般量化为旅游区接待旅游者的最大接待人数。安全容量既包括特定场所的总容量,也包括若干关键地段或地点(事故易发点)的容量,某些具体设施设备(固定的、临时的)的容量,还包括管理、调度指挥的承受能力。要对旅游活动场所及相关设施的容量做科学的、实事求是的测定和评估,并把它作为制订活动计划、确定活动规模、控制参与人数、协调活动进程的重要依据。

（二）旅游客流预测

1. 客流规模预测。

客流规模是可能参加活动的人员数量,可以通过人员数量的历史变化规律或比较同类型活动,通过人工神经网络法、回归预测法等统计方法求得。旅游区人群规模影响因素甚多,包括旅游活动的吸引力、时间的便利性等,预测时应当广泛考虑不同因素的影响。除总规模外,还应确定最大日容量、峰值容量等。

2. 客流构成预测。

旅游区客流构成是影响旅游区人群稳定性的重要因素,不同的活动人群构成存在很大差别。对参与旅游活动的客流构成进行预测,一方面可使管理方案、预案的措施更具针对性,便于采取措施,缓解因文化、背景等差异引起的人群矛盾;同时也可更好地提供如交通、餐饮等其他服务。预测客流构成可以通过现场观测,通过旅游活动的特性,以及采用电子票务等方法对客流构成进行统计分析。

3. 客流分布预测。

旅游区客流分布分为时间分布和空间分布。时间分布预测应包含旅游活动周期内客流的变化规律、场所日人群分布规律等。时间分布的预测应在历史统计、数学计算的基础上考虑季节变动、活动特征、举办地文化特性等因素。空间分布预测需结合旅游场所的空间布局、活动安排等,确定客流可能的集中地点、覆盖面积、人群聚集持续时间等。

（三）客流分布监控

为了提前发现旅游区人群集中数量超出负荷及产生拥挤的不良状态的表征信息,以便相关部门和政府及时采取相应的对策措施,应建立旅游区客流分布监控系统。

1. 确定安全阈值。

安全承载指数是指客流量与客流安全容量的比值。人群密集程度可根据安全承载指数划分为四个级别:稀疏、密集、拥挤、拥挤不堪,分别以绿灯、黄灯、橙灯、红灯表示。可根据安全承载指数值的大小来确定客流的安全阈值。

表6.4　旅游安全承载指数分级

安全承载指数	≤0.8	0.8—1.0	1.0—1.2	>1.2
人群密集程度	稀疏	密集	拥挤	拥挤不堪

2. 监控人员流动。

准确地获取人员流量和分布信息尤其是重点区域的数据,十分重要。可引入地理信息系统和现代化的电子设备,对旅游者数量和分布进行实时监控。如中山陵景区在各个进出口建成了集视频处理、图像分析及人工智能等技术为一体的智能化客流统计系统,可以对客流进行实时监控与统计。

3. 现场决策处理。

将监控到的旅游区客流实况数据与预先制定的警情安全阈值进行比较,确定其警戒级别,当综合评价值跨越了安全临界点时,应据此发布警戒信息。发布警戒信息后,有关部门应迅速反应,根据相关应急预案进行应急处理。

（四）客流安全引导

客流安全引导是指引导参与旅游活动的旅游者在时间和空间上均衡分布,防止人群拥挤现象的出现,避免人群事故的发生。作为个人,外出旅游或户外活动时,要合理选择目的地,尽可能地避开客流高峰期。

1. 时间分布引导。

旅游区可通过采用差别票价、节假日期间票价上浮制等营销、宣传方式,并辅以管理措施,引导旅游者在时间上错开游览,避免人群过度拥挤。

2. 空间分布引导。

空间分布引导的目的在于避免部分场馆的严重拥堵,主要措施包括协调场馆活动、加强宣传引导、设置引导信息、局部优化设置等。旅游区易出现局部拥挤的部位包括主要出入口、通道、特色活动区、服务场所区(餐饮点、洗手间等)等。

局部优化设置可以避免出现旅游者聚集的情况,减少人群集中的时间,如采取网上售票、提前预购等方式减少旅游者的密集程度;通过增设餐饮摊位,根据客流变动规律调整服务设施数量,减少排队和聚集;均匀分布旅游者易聚集区点,不要把易吸引游客群的景点布置在相邻或相近区域,以致旅游者局部过密。通过对局部过密地区、拥堵地段和瓶颈点的预测,事先在这些人群分布密度高的风险脆弱点加派更多的疏导人员,以保证安全。

(五)客流应急疏散

应急疏散的最大特点在于紧迫性,组织及时有效的人员疏散,是避免发生人群事故的重要措施。

1. 制定疏散应急预案。

旅游区应制定人群疏散预案,确定各类情况下可采取的人群疏散方式、人群疏散实施步骤、负责人群疏散的关键人员以及人群疏散指挥控制中心的行动方案。疏散预案中需要解决的关键性技术问题包括疏散人群范围、疏散目的地、疏散路线等。

2. 现场疏散应急管理。

疏散必须兼顾速度和秩序,如果一味地强调疏散的速度,疏散过程中的秩序就会变得混乱,就可能造成人群相互拥挤和踩踏,甚至造成群死群伤。

在组织人员疏散时,特别是在建筑物内部组织疏散时,应采取以下措施:制定正确的疏散路线,并标示明确的疏散路线标志;安排专门人员对人群进行引导,并负责疏散秩序的维护,避免出现拥挤现象;为人群及时提供准确的信息,避免不准确的消息在人群中传播,使人群的心理保持稳定;如果人群进入恐慌状态,要尽量缩短恐慌状态的时间,使人群的情绪恢复到正常状态;提倡发扬团结互助的精神。

(六)拥挤人流应急措施

1. 避免群集。

到达旅游景点、游乐场所后,首先要观察一下周围的环境,记住主要的出入口和紧急出口,以及警察、保安所在的位置。尽量避免在人群拥挤的地方逗留,特别注意不要在拥挤的隧道、车站、电梯、观光景点、集市、节日庆典和城市边缘地区长时间停留。如果拥挤、慌乱的人群向自己涌来时,不可逆着人流前进,应该马上从安全出口迅速逃避到安全的地方。在走避不及的情况下,应该马上到最近的商店、民居躲避,或者躲到适当的角落,直到人流过去。

2. 避免摔倒。

保持清醒,不盲目跟随人群逃离,要听从在场治安人员的指挥、安排,保证疏导顺利进行。在拥挤的人群中,不可奔跑,避免摔倒。摔倒会引起更大的堵塞,还很可能被人群踩踏。一般不要弯腰捡拾丢失的物品,一旦被推倒或绊倒在地,要立即爬起来,如果无法爬起,应设法靠近墙壁,并将身体蜷成球状,双手十指交叉抱紧后颈,保护身体脆弱的部位。

3. 保护自己。

在拥挤的人群中,避免挤成一团,相互踩伤、压伤,要远离玻璃窗。为避免受到伤害,可双手交叉在胸部,形成一些空间,用自己的肩、背部承受挤压力,避免受人挤压导致呼吸困难。随人流而动,靠边缓慢行走,必要时,还可以屈膝、提起双脚,使之完全离地,以免脚趾受到踩踏,并靠拥挤的人群托起身体,随着人流一起移动。如有路灯柱、树干等坚固物,可抓牢。如果是山路,行走靠内侧,选有石阶处走。背包在上山时背在背上,下山时挂在胸前,避免因背包与石阶相撞,受其反作用力影响而摔倒,甚至跌入深渊。

第五节　文化习俗安全管理

"入境而问禁,入国而问俗,入门而问讳。"应了解旅游目的地的习俗和禁忌,注意自己的言行举止,尊重当地的风俗习惯,这对于旅行安全保障十分必要。

一、深层文化差异

深层文化是精神和观念文化,包括价值观念、思维方式、社会心理等。

（一）价值观念

每一种文化都有自己特有的价值体系,这套体系能够帮助人们区分美与丑、善与恶,这就是人们的处世哲学、道德标准和行为规范。

东方社会由于受"天人合一"的宇宙观和儒家思想的影响,形成了群体取向的价值观。中国人在与人交际时,推崇谦虚知礼,讲求"卑己尊人",不喜欢争强好胜,正所谓"行高于众,人必非之"。中国人把谦虚看作一种美德,谦虚不但是一个人有涵养、有水平的表现,而且能够给对方留下亲切、随和、易于接近与交往的良好印象。

西方社会由于受"天人相分"宇宙观的影响,形成了个体取向的价值观。个体取向的价值观尊重个人权益和隐私,看重个人的主观判断和交往中的"平等性"或"一致性"。西方人崇尚独立思考,独立判断,认为个人利益至高无上。在与西方人交际时,要尽量做到尊重对方的价值观,避免发生冲突。

(二)思维方式

东方人的思维是曲线式的,表现出直觉整体性,在表达思想的时候,常常含蓄地从别的视角表达自己的本意。中国人重视直觉,常忽视个体事物的差别,注重认识过程中的经验和感觉,在交往中往往以这种经验和感觉去"以己度人",笼统并模糊,具有明显的感情色彩。

西方人的思维是直线式的,注重逻辑、分析,在表达思想的时候,非常直接,往往是开门见山,直入主题。比如,英国人向朋友借钱,可能会在相互问候之后就直接表达此行的意图。

二、中层文化差异

中层文化是社会关系和制度,包括礼仪习俗、行为方式等。

(一)说话

说话或跟对方面对面的时候,在中东、近东诸国有个习惯:不可以双手交叉。其实,在任何国家,双手交叉着说话,都被视为"态度傲慢"或是"不礼貌"。中东、近东地区把这看得比较严重,认为是"侮辱"或是"挑战"。到以色列或阿拉伯诸国,切莫夸奖对方任何一国,否则会引起麻烦。

(二)照相

拍照在有些国家、有些时候也会为旅游安全带来麻烦。沙特阿拉伯禁忌在公众场合拍摄别人,未经本人许可,不能对他人拍照,尤其是不能拍摄沙特的妇女,也不能公开对某些公共建筑、政府部门大楼和军事设施拍照,在酒店内也不能随意拍照,在客房内可以拍照,在大堂中拍照就要得到允许,酒店的其他部位一律不得拍照。

在希腊,立三脚架拍摄,必须获得官方允许。在非洲乡间一些地方,人、房屋、家畜一律不准拍摄,旅游者如想拍摄,最好征得对方允许,以免被投石或挨打。日本忌讳三人合影。在东南亚的佛教国家,旅游者如果对寺庙、佛像、和尚等做出轻率的行动,会被视为"罪恶滔天",有些不了解情况的旅游者,曾经由于跨坐在佛像上大拍纪念照而遭受刑罚。

（三）肢体动作

头部。中国人轻拍小孩子的头部表示友好,而在泰国、印度或者西方国家,头是非常高贵的地方,任何人不得触摸。在印度、斯里兰卡、阿尔巴尼亚、尼泊尔等国,摇头表示同意,点头表示不同意。

身体。在欧洲和北美,如法国、西班牙、意大利、葡萄牙和地中海国家,人们在初次见面的时候,常常拥抱对方以示友好。在东方国家这是少有的现象,在日本和中国,人们在首次见面的时候只是握手,或鞠躬表示友好。在中东地区,与异性进行身体接触是禁止的,但是男性之间的拥抱却是正常的事情。

四肢。在中国,竖起大拇指表示赞许,但在澳大利亚,却是很粗鲁的表现,在美国和欧洲表示责备。在日本,用手抓自己的头皮表示愤怒和不满。印度人几乎都用右手的拇指、食指和中指抓饭,忌讳使用左手。在非洲以及东南亚诸国,人们认为左手是不干净的,握手时若伸出左手或用左手递东西给对方,对方会认为你是蔑视他,或是对他怀有恶意,因此握手或递交东西时,必须使用右手或是用双手。

三、表层文化差异

表层文化是有形的物质文化,包括饮食、服饰、物品等。

（一）饮食

旅游者应当了解旅游目的地的饮食习惯和禁忌,如与西方人吃饭,不要用各种办法劝其喝酒,或夹菜等,可把食物、饮料放在餐桌上,使之靠近客人就行。

民族禁忌。美国人不吃狗肉、羊肉和大蒜,俄罗斯人不吃海参、海蜇、墨鱼、木耳,英国人不吃狗肉和动物的头、内脏、爪,法国人不吃核桃,日本人不吃皮蛋等。

宗教禁忌。在所有的禁忌中,宗教方面的饮食禁忌最为严格,而且不容许有丝毫违反。如穆斯林忌食猪肉、忌饮酒;印度教徒忌食牛肉;犹太教徒忌食动物蹄筋、章鱼、墨鱼、虾、蟹等"无鳞的鱼类"以及其他所谓"奇形怪状"的动物等。

（二）服饰

如果到一些战乱频仍、局势复杂的地区旅游，迷彩装很可能会给旅游者带来致命的危险，类似的职业服装，如警察、工商、保安服等，也不适宜在旅游中穿着。埃及、阿拉伯诸国对穿星星图案衣服的人反应强烈，很是不满，原因是其政治对手以色列的国旗以星星做图案，除了衣服，有星星图案的包装纸也不受欢迎。埃塞俄比亚忌穿黄色衣服，蒙古忌穿黑色衣服。

（三）交通

在英国、泰国、新加坡、马来西亚等国，汽车靠左侧行驶；印度尼西亚则汽车靠右，行人靠左行。在新加坡，行人不可以在距人行横道、过街天桥或者地下通道50米以内的区域穿越马路，否则将被罚以重金。在瑞典搭公共汽车、出租车、电车时，只要携带行李，就必须另交行李费，按所搭的车种、行李的大小不同，收费标准也不一样。

（四）礼品

西方送花忌送双数，忌送白色的花，如白色百合花被认为是厄运的预兆或死亡的象征。在法国不能送康乃馨，因为康乃馨在法国被视为不祥的花朵。日本人喜欢樱花，送花给日本人时，不可送白花，菊花是日本皇室专用的花卉，民间一般不能赠送。日本人不喜欢偶数（8例外），9、13等奇数也不受欢迎，赠物时忌讳"9"和"4"这两个数字，因为在日语里发音同"苦"和"死"。在中东诸国，洋娃娃等外形类似人像的东西，禁止放在家里做饰品。

（五）烟酒

不丹对吸烟者的"惩戒"很严厉，仅仅是带烟草入境，就要付出非常昂贵的代价，即需要在海关支付100%的关税。如果旅游者"胆敢"在不丹售卖烟草制品并且被当场逮个正着，便会被警察逮捕，并以走私罪判刑入狱。到泰国旅游，每个成年人最多可以带一条香烟入境。科威特、埃及、阿拉伯联合酋长国、阿富汗、黎巴嫩等国的宗教是禁酒的，对他们来说，喝酒是直通罪恶的途径。在泰国买酒有时间限制，凌晨2时以后不准再买酒，否则会被警察处以罚款。在印度新德里，星期二、星期五、公休日以及每月第一天为禁酒日。

（六）药品

新西兰、澳大利亚等国对旅游者携带的某些感冒药十分敏感，认为这类药物可提取制造毒品的"盐酸伪麻黄碱"。新西兰政府对外国访客携带某些感冒药入境有严格的数量规定，对违规者处罚十分严厉。为了避免因别人的误解而影响自身的旅行安全,携带的药品应尽量放在手提行李中,以便于海关人员检查,必要的话,还须将医生处方放在一起。

案例回放

一、安全警觉是防范事故的重要利器

2006年1月1日,和另外一名女同学一同前往泰国旅游胜地苏梅岛度假的21岁英国里丁大学心理学专业三年级女生凯瑟琳·霍尔顿,独自一人在夜晚的沙滩上散步。她一边走还一边给她远在英国的母亲打电话。美丽的海浪、沙滩、月色之下,她完全放松了安全警惕。可哪里知道,危险却已经一步步向她逼近。两位泰国渔民博洛和威猜,见年轻的凯瑟琳独自一人,顿生歹意。他们悄悄走到凯瑟琳身后,乘其不备用沙滩遮阳伞将凯瑟琳击昏,然后实施了强奸。最后,两人还把凯瑟琳拖进大海溺毙。案发时,凯瑟琳的母亲从手机中亲耳聆听了女儿被害的过程。女儿在说完祝生日快乐之后,紧接着就是一阵挣扎尖叫。这个惨痛的故事,会让每个有良知的人感到心痛,然而它的出现也并非完全无法避免。假如凯瑟琳能够保有一丝安全警觉,那么,这个悲惨的事件可能就不会发生。

安全警觉可以保障我们的旅游安全,旅游者在旅游的时候,应保持安全警觉。如果缺少了安全警觉,就会出现安全漏洞,如同"破窗理论"中的破窗户,会引来不法之徒的光顾,造成安全事件的发生。

资料来源:王健民:《聚焦旅游安全》,旅游教育出版社2007年版。

二、杭州旅游团南非被劫,领队冷静处置避免伤害

当地时间2011年11月3日晚上6时许,南非约翰内斯堡东部布鲁玛地区,杭州一个30人旅游团到约翰内斯堡的钻石大厦买完钻石前往机场途中,一辆挂着警灯的民用车快速超车,拦住旅游大巴。随后,3名劫匪手持长短不一的枪冲上了旅游大巴,劫匪持枪上车后,领队陈小姐想要阻挠,却遭到了1名劫匪的殴打。挨打后的陈领队遂用英语告诉劫匪:"请不要动手,我们服从,我们会主动把值钱的东西交出来,请你们不要伤害任何人。"听到领队的话后,劫匪暂时收手。随后,

陈领队急中生智用中文告诉游客:"大家不要惊慌,先把贵重的物品藏起来,拿出一些无关紧要的东西主动给他们,避免受到伤害。"在抢走大约 16 名游客的物品后,劫匪便收手迅速逃离现场。据统计,坐在大巴最前面的几位游客与领队共计 20 余万元财物被劫,其中包括一颗价值 2 万多元的钻石,还有数本护照。抢劫事件发生后,陈领队拨打了报警电话,并通知了旅游公司的相关负责人,游客随即得到了中国驻南非大使馆的帮助。由于没有人员伤亡,所有游客都先后顺利返回杭州。

近几年,我国出境游的人数持续增长,财物被盗、被抢事件时有发生。因此,外出旅游不要携带过多的现金,也尽量不要携带贵重物品,尤其是暴露在外的名表、钻戒、金项链等。万一遭遇持枪劫匪时,保持冷静和克制是首要的,妇女和儿童不要大声哭喊,年轻人也不能贸然反抗,以避免激怒对方而受到不必要的伤害,应该因地制宜,见机行事,采取适当的措施或方法化解所处的危境和祸害。

资料来源:《浙江在线今日早报》2011 年 11 月 8 日。

三、震惊中外的"千岛湖事件"

1994 年 3 月 31 日,当载着台湾旅游团的"海瑞号"游船驶向黄山深渡码头的水面时,游船遭到了两名身穿军装的歹徒的劫持。他们手持武器,将游船上的 24 名游客身上的财物洗劫一空后,又将这 24 名游客连同两名中旅的导游、6 名大陆船工全部赶入船舱底层,点爆液化气瓶,把游船炸掉,致使船上的 32 人全部遇难。

据了解,在这艘遇难船之前的两艘游船都很顺利地过去了。而被害死在这艘船上的绝大部分游客是生意人,他们在游览的船板上大玩赌牌游戏,桌上每个人面前都摆着厚厚的一沓人民币,桌子上还放着摄影机、照相机等当时的高级商品,许多人还戴着镶满钻石的"劳力士"黄金手表。这两名冒充军人的歹徒见到船上的这般光景,便起了图财害命之心。

面对歹徒,游客的软弱使自身处于被任意宰割的境地,没有一个敢站出来,一点儿都没有反抗,结果大家都没活下来。这里有一个与其过程类似但结果完全不同的案例:大陆某长途汽车上的 42 名乘客被两名手持刀具的歹徒逼迫下车,个个搜身,强行要钱。40 人都乖乖地下了车,财物被洗劫一空,然而,最后仍有两人未下车。当歹徒持刀上来后,其中一人故意做低头找东西状,趁歹徒顺势往下看时,这位乘客奋起袭击歹徒,歹徒在慌乱中将刀插到了座椅的靠背上,在这位乘客与歹徒搏斗时,被激怒了的乘客群起反抗,40多人将歹徒团团围住,最终生擒歹徒。

在外旅游时,要有一颗戒备的心,钱财不要外露,贵重物品不要随身携带。根据实际情况,发挥聪明才智、集体协作与歹徒做斗争。

资料来源:曹景洲:《导游带团安全警示录》,中国旅游出版社2009年版。

四、上海外滩踩踏事件带给我们的思考

2014年12月31日23时35分许,正值跨年夜,很多游客、市民聚集在上海外滩迎接新年,外滩陈毅广场进入和退出的相向人流在斜坡上发生对冲,致使有人摔倒,发生踩踏事件,最终造成36人死亡,49人受伤。事件发生后,现场民警立即采取临时急救等措施,开辟应急通道,组织警车、救护车将受伤民众送至附近医院救治。2015年1月1日,针对上海外滩踩踏事件,上海市成立工作组,统一指导善后工作,工作组由上海市市长牵头,市政府、黄浦区各委办局参加,工作组下设四个小组:医疗小组、联合调查组、善后工作组、舆情工作组。2015年1月21日,上海公布"12·31"外滩踩踏事件调查报告,认定这是一起对群众性活动预防准备不足、现场管理不力、应对处置不当而引发的拥挤踩踏并造成重大伤亡和严重后果的公共安全责任事件。黄浦区政府和相关部门对这起事件负有不可推卸的责任。调查报告建议,对包括黄浦区区委书记、黄浦区区长在内的11名党政干部进行处分。同时,按照"依法依规、合情合理、实事求是、一视同仁"的原则,确定此次事件遇难人员家属的救助抚慰金为人民币80万元。

上海外滩踩踏事件让社会各界广泛关注,更引起了旅游行业的高度警惕。2014年12月26日,国家旅游局下发了《景区最大承载量核定导则》,要求各大景区核算出游客最大承载量,并制定相关游客流量控制预案。在旅游活动中,经常会出现人山人海的场景,旅游景区不可麻痹大意、掉以轻心,也不可只顾眼前利益,超负荷接待游客,而应该按照国家的相关规定要求,核算景区的游客最大承载量,并制定游客流量的控制预案。景区人群集聚时要合理引导、疏散游客,避免发生踩踏事件。

资料来源:作者根据《人民网》2015年相关资料改编。

练习思考

一、填空题

1. 旅游业成了_____的附带牺牲品,旅游者成为恐怖分子理想的袭击目标。

2. 旅游者出行,除了战争可能危及生命财产安全外,_____也是一个重要的考虑因素。

3. _____是引发旅游犯罪最主要的因素之一。

4. _____是指人们在观察陌生对象时会因某些个别特征推及其总体特征。

5. _____是指人员的成群聚集。

二、单项选择题

1. 发现可疑包裹,以下( )处理措施是错误的。

   A. 观察爆炸装置   B. 听异常声响

   C. 嗅氨水味   D. 移到人少处

2. 在高度危险地区旅游,遭遇枪战时,以下( )是错误的。

   A. 掩蔽于墙体后   B. 躲在灌木丛中

   C. 起身逃跑   D. 卧倒在地

3. 以下选项中,属于旅游区人群管理时间分布引导措施的是( )。

   A. 营销宣传   B. 协调场馆活动

   C. 设置引导信息   D. 局部优化设置

三、简答题

1. 简述旅游刑事案件的处理程序。

2. 旅途中不幸遭到歹徒的攻击和行凶时,应如何防身?

3. 如果在旅途中被劫持,应该如何应对?

四、列举题

1. 列举骗术的主要伎俩。

2. 列举旅游区客流的主要特点。

第七章

旅游安全应急预案

学习要点

了解应急预案的要求、作用和层次；熟悉应急预案的结构和核心要素；掌握旅游应急预案的编制程序和方法。

基本概念

应急预案、综合应急预案、专项应急预案、应急响应、要素评审

中国先民对于安全预防有过思考和总结，如《诗经》中的"未雨绸缪"、《左传》中提到的"居安思危、思则有备、备则无患"、《汉书》中讲的"曲突徙薪"等。应急预案的使用最早是在军事上，随着社会的发展，人们逐渐将应急预案用于各种灾害事故的预防和管理，并在世界许多国家广泛运用。

第一节　旅游安全应急预案概述

应急预案是指为应对潜在的或可能发生的事故（件）或灾害，为保证迅速、有序、有效地开展应急与救援行动而预先制定的降低事故损失的有关救援措施、计划

或方案。应急预案是开展应急救援行动的指导性文件和实施指南,是标准化的反应程序,可使应急救援活动按照计划有效地进行。

一、应急预案的要求

制定应急预案的目的是为了在发生紧急情况时,能以最快的速度发挥最大的效能,有序地实施响应和救援,尽快控制事态发展,降低事故危害,减少人员伤亡、财产损失、旅游资源和环境破坏。

(一)科学性

应急预案的各部分是一个有机的整体。旅游突发事件的应急工作是一项科学性很强的工作,从事故(件)设定、信息收集传输与整合、力量部署,到物资调集和实施行动,都要讲究科学,在全面调查研究的基础上开展科学分析和论证,制定严密、统一、完整的应急反应方案,并在实战演练中完善预案,在科学决策的基础上采取行动。

(二)实用性

应急预案应以完善的预防措施为基础,符合旅游区突发事故的特征和当地的客观实际(旅游区的危险源、可能发生的灾难性事故与事故的类型、重要的区域和部位、可用的应急力量等),措施要具体、明确,方案应具有适用性、实用性和针对性,便于实际操作。事故的随机性、突发性强,涉及的因素众多,并且处于动态变化之中,因此,预案还要具有一定的灵活性,以提高实际应变能力。

(三)周密性

要把各种情况考虑得周全、严密,如事故事件发生的周围环境、发生的实际时机及天气状况,投入人力的时间,使用的器材、通讯装备和后勤供给等,若考虑不周全,就会给处置任务的完成带来一定的困难。

(四)可行性

应急预案是针对可能发生事故灾害而制定的,主要目的就是在事故发生之时,能根据预案进行力量调度和物资调配,为灾害事故的有效处置打下坚实的基础。当事故(件)发生后,能按照预案进行力量部署、采取处置对策、组织实施,起到知己知彼、速战速决的作用,将灾害损失控制在最低程度。因此,制定的应急预案应具有可行性。

(五)权威性

救援工作是一项紧急状态下的应急性工作,应急预案应明确救援工作的管理体系、救援行动的组织指挥权限和各级救援组织的职责和任务,以保证救援工作的统一指挥。应急预案应经上级部门批准后才能实施,以保证预案具有一定的权威性和法律保障。

应急预案制定后,相关政府部门援引国家、地方、上级部门相应法律和规章的规定,签署预案发布令,宣布应急预案生效,从而明确实施应急预案的合法授权,保证应急预案的权威性,同时督促各应急部门完善内部应急响应机制。

二、应急预案的作用

应急预案是在辨识和评估潜在风险、事故类型、发生的可能性、发展过程、事故后果及影响程度的基础上,对应急机构与职责、人员、技术、装备、设施(备)、物资、救援行动及其指挥与协调等方面预先作出具体安排,采用技术和管理手段降低事故发生的可能性,且将可能发生的事故控制在局部,防止事故蔓延,这在应急系统中起着关键作用。

（一）旅游应急管理依据

制定完善、有效的应急预案,必然会明确应急救援的范围和体系,成立相应的组织机构,配备抢险救援的器材、装备,开展专业训练和实战演练,使应急准备和应急管理有据可依、有章可循。

（二）旅游事故应急基础

应急预案明确了在突发事故(件)发生之前、发生过程中以及结束之后,谁负责做什么、何时做,以及相应的策略和资源准备等,是旅游安全事故应急的基础。通过编制应急预案,可保证应急救援具有足够的灵活性,对那些事先无法预料的突发事件或事故,也可以起到基本的应急指导作用,成为保证旅游应急救援的"底线"。

（三）构建旅游安全屏障

生命、财产安全是旅游者最基本的权利,如果没有安全保障,就无法顺利地开展旅游活动。应急机制和处置预案是旅游安全管理的必需要件,以此为旅游系统打造安全屏障。建立健全应对自然灾害、事故灾难、公共卫生和社会安全等方面的预案体系,形成统一指挥、功能齐全、反应灵敏、运转高效的应急机制,提高保障旅游安全和处置突发事件的能力,是旅游管理的重要职能和重要工作,也是构建和谐旅游的一项重要任务。

（四）预防旅游安全事故

应急预案是针对可能发生的旅游事故及其影响和后果,预先明确应急各方的职责和响应程序,培训、教育应急人员,准备各类应急资源。因此,应急预案有利于提高人员的风险防范意识,提升应急人员的技能和整体协调性,最大限度地预防和减少旅游安全事故的发生及其造成的危害,保障旅游者的生命、财产安全。

(五)便于开展救援工作

一旦发生旅游安全事故,按照应急预案的应急处理程序和方法,可做到迅速报警,及时传递应急信息。应急预案明确了各个应急响应部门的职责和分工,使之在复杂的救援活动中快速反应、忙而不乱,采取预定的现场抢险和抢救方式,及时、有序、高效地处理事故。因此,应急预案便于救援工作的顺利开展。

三、应急预案的层次

由于可能面临的突发事故或灾害的类型是多样的,为了保证各种类型预案之间的整体协调性和层次,并实现共性与个性、通用性与特殊性的结合,对应急预案合理地划分层次,是将各种类型应急预案有机地组合在一起的有效方法。按预案的适用对象范围,可将应急预案划分为综合预案、专项预案和现场预案三个层次。

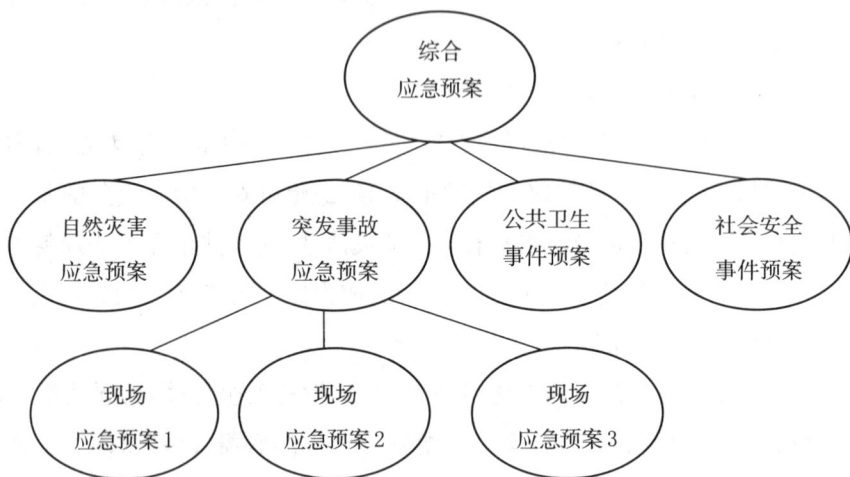

图7.1   应急预案的层次

(一)综合应急预案

综合应急预案是从总体上阐述事故的应急方针、政策,应急组织结构及相应的应急职责,应急行动、措施、保障等基本要求和程序,是应对各类事故的综合性文件。通过综合预案,可以很清楚地了解应急的组织体系、运行机制及预案的文件体系。综合预案可以作为应急救援工作的基础,对那些没有预料到的紧急情况,也能起到一般的应急指导作用。

（二）专项应急预案

专项应急预案是针对某种具体的、特定类型的紧急情况或危险源而制定的计划或方案,是综合应急预案的组成部分,应按照应急预案的程序和要求组织制定。专项应急预案应在综合预案的基础上,充分考虑特定风险的特点,制定明确的救援方案和有针对性的应急救援措施,进行专项应急准备和演习。由于旅游区具有较大的差别性,应根据不同旅游区的特点制定具有针对性的专项应急预案。

表7.1　旅游区的主要专项应急预案

专项应急预案类型	专项应急预案举例
自然灾害应急预案	暴雨应急预案、滑坡及泥石流应急预案、防洪应急预案、台风应急预案等
突发事故应急预案	火灾应急预案、交通事故应急预案等
公共卫生事件应急预案	传染性疾病应急预案、食物中毒应急预案、环境污染事故应急预案等
社会安全事件应急预案	旅游区人群踩踏事件应急预案、社会治安应急预案等

（三）现场应急预案

现场应急预案是针对具体的装置、场所或设施、岗位、活动所制定的应急处置措施,应做到细致周密、简单具体、指导性及针对性强。现场应急预案应根据风险评估、周边环境情况及风险控制措施逐一编制,做到相关人员应知应会、熟练掌握,并通过应急演练,做到迅速反应、正确处置。

现场预案的另一特殊形式为单项预案。单项预案可以是针对大型公众聚集活动(如文化、体育、民俗、娱乐、集会等活动)或高风险的建设施工和维修活动而制定的临时性应急行动方案。随着这些活动的结束,预案的有效性也随之终结。单项预案主要是针对临时活动中可能出现的紧急情况,预先对相关应急机构的职责、任务和预防性措施作出的安排。

第二节　旅游安全应急预案基本内容

应急救援是为预防、控制和消除旅游安全事故对旅游者生命、财产和旅游资源造成的各种损害而采取的救援行动。应急预案是开展应急救援的行动计划和实施指南。应急预案实际上是一个透明的和标准化的反应程序,使应急救援活动能按照预先制订的周密计划和最有效的实施步骤有条不紊地进行,这些计划和步骤是快速响应和应急救援的基本保证。

一、应急预案的结构

应急预案是应急体系建设的重要组成部分,应该有完整的系统设计、标准化的文本文件、行之有效的操作程序和持续改进的运行机制。不同的应急预案由于各自所处的层次和适用范围的不同,在内容的详略程度和侧重点上会有所不同,但都可以采用相似的基本结构,其基本结构可采用"1+4"的结构模式,即由一个基本预案加上应急功能(职能)设置、特殊风险管理、标准操作程序和支持附件构成。

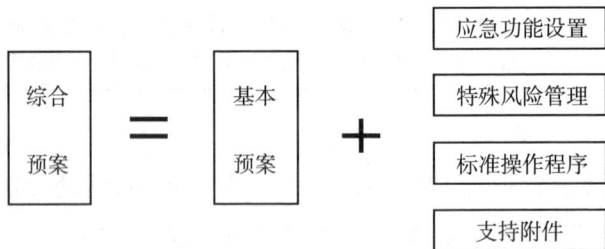

图 7.2　应急预案的基本结构

(一) 基本预案

基本预案是对应急预案的总体描述,主要阐述被高度抽象出来的共性问题,包括应急方针、总体思路、应急资源、法律依据、组织体系、各应急组织在应急准备和应急行动中的职责、基本应急响应程序以及应急预案的演练和管理等规定。基本预案一般是对公众发布的文件。《国家突发公共事件总体应急预案》和《旅游突发公共事件应急预案》是我国及旅游区应对突发公共安全事件的基本预案。基本预案可以使政府和旅游管理层从总体上把握本行政区域或行业系统针对突发事件应急的有关情况,了解应急准备状况,同时也为制定标准化操作程序、应急功能设置等提供框架和指导。

(二) 应急功能设置

应急功能是指针对各类事故应急救援中通常都要采取的一系列基本的应急行

动和任务,核心功能主要有指挥与控制、警报与紧急公告、通讯、人群疏散与安置、医疗、现场管制等。应急功能设置要明确从应急准备到应急恢复全过程的每一个应急活动中各相关部门应承担的责任和目标,功能设置的数量和类型要因地制宜,由旅游突发事件的风险水平和潜在事故风险的类型,以及应急的组织方式和运行机制等具体情况来决定。

设置应急功能时,应综合分析潜在事故的特点,针对每一项应急功能确定其负责机构和支持机构,明确每一功能的目标、任务、要求、应急准备和操作程序等。通俗一点说,就是每项应急功能都要明确"做什么""怎么做"和"谁来做",这些内容要以部门之间签署的协议书来具体落实。为直观地描述应急功能与相关应急机构的关系,可采用应急功能分配矩阵表。

表7.2 应急功能分配矩阵表

应急机构	应 急 功 能										
	接警与通知	指挥与控制	警报和紧急公告	通讯	事态检测与评估	警戒与管制	人群疏散	医疗与卫生	应急人员安全	消防和抢险	现场恢复
应急中心	R	S	R	R	S						
安监		R			S				R		S
公安	S	S	S	S	S	R	R	S	S	R	S
卫生	S		S		S			R	S		
环保	S		S		R			S	S		R
信息			S	S			S	S			S
交通	S						S			S	
……											

注:R为负责部门,S为支持部门。

（三）特殊风险管理

特殊风险指根据某类事故的典型特征,需要对其应急功能作出针对性安排的风险。在事故风险辨识、评价和分析的基础上,针对每一种特殊风险,说明处置此类风险应该设置的专有应急功能或有关应急功能所需的特殊要求,明确这些应急功能的责任部门、支持部门、有限介入部门以及它们的职责和任务,并为该类风险专项预案的制定提出特殊要求和指导。

特殊风险管理是针对后果严重的特殊风险及特殊条件下的事故应急响应而制

定的指导程序,其具体内容根据不同事故情况而设定,包括基本应急程序的行动内容和特殊事故的特殊应急行动。不同旅游区的风险不同,事故类型各异,应针对不同的特殊风险制定相应的管理内容。

（四）标准化操作程序

标准化操作程序是针对每一项应急活动,给组织或个人履行应急预案中规定的职责和任务提供的操作步骤和详细指导,其阐述的是在应急活动中谁来做、如何做和怎样做的一系列问题。标准化操作程序可以保证在事件突然发生后,即使在没有接到上级指挥命令的情况下也能在第一时间启动应急,提高应急响应的速度和质量。

标准化操作程序是对"基本预案"的具体化,说明各项应急功能的实施细节,应保证与应急预案协调一致,其中涉及的具体技术资料可作为应急预案的附件或以适当的方式引用。标准操作程序的描述应简单明了,一般包括目的与适用范围、职责、具体任务说明或操作步骤、负责人等。标准操作程序应尽量采用检查表的形式,对每一步留有记录区,供逐项检查核对时做标记使用。已做过核对标记的检查表,成为应急活动记录的一部分。

（五）支持附件

应急活动各个过程中的任务实施都要依靠支持附件的配合和支持,支持附件包括应急救援有关支持保障系统的描述及有关附图表,如通讯联络附件,法律法规附件,机构和应急资源附件,教育、培训、训练和演习附件,技术支持附件(手册、后果预测和评估模型及有关支持软件等),警报系统分布及覆盖范围图,事故灾害影响范围预测图,危险源登记表、分布图,协议附件及其他支持附件等。

二、应急预案的核心要素

应急预案是整个应急管理工作的具体反映,其内容不仅包括事故(件)发生过程中的应急响应和救援措施,还包括事故发生前的各种应急准备和事故发生后的紧急恢复以及预案的管理与更新等。为了满足应急活动的需求,完整的应急预案应包括方针与原则、应急策划、应急准备、应急响应、现场恢复、预案管理与评审改进六个一级关键要素。六个一级要素之间既相对独立,又紧密联系,从应急的方针、策划、准备、响应、恢复到预案的管理与评审改进,形成了一个有机联系并持续改进的体系结构。

根据一级要素中所包括的任务和功能,应急策划、应急准备和应急响应三个一级关键要素,可进一步划分成若干个二级要素。所有这些要素构成了应急预案的核心要素,这些要素是应急预案编制应当涉及的基本方面。在实际编制时,可根据事故风险、职能部门的设置等实际情况的需要,将要素进行合并、增加、重新排列或适当的删减等,以便于组织编写。

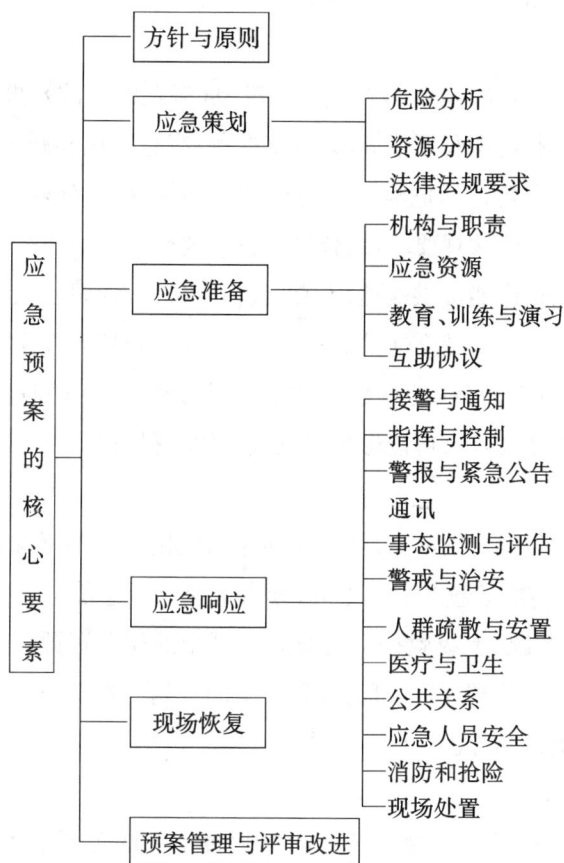

图 7.3　应急预案的核心要素

（一）方针与原则

无论是何种等级或类型的应急救援体系,首先应有明确的方针和原则,以作为指导应急救援工作的纲领。方针与原则反映了应急救援工作的优先方向、政策、范围和总体目标,应体现以人为本、安全第一、预防为主、常备不懈、统一指挥、分级管理、高效协调及持续改进的思想,同时还要符合行业和旅游安全管理的实际。应急的策划和准备、应急策略的制定和现场应急救援及恢复，都应当围绕方针和原则开展。

（二）应急策划

应急预案最重要的特点是要有针对性和可操作性。因而，应急策划必须明确应急的对象和可用的应急资源情况。在进行应急策划时，应当列出国家、地方相关的法律法规，以作为制定预案和应急工作授权的依据。

1. 危险分析。

危险分析的最终目的是要明确应急的对象（潜在的事故），事故的性质及其影响范围，后果的预测、辨识和评估等，为应急准备、应急响应和减灾措施提供决策和指导的依据。危险分析包括危险识别、脆弱性分析和风险分析。危险分析应依据国家和地方有关的法律法规要求，结合具体情况进行。

危险分析的结果应能提供地理、人文（包括人口分布）、地质、气象等信息；功能布局（包括重要保护目标）及交通情况；潜在危险的分布情况及主要危险的种类、数量及理化、消防等特性；可能的事故种类及后果分析；特定的时段（如客流高峰时间、度假季节、大型活动等）；可能影响应急救援的不利因素。

2. 资源分析。

针对危险分析所确定的潜在危险，明确应急救援所需的资源，列出可用的应急力量和资源，包括各类应急力量的组成、分布情况及应急能力；各种重要应急设施（备）、物资的准备情况；上级救援机构或周边可用的应急资源。通过资源分析，对应急资源作出相应的管理规定，可为应急资源的规划与配备、与相邻地区签订互助协议和预案编制提供指导。

3. 法律法规要求。

有关应急救援的法律法规是开展应急救援工作的重要前提保障。应急策划时，应列出国家、省、地方及上级部门涉及应急各部门职责要求以及应急预案、应急准备和应急救援的法律、法规和规定，有关事故应急的文件、技术规范和指南性材料及国际公约，作为应急预案编制和应急救援的依据和授权。

（三）应急准备

应急准备是指针对可能发生的突发事件应做好的各项准备工作。应急预案能否在应急救援中成功地发挥作用，不仅取决于应急预案自身的完善程度，还取决于应急准备的充分与否。应急准备应基于应急策划的结果，明确所需的应急组织及其职责权限、应急队伍的建设和人员培训、应急资源的准备、预案的演习、公众的应急知识教育和签订必要的互助协议等。

1. 机构与职责。

为保证应急救援工作的迅速反应、协调有序，必须将有限的人力合理分工配置，建立完善的应急机构组织体系，列出应急救援中承担任务的所有应急组织，各组织的职责应覆盖所有的应急功能。同时，明确各应急组织在突发事件的应急救援中应承担的相应职责、负责人、候补人及联络方式等。在应急预案中，可以包括各有关内部应急部门和外部机构及其负责人的署名页，表明各应急部门和机构对应急预案编制的参与和认同，以及履行承担职责的承诺。

2. 应急资源。

应急资源包括应急救援中可用的人员、设备、设施、物资、经费保障和其他资源，包括社会和外部援助资源等。应急资源的准备是应急救援工作的重要保障，应根据潜在事故的性质和后果分析，合理组建专业和社会救援力量，配备应急救援中所需的消防设备、各种救援机械和设备、监测仪器、堵漏和清消材料、交通工具、个体防护设备、医疗设备和药品、生活保障物资等，并定期检查、维护与更新，保证其始终处于完好状态。另外，对应急资源信息实施有效的管理与更新。

3. 教育、训练与演习。

为全面提高应急能力，应急预案应对公众教育、应急训练和演习作出相应的规定，包括其内容、计划、组织与准备、效果评估和要求等。公众意识和自我保护能力是减少事故伤亡不可忽视的一个重要方面。作为应急准备的一项内容，应对公众教育作出规定，使他们了解潜在的风险及危害，掌握基本的防护知识、必要的自救与互救技巧，了解预先指定的主要及备用疏散路线和集合地点，了解各种警报的含义和应急救援工作的有关要求。

应急训练的基本内容主要包括基础培训与训练、专业训练、战术训练及其他训练等。基础培训与训练包括明确各自的职责，熟悉潜在危险的性质、救援的基本程序和要领，熟练掌握个人防护装备和通讯装备的使用等；专业训练关系到应急队伍的实战能力，训练内容主要包括专业常识、抢运和清消及现场急救等技术；战术训练是各项专业技术的综合运用，使各级指挥员和救援人员具备良好的组织指挥能力和应变能力；其他训练应根据实际情况选择开展，以进一步提高救援队伍的救援水平。

预案演习是对应急能力的综合检验。组织由应急各方参加的预案训练和演习,使应急人员进入"实战"状态,熟悉各类应急处理和整个应急行动的程序,明确自身的职责,提高协同作战能力。同时,对演练的结果进行评估,分析应急预案的不足,并予以改进和完善。

4. 互助协议。

当旅游单位的应急力量与资源相对薄弱时,应事先寻求与邻近的政府部门、行业组织、相邻单位及专业救援机构等签署正式的互助协议,明确可提供的互助力量(消防、医疗、检测)、物资、设备、技术等,并做好相应的安排,以便在应急救援中及时得到外部救援力量和资源的援助。此外,还可与社会专业技术服务机构、物资供应企业等签署相应的互助协议。

(四) 应急响应

应急响应能力的体现,应包括应急救援过程中一系列需要明确并实施的核心应急功能和任务,这些核心功能具有一定的独立性,但相互之间又密切联系,构成应急响应的有机整体,共同完成应急救援的目的。应急响应功能是指突发事件应急响应过程中需要完成的某些任务的集合,这些任务之间联系紧密,共同构成应急响应的一个功能模块。根据旅游突发事件风险性质及应急主体的不同,需要的核心应急功能可有一些差异。

1. 接警与通知。

迅速准确地了解突发事故的性质和规模等初始信息,是决定是否启动应急救援的关键。接警作为应急响应的第一步,必须对其要求作出明确规定,保证迅速、准确地向报警人员询问事故现场的重要信息,如事件发生的时间、地点、种类、强度等。接警人员接受报警后,应按预先确定的接警和事故通报程序,将事故信息及时向有关应急机构、上级部门、政府部门及相邻地区发出通知,以采取相应的行动。

2. 指挥与控制。

旅游突发事故的应急救援往往涉及多个救援部门和机构,因此,对应急行动的统一指挥和协调是应急救援有效开展的关键。建立分级响应,统一指挥、协调和决策程序,以便对事故进行初始评估,确认紧急状态,从而迅速、有效地进行应急响应决策,建立现场工作区域,确定重点保护区域和应急行动的优先原则,合理、高效地调配和使用应急资源,指挥和协调现场各救援队伍有条不紊地开展救援行动。指挥与控制功能应明确:现场指挥部的设立程序;指挥的职责和权力;指挥系统(谁指挥谁、谁配合谁、谁向谁报告);启用现场外应急队伍的方法;事态评估与应急决策的程序;现场指挥与应急指挥部的协调;旅游区应急指挥与外部应急指挥之间的协调。

3. 警报和紧急公告。

警报和紧急公告功能应明确在发生重大事故时,如何向受影响的公众发出警报,包括什么时候、谁有权决定启动警报系统,各种警报信号的不同含义,警报系统的协调使用,可使用的警报装置的类型和位置以及警报装置覆盖的地理区域。如果可能的话,应指定备用措施。当事故可能影响到旅游区时,应及时启动警报系统,同时通过各种途径向公众发出紧急公告,传递事故的有关重要信息,如事故性质、对健康的影响、自我保护措施、注意事项等,以保证公众能够及时作出自我防护响应。决定实施疏散时,应通过紧急公告确保公众了解疏散的有关信息,如疏散时间、路线、随身携带物、交通工具及目的地等。

4. 通信。

通信是应急指挥、协调和与外界联系的重要保障,所有直接参与或者支持应急行动的组织(应急指挥部、现场指挥部、各应急救援组织、新闻媒体、医疗卫生部门、上级政府和外部救援机构等)之间,必须建立畅通的应急通信网络。通信功能应当说明主要通信系统的类型、使用方法、维护以及应急通信需求的详细情况等。充分考虑紧急状态下的通信能力和保障,建立备用的通信系统以保证全天候持续工作的通信能力。

5. 事态监测与评估。

在应急救援过程中,必须对事故的发展态势和影响及时进行动态的监测与评估,其在应急救援和应急恢复中起着非常重要的决策支持作用,其结果不仅是控制事故现场,制定消防、抢险措施的重要决策依据,也是划分现场工作区域、保障现场应急人员安全、实施公众保护或疏散措施的重要依据。

事态监测与评估的内容包括:由谁来负责监测与评估活动,监测仪器设备及监测方法,实验室化验及检验支持,监测点的设置及现场工作的报告程序等。可能的监测活动包括:事故影响边界,气象条件,对食物、饮用水、卫生以及水体、土壤、农作物等的污染,可能的二次反应有害物,爆炸危险性和受损建筑垮塌危险性,以及污染物质滞留区等。

6. 警戒与治安。

为保障现场应急救援工作的顺利开展,在事故现场周围建立警戒区域,实施交通管制,维护现场治安秩序是十分必要的,其目的是防止与救援无关的人员进入事故现场,保障救援队伍、物资运输和人群疏散等的交通畅通,避免现场的混乱或发生不必要的伤亡,维护撤离区和人员安置区场所的社会治安工作,保卫撤离区内和各封锁路口附近的重要目标和财产安全,打击各种犯罪分子。除上述职责以外,警戒人员还应协助发出警报、现场紧急疏散、人员清点、传达紧急信息、执行指挥机构的通告,以及协助事故调查等。警戒与治安功能一般由公安部门或旅游区保安人员负责。由于警戒人员往往第一个到达现场,因此,应对其进行危险物质事故有关知识的培训,并列出警戒人员有关个体防护的准备。

7. 人群疏散与安置。

当事故现场周围地区的人群的生命可能受到威胁时,将受威胁人群及时疏散到安全区域,是减少人员伤亡扩大的关键。事故的大小、强度、爆发速度、持续时间及其后果严重程度是实施人群疏散应予考虑的重要因素,它将决定疏散人群的数量、疏散的可用时间以及确保安全的疏散距离。要对疏散的紧急情况和决策、预防性疏散准备、疏散区域、疏散距离、疏散路线、疏散运输工具、安全庇护场所以及回迁等作出细致的规定和准备。对已实施临时疏散的人群,要做好临时生活安置,保障必要的食品、水、电等基本条件。

在紧急情况下,根据事故的现场情况,也可以选择现场安全避难方法。疏散与避难一般由政府组织进行,但旅游区、社区必须事先做好准备,积极与地方政府主管部门合作,保护旅游者、当地居民及其他人员免受事故危害。

8. 医疗与卫生。

及时、有效的现场急救以及合理地转送医院治疗,是减少事故现场人员伤亡的关键。在该功能中,应明确针对可能发生的事故,为现场急救、伤员运送、治疗及卫生监测等所做的准备和安排,包括:可用的急救资源列表(急救中心、救护车和急救人员);医院列表(数量、分布、可用病床、治疗能力);抢救药品、医疗器械、消毒、解毒药品等在旅游区内、外的来源和供给;建立与上级或外部医疗机构的联系与协调,包括食物中毒急救中心等;建立对受伤人员进行分类急救、运送和转送医院的标准操作程序;记录、汇总伤亡情况;保障现场急救和医疗人员个人安全的措施;卫生和传染病源监测机构及可用的监测设备和检测方案。

9. 公共关系。

发生突发事件后,不可避免地会引起新闻媒体和公众的关注。因此,应将有关事故的信息、影响、救援工作的进展、人员伤亡情况等及时向媒体和公众进行统一发布,以消除公众的恐慌心理,控制谣言,避免公众的猜疑和不满。

公共关系功能应明确信息发布的审核和批准程序,保证发布信息的统一性,避免错误报道;指定新闻发言人,适时举行新闻发布会,准确发布事故信息,澄清事故传言,当没有进一步的信息时,应该让人们知道事态正在调查,将在下次新闻发布会通知媒体,不回避或掩盖事实真相;为公众咨询、接待、安抚受害人员家属作出安排。

10. 应急人员安全。

应急响应人员自身安全是旅游事故应急预案应予考虑的一个重要问题。一些事故尤其是涉及危险物质的事故,应急救援工作危险性大,必须对应急人员自身的安全问题进行周密的考虑,要根据事故的性质,确定安全预防措施及设备、个体防护等级,合理配备个人防护设备,如配备自持式呼吸器等。此外,在收集到事故现场更多的信息后,应重新评估所需的个体防护设备,以确保正确选配和使用个体防护设备。明确应急人员进出现场和紧急撤离的条件和程序,避免应急救援人员遭受不必要的伤害。

11. 消防和抢险。

消防和抢险是应急救援工作的核心内容之一,其目的是尽快控制事故的发展,防止事故的蔓延和进一步扩大,从而最终控制住事故,并积极营救事故现场的受害人员。尤其是涉及危险物质的泄漏、火灾事故,其消防和抢险工作的难度和危险性极大。该部分应对消防和抢险工作的组织、相关消防抢险设施、器材和物资、人员培训、行动方案以及现场指挥等做好周密的安排和准备。

12. 现场处置。

根据现场应急方案对现场进行处置、控制,是旅游区突发事故应急的一个关键所在,事故现场处置的效果也是检验应急预案是否完善、有效的重要指标。由于旅游区可能发生的事故众多,处置方法存在较大差异,针对旅游活动中可能发生的不同突发事故,应制定相应的现场处置方案,以获得良好的应急效果。

（五）现场恢复

现场恢复是指将事故现场恢复到相对稳定、安全的基本状态。就应急过程来说,现场恢复意味着应急救援工作的结束,进入下一个工作阶段。当应急救援结束后,应急总指挥应该委派恢复人员进入事故现场,清理被破坏的设施,恢复被损坏的设备和设施,清理火灾、自然灾害等处置后的残余物等。

大量经验教训表明,在现场恢复的过程中,仍然存在潜在的危险,如余烬复燃、受损建筑倒塌等,所以应对事故及受影响区域进行检测,分析现场恢复过程中的潜在危险,确保恢复期间的安全。该部分主要内容应包括:宣布应急结束的程序;撤离和交接程序;恢复正常状态的程序;现场清理和受影响区域的连续检测;事故调查与后果评价等。

（六）预案管理与评审改进

应急预案是应急救援工作的指导文件,具有法律权威性。预案管理与评审改进功能是对应急预案的制定、修改、更新、批准和发布作出明确的管理规定,指定相应的管理部门,明确应急预案的审查、批准和发布程序,保证定期或在应急演习、应急救援后对应急预案进行评审,针对实际情况以及预案中所暴露出的缺陷与不足,不断地更新、完善和改进,使其适用于实际应急工作的需要。

第三节　旅游安全应急预案编制

旅游安全应急预案的编制过程可分为五个步骤:成立编制小组、安全现状评估、编制应急预案、应急预案评审、应急预案实施。

一、成立编制小组

应急预案的内容涉及不同的部门及专业领域,编制应急预案是一个复杂的过程。组织编制工作,首先要成立旅游安全应急预案编制小组,由专人或小组具体负责,其规模取决于应急预案的适用领域及涉及范围等。编制小组成员应有相应的专业知识、团队精神和社会责任感,具有应急相关部门的代表性。

（一）编制主体人员

编制小组应得到应急主体部门人员的参与和保证,并得到高层管理者的授权和认可,应以书面或旅游单位下发文件的形式,明确指定编制主体人员。确定了预案编制小组的成员后,必须确定小组领导,确定编制计划,明确任务分工,保证预案编制工作的组织实施。

（二）编制参与人员

在应急预案编制过程中,应将突发事件应急功能和相关职能部门的人员纳入预案编制小组之中,并得到本部门的认可。部门参与人员是非固定的,可各自负责需要编写的部分。针对旅游安全应急预案,应有以下部门人员参与:高层管理者、各级管理人员、消防安保部、工程维护部、对外联络部等。

（三）专家系统支持

应急预案的科学性、严谨性和可行性,要求编制人员依据客观和科学的实际情况对事故或事件进行评价,并编制与之相适应的有应急响应能力的预案。因此,只有对这些领域有深入研究的专家,才能提出具有针对性的措施和方法。

对于旅游区来讲,建立专家系统,既可以利用外部资源,也可以充分利用内部资源,如旅游区的设施管理人员、工程技术人员、设计人员等。有时因旅游区的风险水平较高,或在进行安全评估中技术的要求难度较大,也可聘请专业的应急咨询机构和评价人员帮助开展工作。

二、安全现状评估

（一）潜在风险分析

潜在风险分析是旅游应急预案编制的基础和关键过程。分析的结果不仅有助于确定旅游区应急工作的重点,提供划分预案编制优先级别的依据,也为应急预案的编制、应急准备和应急响应提供必要的信息和资料。

1. 风险识别。

风险识别是将旅游区中可能存在的风险因素识别出来,作为下一步风险分析的对象。风险识别应分析旅游区的地理、气象等自然条件,公共设施等的具体情况,结合本地区历史上曾经发生的事故,识别旅游系统中存在的危害和风险。

风险识别的方法主要有现场调查法、工作任务法、安全检查表法等。现场调查法是通过现场观察、询问交谈、安全记录查阅等,获取相关安全信息,通过分析研究,识别潜在风险;工作任务法是通过分析现场工作人员的工作任务中所涉及的危害,识别相应的危险源;安全检查表法是使用编制好的安全检查表,对旅游区进行系统的安全检查,识别存在的潜在风险。

表 7.3　某景区(点)安全检查表

序号	检查内容	达标情况
1	建立、健全并落实安全生产责任制	
2	景区景点内游乐设施、交通工具及道路、码头等经相关主管部门批准后投入使用	
3	景区景点内游乐设施、交通工具及道路、码头等投入使用后,处于安全运行状态	
4	水面活动项目配备专业救护人员和救护设施	
5	各类水上交通工具按规定配足救生衣或救生圈	
6	易坠落的岩石和枯枝及地下游览场所定期检查并及时排除隐患	
7	危险地段和设施设备处张贴警示标志	
8	建立各类突发事故的应急预案	
9	索道、缆车等设备和设施有完整的安全记录和检修记录	
10	建立紧急救援和医疗救助体系,设立医务救助站,配备专职医务人员及常用药品	

2. 脆弱性分析。

脆弱性分析是在风险识别的基础上,分析旅游区一旦发生事故,最容易受到冲击破坏的区域以及最可能出现波动或激变的环节。脆弱性分析应提供下列信息:受事故或灾害影响的区域,以及该区域的影响因素(地形、交通、风向等);预计位于脆弱带中的人口数量和类型(当地居民、旅游者、员工等);可能遭受的财产破坏,包括基础设施(水、食物、电、医疗等)和运输线路;可能的环境影响。

3. 风险分析。

风险分析是根据脆弱性分析的结果,评估事故或灾害发生时,对旅游区造成破坏的可能性,以及可能导致的实际破坏程度和波及范围,一般用相对性的词汇(如低、中、高)来描述。风险分析应提供下列信息:发生事故的可能性,或同时发生多种紧急事故的可能性;对人造成的伤害类型(急性、延时或慢性)和相关的高危人群;对财产造成的破坏类型(暂时、可修复或永久的);对环境造成的破坏类型(可恢复或永久的)。

4. 分析结果应用。

通过脆弱性与风险分析得到的评价结果评估潜在紧急情况的后果,确定应急需求和设备系统的需求。同时,结合旅游区的产品、服务及所需的设施设备,旅游区内外部的资源和能力,确定应急需求的范围,提出有针对性的应急措施。

(二) 应急能力评估

根据实际情况,通过风险分析的结果,对已有的应急资源和应急能力进行评估,掌握旅游区现有的应急能力状况,明确应急体系中的缺陷和不足。应急资源和能力将直接影响应急行动的快速有效性,应急资源包括应急人员、应急设施(备)、装备和物资等,应急能力包括人员的技术、经验和接受的培训等。评估工作应由应急编制小组中的专业人员进行,并与相关部门及重要岗位工作人员交流,评估结果应形成书面报告。预案制定时,应当在评估与潜在风险相适应的应急资源和能力的基础上,选择最现实、最有效的应急策略。

三、编制应急预案

根据应急资源的现状、需求,事故风险分析结果以及有关的法律法规等要求,收集和查阅已有的相关资料,确定应急的总体目标和行动的优先顺序。在此基础上,确定具体目标和重要事项,列出需要完成的任务清单、工作人员清单和时间表,明确脆弱性分析中发现的问题和针对资源不足问题的解决方法。然后,分配给编制小组每个成员相应的编写内容,确定最合适的格式,对具体的目标应明确时间期限。预案编写可采用树型、条文式、分部式、顺序式等结构。完成应急预案初稿后,应进行内部讨论与审定,并不断修改完善,形成评审稿。

四、应急预案评审

为确保应急预案的科学性、合理性及与实际情况的符合性,预案编制单位或管理部门应依据我国有关应急的方针、政策、法律、法规、规章、标准和其他有关应急预案编制的指南性文件与评审检查表,组织开展预案评审工作,并取得政府有关部门和应急机构的认可。预案经评审完善后,由主要负责人签署发布,并按规定报送上级有关部门备案。

(一)评审时机

应急预案评审时机是指应急管理机构、组织应在何种情况下、何时或间隔多长时间对预案实施评审、修订。应急预案的评审、修订时机和频次可遵循如下规则:定期评审、修订的周期可确定为1年;随时针对培训和演习中发现的问题对应急预案实施评审、修订;国家有关应急的方针、政策、法律、法规、规章和标准发生变化时,评审、修订应急预案;当潜在风险发生较大变化时,评审、修订应急预案;根据应急预案的规定,评审、修订应急预案。

(二)评审类型

应急预案作为事故应急管理工作的规范文件,一经发布,即具有相当的权威性。

因此,应急预案草案应通过所有要求执行该预案的机构或为预案执行提供支持的机构的评审。评审过程应相对独立,通过预案评审,对预案草案进行完善和改进。

1. 内部评审。

内部评审是指编制小组内部组织的评审。应急预案编制单位应在预案初稿编写工作完成之后,组织编写成员对预案进行内部评审。内部评审应对照检查表检查各自的工作,评估应急预案的完整性、准确性、可读性和可操作性等,保证预案内容的准确、协调和完整。完成内部评审工作之后,应对应急预案进行修订,并组织外部评审。

2. 外部评审。

外部评审是预案编制单位组织本地或外埠同行专家、上级机构、社区及有关政府部门对预案进行评议的评审。外部评审的主要作用是确保应急预案中规定的各项权力法制化,确保应急预案被所有部门接受。根据评审人员的不同,外部评审可分为同行评审、上级评审、社区评审和政府评审等。

(三)评审程序

完成旅游安全应急预案的编制后,旅游企业或单位应在广泛征求意见的基础上,对应急预案进行评审。

1. 评审准备。

成立应急预案评审工作组,落实参加评审的单位或人员,将应急预案及有关资料在评审前送予参加评审的单位或人员。

2. 组织评审。

评审工作应由旅游经营单位主要负责人或主管安全生产工作的负责人主持,参加应急预案评审的人员应符合《生产安全事故应急预案管理办法》要求。经营规模小、人员少的单位,可以采取演练的方式对应急预案进行论证,必要时应邀请相关主管部门或安全管理人员参加。应急预案评审工作组讨论并提出会议评审意见。

3. 修订完善。

旅游经营单位应认真分析研究评审意见,按照评审意见对应急预案进行修订和完善。评审意见要求重新组织评审的,旅游经营单位应组织有关部门对应急预案重新进行评审。

4. 批准印发。

旅游安全应急预案经评审或论证,符合要求的,由旅游经营单位主要负责人签发。预案分发给有关部门,要建立发放登记表,记录发放日期、发放份数、文件登记号、接收部门、接收日期、签收人等有关信息。向社会或媒体分发用于宣传教育的预案可不包括有关标准操作程序、内部通信簿等不便公开的专业、关键或敏感信息。

(四)评审方法

应急预案评审有形式评审和要素评审两种方法。形式评审主要用于应急预案备案时的评审;要素评审用于旅游经营单位组织的应急预案评审工作。应急预案评审采用符合、基本符合、不符合三种意见进行判定,对于基本符合和不符合的预案,应给出具体修改意见或建议。

1. 形式评审。

形式评审是对应急预案的层次结构、内容格式、语言文字、附件项目以及编制程序等内容进行审查,重点审查应急预案的规范性和编制程序。

表 7.4　应急预案形式评审表

评审项目	评审内容及要求	评审意见
封　面	应急预案版本号、应急预案名称、旅游经营单位名称、发布日期等内容	
批准页	1. 对应急预案的实施提出具体要求 2. 发布单位主要负责人签字或单位盖章	
目　录	1. 页码标注准确(预案很简单时,目录可省略) 2. 层次清晰,编号和标题编排合理	
正　文	1. 文字通顺、语言精炼、通俗易懂 2. 结构层次清晰,内容格式规范 3. 图表、文字清楚,编排合理(名称、顺序、大小等) 4. 无错别字,同类文字的字体、字号统一	
附　件	1. 附件项目齐全,编排有序合理 2. 多个附件应标明附件的对应序号 3. 需要时,附件可独立装订	
编制过程	1. 成立应急预案编制工作组 2. 全面分析本单位危险因素,确定可能发生的事故类型及危害程度 3. 针对危险源和事故危害程度,制定相应的防范措施 4. 客观评价本单位应急能力,掌握可利用的社会应急资源情况 5. 制定相关专项预案和现场处置方案,建立应急预案体系 6. 充分征求相关部门和单位意见,并对意见及采纳情况进行记录 7. 必要时与相关专业应急救援单位签订应急救援协议 8. 应急预案经过评审或论证 9. 重新修订后评审的,一并注明	

2. 要素评审。

要素评审是依据国家有关法律法规和有关行业规范,从合法性、完整性、针对性、实用性、科学性、操作性和衔接性等方面对应急预案进行评审。为细化评审,应采用列表方式分别对应急预案的关键要素和一般要素进行评审。评审时,将应急预案的要素内容与评审表中所列的要素内容进行对照,判断是否符合有关要求,指出存在的问题及不足。

关键要素是指应急预案构成要素中必须规范的内容,是应急管理及救援的关键环节,主要有危险源辨识与风险分析、组织机构及职责、信息报告与处置、应急响应程序与处置技术等;一般要素是指应急预案构成要素中可简写或省略的内容,如应急预案的编制目的、编制依据、适用范围、工作原则、单位概况等。

表 7.5　综合应急预案主要关键要素评审表

评审项目		评审内容及要求	评审意见
应急预案体系		1. 能够清晰表述本单位及所属单位应急预案的组成和衔接关系 2. 能够覆盖本单位及所属单位可能发生的事故类型	
适用范围		范围明确,适用的事故类型和响应级别合理	
危险源辨识 与风险分析		1. 能够客观分析本单位存在的危险源及危险程度 2. 能够客观分析可能引发事故的诱因、影响范围及后果	
组织机构 及职责	应急组织 体系	1. 能够清晰地描述本单位的应急组织体系(推荐使用图表) 2. 明确应急组织成员日常及应急状态下的工作职责	
	指挥机构 及职责	1. 清晰地表述本单位应急指挥体系 2. 应急指挥部门职责明确 3. 各应急救援小组设置合理,应急工作明确	
信息报告与处置		1. 明确本单位 24 小时应急值守电话 2. 明确本单位内部信息报告的方式、要求与处置流程 3. 明确事故信息上报的部门、通信方式和内容时限 4. 明确向事故相关单位通告、报警的方式和内容 5. 明确向有关单位发出请求支援的方式和内容 6. 明确与外界新闻舆论信息沟通的责任人以及具体方式	
应急响应	响应分级	1. 分级清晰,且与上级应急预案响应分级衔接 2. 能够体现事故紧急和危害程度 3. 明确紧急情况下应急响应决策的原则	
	响应程序	1. 立足于控制事态发展,减少事故损失 2. 明确救援过程中各专项应急功能的实施程序 3. 明确扩大应急的基本条件及原则 4. 能够辅以图表直观表述应急响应程序	

评审项目	评审内容及要求	评审意见
保障措施	1. 明确相关单位或人员的通信方式,确保应急期间信息通畅 2. 明确应急装备、设施和器材及其存放位置清单,以及保证其有效性的措施 3. 明确各类应急资源,包括专业应急救援队伍、兼职应急队伍的组织机构以及联系方式 4. 明确应急工作经费保障方案	

（五）评审要点

1. 合法性。

旅游安全应急预案中所有的内容均应符合国家及相关部门制定的有关法律、法规、规章和标准,以及有关部门和上级单位规范性文件的要求。

2. 完整性。

应急预案的内容应完整,应包含实施应急响应行动所需的所有基本信息。完整性包括职能完整、应急过程完整和适用范围完整。职能完整即应急预案中应说明有关部门应履行的应急响应职能和应急准备职能,说明为确保履行这些职能而应履行的支持性职能;应急过程的完整性,指应急预案应涵盖应急活动的全过程,包括应急预防、应急准备、应急响应和应急恢复四个阶段;适用范围完整,指应急预案中应阐明该预案的适用范围。

3. 针对性。

旅游安全应急预案要密切结合本单位的危险源辨识与风险分析,针对这些潜在的危险源和风险,提出切实可行的方案。

4. 实用性。

旅游安全应急预案应契合本单位的工作实际,与单位事故应急处置能力相适应。应急预案应通俗易懂、语言简洁、层次结构清晰、易查询,信息获取方便。

5. 科学性。

组织体系、信息报送和处置方案等内容应科学合理,所包含的各类基本信息应准确有效,如通讯信息准确、职责描述准确、适用危险性质及种类准确。

6. 操作性。

应急响应程序和保障措施等内容应切实可行,具有良好的可操作性(实用性),

当发生事故灾害时,有关应急组织、人员可以按照应急预案的规定,迅速、有序、有效地开展应急与救援行动,降低事故损失。

7. 衔接性。

综合、专项应急预案和现场处置方案应形成体系,并与相关部门或单位应急预案协调一致、相互兼容、相互衔接,不产生冲突。

五、应急预案实施

(一)应急预案落实

应急预案经评审通过和批准后,应按有关程序正式发布和备案,并组织落实应急预案中的各项工作,如开展应急预案宣传、教育和培训,落实和检查各相关部门的职责、程序和资源准备,组织开展应急演练和训练等。

(二)应急预案修改

对应急预案实施动态管理,当在日常应急管理、训练或演习及实际应急过程中发现预案缺陷和漏洞,或者组织机构、人员及通讯方式及有关法律、法规、标准等发生变化时,应对预案进行修改更新,并不断完善,以保持预案的时效性。修改预案时,应填写预案更改通知单,经审核、批准后备案存档,并根据预案发放登记表,发放预案更改通知单复印件至各部门,以更新预案。

(三)应急预案修订

当预案更改的内容变化较大、累计修改处较多,或已达到预案修订期限时,旅游主管部门应对预案进行评估,并及时进行修订。预案的修订过程应遵循与预案编制相同的过程,包括从成立预案编制小组到预案的评审、批准和实施全过程。预案经修订重新发布后,应按原预案发放登记表收回旧版本预案,发放新版本预案并进行登记。

案例回放

一、泰山景区突发公共事件总体应急预案(节选)

1　总则

1.1　编制目的

提高景区保障公共安全和处置突发公共事件的能力,最大限度地预防和减少突发公共事件及其造成的损害,保障公众的生命财产安全,维护泰山景区安全稳定,促进各项事业全面、协调、可持续发展。

1.2 编制依据

依据现行有关法律、行政法规和《国家突发公共事件总体应急预案》及省、市有关规定,结合景区实际,制定本预案。

1.3 事件分类

突发公共事件分为自然灾害、事故灾难、公共卫生事件、社会安全事件。

1.4 适用范围

本预案适用于泰山景区内发生的一般性突发公共事件的应对工作。

1.5 工作原则

以人为本,减少危害;居安思危,预防为主;统一领导,分级负责;快速反应,协同应对;加强培训,提高素质。

1.6 应急预案体系

泰山景区突发公共事件应急预案体系包括:总体应急预案,专项应急预案,辖区应急预案,举办大型会展、文化体育活动、民俗节庆活动和重大接待任务等,主办单位和主管单位应当制定应急预案。

2 组织体系及相关机构职责

2.1 组织体系

泰山景区应急管理工作领导小组是景区内突发公共事件应急管理工作的领导机构,实行行政领导责任制,统一指挥协调景区内的应急管理工作。管委会应急管理办公室负责履行值守应急、信息汇总和综合协调职责,发挥运转枢纽作用。泰山景区内各部门、各单位根据实际需要成立相应的应急指挥机构,并负责本辖区内发生的公共事件的现场应急救援工作。

2.2 现场应急救援指挥部及职责

现场应急救援指挥部负责指挥、协调所有参与应急救援的队伍和人员,并及时向管委会报告事故灾难事态发展及救援情况。

3 预警与预防机制

3.1 预测与预警

各部门、各单位要针对各种可能发生的突发公共事件,完善预测预警机制,建立预测预警系统,开展风险分析,做到早发现、早报告、早处置。

3.2　应急处置

3.2.1　信息报告

突发公共事件发生后,各部门、各单位要立即报告管委会应急管理办公室,同时报有关领导和部门。应急处置过程中,要及时续报有关情况。

3.2.2　应急响应

突发公共事件发生后,管委会应急管理办公室要根据职责和规定的权限启动相关应急预案,及时、有效地进行处置,控制事态发展。各类突发公共事件的现场应急指挥机构负责现场的应急处置工作。

3.3　善后处置

对突发公共事件中的伤亡人员、应急处置工作人员,以及紧急调集、征用有关单位及个人的物资,要按照规定给予抚恤、补助或补偿,并提供心理及司法援助。有关部门要做好疫病防治和环境污染消除工作。

4　应急保障

4.1　应急救援队伍

景区应急救援队伍由公安消防大队、管委消防队、管理区消防队伍、行政执法队伍、公安干警队伍及景区内的干部职工、经营人员、村民等组成。

4.2　物资保障

建立健全应急物资储备、调拨及紧急配送体系,确保应急所需物资和生活用品的及时供应,并加强对物资储备的监督管理,及时予以补充和更新。

4.3　基本生活保障

要做好受灾群众及游客的基本生活保障工作,确保受灾人员有饭吃、有水喝、有衣穿、有住处、有病能得到及时医治。

4.4　医疗卫生保障

卫生环保局、景区疾病控制中心负责组建医疗卫生应急专业技术队伍,根据需要及时赴现场开展医疗救治、疾病预防控制等卫生应急工作。

4.5　交通运输保障

要保证紧急情况下应急交通工具的优先安排、优先调度、优先放行,确保运输安全畅通,确保抢险救灾物资和人员能够及时、安全地送达。根据应急处置需要,对现场及相关通道实行交通管制,开设应急救援"绿色通道",保证应急救援工作顺利开展。

4.6 通讯设备保障

管委办公室、管委消防队要分别做好景区内有线和无线通讯网的管理和维护，确保畅通；各部门、各单位要分别做好应急救援队伍、各级指挥员和各值班室的通讯保障工作，便于指挥调度和综合协调。

4.7 治安维护

景区公安部门和属地安全保卫机构要加强对重点地区、重点场所、重点人群、重要物资和设备的安全保卫，依法严厉打击违法犯罪活动。

5 监督管理

5.1 预案演练

各部门、各单位要结合实际，有计划、有重点地组织预案演练，确保预案启动时各部门、各单位能按照预定岗位和预定程序进入角色并展开工作。

5.2 宣传和培训

各部门、各单位要广泛宣传应急法律法规和预防、避险、自救、互救、减灾等常识，增强公众的忧患意识、社会责任意识和自救、互救能力。各有关方面要有计划地对应急救援和管理人员进行培训，提高其专业技能。

5.3 责任与奖惩

突发公共事件应急处置工作实行责任追究制。对突发公共事件应急管理工作中做出突出贡献的先进集体和个人要给予表彰和奖励。对迟报、谎报、瞒报和漏报突发公共事件重要情况或者应急管理工作中有其他失职、渎职行为的，依法对有关责任人给予行政处分；构成犯罪的，依法追究刑事责任。

6 附则

6.1 预案管理

本预案由泰山景区应急管理办公室负责管理，并根据实际情况的变化，及时对预案进行修订、补充、完善。

6.2 预案实施

本预案自发布之日起实施。

二〇〇七年九月二十九日

资料来源：http://www.taian.gov.cn/zwgk/zcfg/dffg/201102/t20110223_291253.htm。

二、酒店设备系统重大故障应急预案

为了有效预防、及时控制和消除突发性事故的危害,最大限度地减少设备系统故障造成的损失,维护酒店稳定,确保酒店各项经营活动顺利开展,结合酒店的实际情况,特制定本应急预案,希全体员工遵照执行。

(一)设备重大故障的紧急报修

各部门使用的设备发生重大故障时,应在第一时间报告工程部报修台,由工程部经理根据设备故障情况,立即安排相应专业技术人员在第一时间进行紧急抢修,尽快完成修复任务,恢复正常营业并采取预防措施。

(二)设备重大故障应急处理的程序

(1)处理设备系统重大故障时,当值的设备操作人员、主管应保持沉着冷静,分析故障原因,迅速采取相应的应急措施,并立即逐级(经理、主管副总、总经理)向上汇报。

(2)工程经理与使用部门领导共同协商、统筹协调,采取应急措施,控制影响范围,同时分析故障原因,找出解决方案和预防措施。

(3)设备维修时,专业主管需在现场进行技术督导,工程部专业技术人员应按照设备操作规范进行维修,维修现场应设立醒目的警示标志,以免发生意外。

(4)在确保安全的前提下,做好紧急故障的临时处理工作:市政电源停电时,启动酒店备用发电系统进行供电;地下层集水坑排污潜水泵故障时,使用临时抽水泵排污;供水设备发生故障时,启动备用泵进行供水;中央空调主机发生故障时,启动备用中央空调主机。

(5)如遇水管、油管、蒸汽管泄漏,应先临时封堵。之后,逐级(主管、经理、主管副总、总经理)向上汇报,并采取彻底封补或更换管道的技术处理。

(6)紧急事故现场若产生大量浓烟或导致火险时,应立即报告消防中心。紧急调用临时排风设备进行排烟,并根据事故情况佩戴防毒面具或氧气呼吸器进入现场处理。

(7)处理停电事故,在确认已经处理完毕,必须再做绝缘测试后方可送电。

(8)事故处理后,应将所有防护用品清洗干净,工作人员要清理个人卫生。工程部应组织相关专业人员分析事故原因,提出改进措施,做出总结,并记录备案。

（三）后期总结与奖惩

（1）紧急设备事故处理工作结束后，应组织相关部门认真进行分析、总结，吸取事故教训，及时整改，对设备故障原因、处理方法和防范措施等进行记录，并整理存档。

（2）对在应急抢险救援、指挥等方面有突出贡献的单位和个人，按《中华人民共和国安全生产法》的有关规定，给予表彰和奖励；对瞒报、迟报、漏报、谎报、误报事故和在突发事故中玩忽职守，不听从指挥，不认真负责或临阵逃脱，擅离职守的人员，由所在部门按照有关规定，给予追究责任处理。

资料来源：方伟群：《酒店安全生产管理实务》，中国旅游出版社 2008 年版。

练习思考

一、填空题

1. 应急预案是开展应急救援行动的指导性文件和实施指南，是_____的反应程序。

2. 按预案的适用对象范围，可将应急预案划分为综合预案、_____和现场预案。

3. 应急预案由一个基本预案加上应急功能（职能）设置、_____、标准操作程序和支持附件所构成。

二、单项选择题

1. （　　）是针对某种具体的、特定类型的紧急情况或危险源而制定的计划或方案。

   A. 综合应急预案　　　　　　B. 专项应急预案

   C. 现场应急预案　　　　　　D. 单项应急预案

2. 以下选项中，（　　）不属于应急预案的一级关键要素。

   A. 方针与原则　　　　　　　B. 应急准备

   C. 现场处置　　　　　　　　D. 现场恢复

3. 应急预案编制中的风险分析不包括（　　）。

   A. 风险识别　　　　　　　　B. 灾害后果评价

   C. 脆弱性分析　　　　　　　D. 风险分析

三、简答题

1. 简述应急预案的作用。

2. 如何编制森林公园的气象灾害应急预案?

3. 简述应急预案的编制程序。

4. 应急预案编制好后应如何实施?

四、列举题

1. 列举应急预案的要求。

2. 列举应急预案的作用。

3. 列举应急预案的评审要点。

第八章

旅游安全应急演练

学习要点

了解应急演练的目的、原则、分类、任务和组织机构；熟悉旅游安全应急演练的准备内容；掌握旅游安全应急演练的实施方案。

基本概念

旅游安全应急演练、综合演练、演练现场规则、演练情景

旅游安全应急演练是指旅游企业组织相关机构、单位及人员，依据有关应急预案，模拟应对突发事件的排练活动。安全演练是检验、评价和保持应急能力的一个重要手段。

第一节　旅游安全应急演练概述

安全应急演练可以在实际应急工作中发挥重要作用。甘肃张掖地震模拟演习后的 3 个月，天祝—景泰地区发生了 6.2 级地震，参加张掖地震演习观摩的有关领导和人员，按照演习提供的经验，在震后迅速作出反应，正确应急，取得了减轻灾害

的实效。

一、应急演练目的

（一）检验预案

旅游安全应急演练是检验旅游应急预案是否科学合理、切实可行的重要途径。通过演练,可暴露预案的缺陷和不足,查找应急预案中存在的问题,进而修正、完善和优化应急预案,提高应急预案的实用性和可操作性。美国国家应急预案编制指南中指出:"没有经过培训和演练的任何预案文件,只是束之高阁的一纸空文。"

（二）完善准备

旅游安全应急演练是保障旅游应急体系始终处于良好战备状态的重要手段。相关部门要通过开展应急演练,检查应急资源(人力、物资、装备、技术等)的准备情况,发现安全预警系统和安全管理中存在的不足和缺陷,及时予以调整补充,做好应急准备工作。

（三）锻炼队伍

应急演练可使演练组织单位、参与单位和人员等充分熟悉和掌握应急响应的程序和方法,提高应急活动的熟练程度和应急技术水平,积累抢险救援经验,增强队伍的整体应急能力。在事故发生时,各应急人员才能够轻车熟路解决实际问题。应急演练还可验证应急队伍的编组、装备、训练内容、方法和形式的可行性,增强安全管理各部门的安全意识、协调意识及协调能力,进一步明确各自的岗位与职责,提高整体应急反应能力。

（四）磨合机制

开展应急演练可进一步明确相关单位和人员的职责任务,理顺工作关系,提升安全管理机构的指挥、调度、整合及组织协调能力,改善各应急部门、机构、人员之间的协调能力。通过应急演练,可磨合应急机制,使应急队伍的技能与素质得到巩固,提高事故处置工作的整体水平,在面对事故时,才能井然有序、协同密切、科学合理地处理。

（五）科普宣教

开展应急演练,还是对从业人员及群众进行安全教育的一种方式。应急演练可增强公众对突发事故救援的信心和应急意识,普及应急知识,增强公众对安全信息的敏感度,提高公众的风险防范意识和自救、互救等灾害应对能力。

二、应急演练原则

（一）科学计划、突出重点

应急演练必须事先确定演练目标,演练策划人员应对演练内容、情景等事项进行精心策划。演练应重点解决应急过程中的组织指挥和协同配合问题,解决应急准备工作的不足,以提高应急行动的整体效能。

（二）结合实际、合理定位

应急演练要紧密结合应急管理工作实际,明确演练目的,根据资源条件确定演练方式和规模。应急演练应结合旅游地可能发生的危险源特点、潜在事故类型、可能发生事故的地点、气象条件及应急准备工作的实际情况进行。

（三）着眼实战、讲求实效

应急演练要以提高应急指挥人员的指挥协调能力、应急队伍的实战能力为着眼点。重视对演练效果及组织工作的评估、考核,总结推广好的经验,及时整改存在的问题。应急演练指导机构应精干,工作程序要简明,演练文件要实用,避免一切形式主义的安排,以取得实效为检验演练质量的唯一标准。

（四）周密组织、确保安全

应急演练要围绕演练目的,精心策划演练内容,科学设计演练方案,周密组织演练活动,制订并严格遵守有关安全措施,确保演练参与人员及演练装备、设施的安全。演练策划人员必须制定并落实保证演练达到目标的具体措施,各项演练活动应在统一指挥下实施,参演人员要严守演练现场规则,确保演练过程的安全。演练不得影响经营单位的正常运行,不得使各类人员承受不必要的风险。

（五）统筹规划、厉行节约

统筹规划应急演练活动,适当开展跨地区、跨部门、跨行业的综合性演练,充分利用现有资源,厉行节约,努力提高应急演练效益。

三、应急演练分类

鉴于假设场景受到实际条件的种种限制,旅游单位应根据事故应急管理的需求和资源条件、面临风险的性质和大小、相关政府部门有关应急演练的规定等,并结合自身实际情况,采取不同的应急演练类型,对应急预案的完整性和周密性进行评估。不同类型应急演练的复杂程度、规模、所需的资源等均不同,但在策划演练内容、演练情景、演练频次、演练评价方法等方面有着共同的要求。

表 8.1　应急演练的类型

分类准则	类　型	概　　念	主要特点
按组织形式	桌面演练	参演人员利用地图、沙盘、流程图、计算机模拟、视频会议等辅助手段,针对事先假定的演练情景,讨论和推演应急决策及现场处置过程	通常在室内完成。成本较低
	实战演练	参演人员利用应急处置涉及的设备和物资,针对事先设置的突发事件情景及其后续的发展情景,通过实际决策、行动和操作,完成真实应急响应的过程	通常在特定场所完成
按内容	单项演练	只涉及应急预案中特定应急响应功能或现场处置方案中一系列应急响应功能的演练活动	一个或少数几个参与单位(岗位)的特定环节和功能检验
	综合演练	涉及应急预案中多项或全部应急响应功能的演练活动	多个环节和功能,特别是不同单位之间应急机制和联合应对能力检验
按目的与作用	检验性演练	为检验应急预案的可行性、应急准备的充分性、应急机制的协调性及相关人员的应急处置能力而组织的演练	检验应急预案等作用
	示范性演练	为向观摩人员展示应急能力或提供示范教学,严格按照应急预案规定开展的表演性演练	应急的示范教育,具有表演性质
	研究性演练	为研究和解决突发事件应急处置的重点、难点问题,试验新方案、新技术、新装备而组织的演练	具有研究突发事件应急处置措施的作用

不同类型的演练相互结合,可以形成单项桌面演练、综合桌面演练、单项实战演练、综合实战演练、示范性单项演练、示范性综合演练等。

四、应急演练组织机构

演练应在相关预案确定的应急领导机构或指挥机构领导下组织开展。演练组织单位要成立由相关单位领导组成的演练领导小组,通常下设策划部、保障部和评估组。对于不同类型和规模的演练活动,其组织机构和职能可以适当调整。

（一）演练领导小组

演练领导小组负责应急演练活动全过程的组织领导,审批决定演练的重大事项。演练领导小组组长一般由演练组织单位或其上级单位的负责人担任;副组长一般由演练组织单位或主要协办单位负责人担任;小组其他成员一般由各演练参与单位相关负责人担任。在演练实施阶段,演练领导小组组长、副组长通常分别担任演练总指挥、副总指挥。

1. 总指挥部。

总指挥部由当地政府、旅游局、安监局、公安、消防、卫生等有关部门的领导组成。其职责是全面负责事故现场的处理处置工作,通过区域监控信息系统接收现场指挥部发送的现场处置图像、监控报告和处置报告及现场反馈的其他情况,启动专家系统,通过有线、无线和网络将指令传达到事故现场,向现场指挥部提供技术支持,及时提出处置意见,统一调配、协调各有关应急力量。

2. 现场指挥部。

现场指挥部由政府及旅游、公安、消防、卫生等部门的负责人组成。现场指挥部负责及时听取、了解事故现场情况,进行现场勘察,对事故作出判断,统一调度现场应急人力、物力和设备,组织现场处理。为便于现场信息传输和现场指挥,现场指挥部地点一般选在靠近事故发生但较为安全的场所。现场指挥部的职责是:在总指挥部的统一指挥下,具体负责事故的调查、取证和监控,提出处置方案建议,随时向总指挥部汇报现场处理情况,将现场处置图像、监控数据、事故处理报告通过通信信息系统上传给总指挥部。

（二）策划部

策划部负责应急演练策划、演练方案设计、演练实施的组织协调、演练评估总结等工作。策划部设总策划、副总策划,下设文案组、协调组、控制组、宣传组等。

1. 总策划。

总策划是演练准备、演练实施、演练总结等阶段各项工作的主要组织者,一般由演练组织单位具有应急演练组织经验和突发事件应急处置经验的人员担任;副总策划协助总策划开展工作,由演练组织单位或参与单位的有关人员担任。

2. 文案组。

文案组是在总策划的直接领导下,负责制订演练计划、设计演练方案、编写演练总结报告以及演练文档归档与备案等;文案组成员应具有一定的演练组织经验和突发事件应急处置经验。

3. 协调组。

协调组负责与演练涉及的相关单位以及本单位有关部门之间的沟通协调,其成员一般为演练组织单位及参与单位的行政、外事等部门人员。

4. 控制组。

控制组在演练实施过程中,根据演练方案及演练计划的要求,在总策划的直接指挥下,负责向演练人员传送各类控制消息,引导应急演练进程按计划进行,并不断给出情况或消息,供参演的指挥人员进行判断、提出对策。演练控制人员最好有一定的演练经验,也可以从文案组和协调组抽调。

5. 宣传组。

宣传组负责编制演练宣传方案,整理演练信息、组织新闻媒体和开展新闻发布等。其成员一般是演练组织单位及参与单位宣传部门的人员。

(三) 保障部

保障部负责调集演练所需的物资装备,购置和制作演练模型、道具、场景,准备演练场地,维持演练现场秩序,保障运输车辆,保障人员生活和安全保卫等。后勤保障人员一般是演练组织单位及参与单位后勤、财务、办公等部门人员。

(四) 评估组

评估组负责设计演练评估方案和编写演练评估报告,对演练准备、组织、实施及其安全事项等进行全过程、全方位评估,及时向演练领导小组、策划部和保障部提出意见、建议。演练评估人员一般是应急管理专家,或具有一定演练评估经验和突发事件应急处置经验的专业人员。评估组可由上级部门组织,也可由演练组织单位自行组织。

要全面、正确地评价演练效果,必须在演练覆盖区域的关键地点和各参演应急组织的关键岗位上,派驻公正的评价人员。评价人员的作用主要是观察演练的进程,记录演练人员采取的每一项关键行动及其实施时间,访谈演练人员,要求参演应急组织提供文字材料,评价参演应急组织和演练人员的表现并反馈演练发现。

(五) 参演人员

参演人员是指在应急组织中承担具体任务,并在演练过程中尽可能对演练情景或模拟事件作出真实情景下可能采取的响应行动的人员,包括应急预案规定的有关应急管理部门(单位)工作人员、各类专兼职应急救援队伍以及志愿者队伍等。

参演人员承担具体演练任务,针对模拟事件场景作出应急响应行动。有时也可使用模拟人员替代未现场参加演练的单位人员,或模拟事故的发生过程(释放烟雾、模拟泄露等)。

五、应急演练的任务

旅游安全应急演练的过程可划分为演练准备、演练实施和演练评价三个阶段。按照应急演练的三个阶段,可将演练前后应予完成的内容和活动分解,并整理成相应的基本任务。

(一)演练准备

1. 确定演练目标。

应急演练指挥机构应提前确定演练目标,确定演示范围或演示水平,与有关部门、应急组织和关键人员提前协商,确定应急演练日期,并落实其他相关事宜。

2. 编写演练方案。

演练指挥机构应根据演练目标和演示范围事先编制演练方案,对演练性质、规模、参演单位和人员、假想事故、情景事件及其顺序、气象条件、响应行动、评价标准与方法、时间尺度等事项进行总体设计。

3. 确定演练现场规则。

演练现场规则是指为确保演练安全而制定的对演练内容和演练控制、参与人员职责、实际紧急事件、法规符合性、演练结束程序等事项的规定或要求。演练安全既包括演练参与人员的安全,也包括旅游者、当地居民和旅游区内其他人员的安全。确保演练安全是演练策划过程中一项极其重要的工作,演练指挥机构应事先制定演练现场规则,确保演练过程受控和演练参与人员的安全。

4. 确定和培训评价人员。

演练指挥机构负责人应预先确定演练评价人员,评价人员由政府有关部门的领导及相关领域内的专家组成。指挥机构应事先分配评价任务,准备说明评价人员工作任务、演练内容、日程及后勤问题的工作文件,以及与其任务相关的背景资料,在演练前分发给评价人员。在演练前完成评价人员的培训工作,使评价人员了解应急预案的执行程序,熟悉应急演练的评价方法。指挥机构应根据应急演练的规模和类型确定演练所需评价人员的数量和应具备的专业技能,指定评价人员,分配各自所负责评价的应急组织和演练目标。评价人员应对应急演练和演练评价工作有一定的了解,并具备较好的语言和文字表达能力、必要的组织和分析能力以及处理敏感事务的行政管理能力。

5. 安排后勤工作。

演练指挥机构应事先完成演练通信、卫生、物资器材、场地交通、现场指示和生活保障等后勤保障工作。

(二)演练实施

讲解演练方案:演练指挥机构负责人应在演练前分别向演练人员、评价人员、控制人员讲解演练过程、演练现场规则、演练方案、情景事件等事项;记录演练情况:在演练过程中,评价人员应记录并收集演练目标的演示情况;追踪演练目标:在演练过程中,指挥机构应确保应急组织按照有关法规、标准和应急预案的要求演示所有演练目标。

(三)演练评价

1. 演练情况评估。

演练结束后,评价人员应立即访谈演练人员,咨询演练人员对演练过程的评价、疑问和建议。演练指挥机构负责人应召集演练人员代表对演练过程进行自我评估,并对演练结果进行总结和解释。评价人员应尽快对应急组织的表现给出书面评价报告,并对演练目标演示情况进行书面说明。

2. 举行公开会议。

演练指挥机构负责人应尽快听取评价人员对演练过程的观察与分析,确定演练结论并启动协商机制,邀请参演人员出席公开会议,解释如何通过演练检验应急能力,听取大家对应急预案的建议。演练指挥机构负责人应通报本次演练中存在的不足及应采取的纠正措施。有关方面接到通报后,应在规定的期限内完成整改工作。

3. 编写演练总结报告。

演练结束后,演练指挥机构负责人应向上级部门及领导提交演练报告。报告内容应包括本次演练的背景信息、演练时间、演练方案、参与演练的应急组织、演练目标、演练不足项、演练整改项及建议整改措施等。

4. 追踪整改项的纠正。

演练结束后,有关方面应针对不足项及时采取补救措施,演练指挥机构负责人应追踪整改项的纠正情况,针对补救措施完成情况准备单独的评价报告,确保整改项能在下次演练中得到纠正。

第二节 旅游安全应急演练准备

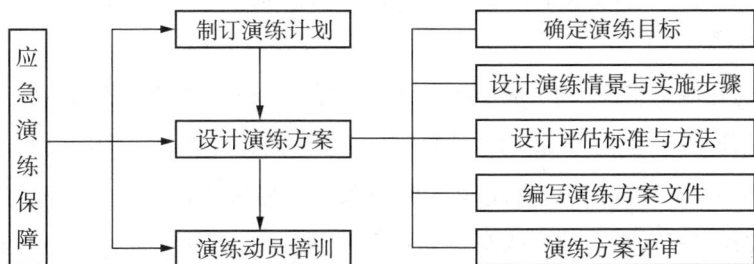

图8.1 旅游安全应急演练准备程序

一、制订演练计划

演练计划是指对拟举行演练的基本构想和准备活动的初步安排。演练计划由文案组编制,经策划部审查后报演练领导小组批准。

演练计划主要内容包括:确定演练目的,明确举办应急演练的原因、演练要解决的问题和期望达到的效果等;分析演练需求,在对事先设定事件的风险及应急预案进行认真分析的基础上,确定需调整的演练人员、需锻炼的技能、需检验的设备、需完善的应急处置流程和需进一步明确的职责等;确定演练范围,根据演练需求、经费、资源和时间等条件的限制,确定演练事件类型、等级、地点、参演机构及人数、演练方式等;安排演练准备与实施的日程计划,包括各种演练文件编写与审定的期限、物资器材准备的期限、演练实施的日期等;编制演练经费预算,明确演练经费筹措渠道。

二、设计演练方案

演练方案由文案组编写,通过评审后由演练领导小组批准,必要时还需报有关主管单位同意并备案。演练方案内容包括演练目标、演练情景、演练实施步骤、评估标准与方法等。

(一)确定演练目标

演练目标是需完成的主要演练任务及其达到的效果,一般说明"由谁在什么条件下完成什么任务,依据什么标准,取得什么效果"。演练目标应简单、具体、可量化、可实现。一次演练一般有若干项演练目标,每项演练目标都要在演练方案中有相应的事件和演练活动予以实现,并在演练评估中有相应的评估项目判断该目标的实现情况。在设计演练方案时,应围绕演练目标展开。

1. 接警与通知。

展示通知应急组织,动员应急响应人员的能力。演练目标:要求应急组织应具备在各种情况下警告、通知和动员应急响应人员的能力,以及启动应急设施和为应急设施调配人员的能力。应急组织既要采取一系列举措,向应急响应人员发出警报,通知或动员有关应急响应人员各就各位,还要及时启动应急指挥中心和其他应急支持设施,使相关应急设施从正常运转状态进入紧急运转状态。

2. 指挥与控制。

展示指挥、协调和控制应急响应活动的能力。演练目标:应急组织应具备根据事态评估结果、识别应急资源需求,控制所有响应行动,以及动员和整合内、外部应急资源的能力。事故现场指挥人员、应急指挥中心指挥人员和应急行动小组负责人员都应按应急预案要求建立事故指挥系统,展示指挥和控制应急响应行动的能力。

3. 警报和紧急公告。

展示向公众发出警报和宣传保护措施的能力。演练目标:要求应急组织具备按照应急预案中的规定,迅速完成向一定区域内的公众发布应急防护措施命令和信息的能力。

4. 通信。

展示与所有应急响应地点、应急组织和应急响应人员有效通信交流的能力。演练目标:要求应急组织建立可靠的主通信系统和备用通信系统,以便与有关岗位的关键人员保持联系。应急组织的通信能力应与应急预案中的要求相一致。通信能力的展示主要体现在通信系统及其执行程序的有效性和可操作性。

5. 事态监测与评估。

展示获取事故旅游区基本信息、识别事故原因和致害物、判断事故影响范围及其潜在危险的能力。演练目标:要求应急组织具备通过各种方式和渠道积极收集、获取事故信息,评估、调查人员伤亡和财产损失、现场危险性等有关情况的能力;具备根据所获信息判断事故影响范围,以及对旅游区周边居民和旅游区环境的中长期危害的能力;具备确定进一步调查所需资源的能力;具备及时通知国家、省及其他应急组织的能力。

6. 警戒与治安。

展示维护现场秩序,疏通道路交通,控制疏散区和安置区的交通出入口等现场公共安全管理工作。演练目标:要求应急组织具备管制疏散区域交通道口的能力,主要强调交通控制点设置、执法人员配备和路障清除等活动的管理,与当地政府一起保护好旅游区游人和职工的生命财产安全。

7. 人群疏散与安置。

展示根据危险性质制定并采取公众保护措施的能力,展示收容被疏散人员的程序、安置设施和装备,以及服务人员的准备情况。演练目标:要求应急组织具备根据事态发展和危险性质选择适当地点(接待中心、公园、体育场馆等)建立人员安置中心,对疏散人员进行监测和登记,提供生活必备条件(食品、厕所、医疗与健康服务等),并实施恰当公众保护措施的能力。

8. 医疗与卫生。

展示有关转运伤员的工作程序、交通工具、设施和服务人员的准备情况,以及展示医护人员、医疗设施的准备情况。演练目标:要求应急组织具备将伤病人员运往医疗机构的能力和为伤病人员提供医疗服务的能力。转运伤病人员既要求应急组织具备相应的交通运输能力,也要求具备确定将伤病人员运往何处的决策能力。

9. 公共关系。

展示及时向媒体和公众发布准确信息的能力。演练目标:要求应急组织具备及时通过媒体向公众发布确切信息和行动命令的能力,确保公众能及时了解准确、完整和有效信息的能力;具备控制谣言、澄清不实传言的能力。

10. 应急人员安全。

展示监测、控制应急响应人员安全问题的能力。演练目标:要求应急组织具备保护应急响应人员的安全和健康的能力,主要强调应急区域划分、个体保护装备配备、事态评估机制与通信活动的管理。

11. 消防和抢险。

展示消防和抢险,控制危险的应急响应能力。演练目标:要求应急组织具备事故侦检、受伤人员救助、抢险灭火以及与周边旅游区组成联合抢险组进行现场紧急处理等能力。重大事故应急过程可能需坚持 1 天以上时间,一些关键应急职能需维持 24 小时不间断运行,因此,应急组织应能安排两班人员轮班工作,并周密安排接班过程,确保应急过程的持续性。

12. 现场处置。

展示采取有效措施控制事故发展和恢复现场的能力。演练目标:要求应急组织具备采取针对性措施,有效地控制事故发展和清理、恢复现场的能力。

(二)设计演练情景与实施步骤

演练情景是指根据应急演练的目标要求,根据事故发生与演变的规律,事先假设事故的发生发展过程,是演练人员在演练中的对策活动及应急行动的依据。演练情景一般从事件发生的时间、地点、状态特征、波及范围、周边环境、可能的后果以及随时间的演变进程等方面进行描述,包括演练场景概述和演练场景清单。演练情景可通过情景说明书加以描述,情景说明书的主要作用是描述事故情景,为演练人员的演练活动提供初始条件和初始事件,并通过一系列的情景事件引导演练活动继续,直至演练完成。演练情景以控制消息的形式通过电话、无线通信、传真、手工传递或口头传达等传递方式通知演练人员。

演练场景概述是对每一处演练场景的概要说明,主要说明事件类别、发生的时间地点、发展速度、强度与危险性、受影响范围、人员和物资分布、造成的损失、后续发展预测、气象及其他环境条件等。

演练场景清单要明确演练过程中各场景的时间顺序列表和空间分布情况。演练场景之间的逻辑关联依赖于事件发展规律、控制消息和演练人员收到控制消息后应采取的行动。情景事件总清单是指演练过程中引入的情景事件按时间顺序的列表,包括情景事件及其控制消息和期望行动,以及传递控制消息的时间或时机。情景事件总清单主要供控制人员在管理演练过程中使用,其目的是确保控制人员了解情景事件何时发生、何时输入控制消息等信息。

(三)设计评估标准与方法

演练评估是通过观察、体验和记录演练活动,比较演练实际效果与目标之间的差异,总结演练成效和不足的过程。演练评估应以演练目标为基础,每项演练目标都要设计合理的评估项目、方法和标准。根据演练目标的不同,可以用选择项(如:是/否判断,多项选择)、主观评分(如:1—差、3—合格、5—优秀)、定量测量(如:响应时间、被困人数、获救人数)等方法进行评估。

为便于演练评估操作,通常事先设计好评估表格,包括演练目标、评估方法、评价标准和相关记录项等,有条件时还可以采用专业评估软件等工具。

(四)编写演练方案文件

演练方案文件是指导演练实施的详细工作文件。根据演练类别和规模的不同,演练方案可以编为一个或多个文件。编为多个文件时可包括演练人员手册、演练控制指南、演练评估指南、演练宣传方案、演练脚本等,分发给相应人员。对涉密应急预案的演练或不宜公开的演练内容,还要制定保密措施。

1. 演练人员手册。

演练人员手册是指向演练人员提供的有关演练具体信息、程序的说明文件。演练人员手册中所包含的信息均是演练人员应当了解的信息,但不包括应对其保密的信息,如情景事件等。内容主要包括演练概述、组织机构、时间、地点、参演单位、演练目的、演练情景概述、演练现场标识、演练后勤保障、演练规则、安全注意事项、通信联系方式等,但不包括演练细节。演练人员手册可发放给所有参加演练的人员。

2. 演练控制指南。

演练控制指南是指有关演练控制、模拟和保障等活动的工作程序和职责的说明。该指南主要供控制人员和模拟人员使用,其用途是向控制人员和模拟人员解释与他们相关的演练思想,制定演练控制和模拟活动的基本原则,建立或说明支持演练控制和模拟活动顺利进行的通信联系、后勤保障和行政管理机构等事项。演练控制指南内容主要有演练情景概述、演练事件清单、演练场景说明、参演人员及其位置、演练控制规则、控制人员组织结构与职责、通信联系方式等。

3. 演练评估指南。

演练评估指南主要供演练评估人员使用,内容主要有演练情况概述、演练事件清单、演练目标、演练场景说明、参演人员及其位置、评估人员组织结构与职责、评估人员位置、评估表格及相关工具、通信联系方式等。

4. 演练宣传方案。

演练宣传方案内容主要包括宣传目标、宣传方式、传播途径、主要任务及分工、技术支持、通信联系方式等。

5. 演练脚本。

对于重大综合性示范演练,演练组织单位要编写演练脚本,描述演练事件场景、处置行动、执行人员、指令与对白、视频背景与字幕、解说词等。

(五)演练方案评审

对综合性较强、风险较大的应急演练,评估组要对文案组制定的演练方案进行评审,确保演练方案科学可行,以保证应急演练工作的顺利进行。

三、演练动员与培训

在演练开始前要进行演练动员与培训,确保所有演练参与人员掌握演练规则、演练情景和各自在演练中的任务。

所有演练参与人员都要经过应急基本知识、演练基本概念、演练现场规则等方面的培训。应急指挥部成员单位的负责人及工作人员要进行组织机构、职责、联系方式、紧急报告、救援行动等方面的培训;参演人员要进行应急预案、事故特征、应急技能及个体防护技术等方面的培训;控制人员要进行岗位职责、演练过程控制和管理等方面的培训;评估人员要进行岗位职责、演练评估方法、工具使用等方面的培训。

四、应急演练保障

(一)人员保障

演练参与人员一般包括演练领导小组、演练总指挥、总策划、文案人员、控制人员、评估人员、保障人员、参演人员、模拟人员等,有时还会有观摩人员等其他人员。在演练的准备过程中,演练组织单位和参与单位应合理安排工作,保证相关人员有时间参与演练活动;通过组织观摩学习和培训,提高演练人员的素质和技能。

(二)经费保障

演练组织单位要根据应急演练规划编制应急演练经费预算,纳入该单位的年度财政(财务)预算,并按照演练需要及时拨付经费。对演练经费使用情况进行监督检查,确保演练经费专款专用、节约高效。

(三)场地保障

根据演练方式和内容,经现场勘察后选择合适的演练场地。桌面演练一般可选择会议室或应急指挥中心等;实战演练应选择与实际情况相似的地点,并根据需要设置指挥部、集结点、接待站、供应站、救护站、停车场等设施。演练场地应有足够的空间,良好的交通、生活、卫生和安全条件,尽量避免干扰公众的生产生活。

（四）物资和器材保障

根据需要,准备必要的演练材料、物资和器材,制作必要的模型设施等。信息材料:应急预案和演练方案的纸质文本、演示文档、图表、地图、软件等;物资设备:各种应急抢险物资、特种装备、办公设备、录音摄像设备、信息显示设备等;通信器材:固定电话、移动电话、对讲机、海事电话、传真机、计算机、无线局域网、视频通信器材和其他配套器材,尽可能使用已有的通信器材;演练情景模型:搭建必要的模拟场景及装置设施。

（五）通信保障

应急演练过程中,应急指挥机构、总策划、控制人员、参演人员、模拟人员等之间要有及时可靠的信息传递渠道。根据演练的需要,可以采用多种公用或专用通信系统,必要时可搭建演练专用通信与信息网络,确保演练控制信息的快速传递。

（六）安全保障

演练组织单位要高度重视演练组织与实施全过程的安全保障工作。大型或高风险演练活动要按规定制定专门应急预案,采取预防措施,并对关键部位和环节可能出现的突发事件进行针对性演练。根据需要为演练人员配备个体防护装备,购买商业保险。对可能影响公众生活、易于引起公众误解和恐慌的应急演练,应提前向社会发布公告,告示演练内容、时间、地点和组织单位,并做好应对方案,避免造成负面影响。演练现场要有必要的安保措施,必要时对演练现场进行封闭或管制,保证演练安全进行。演练出现意外情况时,演练总指挥与其他领导小组成员会商后,可提前终止演练。

第三节　旅游安全应急演练实施

旅游安全应急演练实施是指从宣布初始事件起到演练结束的整个过程。虽然应急演练的类型、规模、持续时间、演练情景、演练目标等有所不同,但演练实施过程中的基本内容大致相同。

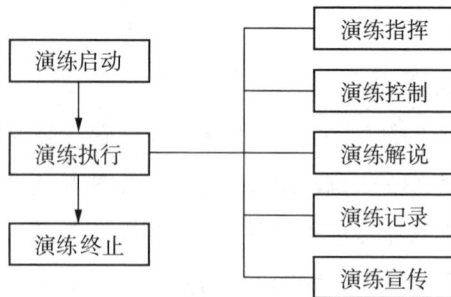

图8.2　旅游安全应急演练实施程序

一、演练启动

演练正式启动前,一般要举行简短的仪式,由演练总指挥宣布演练开始并启动演练活动。

二、演练执行

（一）演练指挥与行动

演练总指挥负责演练实施全过程的指挥控制。当演练总指挥不兼任总策划时,一般由总指挥授权总策划对演练过程进行控制。按照演练方案的要求,应急指挥机构指挥各参演队伍和人员开展各项模拟演练活动。

演练控制人员应充分掌握演练方案,按照总策划的要求,熟练发布控制信息,协调参演人员完成各项演练任务。参演人员根据控制消息和指令,按照演练方案规定的程序开展应急处置行动,完成各项演练活动。模拟人员按照演练方案要求,模拟未参加演练的单位或人员的行动,并作出信息反馈。

（二）演练过程控制

总策划负责按演练方案控制演练过程。在演练过程中,参演应急组织和人员应遵守当地相关的法律、法规和演练现场规则,按实际紧急事件发生时的响应要求进行演练。如果演练偏离正确方向,控制人员可以采取刺激行动,以纠正错误。使用刺激行动时应尽可能地平缓,以诱导的方法纠偏。只有对背离演练目标的"自由演练",才可使用强刺激的方法使其中断。

1. 桌面演练过程控制。

在讨论桌面演练中,演练活动主要是围绕对所提出的问题进行讨论。由总策划以口头或书面形式,部署引入一个或若干个问题。参演人员根据应急预案及有关规定,讨论应采取的行动。在角色扮演或推演式桌面演练中,由总策划按照演练方案发出控制消息,参演人员接收到事件信息后,通过角色扮演或模拟操作,完成应急处置活动。

2. 实战演练过程控制。

在实战演练中,要通过传递控制消息来控制演练进程。总策划按照演练方案发出控制消息,控制人员向参演人员和模拟人员传递控制消息,提醒演练人员终止对情景演练具有负面影响或超出演示范围的行动,提醒演练人员采取必要的行动来正确展示所有的演练目标,终止演练人员不安全的行为,延迟或终止情景事件的演练。参演人员和模拟人员接收到信息后,按照发生真实事件时的应急处置程序,或根据应急行动方案,采取相应的应急处置行动。

控制消息可由人工传递,也可以用对讲机、电话、手机、传真机、网络等方式传送,或者通过特定的声音、标志、视频等呈现。在演练过程中,控制人员应随时掌握演练的进展,并向总策划报告演练中出现的各种问题。

（三）演练解说

在演练实施过程中,演练组织单位可以安排专人对演练过程进行解说。解说内容一般包括演练的背景描述、进程讲解、案例介绍、环境渲染等。对于有演练脚本的大型综合性示范演练,可按照脚本中的解说词进行讲解。

（四）演练记录

在演练实施过程中,一般要安排专门人员,采用文字、照片和音像等手段记录演练过程。文字记录一般由评估人员完成,主要包括演练实际开始与结束时间、演练过程控制情况、各项演练活动中参演人员的表现、意外情况及其处置等内容,尤其是要详细记录可能出现的人员"伤亡"(如进入"危险"场所而无安全防护,在规定的时间内不能完成疏散等)及财产"损失"等情况。照片和音像记录可安排专业人员和宣传人员在不同现场、不同角度进行拍摄,尽可能全方位地反映演练实施过程。

（五）演练宣传报道

演练宣传组按照演练宣传方案作好演练宣传报道工作。演练宣传组要认真做好信息采集、媒体组织、广播电视节目现场采编和播报等工作,扩大演练的宣传教育效果。对涉密应急演练,要做好相关保密工作。

三、演练结束与终止

演练完毕,由总策划发出结束的信号,由演练总指挥宣布演练结束。演练结束后,所有人员停止演练活动,按预定方案集合进行现场总结讲评或者组织疏散。保障部负责组织人员对演练现场进行清理和恢复。

演练实施过程中如出现下列情况,经演练领导小组决定,可由演练总指挥按照事先规定的程序和指令终止演练:(1)出现真实突发事件,需要参演人员参与应急处置时,要终止演练,使参演人员迅速回归其工作岗位,履行应急处置职责;(2)出现特殊或意外情况时,短时间内不能妥善处理或解决时,可提前终止演练。

第四节　旅游安全应急演练总结

演练结束后,进行评价与总结是全面评估演练是否达到演练目标要求,各应急组织指挥人员及应急响应人员是否能完成任务,应急准备水平是否需要改进的一个重要步骤,也是演练人员进行自我评价的机会。演练评价与总结可以通过访谈、汇报、协商、自我评价、公开会议和通报等形式完成。

一、演练评估

演练评估是由专业人员在全面分析演练记录及相关资料的基础上,对比参演人员表现与演练目标要求,对演练活动及其组织过程作出客观评价,并编写演练评估报告的过程。演练结束后,相关人员通过组织评估会议、填写演练评价表和对参演人员进行访谈等方式,或通过参演单位提供自我评估总结材料,收集有关演练的实施情况的材料。

（一）编写演练评估报告

演练结束后应对演练的效果做出评估,并提交演练评估报告。演练评估报告的主要内容一般包括演练执行情况、预案的合理性与可操作性、应急指挥人员的指挥协调能力、参演人员的处置能力、演练所用设备装备的适用性、演练目标的实现情况、演练的成本效益分析、对完善预案的建议等。

（二）分析演练中的问题

在演练效果评估的基础上，详细说明演练过程中发现的问题。按照对应急救援工作及时性、有效性的影响程度，演练过程中的问题可分为不足项、整改项和改进项。

1. 不足项。

不足项是指演练过程中观察或识别出的应急准备缺陷，这些缺陷可能导致在紧急事件发生时，不能确保应急组织或应急救援体系有能力采取合理应对措施，保护公众的安全与健康。演练过程中发现的问题确定为不足项时，策划小组负责人应对该不足项进行详细说明，并给出应采取的纠正措施和完成的时限。最有可能导致不足项的应急预案编制要素包括：职责分配、应急资源、警报、通报方法与程序、通讯、事态评估、公众教育与公众信息、保护措施、应急人员安全和紧急医疗服务等。

2. 整改项。

整改项是指演练过程中观察或识别出的，不可能单独在应急救援中对公众的安全与健康造成不良影响的应急准备缺陷。整改项应在下次演练前予以纠正。在以下两种情况下，整改项可列为不足项：一是某个应急组织中存在两个以上整改项，共同作用可影响保护公众安全与健康能力的；二是某个应急组织在多次演练过程中，反复出现前次演练发现的整改项问题的。

3. 改进项。

改进项是指应急准备过程中应予改善的问题。改进项不同于不足项和整改项，它不会对人员安全与健康产生严重影响，应视情况要求予以改进，不必一定要求予以纠正。

二、演练总结

演练总结是对演练情况的详细说明和评价。

（一）演练总结类型

演练总结可分为现场总结和事后总结。现场总结是在演练的一个阶段或所有阶段结束后，由演练总指挥、总策划、专家评估组长等在演练现场有针对性地进行的讲评和总结,内容主要包括本阶段的演练目标、参演队伍及人员的表现、演练中暴露的问题、解决问题的办法等。事后总结是在演练结束后,由文案组根据演练记录、演练评估报告、应急预案、现场总结等材料,对演练进行系统和全面的总结,并形成演练总结报告。

(二)演练总结报告

指挥机构负责人及参演人员应在演练结束规定期限内,根据在演练过程中收集和整理的资料编写演练总结报告,经讨论后交旅游区领导。演练总结报告的内容包括:演练目的、时间和地点、参演单位和人员、演练方案概要、发现的问题与原因、经验和教训,以及改进有关工作的建议等。

三、成果运用

应急组织应根据演练过程中暴露出来的问题,以及演练记录、日志等文件资料,调查分析预案中存在的问题,提出改进的建议,如对应急预案和有关程序的改进建议,对应急设备、设施维护与更新的建议,对应急组织、应急响应人员能力和培训的建议等。

应急组织应根据改进建议及时采取措施予以改进,包括修改完善应急预案、有针对性地加强应急人员的教育和培训、对应急物资装备有计划地更新等,并建立改进任务表,按规定时间对改进情况进行监督检查。

四、文件归档与备案

演练组织单位在演练结束后应将演练计划、演练方案、演练评估报告、演练总结报告等资料归档保存。对于由上级有关部门布置或参与组织的演练,或者法律、法规、规章要求备案的演练,演练组织单位应当将相应资料报有关部门备案。

五、考核与奖惩

演练组织单位要对演练参与单位及人员进行考核。对在演练中表现突出的单位及个人,给予表彰和奖励;对不按要求参加演练,或影响演练正常开展的,给予相应批评和处罚。

案例回放

一、××景区管理局气象防灾应急演练方案

为进一步加强气象防灾应急预案保障措施的落实,提高景区管理局正确、准确、迅速处理突发性事件的能力,特组织各科室、辖区村组开展应急演练,本次演练方案如下:

一、演练时间及地点

演练时间:＿＿年＿＿月＿＿日＿＿点。演练地点:＿＿＿＿＿＿＿＿＿。

二、演练目的

在遇到暴雨天气,汛情紧急的情况下,能够迅速、高效、有序地安全撤离受灾区域,做好气象防御和抢险救灾的应急工作。通过演练,提高景区管理局领导和有关部门应对汛情和极端天气的应急反应能力,提高公众防灾避灾意识,一旦临灾能够迅速、有序、安全地撤离,最大限度地减轻灾害造成的损失,维护公众的生命财产安全,确保无人员死亡。

三、演练规则

预防为主、全面规划、常备不懈、全力抢险;人员安全优先,防止和控制事故蔓延优先,保护环境优先;实行局长负责制,统一指挥、分级分部门负责;任何单位和个人不得破坏、侵占、损毁防汛抗洪工程、设施设备以及防汛备用的器材、物料等。

四、演练方案

(一)应急预案演练背景

因连日暴雨,××河水位的不断上涨需要人员撤离、安置。

(二)演练领导小组

组　长:×××

组　员:×××、×××、×××

(三)演练救援分工

1. 预警组:×××、×××,负责及时掌握汛情、灾情,及时通报防汛抗洪信息(水情、汛情、雨情等),做好风险评估、汛前报警等工作,发现险情立即报告给××

村主任,再上报演练组长。

2. 抢险组:×××、×××、民政等各相关部门成员。组织抢险救灾及相关的协调工作,做好救灾物资的发放。

3. 保卫组:×××、×××、派出所,负责组织抢救伤员、保护现场,负责救灾现场治安警戒和秩序管理,负责重点地区、重点部位、重要物资设备的治安防控和保护,协助组织危险地区群众安全撤离或转移。

4. 医疗组:×××、×××、医院,负责因灾造成的人员伤亡的急救。

5. 宣传组:×××、×××,负责灾情通报、救灾进展及抢险救援等情况的信息发布。

(四)应急救援演练准备工作

1. 物资准备:铁锹＿＿＿＿把,编织袋＿＿＿＿只。

2. 演练出动人员及车辆:人员＿＿＿＿名,机动车＿＿＿＿辆。

(五)演练程序

1. 11点整,各部门参加演练人员到＿＿＿＿＿＿＿＿集合待命。

2. 11点5分,由演练总指挥宣布气象防灾防汛应急演练活动开始。

3. 演练开始:

11点10分,预警组接到汛情报告,问清受灾地点、受灾范围以及是否有人员遇险等情况,作好详细记录,并立即向防灾防汛救灾现场总指挥报告。

11点15分,现场总指挥下达命令,集结救援人员,赶赴事故现场。

11点20分,到达事故现场后,抢险组组长(水利部门)向现场总指挥报告汛情、人员到位情况及物资准备情况。

11点25分,抢险组得到救援指令后,迅速果断组织救援人员(医院、派出所到第一线)展开施救。

11点35分,将救援人员分成4个小组,从中各指定小组长1名,负责落实组长的指令和本小组的组织协调。

11点45分,保卫组迅速组织受灾群众撤离,抢险组迅速进入水灾区域进行抗洪救援工作,抢救受困人员。

11点55分,抢险组得到救援指令后,4个小组根据现场水灾情况,合理分布救援区域,开展救援,这时,医院人员担架进入一级战备。

12点25分,救援结束后,抢险组组长向总指挥汇报救援结果。

12点30分,得到"救援结束,可以退场"的指令后,保卫组人员组织救援人员离场。政府办做好疏散人员的接待安置工作。

4. 12点35分,演练总指挥宣布演练结束。

二、××景区森林火灾应急预案演练方案

为了保证有效、安全、快速、科学地扑救景区森林火灾,实现景区无重大森林火灾的工作目标,根据《××风景名胜区森林防火应急预案》的有关规定,特制定本演练方案。

一、指导思想

坚持"预防为主,积极消灭"的森林火灾扑救方针,坚持"以人为本,安全第一"的原则,提高扑火技能和安全避火能力,确保及时、快速、稳妥地处置森林火灾,实现打早、打小、打了,最大限度地减少火灾损失,维护人民群众的生命财产安全。

二、应急预案演练的任务

本次森林火灾应急预案演练的任务,一是按照《××风景名胜区森林防火应急预案》,全面检验相关单位的应急灭火联动能力和扑救森林火灾的战术水平;二是检验森林防火指挥部在统一指挥,综合调度方面的能力;三是检验应急预案是否符合实际,便于操作。

三、演练时间及地点

演练时间:_____月_____日。演练地点:_____。

四、应急预案演练的组织

(一)成立森林火灾应急预案演练领导小组

演练总指挥:管委会分管副主任。现场指挥员:林业局副局长。

成员:林业局、公安局、安监局、监察局、财政局、民政局、旅游局、卫生局、新闻中心、乡(镇)人民政府、消防大队、乡(镇)派出所等部门领导担任。

(二)参演单位及组织分工

各参演单位根据工作职责分成六个工作组。

1. 火灾扑救组

由林业局、公安局、安监局、旅游局、乡(镇)人民政府、消防大队等单位组成。
主要职责:林业局负责调集森林灭火队员携带充足的灭火装备;公安局负责调动民

警、协警参与景区森林火灾扑救;安监局、旅游局负责调动灭火队员参与景区森林火灾扑救;乡(镇)政府负责组织起火所在行政村的灭火队员参与火灾扑救,并及时组织受森林火灾威胁的居民和财产转移;消防大队负责调动消防车对居民区火灾进行现场扑救,并根据实际情况堵截火势向居民区蔓延。

2. 治安保卫组

由公安局治安大队、交警大队组成。主要职责:划定扑救景区森林火灾特别警戒区,维护灾区的社会治安和道路交通秩序,积极预防和妥善处置突发治安事件。

3. 后勤服务组

由林业局、卫生局、乡(镇)人民政府等单位组成。主要职责:林业局做好灭火物资的储备工作,保证就地取用灭火物资;卫生局负责调集医疗救护人员,对参与火灾扑救受伤人员和受伤群众进行现场医疗救护;财政局及时下拨森林火灾应急物资保障经费,乡(镇)人民政府做好食品、饮用水等生活物资的保障工作。

4. 事故调查组

由监察局、公安局、林业局、乡(镇)人民政府、乡(镇)派出所等单位组成。主要职责:负责对起火的时间、地点、原因、肇事者、受害森林面积和蓄积、扑救情况、物资消耗、其他经济损失、人员伤亡以及对自然生态环境的影响进行调查。

5. 善后处理组

由民政局、林业局、卫生局、财政局和乡(镇)人民政府等单位组成。主要职责:负责做好因火灾扑救伤亡人员的医疗、抚恤及对灾民基本生活的保障工作,对火烧迹地更新造林作出统筹安排。

6. 宣传报道组

由文广局、管委会新闻中心等单位组成。主要职责:负责按照宣传报道的规定,对扑火救灾的情况进行宣传报道,协调新闻单位采访报道的具体事宜。

五、演练组织程序

(一)演练准备

各参演单位预先将车辆停靠在距离演习地点300米处,按照公安、安监、森林消防大队、公安消防大队、乡(镇)人民政府、卫生局、财政局、监察局、旅游局、派出所顺序停放。各单位准备好自己的装备、物资,林业部门点燃预先准备好的柴火(至少点燃5个火点)。

（二）演习开始

9时30分：演习前方指挥员向总指挥请示："报告指挥长，××风景名胜区处置森林火灾应急预案演练工作准备就绪，请指示！"

总指挥："演练开始。"

现场指挥员："是！各参演单位注意，演练正式开始。"

1. 先期处置

发生火灾后，由行政村的村委会向乡（镇）政府报告，并率义务防火队员在现场进行初期火灾的扑救（3—4人），由于风力过大，火势迅速蔓延扩大，现有力量无法控制。

乡（镇）值班员向管委会办公室报告：××景区发生火灾，由于风力过大，火势蔓延过快，过火面积达到20公顷，现有力量无法控制，请求建议启动森林火灾Ⅱ级应急预案。

2. 现场处置

9时35分：管委会办公室向总指挥报告："主任同志，现接到报警，××景区发生火灾，建议启动Ⅱ级响应预案。"

总指挥："同意启动Ⅱ级响应预案，调动相关部门参与扑救火灾。"

9时40分：现场指挥员向各参战单位下达命令："各单位按演习方案展开"。

9时45分：森林消防大队、公安消防、公安、安监、乡（镇）人民政府依次到场。

现场指挥员："命令火灾扑救组，携带灭火装备，迅速赶往火点，扑救火灾。"

（此时森林消防大队携带×台风力灭火机、×箱灭火弹和拖把向火点赶去，公安局协警分队由负责人带队携带拖把向另一火点赶去，安监和乡（镇）义务防火队员向第三个火点赶去。公安消防大队占据有利地形控制火势向农户和下风方向蔓延，一台消防车利用水炮控制火势，另一台消防车铺设水带堵截火势向农户蔓延）

9时50分：治安大队、交警大队先后到场。

现场指挥员："命令治安大队迅速划定森林火灾特别管制区，维护好现场秩序与积极疏散受火势威胁的群众；交警大队维护现场交通秩序。"

9时55分：林业局、卫生局、电信局先后到场。

现场指挥员命令：林业局迅速做好灭火物资的保障工作，及时向现场运送灭火弹等物资。卫生局积极做好医疗救护准备；财政和乡（镇）政府及时提供所需食品、饮用水等后勤供应。

10时：监察局、民政局、文广局、乡(镇)派出所到场。

现场指挥员："由监察局、公安局、乡(镇)派出所、乡(镇)政府组成调查组,对起火时间、地点、原因、肇事者、受害森林面、扑救情况、物资消耗、其他经济损失进行调查。""由民政局、卫生局组成善后处置组对因火灾扑救受伤人员的医疗救护和抚恤,对受灾群众进行救济,确保灾民的基本生活保障。""由文广局和新闻中心负责按照宣传报道的规定,对扑火救灾的情况进行宣传报道,协调新闻单位采访报道的具体事宜。"

10时5分：火灾扑救组指挥员报告：火势已基本控制,正组织人员继续扑打余火。

指挥长指示：要坚持以人为本,确保扑救人员安全。

10时10分：西线灭火小组报告：西线火已扑灭;

东线灭火小组报告：东线火已扑灭;

北线灭火小组报告：北线火已扑灭。

10时15分：现场指挥员："命令乡(镇)政府留下义务防火队员监视火场。"

10时16分：现场指挥员向总指挥报告："××景区的森林火灾已全部扑灭,请指示!"

总指挥指示："组织扑火人员安全撤离火场。"

(全体参演人员跑步到指挥部集中,由现场指挥员集合向总指挥报告。报告词："总指挥同志,××景区森林火灾演习结束,请你指示!"

总指挥：讲评! 下达"队伍稍息"口令后,跑步入列!)

10时20分：总指挥作演练讲评。

11时25分：宣布演练结束。

××风景名胜区管委会

年　　月　　日

练习思考

一、填空题

1. 通过应急演练,不但可以检验_____,还可以在实际应急工作中发挥重要作用。

2. _____涉及应急预案中多项或全部应急响应功能。

3. 演练控制指南是指有关演练控制、模拟和_____等活动的工作程序和职责的说明。

二、单项选择题

1. 应急演练的基本任务是:检验、评价和(　　)应急能力。

　　A. 保护　　　　B. 论证　　　　C. 协调　　　　D. 保持

2. 下列选项中哪类演练最简单(　　)。

　　A. 桌面演练　　B. 功能演练　　C. 全面演练　　D. 综合演练

3. 应急演练策划部中,(　　)负责制订演练计划、设计演练方案、编写演练总结报告以及演练文档归档与备案等。

　　A. 文案组　　　B. 协调组　　　C. 控制组　　　D. 宣传组

4. 综合性应急演练的过程可划分为演练准备、演练实施和(　　)三个阶段。

　　A. 演练讲解　　B. 演练通报　　C. 演练总结　　D. 演练评价

三、简答题

1. 简述应急演练的组织机构。

2. 如何设计旅游安全应急演练情景?

3. 如何进行旅游安全应急演练评价?

4. 如何进行旅游安全应急演练总结?

四、列举题

1. 列举应急演练的目的。

2. 列举应急演练的原则。

第九章

旅游安全事故调查处理

学习要点

掌握旅游安全事故分级;熟悉旅游安全事故处理程序;掌握旅游安全事故报告制度;熟悉旅游安全事故调查报告的编写方法;熟悉旅游安全事故的评估;熟悉旅游安全事故的处理方法;掌握旅游者伤亡的处理方法。

基本概念

旅游安全事故调查处理、事故现场勘查、旅游安全事故评估

旅游安全事故调查处理是指发生旅游安全事故后,相关部门和组织对旅游安全事故发生的原因、影响结果等进行调查、统计、分析、评估,以及依照法律及有关规定对旅游安全事故涉及的单位和人员进行责任处理,对在应急救援中表现突出的单位和个人给予奖励等一系列工作的总称。

第一节　旅游安全事故调查

旅游安全事故调查主要集中在事故过程、事故性质、事故原因、事故影响等方

面。事故调查的目的是通过事故的调查、统计、分析工作,评估事故造成的损失和社会危害,掌握事故情况、查明事故原因、分清事故责任、拟定改进措施,防止事故重复发生。

一、旅游安全事故分级

根据《旅游安全管理办法》,旅游安全事故按事故性质、损失情况、可控性和影响范围,可分为四个等级:一般事故、较大事故、重大事故、特别重大事故。

表9.1 旅游安全事故分级及分级标准

事故等级	分 级 标 准		
	旅游者伤害	旅游者滞留	境内外影响
一般事故	死亡3人以下或重伤10人以下	50人以下	一般影响
较大事故	死亡3—10人或重伤10—50人	50—200人	较大影响
重大事故	死亡10—30人或重伤50—100人	200—500人	重大影响
特别重大事故	死亡30人以上或重伤100人以上	500人以上	特别重大影响

注:旅游者伤害中死亡人数为造成或者可能造成人员死亡(含失踪)的人数;旅游者滞留为滞留超过24小时的旅游者。

二、旅游安全事故处理程序

(一)旅游安全事故一般处理程序

根据《旅游安全管理办法》的规定,事故发生单位在事故发生后,应按下列程序处理:组织抢救,组织或协同、配合相关部门及协调医疗、救援和保险等机构开展对旅游者的救助及善后处置,防止次生、衍生事故;逐级上报,一般事故上报至设区的市级旅游主管部门,较大事故逐级上报至省级旅游主管部门,重大和特别重大事故逐级上报至国家文化和旅游部;保护现场,会同事故发生地的有关单位严格保护现场;调查处理,协同相关部门参与事故调查,配合相关部门依法对应当承担事件责任的旅游经营者及其责任人进行处理。

(二)重大旅游安全事故处理程序

根据《重大旅游安全事故处理程序试行办法》的要求,重大旅游安全事故处理原则上由事故发生地区政府协调有关部门以及事故责任方及其主管部门负责,必要时可成立事故处理领导小组。

1. 积极抢救。

事故发生后,报告单位应立即派人赶赴现场,组织抢救工作,保护事故现场,并及时报告当地公安部门。报告单位如不属于事故责任方或责任方的主管部门,应按照事故处理领导小组的部署做好有关工作。在公安部门人员未进入事故现场前,如因现场抢救工作需移动物证时,应作出标记,尽量保护事故现场的客观完整。

2. 伤亡处理。

有伤亡情况的,应立即组织医护人员进行抢救,并及时报告当地卫生部门。发生伤亡事故后,报告单位应在及时组织救护的同时,核查伤亡人员的团队名称、国籍、姓名、性别、年龄、护照号码以及在国内外的保险情况,并进行登记。有死亡事故的,应注意保护好遇难者的遗骸、遗体。对事故现场的行李和物品,要认真清理和保护,并逐项登记造册。

伤亡人员中有海外旅游者的,责任方和报告单位在对伤亡人员核查清楚后,要及时报告当地外办和中国旅游紧急救援协调机构,由后者负责通知有关方面。中国旅游紧急救援协调机构在接到报告后,应及时通知有关国际急救组织,后者作出介入决策后,有关地方要协助配合其开展救援工作。伤亡人员中有海外旅游者的,在伤亡人员确定无误后,有关组团旅行社应及时通知有关海外旅行社,并向伤亡者家属发慰问函电。

在伤亡事故的处理过程中,责任方及其主管部门要认真做好伤亡家属的接待、遇难者的遗体和遗物的处理以及其他善后工作,并负责联系有关部门为伤残者或伤亡者家属提供相关证明文件。为伤残人员提供:由医疗部门出具的"伤残证明书";为骨灰遣返者提供:由法医出具的"死亡鉴定书"、由丧葬部门出具的"火化证明书";为遗体遣返者提供:由法医出具的"死亡鉴定书"、由医院出具的"尸体防腐证明书"、由防疫部门检疫后出具的"棺柩出境许可证"。

3. 事故赔偿。

责任方及其主管部门要妥善处理好对伤亡人员的赔偿问题。报告单位要协助责任方按照国家有关规定办理对伤亡人员及其家属进行人身伤亡及财物损失的赔偿;协助保险公司办理对购买入境旅游保险者的保险赔偿。

4. 事故总结。

事故处理结束后,报告单位要和责任方及其他有关方面一起,认真总结经验教训,进一步改进和加强安全管理措施,防止类似事故再次发生。

（三）特别重大安全事故处理程序

根据《生产安全事故报告和调查处理条例》，特别重大事故发生后，事故发生地的有关单位应当立即启动事故相应应急预案，或者采取有效措施，组织抢救，防止事故扩大，减少人员伤亡和财产损失。有关单位和人员应当妥善保护事故现场以及相关证据，任何单位和个人不得破坏事故现场、毁灭相关证据。因抢救人员、防止事故扩大以及疏通交通等原因，需要移动现场物件的，应当做出标志、绘制现场简图并写出书面记录，妥善保存现场重要痕迹、物证。特别重大事故发生后，事故现场有关人员应当立即向本单位负责人报告；单位负责人接到报告后，应当于1小时内向事发地县级以上人民政府安全生产监督管理部门和负有安全生产监督管理职责的有关部门报告；安全生产监督管理部门和负有安全生产监督管理职责的有关部门接到事故报告后，应当逐级上报（每级上报时间不得超过2小时）至国务院安全生产监督管理部门和负有安全生产监督管理职责的有关部门，并通知公安机关、劳动保障行政部门、工会和人民检察院。特别重大事故报告的内容：事故发生的时间、地点、单位、现场情况；事故的简要经过、伤亡人数，直接经济损失的初步估计；事故发生原因的初步判断；事故发生后采取的措施及事故控制情况；事故报告单位。

事故发生地公安机关得知发生特别重大事故后，应当立即派人赶赴事故现场，负责事故现场的保护和收集证据的工作，对涉嫌犯罪的，应当依法立案侦查，采取强制措施和侦查措施；犯罪嫌疑人逃匿的，公安机关应当迅速追捕归案。特别重大事故由国务院或者国务院授权有关部门组织事故调查组进行调查。事故调查组的组成应当遵循精简、效能的原则，事故调查组可以聘请有关专家参与调查。根据事故调查报告，有关机关应当按照人民政府的批复，依照法律、行政法规规定的权限和程序，对事故发生单位和有关人员进行行政处罚，对负有事故责任的国家工作人员进行处分。

三、旅游安全事故报告制度

旅游安全事故报告应当及时、准确、完整，任何单位和个人对事故不得迟报、漏报、谎报或者瞒报。

（一）事故报告程序

旅游安全事故发生后，旅游经营者的现场人员应当立即向本单位负责人报告，单位负责人接到报告后，应当于1小时内向发生地县级旅游主管部门、安全生产监督管理部门和负有安全生产监督管理职责的其他相关部门报告；旅行社负责人应当同时向单位所在地县级以上地方旅游主管部门报告。情况紧急或者发生重大、特别重大旅游安全事故时,现场有关人员可直接向发生地、旅行社所在地县级以上旅游主管部门、安全生产监督管理部门和负有安全生产监督管理职责的其他相关部门报告。旅游安全事故发生在境外的,旅游团队的领队应当立即向当地警方、中国驻当地使领馆或者政府派出机构,以及旅行社负责人报告。旅行社负责人应当在接到领队报告后1小时内,向单位所在地县级以上地方旅游主管部门报告。旅游主管部门在接到旅游经营者的报告后,应当向同级人民政府和上级旅游主管部门报告。一般旅游安全事故上报至设区的市级旅游主管部门,较大旅游安全事故逐级上报至省级旅游主管部门,重大和特别重大旅游安全事故逐级上报至国家文化和旅游部。

各省、自治区、直辖市、计划单列市旅游行政管理部门和参加"中国旅游紧急救援协调机构"联络网的单位,在接到旅游景区、饭店、交通途中或其他场合发生的重大旅游安全事故的报告后,除向当地有关部门报告外,应同时以电传、电话或其他有效方式直接向"中国旅游紧急救援协调机构"报告事故发生及处理进展情况。"中国旅游紧急救援协调机构"在接到报告单位的报告后,应及时向有关方面通报情况,并对所请示问题作出答复。

(二)事故报告内容

事故发生后的首次报告内容为：事故发生的时间、地点、初步情况等,事故接待单位及与事故有关的其他单位,报告人的姓名、单位和联系电话；事故处理过程中的报告内容为：伤亡情况及伤亡人员的姓名、性别、年龄、国籍、团名、护照号码等,事故处理的进展情况,事故原因分析及有关方面的反映和要求；事故处理结束后的报告内容为：事故经过及处理,事故原因及责任,事故教训及今后的防范措施,善后处理过程及赔偿情况,有关方面及事主家属的反映,事故遗留问题及其他,报告单位需认真总结事故发生和处理的全面情况,并作出书面报告。

四、旅游安全事故调查

旅游安全事故调查是撰写调查报告的先决条件,只有进行深入、细致的调查研究,收集丰富的材料,才有写好调查报告的基础。旅游事故调查应当坚持实事求是、尊重科学、逐级上报、分级调查处理的原则,及时、准确地查清事故经过、事故原因和事故损失,查明事故性质,认定事故责任,总结事故教训,提出整改措施,并对事故责任者依法追究责任。事故处理结束后,要立即编写事故调查报告,并呈报有关部门。

（一）事故调查组的组成

按事故严重程度等级,组成相应的事故调查组,对事故进行调查和分析。事故调查组的组成应当遵循精简、效能的原则。旅游安全事故发生后,旅游企业应在政府部门的安排下,配合旅游主管部门、安全生产监督管理部门、公安部门、监察部门、卫生部门、工会等有关部门的人员及相关专家组成事故调查组,对事故进行调查。

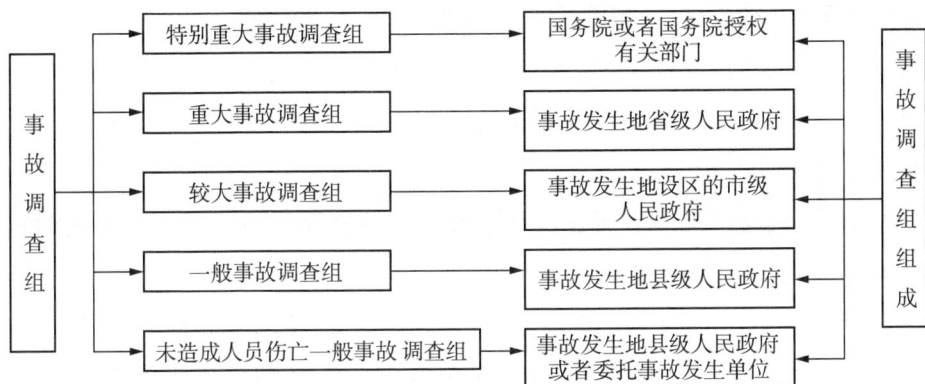

图9.1　安全事故调查组的组成

（二）事故调查组的职责

事故调查组应查明事故发生的经过、原因、人员伤亡情况及直接经济损失,在调查过程中,事故调查组有权向发生事故的旅游区和有关单位、有关人员了解与事故有关的情况,并要求其提供相关文件、资料,有关单位和个人不得拒绝,也不得擅离职守;调查组在查明事故情况以后,认定事故的性质和事故责任;提出对事故责任者的处理建议,如果对事故的分析和事故责任者的处理不能取得一致意见,事故调查牵头单位有权提出结论性意见,或者报上级有关部门或同级人民政府裁决;总结事故教训,提出防范和整改措施。

事故调查组应当自事故发生之日起60日内提交事故调查报告;在特殊情况下,经负责事故调查的人民政府批准,提交事故调查报告的期限可以适当延长,但延长的期限最长不超过60日。事故调查报告应当附具有关证据材料,调查组成员应在事故调查报告上签名。事故调查报告报送负责事故调查的人民政府,事故调查的有关资料归档保存。

（三）事故调查的物质准备

在事故调查准备工作中,除了成立调查组和制订计划外,另一个主要的工作就是物质准备。没有好的装备和工具,事故调查人员的素质再高,也难以保证调查工作的质量。调查工具会根据调查对象的性质不同而各异,通常来说,调查人员必备的调查工具有相机、纸、笔、手套、标签、防护设备,噪声、辐射、气体等的采样或测量设备及与被调查对象直接相关的测量仪器等。

（四）事故调查取证

旅游安全事故发生后,在进行事故调查的过程中,事故调查取证是完成事故调查的重要环节。事故调查取证应从现场勘察、调查询问入手,收集人证、物证材料,进行必要的技术鉴定和模拟试验,寻求事故原因及责任者,并提出防范措施。

1. 事故现场处理。

为保证事故调查、取证客观公正,在发生伤亡事故后,要划定伤亡事故现场的保护范围,在现场布置警戒,维持秩序,对事故现场进行良好的保护。在事故调查人员到达之前,任何人不得进入伤亡事故现场。对于特别重大的伤亡事故,要立即通知当地公安部门,由公安部门派人赶赴伤亡事故现场,负责伤亡事故现场的保护。

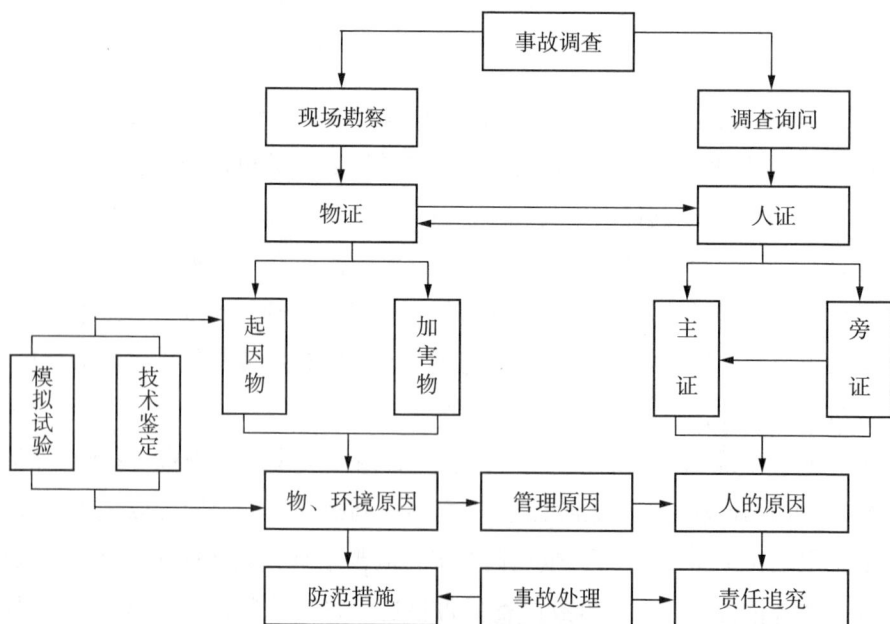

图9.2　旅游安全事故调查方法

伤亡事故一旦发生,企业领导应立即指挥有关人员停止经营工作。在抢救伤员、采取措施制止事故蔓延扩大和向有关领导报告的同时,要指派专人保护事故现场,凡是与事故有关的物体、痕迹、状态都要尽量保持原状。在抢救受伤者、扑灭火险、排除险情、疏通交通时,应尽量保护重点部位,使现场不受破坏。对于必须移动的现场某些物体,必须做好现场标记或注明变动前的状态。有条件的旅游区可现场录像。如果遇到气候变化等情况,可能使痕迹、物证遭到破坏或移位时,应采取妥善措施,尽力保护事故现场原貌。

2. 事故现场勘查。

事故现场勘查是事故现场调查的中心环节,其主要目的是查明当事各方在事故之前和事发之时的情节、过程以及造成的后果。通过对现场痕迹、物证的收集和检验分析,可以判明发生事故的主、客观原因,为正确处理事故提供客观依据。因而,全面、细致地勘察现场是获取现场证据的关键。无论什么类型的事故现场,勘查人员都要力争把现场的一切痕迹、物证甚至微量物证收集、记录下来,对变动的现场,更要认真、细致地勘查,弄清痕迹形成的原因及与其他物证和痕迹的关系,去伪存真,还原现场的本来面目。

现场勘查的顺序和范围,应根据不同类型的事故现场来确定。勘查人员到达现场后,首先要向事故当事人和目击者了解事故发生的情况和现场是否有变动。

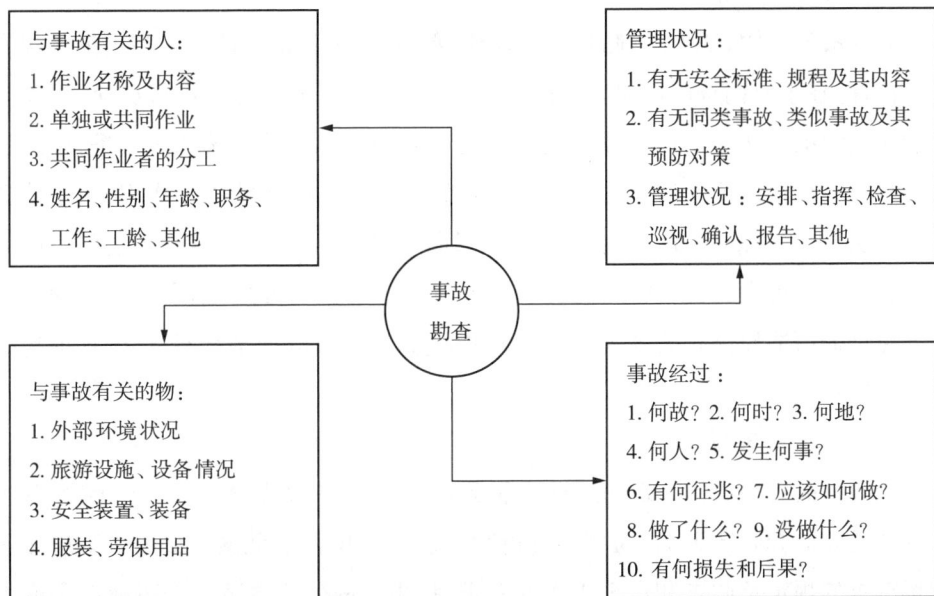

与事故有关的人:
1. 作业名称及内容
2. 单独或共同作业
3. 共同作业者的分工
4. 姓名、性别、年龄、职务、
   工作、工龄、其他

管理状况:
1. 有无安全标准、规程及其内容
2. 有无同类事故、类似事故及其
   预防对策
3. 管理状况:安排、指挥、检查、
   巡视、确认、报告、其他

事故勘查

与事故有关的物:
1. 外部环境状况
2. 旅游设施、设备情况
3. 安全装置、装备
4. 服装、劳保用品

事故经过:
1. 何故? 2. 何时? 3. 何地?
4. 何人? 5. 发生何事?
6. 有何征兆? 7. 应该如何做?
8. 做了什么? 9. 没做什么?
10. 有何损失和后果?

图9.3　旅游安全事故勘查内容

如有变动,应先弄清变动的原因和过程,必要时可根据当事人和证人提供的事故发生时的情景恢复现场原状,以利于实地勘查。在勘查前,应巡视现场周围的情况,在对现场全貌有了大致的了解后,再确定现场勘查的范围和勘查的顺序。事故现场勘查的内容应包括与事故有关的人、与事故有关的物、管理状况和事故经过等信息。

3. 收集事故有关物证。

现场物证包括破损部件、碎片、残留物、致害物及其位置等。在现场搜集到的所有物件均应贴上标签,注明地点、时间、管理者。所有物件应保持原样,不可冲洗擦拭。对危害健康的物品,应采取不损坏原始证据的安全防护措施。

4. 收集事故事实材料。

收集与事故鉴别、记录有关的材料,主要有发生事故的时间、地点、单位,受害者和责任者的姓名、性别、年龄、文化程度、职业、过去的事故记录等。收集事故发生的有关事实,主要有事故发生前设备、设施等的性能和质量状况;使用的材料,必要时可对其进行物理、化学、生物性能实验与分析;关于旅游区环境方面的状况,包括旅游区特点、湿度、温度、旅游区设施、道路状况以及环境中的危险物质取样分析记录;事前受害人和责任者的健康与精神状况;其他可能与事故致因有关的细节或因素。

5. 收集事故人证材料。

在事故调查中,证人的询问工作相当重要,大约50％的事故信息是由证人提供的。因此,在事故调查取证时,应尽可能与每一位受害人及证人进行交谈,尽量与事故发生前的现场人员以及在事故发生之后立即赶到事故现场的人员进行交谈。要保证每一次交谈记录的准确性。事故信息中大约有50％能够起作用,为了使证人信息更详实、更准确,信息收集应迅速、果断,这样就会最大程度地保证信息的完整性。询访见证人、目击者和当班人员时,应采用交流的方式,不应采用审问的方式。见证人可能提供有关事故调查方面的信息,包括事故现场状态、周围环境情况及人为因素等。

6. 采集事故现场影像。

采集事故现场影像是现场勘查的重要组成部分,是收集物证的重要手段,其主要目的是获取和固定证据,为事故分析和处理提供可视性证据。影像采集应按照现场勘查的规定及调查和审理工作的要求,拍摄事故发生现场上与事故有关的人与物、遗留的痕迹、物证以及其他一些现象,真实准确、客观实际、完整全面、鲜明突出、系统连贯地表达现场的全部状况。现场影像应包括记录事故发生时间、空间及各自的特点，事故活动现场的客观情况以及造成事故事实的客观条件和产生的结果，形成事故现场主体的各种迹象。

对事故发生地点经过全面的研究和影像采集之后，通常要绘制事故现场图，这是调查工作的一项重要任务。现场绘图是运用制图学的原理和方法，通过几何图形来表示现场活动的空间形态，是记录事故现场的重要形式，能够比较精确地反映现场上重要物品的位置和比例关系。现场绘图与现场笔录、现场影像均有各自的特点，相辅相成，不能互相取代。事故现场图的形式，可以是事故现场示意图、流程图、受害者位置图等。

五、旅游安全事故分析

"不为事故找借口，只为安全找理由"，通过旅游安全事故分析，找出事故原因，进行对症改进，从而消除安全隐患，保障安全经营。

（一）旅游安全事故原因分析

在分析旅游安全事故时，应从直接原因入手，逐步深入到间接原因，从而掌握事故的全部原因。事故调查人员应注重导致事故发生的每一个事件，同样要注重各个事件在事故发生过程中的先后顺序。事故原因分析应明确以下内容：事故发生前的征兆，不正常状态的发生时间、位置及发展过程，事件发生的可能顺序以及可能的原因（直接原因、间接原因），事件发生的顺序。

（二）旅游安全事故影响分析

旅游安全事故影响是指由事故所引起的一切损失，包括直接经济损失和间接经济损失。直接经济损失指因事故造成人身伤亡及善后处理支出的费用和毁坏财产的价值。间接经济损失指因事故导致产值减少、资源破坏（生态破坏）和受事故影响而造成其他损失的价值。

六、旅游安全事故调查报告编写

旅游安全事故调查报告要通过全面、深入、细致的调查，查明真相，澄清是非，用确凿的事实说明事故发生的原因、情况和结果，分析其产生的背景及性质，为旅游安全事故的处理及善后工作提供有价值的第一手材料，实现解决问题、教育批评、告诫人们吸取教训的作用，也为领导机关掌握情况、研究问题、进行科学决策提供依据。

（一）调查报告的编写要求

1. 真实性。

客观事实是调查报告赖以存在的基础,真实性是调查报告的生命线。从调查对象的确定到开展调查活动,从对问题的分析研究到提出问题的解决途径,都要深入调查,以充分、确凿的事实为依据,获取最真实的原始材料。

2. 科学性。

旅游安全事故调查报告不同于一般的公文,它是通过对大量材料的认真分析与综合研究,揭示事故发生的真实原因。分析与综合的过程、揭示事故本质原因的过程,就是科学利用各种调查和分析方法的过程。

3. 时效性。

调查报告需要回答上级机关和社会公众的疑问,时间性很强。因此,从调查研究到定稿的各个环节都要抓紧时间,否则,"时过境迁"就削弱了指导意义。

（二）调查报告的基本内容

旅游安全事故调查报告必须将旅游事故的原因表达清楚,把相关单位和人员的责任分析到位。事故调查报告主要包括旅游区概况、安全事故概况、应急救援情况、事故经验教训、事故责任处理等内容。

1. 旅游区概况。

旅游区概况包括该旅游区的地址、性质、特征、职员人数、隶属关系、旅游区设施、危险点和旅游情况,以及重要基础设施的情况等。

2. 安全事故概况。

旅游安全事故概况包括事故发生的时间、地点、事故性质、事故经过及报告(从事故报警开始直至事故现场得到控制,事故条件得到消除及应急响应终止时发生的相关情况)、事故原因(直接原因和间接原因)、人员伤亡情况、经济损失情况(直接经济损失和间接经济损失)、生态破坏情况、事故等级等。

3. 应急救援情况。

应急救援情况包括指挥部指挥情况、救援队伍救援情况,有关领导作出的批示情况,有关部门及政府负责人赶赴事故现场指导抢险救灾情况等。

4. 事故经验教训。

在对事故原因进行分析研究的基础上,应讨论事故教训、安全管理建议和今后的防范措施等内容。对于需要改进的内容,应狠抓落实,并进行督促检查,督办到位。

5. 事故责任处理。

对事故相关责任人员的责任处理的内容主要有事故责任人的姓名、政治面貌、职务、主管的工作,责任人的违法、违规和错误事实,对事故发生所负的责任(直接责任、主要责任、主要领导责任、重要领导责任)认定,以及移送司法机关处理、党纪行政处分、行政处罚等建议。对有关责任单位实施行政处罚的建议内容:责任单位名称、处罚理由、处罚依据、处罚建议、罚款金额以及执法主体。

6. 附件。

附件的主要内容包括:调查组成员名单(签名)、事故平面图、直接经济损失计算及统计表、现场调查证据及记录以及其他需要说明的事项等。

第二节　旅游安全事故评估

旅游安全事故评估是在安全事故发生后依据实际调查结果,对事故造成的损失和影响进行的回顾性评价。旅游安全事故评估可评价旅游事故应对及管理措施的效果,检验防范、应对事故的各项措施或方案是否得当,分析造成损失的原因及各类影响因素。旅游安全事故评估是事故恢复政策制定、事故恢复措施选取、应急资源分配、安全管理效率确认和安全管理战略修正的依据,为旅游业的恢复和安全管理的有效运行提供支撑,是事故恢复阶段的基础性工作,是旅游事故恢复工作的起点。

一、旅游安全事故评估原则

(一)客观性

旅游安全事故评估可帮助旅游企业找到事故的原因,发现事故处理中存在的不足,总结事故的经验教训,提高旅游安全的管理水平。因此,旅游安全事故评估应本着总结和提高的态度,客观地进行评价。

要保证旅游事故评估的客观性,一是要有客观的信息,要收集广泛而客观的信息,可以采用"背靠背"的方式:信息收集者不知道谁是信息的提供者;二是要有客观的评估专家,可以聘请与事故无关的非本组织的专家对旅游事故进行评估,以保证事故评价的客观性。

(二) 全面性

在评估中要全面收集资料,并随时更新相关资料数据,对事故造成的破坏性后果进行全面评估,掌握尽可能详尽的损失情况,为制订可行的解决方案提供借鉴和帮助,为安全恢复和目的地重建工作提供必要的信息支持。

(三) 及时性

旅游目的地不同要素的恢复时间是不一样的,有些方面可以很快得到恢复,有些方面的恢复则需要很长时间。因此,在旅游安全事故的恢复基本结束之后,就可以及时进行事故评估管理工作了。

(四) 分离性

旅游安全事故评估管理不完全是责任调查,应与责任调查区别开来。责任调查是为寻找事故中的责任人,并对他们的责任进行追究,以避免类似的事故再次发生。这与事故评估管理是不同的,因此,不可用责任调查代替事故评估管理。

二、旅游安全事故经济损失评估

旅游安全事故造成的经济损失可以从直接经济损失和间接经济损失方面进行评价,总损失为直接经济损失和间接经济损失之和。海因里希通过统计分析,得出伤亡事故的总经济损失为直接经济损失的 5 倍,这一结论至今仍被国际劳工组织(ILO)所采用。

(一) 直接经济损失

旅游安全事故的发生,不仅会造成人员的伤亡,还会带来物质财产的损失。伴随着对这两方面损失的处理,还会导致一定的甚至大量的资金投入,从而使旅游企业的经济收入下降、利润减少,降低旅游目的地的经济活力。

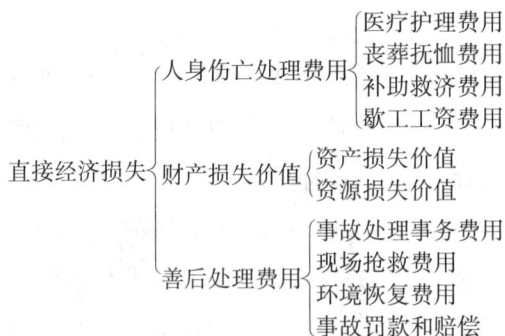

直接经济损失
- 人身伤亡处理费用
  - 医疗护理费用
  - 丧葬抚恤费用
  - 补助救济费用
  - 歇工工资费用
- 财产损失价值
  - 资产损失价值
  - 资源损失价值
- 善后处理费用
  - 事故处理事务费用
  - 现场抢救费用
  - 环境恢复费用
  - 事故罚款和赔偿

图 9.4　旅游安全事故直接经济损失的统计范围

1. 医疗护理费用。

医疗护理费用是指用于治疗受伤害人员所开支的费用,如药费、治疗费、住院费等在卫生部门开支的费用,以及为照顾受伤人员请(派)专人护理所支出的费用。后者由事故发生单位支付,统计时只需填入实际费用即可。对在工的医疗费用,按相关计算公式进行统计。

$$M = M_b + \frac{M_b}{P}D_c$$

式中,M 为被伤害人员的医疗费;M_b 为被伤害人员日前的医疗费;P 为事故发生之日至结案日的天数;D_c 为延续医疗天数,由企业劳资、安全、工会等部门按医生诊断意见确定。公式为测算一名被伤害人员的医疗费,一次事故中多名受害人员的医疗费用应累积计算。

2. 丧葬抚恤费用。

丧葬费是死者家属为安葬死者而支出的必要费用,一般包括运尸费、火化费、购买普通骨灰盒费、一期骨灰存放费以及雇请抬丧人员所支付的劳务费和必要的交通费等合理费用。抚恤费是职工因公负伤或死亡后,国家或所在单位依照有关规定发放给伤残职工或死者家属的费用。

丧葬费赔偿额＝事故责任人所在地上一年度职工月平均工资×6个月

例如,某受诉法院所在地上一年度职工月平均工资为 3 000 元,则死者家属可获得丧葬费赔偿额为 3 000 元/月×6 个月＝18 000 元。

3. 补助救济费用。

补助费是指相关人员因安全事故全部或部分丧失劳动能力时应获得的生活费用。救济费是用金钱或物资对受害方进行补偿的费用。

补助费＝平均生活费×赔偿年限×赔偿系数

4. 歇工工资费用。

歇工工资费用是指工伤员工在自事故之日起的实际歇工期内,企业支付其本人的工资总额。歇工工资无论是在工资基金中开支,还是在保险福利费中开支,都应作为经济损失如实统计上报。当歇工日超过事故结案日时,歇工工资按下述公式计算。

$$L = L_q(D_a + D_k)$$

式中,L 为受伤害员工的歇工工资;L_q 为受伤害员工日工资;D_a 为至事故结案日期的歇工日;D_k 为延续歇工日,即事故结案后还需要继续歇工的时间,由企业劳资、安全、工会与有关部门酌情商定。

5. 资产损失价值。

资产损失包括报废的资产损失价值和损坏(有待修复)的资产损失两个部分。前者用资产净值减去资产残值计算,后者按修复费用统计。

6. 资源损失价值。

资源损失主要指事故对旅游目的地的旅游资源或旅游接待设施产生的破坏而造成的物质资源损失。由于资源损失情况比较复杂,可能难以计算其损失价值,因而常常采用商榷或估算的办法。一般情况下资源损失价值的计算,是先确定受损的项目,然后逐项计算或估算损失价值,最后将结果求和。

7. 事故处理的事务性费用。

处理事故的事务性费用包括交通费、差旅费、接待其亲属的费用以及事故调查处理工作中所需的聘请费、器材费等。此项费用按实际支出如实统计。

8. 现场抢救费用。

现场抢救费指事故发生时,外部人员为了控制和终止灾害,援救受灾人员脱离危险现场的费用,如火灾事故现场救火所需要的费用。救护员的费用要列在医疗费中统计。

9. 环境恢复费用。

环境恢复费用包括清理事故现场的费用和处理环境污染的费用。前者主要是为恢复生产而对事故现场进行整理和清除残留物所支出的费用,如修复道路、线路等所需的费用;后者主要包括排污费、赔损费、保护费和治理费等。

10. 事故罚款和赔偿。

事故罚款指上级单位依据有关法规对事故单位的罚款,不包括对事故责任者的罚款。赔偿是指旅游企业因发生事故不能按期完成旅游合同而导致的对外单位的经济赔偿,以及因造成公共设施的损坏而发生的赔偿费用,不包括对个人的赔偿和因造成环境污染而产生的赔偿。

（二）间接经济损失

旅游安全事故间接经济损失包括旅游形象和旅游可持续发展能力的损失，其衡量测算指标主要有客流量、旅游收入和利润率等，通过对相关指标的测算，评估旅游安全事故所造成的旅游间接经济损失。

1. 旅游形象的损失。

当旅游目的地发生安全事故时，现实或潜在的旅游者对旅游目的地的风险认知感增强，使旅游者对旅游目的地旅游产品的消费需求、消费行为和消费结构等发生不利变化，从而造成旅游客流量的下降。旅游形象损失可表现为游客满意度降低、目的地的消极认知、相关利益者的警告等方面，可以通过信息反馈（包括市场调查、旅游者投诉情况等）对现实和潜在旅游者的满意度、目的地的认知以及利益相关者的反应来分析旅游安全事故所造成的形象损失，可以运用定性和定量相结合的方法来评估形象损失。

2. 旅游可持续发展能力的损失。

旅游目的地发生的安全事故对当地旅游业的冲击，最终都会反映到对目的地旅游可持续发展能力的影响上。旅游可持续发展能力损失评估包括旅游竞争优势（旅游产品竞争力、旅游企业竞争力和旅游生产要素竞争力等）、旅游产业规模和旅游人才状况等。

表 9.2　旅游安全事故的间接经济损失

损失类别	损失表现	损失后果	影响因素	评估方法
旅游形象的损失	满意度降低 消极认知 利益相关者警告	旅游需求减少 游客不安 消极认知加重	事故类型 影响范围及强度 旅游产品类型和特征 旅游发展阶段 目的地区域位置 旅游安全管理策略 安全信息传播	德尔菲法 市场抽样调查法 统计分析法
旅游可持续发展能力的损失	竞争优势减弱 产业规模缩小 旅游人才流失	目的地恢复能力减弱 恢复时间增加		层次分析法

三、旅游安全事故影响时长评估

对旅游安全事故影响时长的评估是制定旅游恢复规划和分配旅游恢复预算的基础。不同旅游事故、不同旅游目的地、不同旅游市场、事故的破坏力大小等都会影响旅游事故影响时长。一般而言,社会类旅游事故的影响时长要长于自然类旅游事故;近程市场恢复快,远程市场恢复慢。

四、旅游安全应急效果评估

(一) 应急预案评估

应急预案评估包括单项措施效果评估、组合措施效果及实际处理效果的整体评估。单项措施效果主要是根据所要达到的目标、资源的保障程度、资源调度所需的时间、协调机制来评估该项措施所能取得的效果;组合措施效果是在逻辑上、时效上所能取得的整体效果;实际处理效果是资源消耗量、事件控制或消除的程度。通过预案评估,可以检验预案的有效性,并结合突发事件处置的实践经验,更新和完善应急预案。

(二) 应急能力评估

应急能力评估是对旅游区各应急部门协同作战能力的评价,通过评估在应对突发事故的过程中存在的问题和不足,检验旅游区应急体系的可行性、科学性和效率。首先,应选取评价指标。评价指标可以是定量指标,也可以是定性指标,选取要遵循科学性、代表性、全面性及实用性的原则;然后,转化评价指标。定性指标是用来反映旅游区应急能力的质的属性,它往往是根据经验判断或直观判断得到的描述性数据,一般用"有"或"无"、"是"或"否"来表示,为便于转化为定量指标,易于计算处理或评估,经常采用分等级的形式,将其分为 1 级、2 级、3 级、4 级、5 级等;最后,计算评估结果。评估计算时可选用层次分析法、模糊综合评价法等评价模型,通过一定的演算方法,得出定量结果。

(三) 应急效果评估

应急效果评估是对事故处理小组的工作效率进行评估,评价其事故处理策略选择的合理性,事故信息沟通的及时、充分、准确性等。通过效果评估,及时总结经验,针对事故中暴露出来的管理问题,进行调整和改进,修正错误,弥补不足,减少各种安全漏洞,为未来的旅游日常与安全管理提供更好的建议和指导。评估后要填写《旅游安全事故评估备案表》。

表 9.3　旅游安全事故评估备案表

旅游安全事故单位		
旅游安全事故类型		
旅游安全事故原因及经过		
旅游安全事故经济损失评估	直接经济损失(万元)	
	间接经济损失(万元)	
旅游安全事故影响时长评估		
旅游安全应急效果评估		
评估单位(人员)		

第三节　旅游安全事故处理

当旅游区发生旅游安全事故时,应根据旅游事故的表现形态,遵循相应的原则和方法,对事故进行妥善的处理。

一、旅游安全事故处理原则

(一)"谁主管,谁负责"原则

旅游区实行安全工作领导负责制,主管领导全面负责旅游区的安全工作。必须正确看待和处理安全工作与经营服务的关系,使安全管理工作的优劣与领导及员工的政治荣誉和经济利益挂钩。

(二)"四不放过"原则

事故原因未查清的不放过;当事人和群众没有受到教育的不放过;没有制定切实可行的防范措施的不放过;事故责任人未受到处理的不放过。

(三)教育处罚相结合原则

安全事故的处理要视情况区别对待。对事故情节轻微、损失较小、影响不大,或难以预料的突发事故和一般事故,可采取批评教育、限期整改,辅之以经济或行政处罚。

（四）依法办事原则

旅游安全事故调查应实事求是，以客观事实为依据。事故处理要以法律法规为准绳，有法必依，执法必严。

二、旅游安全事故分析

（一）材料分析

整理和阅读调查材料，对受害者的受伤部位、受伤性质、起因物、致害物、伤害方式、不安全状态、不安全行为等进行分析、讨论和确认。

（二）原因分析

事故直接原因分析是对人的不安全行为和物的不安全状态的分析；事故间接原因分析是对间接造成事故发生的管理因素进行的分析。

（三）性质认定

事故性质认定是很重要的内容，事故性质分为责任事故、非责任事故和破坏性事故。责任事故指本来可以预见和避免的，但由于人的原因没有采取措施预防而造成的事故；非责任事故是指由于自然因素等不可抗拒的力量所造成的事故，或由于当前科学技术条件限制而发生的难以预料的事故；破坏性事故是行为人为达到一定的目的而故意制造的事故。

（四）责任分析

事故责任分析是在原因分析的基础上确定事故的责任。责任分析的目的在于使责任人、相关单位和人员吸取教训，改进工作，防止事故再度发生。

根据事故调查所确定的事实，通过对事故原因（包括直接原因和间接原因）的分析，找出对应于这些原因的人及其与事件的关系，确定其是否属于事故责任者。按责任者与事故的关系，可将责任者分为直接责任者、主要责任者和领导责任者。直接责任者是与事故的发生有直接关系的人员；主要责任者是对事故的发生起主要作用的人员；领导责任者是对事故的发生负有领导责任的人员。根据事故后果和责任的大小，对事故责任者提出处理意见，进行不同程度的处罚。处罚的形式有行政处罚、经济处罚和刑事处罚。

事故责任分析的步骤：按照确认的事故调查的事实分析事故责任；按照有关组织管理（如建设项目审批、规程标准、规章制度、教育培训、操作方法）及技术因素（如规划设计、施工、安装、维护检修），追究最初造成不安全状态的责任；按照有关技术规定的性质、明确程度、技术难度,追究属于明显违反技术规定的责任;根据事故后果(如性质轻重、损失大小)和责任者应负的责任以及认识态度(如抢救和防止事故扩大的态度、对调查事故的态度和表现)提出处理意见。

三、旅游安全事故处理

旅游安全事故处理情况由负责事故调查的政府部门或者其授权的有关部门、机构向社会公布,依法应当保密的除外。

(一)事故调查报告批复

重大事故、较大事故及一般事故,负责事故调查的政府部门应当自收到事故调查报告之日起 15 日内作出批复;特别重大事故,应在 30 日内作出批复,在特殊情况下,批复时间可以适当延长,但延长的时间最多不超过 30 日。

(二)事故相关责任处理

按照负责事故调查的政府部门的批复,对由于违法违规行为或自身不慎导致事故发生,及在事故处理中办事不力的责任人和责任单位,依照法律、行政法规规定的权限和程序,由旅游行政管理部门会同有关部门给予行政处罚(警告、罚款、限期整改、停业整顿、吊销营业执照等),对负有事故责任的国家工作人员进行处分。负有事故责任的人员涉嫌犯罪的,应依法追究其刑事责任。

(三)防范措施监督检查

发生事故的单位应当认真吸取事故教训,落实防范和整改措施,防止事故再次发生。防范和整改措施的落实情况应当接受工会和职工的监督。安全生产监督管理部门和负有安全生产监督管理职责的其他有关部门应当对事故发生单位落实防范和整改措施的情况进行监督检查。

四、伤亡事故结案归档

对事故调查分析的结果进行归纳、整理、建档,有利于指导安全教育、事故预防等工作,为制定安全生产法规、制度及隐患整改提供重要依据。

事故处理结案后,应归档的事故资料有:人员伤亡事故登记表;人员死亡、重伤事故调查报告书及批复;现场调查记录、图纸、照片等;技术鉴定和试验报告;物证和人证材料;直接和间接经济损失材料;事故责任者的自述材料;医疗部门对伤亡人员的诊断书;发生事故时的环境条件、操作情况和资料;处分决定和受处分人员的检查材料;有关事故的通报、简报及文件;调查组的人员名单、职务及单位。

第四节　旅游者伤亡的处理

一、旅游者伤亡处理

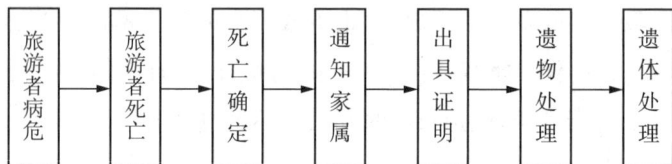

图 9.5　旅游者伤亡处理流程

（一）旅游者病危处理

当发现旅游者突然发病,应立即报告旅游区负责人或值班经理,在领导安排下组织抢救。在抢救病危旅游者的过程中,必须有患者家属或亲朋友好及旅游相关单位工作人员在场。

（二）旅游者死亡处理

死亡确定。一旦发现旅游者在旅游区内死亡,应立即报告当地公安机关,并通知死者所属的团、组负责人。如属正常死亡,善后处理工作应由接待单位负责。没有接待单位的,由公安机关会同有关部门共同处理。如系非正常死亡,应保护好现场,由公安机关取证处理。尸体在处理前应妥善保存。

通知家属。凡系正常死亡的,在通报公安部门后,由接待或工作单位负责通知死者单位或家属。如死者无接待单位,应由旅游区或公安部门负责通知。

出具证明。系正常死亡的,由县级或县级以上医院出具死亡证明书;系非正常死亡的,由公安机关或司法机关法医出具死亡鉴定书。

遗物处理。清点死者遗物时应有死者的随行人员或家属及旅游区工作人员在场。如死者有遗嘱,应将遗嘱拍照或复制,原件交死者家属或死者所属单位。遗物需清点造册,列出清单,清点人要一一签字,签字后办理公证手续。

遗体处理。死者遗体一般以当地火化为宜。遗体火化前,应由领队、死者家属或代表填写《火化申请书》,交旅游区保存。如死者家属要求将遗体运回原籍,尸体要由医院作防腐处理,由殡仪馆装殓,并发给《装殓证明书》。遗体运回原籍应有相关证明。

（三）其他注意事项

在做好死者家属和其他旅游者工作的基础上,向全团宣布对死者的抢救过程。在处理过程中,要随时注意死者亲属及其他有关人员的思想情绪和反应,并及时汇报。善后处理结束后,应由接待单位撰写《死亡善后处理情况报告》,送主管领导单位、公安局等相关部门。报告内容包括死亡原因、抢救措施、诊断结果、善后处理情况等。对在华死亡的外国人,要严格按照中华人民共和国外交部关于《外国人在华死亡后的处理程序》处理。

二、旅游者伤亡的赔付

对旅游者进行经济赔偿是事故处理的重要一环,只有对旅游者进行合理的赔付,事故的影响才会降到最低。2006 年 4 月 14 日,中国香港的一个 17 人的旅游团在泰国遇到车祸,由于出行前旅行社已经为所有旅游者购买了旅游意外保险,其后的赔付工作进行得十分顺利,保险公司接受了对事故的赔偿,旅行社为向旅游者表示歉意,将团费悉数退还给旅游者,整个意外事故的处理得到了全团旅游者的夸奖。

（一）旅游经营者的安全责任

《最高人民法院关于审理人身损害赔偿案件适用法律若干问题的解释》中规定:从事住宿、餐饮、娱乐等经营活动或者其他社会活动的自然人、法人、其他组织,未尽合理限度范围内的安全保障义务致使他人遭受人身损害,赔偿权利人请求其承担相应赔偿责任的,人民法院应予支持。因第三人侵权导致损害结果发生的,由实施侵权行为的第三人承担赔偿责任。安全保障义务人有过错的,应当在其能够防止或者制止损害的范围内承担相应的补充赔偿责任。安全保障义务人承担责任后,可以向第三人追偿。赔偿权利人起诉安全保障义务人的,应当将第三人作为共同被告,但第三人不能确定的除外。

因此,酒店、餐饮、景区经营者作为提供旅游服务的一方,负有确保旅游者人身、财产安全的责任,有义务为旅游者提供安全的环境和场所,面对风险,应事先向旅游者作出说明或者明确警示,并提供相应的安全防护措施。如果发生事故,则应承担相应的民事赔偿责任。

（二）旅游组织者的安全责任

《旅行社条例》规定：旅行社应当投保旅行社责任险。旅行社对可能危及旅游者人身、财产安全的事项，应当向旅游者作出真实的说明和明确的警示，并采取防止危害发生的必要措施。旅行社将旅游业务委托给其他旅行社的，接受委托的旅行社违约，造成旅游者合法权益受到损害的，作出委托的旅行社应当承担相应的赔偿责任。作出委托的旅行社赔偿后，可以向接受委托的旅行社追偿。接受委托的旅行社故意或者重大过失造成旅游者合法权益损害的，应当承担连带责任。

因此，旅行社作为经营旅游业务的单位，有保证旅游者旅游过程中的人身、财产安全，提示安全注意事项，防止危害发生的法定义务。发生事故时，应承担相应的民事赔偿责任。

（三）损害赔偿的项目

应遵从依法办事、尊重当事人意愿的原则，在对旅游者情绪进行安抚的前提下，按照国家有关规定对旅游者进行适当的物质补偿。

人身损害的赔偿项目：受害人遭受人身损害，因就医治疗支出的各项费用以及因误工减少的收入，包括医疗费、误工费、护理费、交通费、住宿费、住院伙食补助费、必要的营养费等，赔偿义务人应当予以赔偿。

因伤致残的赔偿项目：受害人因伤致残的，其因增加生活上需要所支出的必要费用以及因丧失劳动能力导致的收入损失，包括残疾赔偿金、残疾辅助器具费、被扶养人生活费，以及因康复护理、继续治疗实际发生的必要的康复费、护理费、后续治疗费等，赔偿义务人应当予以赔偿。

人员死亡的赔偿项目：受害人死亡的，赔偿义务人除应当根据抢救治疗情况赔偿规定的相关费用外，还应当赔偿丧葬费、被扶养人生活费、死亡补偿费以及受害人亲属办理丧葬事宜支出的交通费、住宿费和误工损失等其他合理费用。

案例回放

一、×××景区食物中毒事故调查处理方案

一、组织指挥机构

现场总指挥：×××　　　　　　成员：×××

二、预案启动条件

凡在×××发生的食物中毒或疑似食物中毒事故，即启动本预案。

三、食物中毒事故分级

一级事故：死亡1人以上、中毒人数100人以上。二级事故：中毒人数在30人以上（含30人）、100人以下。三级事故：中毒人数在30人以下。

四、食物中毒事故的报告

发生食物中毒或者疑似食物中毒事故的单位和接收食物中毒或者疑似食物中毒病人进行治疗的单位应当立即向×××区卫生局×××安全保障指挥部报告食物中毒事故的单位、地址、时间、中毒人数、可疑食物等有关内容，由指挥部及时向×××区管委会报告。

五、食物中毒事故调查

（一）职责分工

1. 发生一级食物中毒事故时，在市食物中毒事故调查处理领导小组的统一指挥下，由市卫生监督所、卫生监测检验中心会同×××区卫生监督所共同进行调查，由市卫生局负责处理。根据情况，必要时请省卫生监督所、疾病预防控制中心及市专家组进行指导。

2. 发生二级食物中毒事故时，在指挥部统一协调指挥下，由市卫生监督所、卫生监测检验中心会同×××区卫生监督所共同进行调查，由×××区卫生局负责处理。

3. 发生三级食物中毒事故时，在指挥部统一协调指挥下，由卫生医疗中队负责调查处理，必要时请市卫生监督所、卫生监测检验中心进行指导。

（二）流行病学调查

接到食物中毒事故报告后，由指挥部及时通知食物中毒机动队赶赴现场，按照《食物中毒事故个案调查登记表》的要求进行流行病学调查。

1. 根据食物中毒患者的不同时间、人群间、空间分布，绘制流行曲线及病例时间分布图；根据食物中毒、食源性传染病在时间分布上的特点，判断是否符合食物中毒流行病学特征。

2. 通过对食物中毒患者进食时间和发病时间的调查，计算潜伏期。

3. 通过对食物中毒患者的临床表现及治疗、愈后等症状分析，计算每种症状、体征在发病人群中出现的百分比，找出共同的临床表现。

4. 调查食物中毒患者发病前48—72小时的饮食史,确定进食餐次、可疑食物、进餐场所。

5. 在调查中凡发现可疑传染病的,应立即通知疾病预防控制机构参与调查工作。

（三）卫生学调查

对可疑食品生产经营情况进行卫生学调查的内容包括:食品以及原料的来源、卫生状况及流向;产品配方、加工过程和环境卫生、生产加工数量和时间;生产经营人员的卫生和健康状况等。

（四）现场采样及检验

现场采集样品的种类包括剩余食物(或原料、半成品),加工用水,接触食品的工具、用具、容器、环境等。由监督人员进行现场快速检验后,统一送市疾病预防控制中心检验。

六、控制和处理措施

（一）对患者采取紧急救治措施

停止食用中毒食品,迅速组织抢救并合理疏散中毒患者,必要时成立临时急救小组,进行紧急医疗救治。

（二）对中毒食品采取紧急控制措施

封存造成食物中毒或可能导致食物中毒的食品及其原料,责令追回已售出的导致食物中毒的食品或可能导致食物中毒的食品,对经检验已被确认受到污染的食品及其原料视不同性质进行深埋、消毒、销毁等无害化处理,对有使用价值的(如用工业用酒精制造的酒)可作工业用。

（三）对有关工具、用具、设备和现场采取临时控制措施

封存被污染的食品用工具、用具和设备,对被污染的生产经营场所、食品用工具、用具和设备进行全面、严格的清洗消毒。

（四）肇事单位及人员处理

在食物中毒事件责任认定之后,根据相关法律、法规,对肇事单位采取责令停止生产经营、销毁导致食物中毒的食品、没收违法所得、罚款等行政处罚措施,对制售有毒有害食品致人死亡等触犯刑法的,还要追究其刑事责任。

七、调查工作总结

食物中毒调查结束后,应整理调查资料,撰写调查报告,归档和上报。调查报

告要综合流行病学调查、发病者潜伏期和临床表现，现场卫生学调查和样品检验等结果，正确反映食物中毒暴发事件及其规律，客观地反映社会卫生状况和存在的问题，并总结典型经验。

资料来源：佟瑞鹏、孙超：《旅游景区事故应急工作手册》，中国劳动社会保障出版 2008 年版。

二、旅游者是旅游安全事故的"第一责任人"

2014 年 8 月 10 日中午 11 点左右，来自上海的一家三口在浙江诸暨五泄景区跟团旅游，在第五泄瀑布至第四泄瀑布的山路中，张先生年仅 3 岁半的儿子突然从山道护栏的空隙处滑出路面摔了下去，眼疾手快的张先生随即钻过护栏意图拉住儿子，不想重心失稳竟翻身跌落悬崖。意外发生后，景区工作人员第一时间发现并进行救助，旅行社导游也及时赶到现场配合施救并陪同送医。但是，36 岁的父亲终因伤重于当日不治身亡，3 岁半的男孩受伤。2014 年 12 月，张先生家属向长宁区法院起诉，认为旅行社及景区管理公司都没有采取合理必要的安全保障措施，应分别承担 30％和 70％的赔偿责任，赔偿各项损失共计 120.6 万余元。

法院审理后认为：根据法律规定，作为旅游经营者和旅游辅助服务者，旅行社与景点管理人在未尽到安全保障义务，造成游客人身、财产损害时，应当承担侵权赔偿责任。本案证据表明，随团导游在带团过程中以及进入五泄景区前向游客进行过安全告知；意外发生后，导游当即知晓并赶往事发地点，协同他人共同对张先生进行救助，并陪同护送张先生就医，其间没有任何延误救助或救助不当的地方。因此，涉案旅行社在本案中尽到了安全保障义务，不应对张先生的意外死亡承担侵权赔偿责任。根据调查表明，事发前当地安监部门已经要求对景区内栏杆进行加密加固等整改，由此可以确认，栏杆间距较大存在安全隐患，与本次事故的发生具有一定的关联性，景区管理者应对其这一过错承担相应的侵权赔偿责任。张先生作为神志清醒，对外界辨识能力正常的成年人，应当对周围环境危险与否以及钻出护栏可能造成的后果有正常的判断，但在看到儿子滑出栏杆坠落山崖时，张先生未能考虑到行为的危险性而贸然为之，虽因事发突然并且救子心切，但不能因此免除其自身存有的过失，也不能因此加重其他责任方的赔偿责任。因此，张先生对损害的发生应自负相应的责任。最后，法院判定景区管理公司对张先生的死亡后果承担 20％的侵权赔偿责任，赔付原告 23.5 万余元；旅行社不承担责任，准予其补偿原告8 000元;驳回原告其余诉讼请求。

因此,在旅游活动过程中,虽然旅行社和景点管理人对游客负有一定的安全保障责任,但对自己的人身安全,游客才是"第一责任人",必须尽到充分注意义务。

资料来源:http://sh.eastday.com/m/20150413/u1a8665434.html。

三、浙江仙居游客落水事故调查处理

2006年6月19日上午11点,陈某、潘某夫妇及其8个月大的婴儿等10名游客在永安溪漂流上码头乘坐竹筏开始漂流,竹筏工为李某,导游为俞某,筏上配有12件救生衣。上筏时陈某、潘某夫妇等游客均没有穿救生衣,旅游公司没有提供专为婴儿配备的救生装备,也未提醒游客带婴儿上筏的危险性和注意事项。筏工和导游都未穿救生衣。竹筏漂流约20分钟后到达叠肚岩转弯处,此处水流较急,又有漩涡,竹筏工操作失误,竹筏右侧尾部撞上溪边岩石侧倾,筏上游客陈某、潘某夫妇及其婴儿和另一对夫妇共5人落水。随后,婴儿被岸边民工救起,被送到仙居县人民医院抢救。潘某被救上岸后,经抢救无效死亡。两天后,陈某的尸体被打捞上岸。整个过程中,竹筏工李某一直没有采取积极的施救措施。

事故发生后,仙居县委、县政府立即启动预案,常务副县长和其他两位副县长及公安、安监、旅游、漂流公司所在地乡政府主要负责人赶到现场组织抢救。同时县里成立四个应急工作小组进行搜救、救援、善后和事故调查。台州市旅游局主要领导接报后当即赶赴事故现场了解情况,安抚游客。经台州市组织的事故调查组认定,此次事故为一起漂流旅游安全责任事故。通过事故责任追究,当事人竹筏工李某被司法机关追究刑事责任,当事漂流景区导游俞某被取消景区导游资格,县旅游局领导及旅游公司、筏工队领导分别被处以经济处罚和行政处分,仙居县分管交通和旅游的副县长向台州市政府作出了深刻的书面检查。

此次安全事故暴露出旅游公司安全管理责任未得到落实,员工安全意识淡薄、操作不到位,游客安全意识不强。因此,必须齐抓共管、层层落实责任,综合治理,防范事故。

资料来源:http://www.cnta.gov.cn/html/2009-3/2009-3-3-14-8-07788.html。

四、老年游客登山猝死安全事故处理

2006 年 6 月底,张某(82 岁)向甲旅行社报名参加了某名山二日游,7 月 16 日,张某依约参加旅游团前往该景区旅游。由于受到台风"碧利斯"的影响,景区虽然没有闭门谢客,但景区内索道停止运营,张某等游客只能徒步登山。导游带领张某等 26 名游客于当日下午 2 时左右开始登山,下午 5 时许,张某在登山过程中突然摔倒在地,不省人事,导游立即拨打求救电话。张某经抢救无效死亡。张某家属向旅游管理部门投诉,要求旅行社承担责任。旅游管理部门经核实认定,甲旅行社在组团和经营中存在漏洞:旅行社不能提供证据证明在组团时已向张某推荐了意外保险;导游在登山前没有履行相关的劝阻和告知义务,也没有向张某推荐购买景点保险。由于双方对于张某死因的看法截然不同、赔偿数额悬殊过大,旅游行政管理部门从中多次协商未果,张某家属向当地法院提起民事诉讼,要求甲旅行社承担 36 万余元经济赔偿。

一审法院经过审理后判令甲旅行社承担 20% 的赔偿责任,家属不服上诉至二审法院。二审法院认为,甲旅行社无证据证明其服务周到细致,没有采取防范应急措施,旅行社的疏忽大意与张某的死亡存在相当因果关系,依法应当承担相应的责任;同时,法院也认为,张某年逾八旬,独自参团旅游,未能采取必要的自我保护措施,也应当承担一定的责任。二审法院认定,张某的人身伤害事件,给张某家属造成共计 32 万元损失,甲旅行社应承担 70% 的赔偿责任,共计 22 万余元。纠纷得到了解决。

在旅游活动组织过程中,旅行社应尽安全保障义务,如关注气象变化,一旦有灾害预警,旅行社必须采取相应的安全措施;导游应根据实际情况认真履行告知义务,最好以书面的形式。所以,旅游经营管理人员要把安全意识落实到组接团的各个环节,才能最大限度地减少旅游安全事故的发生。

资料来源:http://www.cnta.gov.cn/html/2009-3/2009-3-3-14-8-07788.html。

练习思考

一、填空题

1. 旅游安全事故调查主要集中在事故过程、事故性质、_____、事故影响等方面。

2. 旅游安全事故报告应当及时、_____、完整,任何单位和个人对事故不得迟报、漏报、谎报或者瞒报。

3. 旅游安全事故处理结束后,要立即编写_____,并呈报有关部门。

4. 旅游安全事故_____是事故现场调查的中心环节。

5. 酒店、餐饮、景区经营者作为提供旅游服务的一方,有义务为旅游者提供安全的环境和场所,如果发生事故,应承担相应的_____。

二、单项选择题

1. 某旅行社组织旅游者旅游,因乘坐游艇发生旅游安全事故,造成三十余名旅游者死亡,四十余人受伤,对此事故的调查处理应当适用(　　)。

A.《旅游安全管理办法》

B.《旅游法》

C.《旅行社办理旅游意外保险暂行规定》

D.《生产安全事故报告和调查处理条例》

2. 重大旅游安全事故是指一次事故造成或者可能造成人员死亡(含失踪)10人以上、30人以下或者(　　)。

A. 重伤100人以上　　　　　　　B. 重伤50人以上、100人以下

C. 重伤30人以上、100人以下　　D. 重伤30人以下

3. 在带团旅游过程中,如果发生安全事故,导游人员除向所属旅行社报告外,还应当向(　　)报告。

A. 组团旅行社　　　　　　　　　B. 当地旅游行政管理部门

C. 接团社报告　　　　　　　　　D. 旅行社所在的旅游行政管理部门

4. 以下选项中,(　　)属于旅游安全事故造成的间接经济损失。

A. 补助救济费　　　　　　　　　B. 环境恢复费

C. 现场抢救费　　　　　　　　　D. 旅游形象损失

5. 重大事故、较大事故、一般事故,负责事故调查的政府部门应当自收到事故调查报告之日起(　　)内作出批复。

A. 10日　　　　B. 15日　　　　C. 30日　　　　D. 60日

三、简答题

1. 简述旅游安全事故的一般处理程序。

2. 简述旅游安全事故报告的主要内容。

3. 如何编写旅游安全事故调查报告?

4. 如何进行旅游安全事故分析?

5. 如果旅游者在旅游区内死亡,应该如何处理?

四、列举题

1. 列举旅游安全事故调查报告的编写要求。

2. 列举旅游安全事故的评估原则。

3. 列举旅游安全事故的处理原则。

第十章

旅游危机管理

学习要点

熟悉旅游者的危机感知；熟悉旅游危机的形成机理；掌握旅游危机前的管理措施；掌握旅游危机中的应对措施；掌握旅游危机后的恢复措施；熟悉旅游危机管理计划的内容；掌握旅游危机的公关措施。

基本概念

危机管理、危机感知、危机预警、危机管理计划、危机公关

旅游危机是影响旅游者对旅游目的地信心并扰乱继续正常经营的非预期性事件。旅游危机管理是对在旅游系统中可能产生风险的因素采取预防、控制或消除措施，以防止、回避或减弱危机的不良影响，在危机发生后采取弥补和恢复措施，把危机所造成的损害降到最低，使旅游地保持健康持久发展。

第一节　旅游危机概述

旅游危机可能发生在旅游客源市场，也可能发生在旅游通道（影响旅游者的可达

性),还可能发生在旅游地(使旅游地的形象受损,影响旅游者对出行目的地的决策)。旅游危机造成的后果表现为旅游客源市场的萎缩,以至旅游经济链条的断裂,只有通过了解危机的形成机理,把握危机的发生规律,才能做到危机管理的针对性和有效性。

一、旅游危机的类别

(一)自然旅游危机

自然旅游危机是由于自然环境发生突变或其变化超过了安全临界点而引发的旅游危机,如旅游地由于强烈地震、台风、泥石流等自然灾害出现的危机。自然旅游危机由于有不可避免的原因存在,往往容易被理解和接受,一般不会对旅游地造成长期的负面影响,但需要目的地的相关组织和机构在危机发生时作出科学准确的判断,并采取合理的措施。

(二)人为旅游危机

人为旅游危机包括社会危机、行业危机与企业危机。社会危机是整个旅游地的危机,一般是指政治危机(政局动荡、军事冲突)、宗教危机、公共安全(恐怖袭击、瘟疫传播)等;行业危机一般是从旅游行业内部引发的危机,但也可能引起社会的不良连锁反应;企业危机则是企业在经营过程中遇到的突发性事故,而这些事故一般会导致人员伤亡或引起外界恐慌,如航空公司因飞行技术和安全管理制度等原因造成的空难事件,饭店餐厅因进货检查和卫生制度原因造成的食物中毒事件等。人为旅游危机有一定的预知性、可控性,产生的危机影响更深远,持续时间更长,负面后果更严重。

二、旅游者的危机感知

危机感知是旅游者对危机的主观评价。当旅游危机发生的时候,人们对安全风险的感知大多依赖直觉和经验,因而可能存在很大的偏差。在一定的条件下,这种认知偏差还会导致潜在旅游者的极度恐慌。旅游危机通过影响旅游者的危机感知,进而影响旅游者的应对行为,最后影响旅游者对旅游地的选择决策。如果危机超出了旅游者的容忍限度,就会导致人们心理安全的失衡,本能地产生负面情绪反应,进而放弃选择该目的地。

(一)旅游危机感知的影响因素

影响旅游者对危机事件的风险感知通常有三大类因素,即事件特征因素、社会特征因素、个体特征因素。

1. 事件特征因素。

事件特征是引起恐惧的根源。一般来说,人们对危机事件的恐惧感在很大程度上与危机事件本身的风险特征有关,主要有事件的起因、持续时间和损失的明确性等。如果风险越不确定,就越容易引起恐慌,例如像洪水、台风等自然灾害起因和损失明确,人们对它的恐惧感就不大;事件特征的可观测性越好,恐惧感就越少,如 SARS、禽流感等疾病的传播很难观测,对旅游的影响大;目的地的危机事件的影响程度会随着与客源地之间空间距离的增加而降低。

表 10.1   引起旅游者高估风险的事件特征因素及类型

序号	事件特征因素	类型
1	事件起因	不明确或突发的
2	事件的持续时间	不明确或持续时间长
3	事件的观测性	观测难
4	与客源地的空间距离	距离近
5	事件的影响范围	不明确或范围大
6	事件的结果损失	不明确或损失大
7	事件发生的可能性	客观概率大
8	导致事件的因素	人为因素
9	危机发生的频率	频率高

2. 社会特征因素。

社会特征因素主要包括:在危机情境中所能获得的外部资源(物质资源和社会救援体系),在危机应对中所需的物资、设施和资源越充分、获取越便捷,社会救援体系(社会保障体系、社会经济救助、疏散及救援计划、心理救助、法律援助等)越完备,旅游者对危机的风险感知度就越低;危机情境中的媒体导向:当媒体对危机事件的舆论导向正确时,可以起到稳定社会心态的作用,而导向错误时,则会引起社会恐慌;危机情境中的沟通手段:在危机事件发生和处理的过程中,遇到一些涉及专业知识的问题,由专家出面解释和沟通,效果要好于政府和媒体,并且会增加人们对危机事件的专业知识,减少因恐惧造成的压力。

当个体将大众行为所传递的行动信息作为获得的各种信息中的有效信息时,个体就会将此作为决策依据而产生各种从众行为。在危机背景下,个体会以群体中其他成员的行为作为参考依据,采取与大众相同的行为策略。另外,不同的文化圈会使人们面对相同的危机事件产生不同的危机认知和评价,如欧洲人对切尔诺贝利的核辐射事件反应很强烈。旅游者对旅游地的危机事件感知越强烈,对旅游地的影响就越大,恢复进程也会越缓慢。

表10.2 引起旅游者高估风险的社会特征因素及类型

序号	社会特征因素	类 型
1	危机中所能获得的外部资源	不易获得
2	社会救援体系	不完备
3	媒体导向	不正确
4	专家看法	缺乏
5	周围人群	紧张
6	所处文化圈	冒险精神弱

3. 个体特征因素。

旅游者人口统计特征(性别、年龄、性格和教育等)的差异,也会造成危机的承受阈值不同。女性旅游者往往对风险的认知度较男性高,调查数据显示,坚持前往已经爆发或即将爆发危机事件的旅游地的男女旅游者比例为6∶1;年龄在18—24岁之间的旅游者对风险的认知程度往往较年长者低;性格内向比性格外向的旅游者更容易感到恐惧;受教育程度高的旅游者受危机的影响相对较小。

旅游者的偏好影响其对旅游地及旅游类型的选择,冒险类(岩洞探险、漂流、滑雪、越野等)和宗教型旅游活动的参与者对旅游危机认知度较低;对旅游产品参与度较高的旅游者,受旅游危机的影响较小,如潜水的旅游者比滨海观光的旅游者对危机的容忍度要高;重游的旅游者比第一次到达的旅游者,对相同危机事件的分析和处理更理智,其对旅游地的危机感知较弱。

如果危机事件中的遭遇者和潜在旅游者有一定的相似性时,危机事件就会使潜在旅游者感觉到危险并作出反应。一直以来,迈阿密的高暴力犯罪率是人尽皆知,但直到1993年4月一名德国旅游者被杀,才导致德国赴迈阿密的旅游者骤减。当旅游者掌握了正确应对危机的技能和避免危机造成伤害的方法时,就能自保及救助他人,其对危机的认知程度较低,对旅游地的选择受危机的影响程度也低。

表 10.3　引起旅游者高估风险的个体特征因素及类型

序号	个体特征因素	类　型
1	旅游者的性别	女性
2	旅游者的个性特征	内向
3	旅游者的受教育程度	教育程度低
4	旅游者偏好	观光
5	旅游活动的参与度与参与频率	参与度与参与频率低
6	事件受害者与旅游者的相似性	相似性强
7	旅游者的危机经历和经验	很少或没有
8	旅游者的相关安全知识和技能	不了解或不具备
9	旅游者对事件的控制能力	自身无法控制

(二)旅游危机感知的空间模型

旅游危机感知影响因素各相关因子的特征类型的组合,决定了旅游者对风险的感知程度。通过旅游者对危机事件风险感知的空间分布,可以了解和判断旅游者对某个具体危机事件的风险感知程度。当一个危机事件的特征离坐标原点越远,旅游者的风险感知越大,恐惧感就越强,对旅游业的影响也越大。

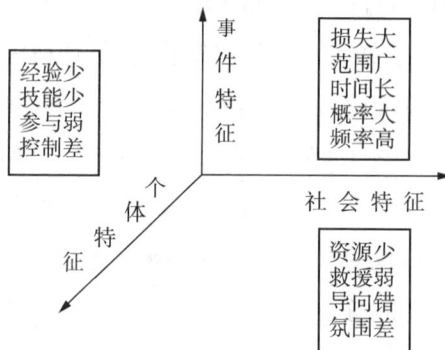

图 10.1　旅游危机感知的空间模型

在旅游危机管理过程中,有针对性地对影响旅游者风险感知的一些薄弱要素和环节进行引导和控制,就可以提高旅游危机管理的效果和效率。

三、旅游危机的感知效应

发生旅游危机后,危机信息通过各种途径传播到潜在的旅游者,并通过哈哈镜效应、有色镜效应、放大镜效应影响潜在旅游者对目的地的形象感知。

（一）哈哈镜效应

旅游者面对突发的、极有可能造成人身、财产或心理伤害的旅游危机事件时，本能的反应就是恐惧和回避，因为缺乏危机事件的相关信息，也没有足够的途径了解其发生的原因、影响的途径和后果，不知该如何应对，在行为上表现出有限的理性，旅游者对目的地危机的认知就如同哈哈镜一样，产生扭曲，形成对目的地旅游形象的偏见。因此，在危机情境下，大多数旅游者不能理智地面对和处理危机，旅游管理者应从旅游者非理性的角度出发，进行危机的干预和管理。

（二）有色镜效应

在危机事件发生时，由于各种因素的相互综合作用，导致人们心理上、生理上、行为上、观念上发生一系列变化，旅游者会不经意地戴上有色镜看待旅游地，透过危机所形成的不良影响这层有色镜片来认知目的地的形象，往往会以偏概全，造成对目的地形象认知上的偏差。在澳大利亚，当提到鲨鱼时，大多数人最先想到的都是鲨鱼对游泳者和冲浪者的攻击，而椰子和椰子树往往被视作享受沙滩和阳光度假的象征。但是，每年大约有 150 人被落下的椰子击中致死，而由于鲨鱼袭击而致死的每年为 10—20 人（全世界鲨鱼共有 200—250 种，其中 18 种对人类有危险，最著名的食人鲨有大白鲨、虎鲨、白鳍鲨、恒河鲨和鳍头鲨）。由此可以看出，人们往往会戴上有色镜看待鲨鱼，普遍认为只要是鲨鱼，就会攻击人。

（三）放大镜效应

旅游者对危机存在过度反应的行为特征，危机信息通过各种信息传递途径和各种社会关系不断地传递，其不利影响会以滚雪球的方式越传越大，最终影响可能会放大数倍。有关研究表明，事故造成的直接伤亡人数与受灾难性事故影响的人数之比一般约为 1∶25。大众传媒服务的迅速发展，使信息传播具有传播渠道的多样化、传播速度的高速化、传播范围的全球化等特点，目的地的危机情境一旦被报道，几乎就拥有了无限多的观众。因此，管理者应充分认识到危机事件可能产生的严重后果，提早采取措施预防。

1989 年 6 月，意大利亚得里亚海域海藻的生长和植物黏液区的出现，给当地的海滨旅游业带来了巨大的危机，海藻区现象整整持续了一个多月，直到 8 月 6 日才开始消退。虽然旅游经营者们采取了一系列措施进行补救，但经过媒体的争相报道，旅游者都不愿来此度假。更糟的是，危机引发了连锁反应，目的地负面形象除了海水污染,还波及此前的潜在消极因素,如秩序混乱、拥挤、噪声、犯罪等。不仅如此,负面形象甚至还扩大到那些最初完全没有受到该现象影响的方面。

四、旅游危机的形成机理

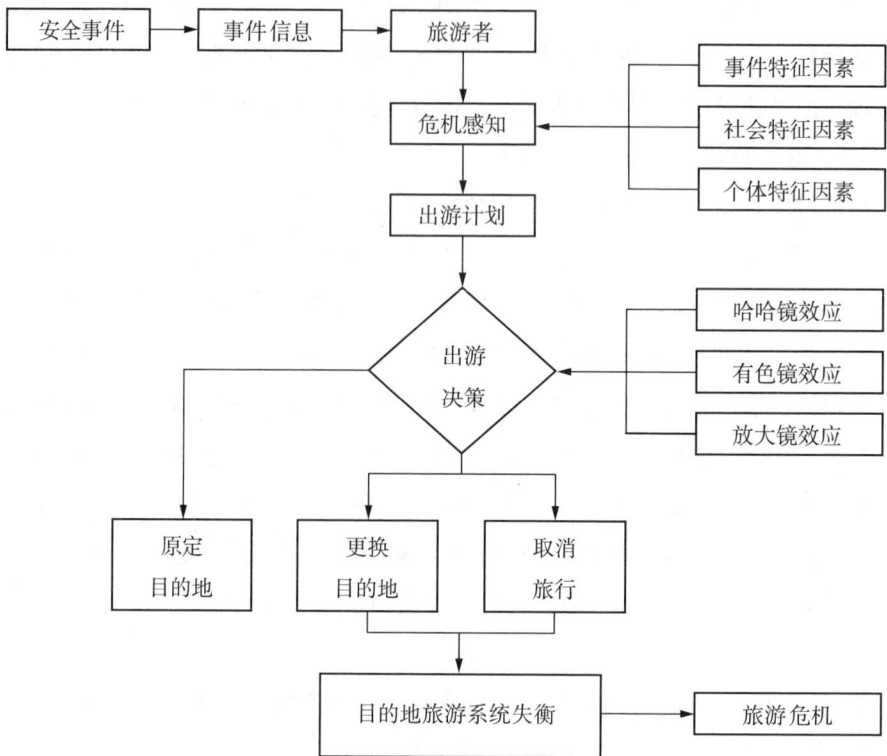

图 10.2 旅游危机的形成机理

当发生旅游安全事件时,产生的事件信息被旅游者所接收,在事件特征因素、社会特征因素和个体特征因素的共同作用下,产生旅游者的危机感知,使旅游者重新审视原先的出游计划,在危机的哈哈镜效应、有色镜效应及放大镜效应的作用下,影响旅游者的出游决策,旅游者可能会改变旅游地或者放弃原定的旅游计划,如果安全事件产生的危害足够大,会导致目的地旅游系统的失衡,从而导致旅游危机的发生。

第二节　旅游危机前的管理

"生于忧患,死于安乐",预防是成本最低、最简便、最易行的危机管理方法。旅游区应把危机预防意识融入到旅游发展行为中,在旅游开发、建设和经营过程中,加强旅游安全应急设施和机构的建设。在旅游区域规划、总体规划和详细规划的制订中,把应对危机作为一项必要因素纳入其中,并通过制度来保证这些规划的贯彻和执行。

一、旅游危机的预测与预警

科学的预测是危机管理的前提,通过预测了解旅游危机的演变、发展和趋势,可以为管理者进行危机控制和管理提供科学依据。

（一）危机预测

在对旅游地安全信息进行收集、整理、分析和加工的基础上,识别旅游区的各种安全风险和可能引发危机的因素;对每种风险进行预测和分析,从风险的发生概率、影响范围和损害程度等方面对各要素进行评分,然后计算危机影响指数,再对各类风险进行优先序排列;最后集中优势资源和资金,针对最迫切的风险制定科学、有效的控制措施。

表 10.4　危机影响要素评分表

分　　值	1	2	3	4	5
发生概率	很小	较小	一般	较大	很大
影响范围	很小	较小	一般	较大	很大
损害程度	轻微后果	轻度后果	一般	严重后果	灾难性后果
持续时间	很短	较短	一般	较长	很长
管理难度	很易	较易	一般	较难	很难

根据危机影响要素评分表对各要素进行评分,然后计算危机影响指数。

$$C = \sqrt{\frac{C_{i_{\max}}^2 + \overline{C_i^2}}{2}}$$

式中,C 为危机影响指数;C_i 为危机各影响要素的评分分值。危机影响指数可分为五个等级,其值越大,说明危机对旅游系统的潜在影响越大。

表 10.5　危机影响指数分级表

C	<2	$2—2.75$	$2.75—3.25$	$3.25—4$	$\geqslant 4$
等级	Ⅰ	Ⅱ	Ⅲ	Ⅳ	Ⅴ
影响	无影响	弱影响	较大影响	严重影响	重大影响

（二）方案制定

根据调查、评估和预测的结果制定危机处理方案。危机处理方案的主要内容包括:确定危机处理的目标和原则;选择危机处理的策略;制定对受害者的救助和赔偿措施;明确危机沟通的对象、方式、策略;确定危机恢复措施;确保危机处理所必需的人力、物力、财力支持等。

（三）危机预警

旅游危机预警是在对旅游区各类内外部风险的监测、预测与评估的基础上,判断各种能及时反映旅游系统发生本质变化的指标和因素是否突破了危机警戒线,根据判断结果决定是否发出警报以及用什么方式发出警报,以便及时采取规避措施,阻止危机的产生和发展。

1. 计算分指标评价值。

根据旅游区实际状况对每一个评价指标确定一个可接受值与不可接受值,以可接受值为上限,不可接受值为下限。设危机 i 指标的可接受值和不可接受值分别为 A_i 和 B_i,则警界区间 $E_i = A_i - B_i$,该指标的评价值为:

$$C_i = (A_i - S_i) \times 100 \ / \ E_i$$

式中,C_i 为 i 指标的评价值;S_i 为该项指标的实际值。

2. 计算综合评价值。

计算得到各分指标的评价值后,确定各项指标的权重,然后计算危机综合评价值。权重既要考虑其现实可行性,又要考虑其科学性,一般采用德尔菲法。

$$C = \sum C_i \times q_i \qquad\qquad \sum q_i = 1$$

式中,C 为危机警度的综合评价值;q_i 为 i 指标的权系数。

3. 评价分级。

根据危机警度的综合评价值，一般可将潜在危机警度分为四级。

表 10.6　旅游危机警度分级表

C	$\geqslant 80$	60—80	30—60	<30
危机警度	一级警报	二级警报	三级警报	四级警报
危机状态	重大危机	较大危机	一般危机	正常状态
危机警级	重警	中警	轻警	无警
信号灯	红灯	橙色	黄灯	蓝灯

建立旅游危机预警系统的目的是预防危机，防患于未然。预警系统在预测评估到相关警度后，就可预先采取相应的措施，制定新的发展战略，寻求新的发展机遇。

二、旅游危机的应对预案和演练

危机经过潜伏期，会暴露出一些征兆，旅游管理机构应识别危机的类型、特性、影响因素、产生根源、形成机制和扩散机理，寻找危机源头，制定危机处理预案，以便更好地应对危机。

（一）识别旅游风险隐患

在对旅游系统内外环境进行详尽分析的基础上，识别内外环境对旅游系统的威胁和风险及其发生的可能性，分析不同领域、不同类型的危机一旦发生后可能给旅游系统带来的后果。根据这些分析结果，旅游管理机构可以根据自身的特点，针对各类威胁及其影响程度制定出若干相应的危机处理备选方案。

（二）制定危机处理预案

旅游管理机构应制定危机处理预案，以确保危机到来时能够处于主动地位，避免和削弱危机带来的负面影响。制定危机处理预案就是要做到超前计划、超前决策，制定可行的危机处理措施和流程，明确有关岗位及人员的权限和职责，做好充分的准备，以应对可能发生的危机。

（三）进行危机模拟演练

危机模拟演练应包括心理训练、危机处理知识培训和危机处理基本功演练等内容。模拟演练不仅可以提高危机管理小组的快速反应能力、强化危机管理意识、提高危机管理水平,还可以检测已建立的危机处理预案是否有效、可行。

三、旅游危机的预防策略

"为之于未有,治之于未乱",旅游经营者对旅游者承担着不可推卸的安全责任,应事先制定好预防性措施与手段,来应对风险,并主动从各个环节保障旅游者的安全。

(一)风险防范策略

1. 差异化策略。

差异化策略是树立目的地旅游产品的独特形象。通过对目的地形象的独立定位,可以增强危机的抵抗力。1992 年和 1993 年发生的几起恐怖袭击事件,给埃及的整体旅游形象造成了巨大的负面影响,但是许多客源市场的顾客并不认为海滨目的地"西奈半岛"和"红海"与埃及的负面形象有什么关联。从此以后,这种形象的差异化独立定位被广泛应用,西奈半岛和红海的旅游地在对外宣传时闭口不提埃及,广告中也删去了与埃及有关的文字和图片信息,从而避免旅游者将这些海滨目的地与埃及联系在一起。

2. 多元化策略。

多元化策略是将旅游地的业务活动和产品分布在多个领域,可以平衡业务,分散和降低危机事件带来的损害。如果危机与区域相关联,则增加另一个目的地,以实现平衡;如果危机与功能相关联,则通过产品类型达到平衡;如果危机与企业相关联,则转换到另一家旅游企业。

3. 外部化策略。

外部化策略是使危机事件的影响和后果转移到不属于旅游地影响范围的领域。外部化可以通过风险转移的手段来实现,如通过购买保险或合同规定,将负面事件的后果转移给业务伙伴。旅游经营商"奥热之旅"于 2002 年秋天在可能发生伊拉克战争时,与土耳其的服务供应商和酒店签订合同,其中一项条款就规定在发生战争时可以取消以前的预订。

(二)风险抵御策略

旅游线路产品的设计构思,不仅要考虑景观好、有市场卖点,也要充分考虑到安全因素。旅游经营者设计旅游线路时,应把不安全的目的地及不安全的旅游时段先行剔除或进行避让。

1. 避开自然灾害的影响。

自然灾害带给旅游的干扰,不仅有交通不便、游览无法完成等后果,也可能影响旅游者的生命安危。为了降低自然灾害给旅游带来的损失,旅游经营者要周密筹划,在旅游行程安排、出发时间上事先做好避让,避免组织旅行团赴缺乏安全保障的地方旅游。如组织赴美国旅游,就要特别注意飓风的袭扰,出游时间应尽量避开 8—9 月中旬的飓风高发时段。

2. 避开社会风险的影响。

旅游行程应避开社会风险的影响,如避开社会动荡、恐怖分子活跃的地区,将线路中的不安全地区替换为较安全的地区。维多利亚大瀑布位于津巴布韦和赞比亚交界处,以往骑着大象穿越丛林从津巴布韦方向来的旅游者总是比从赞比亚方向来的旅游者多,而津巴布韦发生了政治动荡以后,许多人便把看大瀑布的线路转到了赞比亚。

3. 避开当地旺季的影响。

在当地的旅游旺季,都是人群聚集、旅游安全隐患集中的重要时段,需要格外谨慎。泰国在泰历新年"泼水节"(宋干节)期间,旅游者众多,是泰国一年中交通事故发生最多的时段,给旅游安全带来了威胁。因此,旅游经营者应谨慎设计旅游线路和产品,避开目的地的旅游旺季,给旅游者多一份安全保障。

(三)风险应对策略

积极的预防可以有效地化解旅游危机的发生和降低危机带来的破坏程度。

1. 了解旅游安全事故易发区。

旅游管理部门应及时对旅游系统中的风险进行分析,对发生概率大、风险等级高、后果严重的危机进行重点预防,采取监督、检查、环境监视等措施,做好人、财、物的准备,以便在危机发生时及时应对。一些地区或国家,犯罪率较高,容易发生旅游安全事件,到这些安全保障差的地区或国家旅行,应事先了解相关情况,采取相应预防措施。纽约的地铁、巴黎的十三区、南非的索维托,以及一些国家的火车站等,历来都是人所共知的旅游安全事件高发区域,到这些地区旅游,应事先了解相关风险,有针对性地准备好应对措施。

2. 部署和防范不安全旅游区。

一些目的地经常发生旅游安全事件,但又很难舍弃。如意大利威尼斯的小偷十分猖獗,但很难把威尼斯从意大利的行程中剔除;巴黎的蒙马特、罗马的西班牙广场、马德里的太阳广场,都曾出现过大量针对旅游者的偷窃、抢劫事件,但却是当地重要的旅游景点,无法舍弃。对存在安全风险的旅游区,应在游览前进行周密部署、恰当安排,让旅游者既能完成预定的游览,又能在安全上不出问题。比如,在游览经常发生偷盗的景点前,将可能出现的风险向旅游者一一讲明,让旅游者做好事前防范。

3. 调整线路以保证旅游安全。

旅游经营者应时刻关注旅游地的安全形势,注意各机构发布的安全警示信息,旅游地一旦存在足够的风险,旅游经营者应随之产生反应,调整原先的旅游线路,将旅游团取消或延期。2018 年 6 月 1 日,印度尼西亚的默拉皮火山喷发,默拉皮火山位于印尼爪哇岛的重要旅游城市日惹附近。日惹因有婆罗浮屠、普兰班南两大世界遗产,每年都吸引世界各地大批旅游者前往。6 月正是日惹一年中的旅游黄金时段,而面对喷发的火山,旅游经营者所要采取的正确措施,就是将旅游团取消或者延期。

4. 掌握和规避行程中的风险。

为了保证整个旅游行程的安全、顺利,对旅游行程中的各种危险,旅游者和经营者都应了然于心,以便在实际遭遇时,能够从容应对。如到高海拔地区旅行,对旅行者身体状况有一定的要求,身体条件不允许的,不应参加;到海滨旅行,下水前应了解是否有攻击性鱼类,如美国佛罗里达州沿海的鲨鱼就给旅游者带来了危险,近几年,每年平均有 30 多人遭到鲨鱼袭击。

第三节　旅游危机中的应对

旅游危机中的应对是在危机分析的基础上,针对危机作出准确、快速的反应,开展危机处置,化解并战胜危机。旅游危机中的应对是危机管理的关键,旅游地对危机所采取的处理方式,对目的地形象的塑造有着非常重要而深远的影响。

一、旅游危机处理战略

危机处理战略的目的是对负面事件产生的结果施加影响,以期使之中性化,尽快地使危机造成的问题逐步得到解决。

（一）进攻型处理战略

进攻型处理战略的目标是及时实施必要的措施，消除导致危机发生的隐患。进攻型处理战略需要有一个功能性预警系统，在它的帮助下，即使出现信息模糊和不准确的情况，也能采取应对措施。对大部分公众、旅游者与媒体来说，采取进攻性行动的组织的可信度会提高，同时人们能够利用目的地提供的信息而避免主观臆测，并有利于缩短危机的持续时间。

进攻型战略主要致力于消除引发问题的原因，为危机的治理和组织的构建创造更大的空间和发展的契机，同时主动、自愿地承担社会责任，能使组织快速得到补偿。如2017年8月8日，九寨沟发生7.0级地震后，我国政府相关部门第一时间组成联合工作组赶赴灾区指导救灾，救援工作快速、高效、有序，在短时间内完成了大规模旅游者的转移和安置工作。旅游目的地可实施一个长期的、有组织的进攻型战略，接受并利用危机，将负面影响转化为正面影响。危机有可能创造别的旅游地无法替代的竞争优势，如泰坦尼克之行以及朝鲜、越南的战地之旅。

（二）防御型处理战略

实施防御型处理战略时，目的地虽然了解自己的处境，但不会主动采取措施，而是等待时机，见机行事，从而将危机的情境置于控制之中。其目的是尽可能地躲避危机，并避免因自己的行动而使局势恶化。

防御型战略的基本优势是能够避免由旅游组织自己的行动所导致的危机加剧。其缺点是防御型战略不仅可能使形象受损，而且与进攻型战略相比还会产生组织丧失可信度的后果，危机持续的时间也较长，如马来西亚政府在马航MH370航班失联后，针对社会舆论猜测回应有限，危机处理不积极，期待事件的自然冷却，增加了中国游客对马来西亚政府的不信任感，影响了整个马来西亚的旅游形象。因此，防御型战略只在极少数的情况下才被推荐使用，如当有无可置疑的证据证明危机已经发生，但既不能对其进行解释也无法消除时，另外目的地在确定公众的批评是有限的并且危机很快就会过去的情况下，也可以采取这种战略。

二、政府部门的应对措施

危机应对是政府的重要职能，政府应致力于旅游危机的及时消除。政府要充分发挥危机监测系统的作用，探寻危机根源并对危机的变化作出分析判断；同时，迅速启动危机处理预案,动员各方力量解决危机;及时进行基于诚实和透明的信息沟通,正确处理解决危机与旅游业发展以及各种行为主体的利益关系。

（一）救助伤员

危机事件发生后,抢救幸存者是政府的重要职责,应急指挥和救助在减轻危机损害的行动中起着举足轻重的作用,是危机管理的基本任务之一。同时,还应对遭受灾难的地区进行疾病防疫,避免发生大的疫情及其他疾病。

（二）信息发布

政府部门要建立有效的危机信息发布机制,在发生危机时,应该及时、公开、透明地披露危机相关信息,以达到稳定社会和公众信心的目的。信息公开也有助于公众对政府的监督,提高各级政府的危机管理能力。同时,公众应了解各种危机发生的过程,掌握一定的自我保护技能,有利于增强全社会对于处置危机的心理、行动和物质方面的应对能力。

（三）社会动员

社会动员是指应对旅游危机时,各级人民政府、社会团体、企事业单位在政治、经济、科技、教育等方面统一组织的动员准备、实施和恢复活动。应依据旅游危机的危险程度、波及范围、人员伤亡等情况确定社会动员的等级。在启动应急处置预案时,发布社会动员令,向社会公众发布事件信息,实施现场动员,提供有关保障,组织人员疏散、隐蔽和隔离等。

省市范围内的社会动员,由政府报请国务院批准。省市应急委员会办公室负责全省市社会动员工作,同时应会同宣传部门搞好宣传教育,制定社会动员方案,协调各相关委办局开展工作。区县范围内的社会动员,由各区县政府报请市政府批准,报国务院备案。局部范围内的社会动员由各区县决定并组织实施,报市政府备案。

（四）善后工作

成功处理旅游危机后,更重要的是善后工作。善后工作是对危机事件造成的物质、精神损失进行补偿消弭的过程,政府应成立专门的危机善后工作组织机构,有力地确保善后工作的统筹高效开展。同时,要适时成立危机调查小组,组织专家调查和分析危机发生的原因和发展趋势,预测危机的影响,总结紧急救援工作的经验教训,提出改进工作的要求和建议。

三、旅游企业的应对措施

（一）快速反应

旅游企业应始终把旅游者的利益放在首位,在第一时间建立由旅游企业高层管理者和专业部门的管理人员组成的危机处理小组,迅速核实危机情况并启动危机处理预案,分解、分配和协调责任,协同有关部门制定有效的危机处理措施,保证所有的紧急程序都能够有效执行。在第一时间建立有效的危机沟通网络,便于旅游系统人员沟通或传达各种特定信息,开辟高效的信息渠道,主动与旅游各利益方进行有效沟通。

（二）实施救助

危机发生后,旅游管理机构和旅游企业必须马上采取救援行动,联合外界救援组织,对遭到危机伤害的旅游者实施救助,消除危机对旅游者的生理及心理影响。同时,在危机调查的基础上,评估危机所造成的损失情况、影响范围、对企业的影响等。

（三）监测危机

通过全方位地监控、分析危机情境,查找危机根源,理清事实真相,了解危机发展情况,评估危机影响,制定危机治理措施,避免突发危机的混乱情况,阻止危机发展要素的蔓延和加深,保证涉危者的人身和财产安全。

（四）有效保障

合理配置资源,根据旅游危机的具体情况和发展,预测、判断危机处理所需的资源及需求量,以最快的速度获取足够的资源,使有限的危机反应资源发挥最大的效果。同时,针对具体情况随时修正和充实危机处理对策,阻止危机的蔓延和破坏。

（五）合理公关

旅游企业要积极面对公众,以诚实、透明的态度借助媒体发布准确、真实的信息,使媒体导向有利于危机解决,减少公众的不安全感,对公众的质疑,要保持开放心态,避免出现由于信息不对称而引发的不稳定局面。

第四节　旅游危机后的恢复

"9·11事件"后,世界旅游组织成立了危机委员会(后更名为"旅游恢复委员会"），以帮助各国恢复旅游业。旅游地受到危机事件的冲击和破坏后，旅游业低迷持续的时间往往比事件本身要长。因此，旅游危机事件一旦被控制和解决后，危机处理机构应着手致力于危机的恢复工作，尽力将旅游地的工作秩序、形象、旅游者和工作人员的信心恢复到正常运行状态。同时，利用在危机中发现的问题，弥补不足，不断完善旅游安全管理，创造机遇，为旅游区带来新的发展。

一、旅游危机后恢复的作用机制

旅游危机事件结束后，目的地旅游业恢复的工作重点主要表现在恢复旅游者信心和消费能力，恢复旅游企业生产能力，恢复和发展旅游地形象。恢复作用机制主要表现在作用于政府、作用于企业和作用于公众三个方面。

（一）作用于政府

在旅游危机事件后的旅游业重建过程中，首先要寻求政府部门的强力支撑和积极援助。相关政府部门应采取各种扶持性政策和措施协助旅游地重建，帮助旅游企业恢复经营，如提供重建资金、减免旅游企业税费、补贴、削减收费等政策，减轻旅游企业的经营负担，帮助旅游地维持正常运营，为旅游业的快速恢复提供助力。

政府要对影响旅游市场恢复的各种信息进行充分整合，如危机的延续及可能存在的影响、旅游需求的变化情况、产品供给及其变化趋势、旅游服务的特殊要求、相关部门和产业的配套服务等，政府在对这些信息进行综合梳理后应动态地通过媒体进行发布，向公众传递足够的信息流和连贯的信息，消除信息的不对称，引导市场需求和产品供应进行有效对接。

（二）作用于企业

旅游危机事件结束后，旅游地要冷静面对、理性分析，鼓励各类旅游企业开展自救。要做好企业形象的恢复、客源市场的恢复、企业内部信心的恢复等工作。主动调整旅游产品、旅游方式乃至服务方式，以创造新的市场机会。通过有效的资产整合，增强目的地的实力及抵御风险的能力。

（三）作用于公众

旅游危机事件会影响旅游者的心理，从而影响旅游者对目的地的选择，减少目的地客流量，影响旅游经济效益，进而影响旅游投资者的投资信心。危机事件结束后，目的地要重塑旅游地的旅游形象，恢复公众的旅游信心，包括旅游者、旅游投资者和当地居民的信心。

二、旅游危机后恢复的内容

危机恢复之前要做好危机分析,对危机的性质、范围、规模、影响及可能造成的危害作出准确的判断,以便制定相应的处置方案。同时,对危机进行实时监测,跟踪危机的发展,预测危机发生的方向和趋势,并对危机可能产生的后果进行评估,为处置危机做好充分准备,提出解决方案。

(一)旅游设施恢复

旅游地危机恢复通常从基础设施恢复开始。基础设施的重建不是简单地把建筑物重新建起来,或是恢复道路交通设施、供水供电供气设施,而是根据对危机的评估结果,考虑再次爆发危机时,基础设施的危机抵抗能力。因而必须在遵循旅游者和当地社区居民活动规律的前提下,对基础设施的选址、布局、建筑用料、建筑方式等重新进行规划设计,提高旅游设施的安全等级水平和使用的便捷性。

(二)旅游者心理恢复

旅游者心理恢复是提供给旅游者最基本的旅游安全信息,以满足旅游者恢复心理平衡状态的内在需要,缓解乃至稳定由危机引发的强烈恐惧、震惊或悲伤的情绪,并使其学习到规避和应对旅游危机的有效策略与合理健康的旅游行为,预防因旅游者的行为不当造成的灾难,增进旅游出行心理的健康。

在旅游危机带给人们的灾难中,身体伤害与心理伤害是间或有之的,亲历其中的人们往往都会把"逃离现场"作为第一选择。因此,如果伤者的身体条件允许,应当将"迅速转移"作为重要的恢复措施,这样有利于他们的心理尽快得到康复。香港特区政府对香港旅游者在境外遭遇事故的处理,就坚持了这一原则。

1. 平衡干预。

平衡干预主要目的在于帮助人们重新获得危机前的平衡状态,适合早期干预。对于旅游地来说,由于旅游危机的发生导致旅游者对旅游地的安全认知存在一定的排斥和不安,通过平衡干预可以消除旅游者心中对于目的地的紧张和惶恐,抚平情绪性波动,使旅游者尽快从对目的地危机认知的阴影中走出来,达到危机前对旅游地的认知心理状态。

2. 认知干预。

认知干预的目的是纠正人们的认知偏差或错误思维,通过校正偏差或错误的思维方式,帮助当事人克服非理性与自我否定,增强自我控制。认知干预应该采取多种方式、多种形式,对不同地域、不同类型的旅游者要进行有针对性的旅游安全教育,以消除游客的疑虑,增强旅游信心。

3. 心理转变干预。

心理转变干预的目的在于与求助者合作,测定与其有关的外部和内部旅游环境对旅游者造成的各种困难,以帮助旅游者选择替代他们现有的行为态度和使用环境资源的方法,结合适当的内部应对方式、社会支持和环境资源,帮助他们获得对自己生活的自主控制。

（三）旅游形象恢复

旅游形象是目的地的名片,良好的旅游形象是吸引旅游者的关键因素之一,重塑旅游形象是旅游危机恢复的一项重要内容,也是引导市场的重要手段。旅游形象恢复的重点,是通过合理的宣传,纠正潜在旅游者对目的地的形象认知偏差,重新树立目的地旅游形象,逐步恢复并增强公众的旅游消费信心。

为了促使目的地旅游业尽快恢复,旅游形象的恢复、强化和推广必须在短期内取得明显的效果,因此,要采取非常规的形象传播手段和推广工具。旅游形象恢复要从媒体和旅游者两方面入手,首先,要增加媒体公关方面的预算和人力资源配备,加强与各种媒体的沟通,通过媒体宣传旅游地消除危机的手段、安全保障和应急能力现状等,以消除旅游者的恐慌心理,使人们恢复对目的地的良好形象,并塑造更鲜明的形象;其次,顺应游客心理,融入新思维,扬长避短,组织与危机事件关联弱的旅游项目,如海啸过后,东南亚各国应避开海洋旅游主题,开展一些文化主题的旅游活动来吸引大众目光,展示充满活力和自信的旅游新形象。

（四）旅游市场恢复

受到危机的冲击,目的地旅游市场会改变原先的状态,表现出"四高四低"现象:一是对安全的敏感性提高,对价格的敏感性降低;二是潜在需求高,现实需求低;三是专项产品需求提高,普通产品需求降低;四是替代产品竞争力提高,当地产品竞争力降低。

目的地旅游业的恢复,要通过采取积极的综合性措施,以需求恢复为根本,调整市场结构以优化旅游需求,以产品恢复为推动,调整产品结构以优化旅游供给,尽快恢复旅游市场。

1. 市场结构调整。

危机会激活潜在旅游者对目的地不安全因素的认知,这时旅游地要保持旅游市场的持续稳定发展,就需要促进多元化客源市场的开拓。

客源区域的空间多元化。遵循"先近距离、后远距离"的规律,有重点地选择目标市场,创造性地设计营销活动,实施分期分阶段、形式多样、丰富多彩的灵活促销,以近带远,逐级启动客源市场。

客源需求的时间多元化。通过平淡季的重点促销,将侧重点放在专项旅游市场,如体育赛事、文化专题活动等对危机事件不敏感的项目,降低旅游需求的季节性指数,使旅游客流在时间上均衡发展。

2. 产品结构调整。

通过调整旅游产品结构、创新旅游产品形式来优化旅游供给。在研究危机事件后旅游者的行为模式和消费偏好变化的基础上,根据旅游者的行为模式和需求变化,设计推出新的旅游产品和线路,通过促销和优惠等方式,提供优惠的价格、优质的服务和特色的产品,刺激旅游需求,激活旅游市场;引导旅游时尚和旅游者行为模式,宣传那些不直接与旅游业相关的项目,例如文化节事、科学探索、体育赛事、摄影比赛和购物流行趋势等,激发旅游者的旅游动机,恢复旅游信心,从而实现旅游目的。

三、旅游危机后恢复期的管理措施

(一)做好旅游危机总结

要总结旅游危机的经验教训,修改、完善危机管理计划,作为以后危机管理的借鉴。

1. 调查与整改。

认真而系统地对危机进行调查、分析和总结,反思工作中的不足,提出改进措施,使存在的问题得以解决,工作的失误得以弥补,潜在的风险得以排除。把危机管理与企业的稳定发展和改革进步结合起来,通过反思整改,努力消除各种不安全因素,防止类似危机的发生。

2. 评价与存档。

旅游危机事件解决后,旅游企业要从社会效应、经济效应、心理效应和形象效应等方面对危机事件处理的全过程进行评价,评估危机处理措施的合理性和有效性,实事求是地撰写详尽的危机处置报告,并进行存档,为旅游地改进、完善危机管理提供依据,为以后处置类似的危机事件提供参考。

（二）完善旅游安全管理

要充分认识旅游不安全因素的潜伏和影响的长期性、复杂性和反复性,克服麻痹思想和松懈情绪,在总结危机的基础上,切实完善旅游安全的防范工作。巩固和加强危机防控工作的组织领导机制,加强旅游安全责任制,做到防范工作不松懈,一旦有新危机发生的苗头,应做到防控工作及时到位。加强旅游安全工作的检查、指导和监督,落实有关措施,增强旅游从业人员的安全工作意识,防范旅游交通、食宿、游览等各个环节中旅游安全事故的发生。

（三）提升旅游服务质量

把向旅游者提供优质、规范的服务作为危机过后旅游业恢复、发展和振兴的一项重要举措。引导旅游企业针对危机后旅游者心理及随之引起的出游方式和形式的变化,及时调整旅游产品、完善服务内容和产品种类,大力策划推出有针对性的个性化产品和服务。加强旅游投诉处理工作,及时受理和处理旅游者投诉,提高旅游服务质量。

（四）维护旅游市场秩序

在危机后旅游业恢复发展初期,旅游企业竞争会大大加剧,同时一些黑社、黑导、黑车、黑店在旅游恢复期也可能趁机进行各种非法经营活动。旅游管理部门应该结合本地实际,制订工作预案,部门协作,密切配合,协同作战,集中时间和力量,适时组织开展专项打击,重点整治影响本地旅游市场秩序的突出问题,严厉打击各种违法违规的经营行为,防止旅游市场出现恶意竞争和价格混乱,维护旅游市场秩序。

（五）加快旅游要素整合

危机后的旅游市场往往会面临新的要素整合机遇,政府要积极引导,深入研究危机对旅游企业经营体制和内部管理机制带来的影响,制定相关措施,鼓励在市场导向下的企业重组,实现旅游企业经营、投资和产权的多元化、网络化及企业内部经营管理的科学化。

第五节　旅游危机管理计划

旅游危机管理计划是旅游地针对各种可能发生的危机,预先制定的处理危机的方案或措施。危机管理计划是将危机处理的行动程序和管理任务进行分解,以便在危机发生时减少意外的惶恐,保证危机管理的井然有序,使危机处理措施顺利执行。

一、旅游危机管理计划类别

(一)危机管理的总体计划

危机管理的总体计划是粗略的应急计划,对可能出现的危机情形的描述往往比较模糊,并有意识地不明确指出相应的决定因素,总体计划是对目的地危机管理的指导性框架,是各种具体危机管理计划的基础。总体计划应确定危机管理的基本要求,明确责任与权利,其步骤要简洁清晰、快捷高效,对具体计划要有一定的指导作用。

(二)危机管理的应急计划

危机管理的应急计划是在目的地特定的危机情境预期分析的基础上,制定针对旅游危机发生时所要采取的治理行动和措施。应急计划制订不要留有盲点,制订得越详尽、越注重细节,对危机管理就越有利。应急计划能决定应对危机的最终结果,如果危机应急计划制订得科学、详尽,当危机发生时,应急计划只需根据危机的实际情况作一些微小的修改,即可付诸实施,有利于快速应对危机。

(三)危机管理的防范计划

危机管理的防范计划是指防止或抑制危机发生的防备性计划。针对各类危机特征和旅游区自身的条件,制订不同的行动方案,行动方案应清晰详尽,行动选择应清楚明了。在制订危机防范计划时,要检验计划制订的依据是否准确有效,以便增强计划的科学性、准确性及未来行动的成功率,同时,计划要根据对危机状况的持续监测不断进行调整。当越来越多的迹象表明即将发生旅游危机的时候,就应启动危机防范计划。

(四)危机管理的恢复计划

危机管理的恢复计划是为危机的恢复管理而制定的行动策略和管理措施。恢复计划要根据旅游需求和供给的变化、恢复资金的情况、受损设备和生产经营的恢复情况来制定。恢复计划还应制定改进策略,使旅游企业的经营向前发展。

二、旅游危机管理计划内容

旅游管理机构的首要职责就是草拟旅游危机管理计划,在事前针对可能发生的危机确定应变的行动准则。旅游危机的种类多样,不同旅游地的情况也千差万别,旅游地应根据可能发生的不同类型的危机,制订一套普适性的危机管理计划,形成旅游地的危机管理计划框架。同时,针对具体的危机制定详细的行动策略。

表 10.7   旅游危机管理计划内容

计划内容	详 细 内 容
背景描述	旅游危机管理计划目标,旅游危机事件界定,旅游危机管理计划的更新、修订及发放程序,旅游危机管理组织
危机识别分析	识别旅游危机,分析旅游危机及影响
危机预防措施	制定预防政策,监测和控制
危机管理准备	公众教育,模拟演练,应变措施,新闻发布
危机报告	发现危机,发布危机信息,修订和启用应急措施
危机应变	应变程序,各部门和组织在危机中的责任
危机后管理	恢复,损失评估,善后
附录资料	资源补给清单,危机管理程序表,紧急联系电话

三、旅游危机管理计划书

为了使危机管理者和实施者理解危机管理计划和加强危机管理计划的操作性,危机管理计划要形成计划书。相关人员在旅游危机发生前、发生时和发生后必须理解和管理的要素为危机类型、危机处理机制、危机处理组织、利益相关者和危机管理计划书。

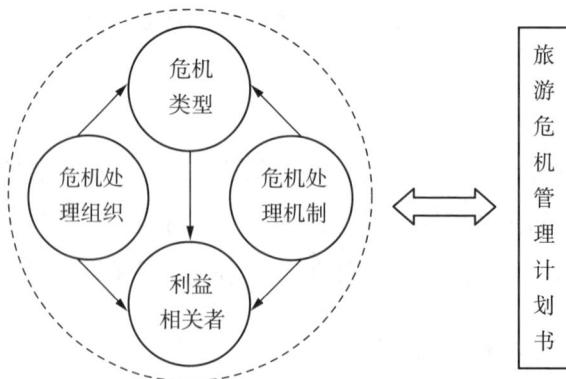

图 10.3   旅游危机管理模型的构成要素

第六节　旅游危机公关

公共关系是关于关系协调、信息传播和形象管理的一门科学。旅游危机中的公共关系包括与各种新闻媒体、上级旅游主管部门、旅游客源地、境内外旅行商、兄弟城市和旅游业的各相关部门等的关系。为了将旅游危机的影响降到最低、维持旅游者的信心、重建安全的旅游地形象,应该及时采取弥补行动,通过积极有效的危机公关传递相关信息,借以影响和引导旅游利益相关者的行为、观点和预期,使目的地的形象尽快恢复。

一、旅游危机信息管理

危机信息会引起公众极大的关注,如信息沟通不充分,就会出现主流信息的缺失,导致公众不能及时了解事件详情,非正常途径(口耳相传、网络社交平台等)的信息就会在私下传播、交流,而其中难免产生信息的失真。一些人甚至散布谣言,扩大损失,恶意夸大事故处置中的某些失误,引起公众的负面情绪,严重时甚至会造成人心恐慌、社会动荡。

由于信息传播日益复杂化、迅速化和扩大化,旅游地应对旅游危机信息的内容及其获取、更新、传递沟通方式等进行研究,并加以整合利用,应充分利用各种信息技术对旅游地的信息进行有效管理,形成合理的沟通网络、联动机制。可通过图、文结合的方式,进行有效和适度的沟通,并进行科学解读,消除公众恐慌,从而对旅游危机解决起到良好作用。

(一)危机各阶段信息内容

旅游危机可分为危机前、危机中、危机后三个阶段,通过对旅游危机全过程各阶段的信息监控、搜集、分析和回馈,达到旅游危机信息的全过程管理。

(二)危机信息管理原则

1. 及时性原则。

旅游危机信息具有时效性,会随着时间的推移而很快发生变化,如果没能及时地加以利用,信息的价值就会丧失。旅游危机信息传播迅速,会对旅游地产生快速、剧烈的影响,应提高旅游管理人员的信息敏感性,使其在信息收集、处理、传递、存储、检索、利用等阶段及时快速地处理危机信息。

表 10.8　旅游危机各阶段信息类型和信息活动

阶	段	信息类型	信息活动
危机前	危机预防	认知信息 环境信息 预案信息 知识化信息	信息文化 信息组织 信息规划 信息控制
	危机预警	征兆信息 危机历史信息 干预成本信息	预警指标确认 信息源确定和信息采集 信息分析
危机中	危机反应	情景信息 机理信息	信息过滤 危机确认信息匹配
	危机应急	资源信息 方案信息 情景信息	信息决策 信息利用 信息交流
危机后	危机恢复	战略信息 损害信息	信息利用 资源信息匹配
	危机补救	显性信息 隐性信息 目标信息	信息评价 信息共享 系统优化

2. 准确性原则。

准确的信息是旅游危机管理成功的保证。为了减少和消除谣言,消除信息在传播过程中产生的偏差,旅游地应对收集到的信息进行甄别和确认,实事求是地通报,保证信息的准确性。同时,应妥善处理信息准确性与及时性之间存在的矛盾。

3. 透明性原则。

增加信息的透明度,对事件发生的背景进行详尽解释,有利于帮助旅游地赢得信誉。如果没有将那些重要的信息成功地传达出去,仅仅论述一般的客观事实和一些合理性的解释,就会显得苍白无力,目的地会丧失对信息传递过程施加影响的机会。

4. 优先性原则。

旅游危机管理牵涉面很广,在危机管理的过程中,会产生大量信息。为避免信息泛滥所造成的干扰和提高信息的利用水平,应按照旅游危机管理计划中确定的不同管理主体职责的重要性排序,确定旅游危机信息报告的优先次序,根据信息层次高低、价值大小、紧急程度等分级序列,确定信息报告的优先级。

5. 全局性原则。

旅游危机的产生,可能来自旅游业外部,也可能来自旅游业内部,即使旅游危机的产生来源于局部,其影响也往往是全局性的。因此,在收集和处理信息时,要有全局观念,既要关注旅游业内部信息,也要关注旅游业外部信息。

（三）危机信息沟通机制

旅游危机信息沟通是借助各种信息传递、发布及交流方式,在旅游地内部各组织间达成一定共识的同时,形成旅游地和外部环境之间的信息对称和平衡,为旅游危机管理工作的开展提供管理的信息基础并创造良好的环境氛围。

旅游危机信息沟通工作主要包括信息的传递、发布、交流与反馈三个方面。在发生旅游危机时,旅游地及时、顺畅地进行危机信息的沟通,可以最大限度地控制和减弱旅游危机的影响范围和影响程度,防止谣言的传播。

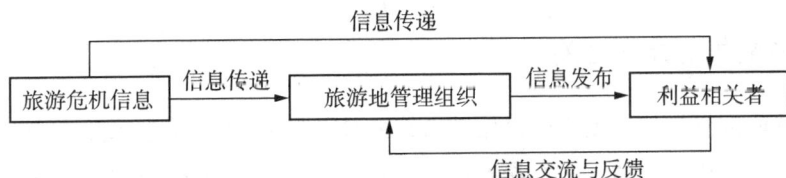

图 10.4　旅游危机信息沟通机制

二、旅游危机的内部沟通

在危机时刻,内部沟通对促使旅游从业人员随时了解危机的严重程度和为结束危机应采取的行动,都是极为重要的。

（一）管理层沟通

在危机评定中,应确定哪些管理人员是迅速解决某一危机的关键,也应明确哪些重要信息应该传达给旅游管理部门的职员。通过各种信息传递手段提供最新、连续、有用的信息,不仅可以强化旅游工作团队,而且可以防止错误信息的传播。

旅游企业的管理层往往有着丰富的管理经验,如果及时沟通,管理层将调动所有的资源来解决危机。上级管理部门可调派各种紧急情况处理小组到企业,为企业提供技术支持。与企业的业主或股东沟通,说明危机带来的负面影响是暂时的,从而树立股东对旅游区长期发展的信心,确保股东对企业的长期投资,并得到股东在危机时的资金支持。

(二)经营商沟通

主动向旅游经营商提供危机影响程度、受害者的救助行动、结束危机的安全保障服务以及防止事故不再发生的举措等方面的详细信息。英国的旅游经营商就曾成功地运用电视电话会议,在危机情况下联络负责安全、宣传和旅游政策的各方人员,使每个人在同一时间获得同样的信息。一旦条件允许,可组织旅游经营商和旅行社进行实地考察,使他们通过切身体验了解目的地为恢复所做的工作及恢复的现状。

(三)员工沟通

危机中的企业很容易涣散,各种问题会接踵而至,增加危机的破坏程度。通过让员工充分了解危机情况与企业应对危机的进展状况,激发员工对企业处境的同情并增强责任感,使大家同心协力,共渡难关,保持对工作的积极态度,自觉充当企业危机管理的宣传者,有助于说服游客和公众,避免谣言的不利传播。

三、旅游危机的外部公关

旅游危机公关的对象主要是旅游系统的外部利益相关者,主要包括媒体、政府以及公众。各公关对象之间存在着信息不对称,如果信息沟通不到位,会影响危机治理效率,导致危机进一步恶化。为提高危机管理效率,应指定专人负责与媒体、政府和公众进行有效的信息沟通,外部信息发言人必须按适当的程序回答媒体的询问和传送信息,从而努力消除目的地和各沟通对象之间可能存在的一切信息不对称的情境,有利于旅游危机的预防、治理以及目的地经营的恢复和发展。

(一)媒体公关

媒体是为公众提供各种信息的主要渠道,公众对发生危机的旅游地的态度在很大程度上是由媒体的态度所支配的。因此,在危机管理中要重视媒体的力量,做好媒体的沟通,发挥媒体的积极作用,使媒体的传播活动为危机化解提供帮助。

1.争取媒体支持。

当发生危机的时候,不要对媒体抱着敌对的态度,否则可能会失去媒体的支持,而加重不利信息的传播。对媒体应采取友好合作的态度,积极主动地向媒体提供危机信息,赢得媒体的理解、支持和合作,促使媒体客观公正地报道和评价,避免产生片面和失实的报道。

2. 及时发布信息。

在发生旅游危机的情况下,如果目的地不能及时发布有关危机的信息,就容易导致流言和谣言的传播。所以,危机发生后,应及时通过媒体发布真实、准确、统一的信息,满足媒体对危机信息的渴求,先入为主地建立有利于危机解决的舆论氛围,为危机处理创造有利的社会环境。

3. 突出正面信息。

在危机时期,目的地获得了前所未有的向媒体深入阐释自己旅游地的机遇。要利用媒体聚焦来突出正面信息,把正面的细节因素纳入新闻发布中,例如新的旅游发展、增长统计信息,或者旅游对社区的重要性等。搜索人们感兴趣的新闻素材,例如当地居民救助受难者等,按照旅游者的偏好有选择地构造报道的主题。

4. 关注媒体舆论。

危机发生后,应实时关注媒体对旅游危机的态度和报道的内容,一旦发现有错误报道的信息,就应立即联系媒体,表达正确的观点和看法,并采取措施消除负面信息的"舆论共振",避免错误信息对旅游地形象的毁灭性破坏。

(二) 政府公关

在危机发生后,旅游企业应与当地官方机构建立工作关系,尽快向政府及行业协会等部门报告,不可文过饰非,更不能歪曲真相、混淆视听。在危机处理中,应向政府部门定期报告事态发展情况,争取政府的指导、帮助与支持。危机解决后,应详细报告处理经过、解决方案及今后的预防措施。

(三) 公众公关

旅游地应本着诚恳、负责的态度,与社会公众进行充分的沟通,客观理性、及时准确地告知公众危机的来源、发生、演化等情况,强调目的地的优势和恢复成果,让公众了解危机的趋势和应对成效,培养公众对旅游组织的情感,消除公众的心理障碍,制止不实信息的散布。在调查结果出来之后应给公众令人满意的答复,减少公众的反感和不满,争取公众的理解、支持和合作。可使用确凿的统计数据,告知公众危机的真实情况,如 1997 年英国旅游者在多米尼加共和国旅游出现健康问题被广为报道后,多米尼加共和国旅游恢复战略的一个内容,就是通过统计数据展示,在 200 万英国旅游者中只有不到 1/100 的人在过去的一年里患病,这种方法取得了良好的公众沟通效果。

四、旅游危机的公关策略

为了保证旅游危机治理的效率和质量,阻止流言、谣言的传播和减少旅游者的恐慌,进行有逻辑的、准确的、及时的矛盾信息消除十分必要。通过传递与危机相关的信息,使潜在旅游者或大众了解危机发展和危机治理方面的真实信息,消除由于信息不对称产生的臆测和流言,借以影响和引导旅游市场上的潜在旅游者和其他组织的行为、观点和预期。

(一) 危机各阶段的公关策略

在旅游危机的不同阶段,其表现形式和发展趋势是不同的,旅游者和旅游组织对危机信息的需求量和需求重点也不同,危机公关方式和策略就不同。

表 10.9　旅游危机各阶段的公关策略

危机阶段	公　关　策　略
潜伏期	关注媒体的信息报道,合理引导媒体
爆发期	建立信息披露机制,及时、有效、准确地发布信息,确立信息沟通的可信度和权威性,沟通协调,实现危机信息快速传递
恢复期	选择重点公关对象,合理选择公关内容

1. 旅游日常管理中的公关策略。

目的地的危机管理能力取决于整个社区居民的危机意识和参与态度。提高社区居民和旅游者的危机意识和应对能力,可以大大减少爆发危机事件的可能性。在日常旅游管理过程中,在对旅游地的综合环境分析的基础上,筛选出旅游地的风险清单,运用各种渠道和机制进行旅游风险防范和应急知识的宣传教育以及应急能力培训和演练,可以不断提高旅游参与者的危机意识和危机应对能力,塑造发达的危机应急文化。

2. 旅游危机潜伏期的公关策略。

在风险潜伏期,危机可能表现出一定的外部特征,这就需要危机管理体系中的预警和检测系统在收集相关信息的基础上,多方面、多角度地作出初步的反应。媒体有时能帮助发现危机征兆,并向社会传递潜在的危机信息,从而有可能将危机遏制于萌芽之中。旅游管理部门的公关策略主要是关注媒体的有关信息报道,加强对信息和危机事件的相关性分析。

3. 旅游危机爆发期的公关策略。

在旅游地危机爆发期,为了使危机影响群体减少心理不安和恐慌,应及时有效地与公众进行沟通。此时期公关策略的主要使命在于解决危机传播中的信息不对称,而不是简单地采取承认错误或表示道歉的沟通形式。在信息不对称的情况下,媒体可能对危机的发生起到推波助澜的作用,管理机构应通过合理的方式来影响媒体,通过有效的沟通来打破信息的不对称,将危机信息及时、真实、全面地传递给公众,告诉公众危机的真实情况,减轻旅游者的紧张不安和心理压力。

4. 旅游危机恢复期的公关策略。

在危机之后,旅游地的主要任务是恢复或超越原有的旅游形象,重新树立起旅游者对目的地的信心。形象恢复的目标是把旅游地的新形象传递给公众,旅游管理单位应对危机进行全面分析,重点选择与旅游地发展密切相关的利益主体,合理选择沟通内容,转危为机,让公众真实了解旅游地的安全保障情况。

(二)危机公关的活动策划

旅游行业及企业在危机管理中,可以策划开展一些公共关系专题活动,争取公众更多的支持,依靠各方力量尽快恢复正常的旅游秩序。

1. 新闻性专题活动。

在不违背政策法规、社会道德、商业道德的前提下,先诊断出危机中旅游行业及企业存在的问题,设置新闻性专题活动策划的目标,找出具有新闻价值的选题,作出相应的新闻策划,根据受众的心理调查与分析,辨析受众注意力的特点,判断与捕捉新闻价值,从而恢复或提高旅游行业及企业的美誉度。

2. 广告性专题活动。

危机发生后,为了进一步引发公众对旅游地的关注和兴趣,可以策划一些以推广旅游地为主要目的的广告性专题活动,如制作一些公共关系广告等。相比于一般的商业广告,公共关系广告的可信度较高,可通过公共关系广告,扩大旅游地的知名度,联络公众感情,加深社会各界对旅游地的了解和信任,强化公众对旅游地的整体印象。

3. 人际性专题活动。

通过走访和邀请明星、名人、作家等具有一定影响力的人群来访,建立旅游地与上述人群的良好关系,使公众消除对旅游地安全的不信任感,对危机后的旅游地安全保障重拾信心。

(三)危机公关的保障措施

危机处置既要讲究方法,又要注重实效,还要有很强的艺术性,巧妙灵活的危机公关可使组织绝处逢生,左右逢源,挽回公众的信任,重新树立目的地形象。

1. 忌拖求快。

处理危机事件时,取得时间上的主动权极为重要。旅游地管理部门应以最快的速度进行应对,避免公众利益受到进一步损害,尽力缩小事态范围,同时制定危机应对的立场基调,及时准确地传达组织信息,统一对外公关口径,保证对外信息的一致性,赢得公众的理解和支持,杜绝不利信息的传播。

2. 忌次求主。

危机处理一般"宜粗不宜细",要抓主要矛盾,查主要对象,找主要原因,取得工作上的主动权。凡与危机事件无关的,一时难以弄清的线索,特别是与危机关系不大的问题,可以先放一放,必要时再补查。力求抓主要问题,及时公布事件真相,以便争取多数支持者,快速缓解矛盾,平息事端。

3. 忌瞒求坦。

旅游地管理部门要勤于调查,把事件真相调查清楚,严格依法照章处置,在处置中做到"不唯书,不唯上,只唯实"。掌握信息传播的主动权,积极主动地联系相关部门和新闻媒介,选择最恰当、最有效、最便捷的信息传播渠道,主动坦诚地公布事实真相,提高事件处理的透明度,并加强引导,争取公众信任。

案例回放

一、张家界应对国际金融危机出台旅游业刺激政策

为了应对国际金融危机对旅游业的影响,张家界市政府适时推出系列政策提振旅游。

(1)旅游包机享双重优惠

凡是在 2009 年 4 月 30 日前组织旅游专列、包机、600 人以上大型会议的旅行社,除享受区县政府和景区给予的奖励和优惠政策以外,市政府对旅游包机、专列每趟、每架次奖励 2 万元,600 人以上的大型会议每次奖励 2 万元。

（2）暂退旅行社保证金

张家界市决定按照原国家旅游局《关于暂退部分保证金支持旅行社度过金融危机冲击难关的紧急通知》要求，将暂退的部分保证金退还给旅行社，退还期限为两年，退还标准按最高比例 70% 执行，这使得当地旅游业界获得的资金支持达到 1 700 万元。此外，还将旅游部门收取的旅行社借聘导游服务费减免 50%。

（3）景区门票大幅优惠

张家界市决定除武陵源核心景区大门票以外的 A 级景区（包括索道、电梯）门票，对旅行社按 30% 优惠，此举对每位游客直接让利 200 元左右。将张家界武陵源核心景区冬季 10 免 1 优惠政策延长到春天，至 2009 年 4 月 30 日结束；政府将向长三角、珠三角、环渤海湾等五大区域派驻小分队，开展实质性旅游促销和外联。

旅游业往往会在危机中遭受一定的损失，政府部门应该出台相应的扶持政策，帮助旅游企业渡过难关，使旅游业持续发展。

资料来源：苏晓洲：《张家界出台最大力度刺激政策 1 700 万元支持旅游》，中国网 2009 年 1 月 23 日，http://www.china.com.cn/news/txt/2009-01-23/content_17173701.htm。

二、东航紧急事件及时沟通，媒体危机公关处理走向成熟

2008 年 5 月 9 日下午，东航一架由上海至香港的客机在飞行途中遭遇空中气流导致较强颠簸，造成多名旅客和乘务员受伤，东航在第一时间向媒体公布了相关情况。5 月 10 日上午，东航一架客机在北京首都机场起飞滑行过程中，设备发生火警警告，机组及时果断地采取应急撤离措施，两名旅客受轻伤。在事发后 1 小时内，东航新闻发言人主动及时地与各大媒体取得沟通联系，每隔 1 小时左右披露最新信息，在调机期间，东航积极安抚旅客情绪，及时向旅客通报相关信息，并为旅客发放餐食和饮料，旅客对东航的应急处理和及时救治表示认可和感谢。这两起紧急事件的及时有效处置，显示出东航在应对危机公关方面正日益走向成熟。而在此事件一个多月前发生的东航"返航"事件中，东航一开始将返航原因归咎于"天气"并一再坚持，遭到社会各界的质疑和非议，这其中很大的因素就在于东航没有与媒体取得良好的沟通，最终导致公司处于消极被动状态。

由于受天气和机械等因素影响，客机在飞行过程中难免会出现一些突发事件。

关键是事发之后,承运方如何从旅客的利益出发,及时妥善地处理好善后事宜,并积极坦诚地与公众进行沟通,取得社会各方的理解和支持。

资料来源:沈文敏:《东航紧急事件及时沟通 媒体危机公关处理走向成熟》,搜狐网 2008 年 5 月 10 日,http://travel.sohu.com/20080510/n256780275.shtml。

三、墨西哥地震后旅游市场的公关举措

墨西哥是世界上著名的旅游国家,首都墨西哥城是举世闻名的古玛雅文化、中美洲阿兹台克族人文化和托尔特克文化的发祥地。墨西哥是世界上重要的旅游地,旅游业也是墨西哥经济的重要支柱。1985 年 9 月 19 日墨西哥发生了 7.8 级地震,首都墨西哥城 35% 的建筑物遭到不同程度的损坏,大部分地区交通中断,旅游业也陷入停顿,当时已订好机票、饭店的游客,纷纷取消了出游计划。

为了尽快恢复旅游业,墨西哥首先出资聘请了美国的著名公共关系专家到墨西哥策划,美国专家通过深入调查,了解了真实的墨西哥地震后的情形,通过电视、新闻等诸多媒体向外界如实地报道地震造成的损失,使游客对墨西哥地震后的现状有一个正确、直观、现实的了解,摆脱对墨西哥震后惨状的猜测、疑虑和可怕的想象。然后出巨资到美国、日本等国家邀请文艺、体育和政界名流到墨西哥旅游,新闻界将他们下榻的饭店、景区等影像在世界各地播放,用名人影响来消除人们来墨西哥旅游的顾虑,引起外国游客对墨西哥的探究心理,在短时间内取得了极大的效果。在一个多月的沉寂之后,墨西哥的旅游业又兴旺起来,游客人数竟超过了震前。

墨西哥政府在地震灾难后采取了恰当的旅游市场恢复的公关举措,使墨西哥的旅游业不但没有因此而崩溃,反而很快恢复并超过了先前的水平。

资料来源:刘春玲:《旅游产业危机管理与预警机制研究》,中国旅游出版社 2007 年版。

四、无锡"蓝藻"危机的应急处理

2007 年 5 月下旬,太湖流域蓝藻大规模爆发,导致无锡市区部分地区发生供水危机。一时间,新华社、凤凰卫视、新加坡《联合早报》等 20 余家境内外媒体纷纷报道无锡供水危机,网络评论铺天盖地,无锡供水危机迅速成为全国乃至全世界的焦

点。无锡多年以来精心打造的太湖品牌受到严重冲击,在一定程度上引发了城市旅游业危机。据统计,2007年6月,全市接待入境旅游者、国内旅游者同比下降50%左右,市区旅游星级饭店客房率下降30个百分点;7月以后,旅游业主要接待指标同比继续下滑,无锡城市旅游业面临严峻考验。面对危机,无锡市在危机事件应急处理、危机公关和宣传、危机营销等方面都显示了主动性,促使无锡市旅游业快速地从危机中得到恢复。

一、危机爆发时的应急处理措施

首先,解决和整治水源污染问题。无锡市政府邀请建设部专家组化解自来水异味问题,6月2日,无锡自来水出厂水质全面达到国家饮用水标准;6月4日,无锡市政府发布水质达标公告;通过多项举措平抑市场上纯净水价格,确保人民生活用水。随后全市开展治理太湖保护水源行动,整治环太湖地区饭店、度假村和疗养院,拆除环太湖地区水上餐厅和游船餐厅,全面停止渔家乐经营活动,取缔环太湖地区非法排污口等,通过40余天的奋战取得了战胜供水危机的阶段性胜利。其次,做好中外游客的安抚工作。各旅行社做好向中外游客的解释工作,领队、导游安排好游客的行程,推出乡村旅游、生态旅游等项目。

二、危机中后期的媒体沟通和营销公关策略

无锡市政府积极主动,主导了与媒体的沟通进程。在供水正常后,无锡市利用网络、电视、报纸、广播"四位一体"的方式多角度、大范围发布正面信息。在旅游管理部门和各景区的网站上及时发布实时图片和报道,向外界展示太湖水质好转、供水正常、旅游可以得到保证的情况;通过《中国旅游报》、新浪网等主流媒体加强正面报道;9月17日的《中国旅游报》头版大幅报道了《太湖依然美丽,旅游更加精彩——无锡旅游业成功战胜水危机事件纪实》。通过这些方式宣传无锡旅游,重塑无锡城市旅游形象。

无锡旅游管理部门在营销公关上采用了"请进来,走出去"的策略,广泛地与媒体、各级旅行代理商展开各种形式的沟通交流,并在沟通中采取了直接体验这种比较有效的沟通方法。在供水恢复正常后,无锡举行"牵手无锡,同游太湖"启动仪式,全国近百个旅行社的负责人和35个新闻媒体单位的记者以及近千名中外游客游览太湖鼋头渚等景区,让大家目睹无锡生活如常、景色依旧的真实情况,消除大家原有的顾虑。2007年下半年,旅游管理部门积极主动邀请主要客源国、地区的境外旅行商和媒体来无锡考察,旅游企业积极主动邀请大客户、大批发商和中间商来无锡实地感受"太湖依然美丽,旅游更加精彩",再通过他们宣传解释,稳定无锡的旅游市场。采取"一国一策、一地一策"的方法到各地开展宣传促销活动,介绍无锡市战胜供水危机所取得的阶段性胜利,邀请中外游客到无锡旅游休闲。

三、危机后期的产品调整策略

无锡旅游管理部门适时在全市开展旅游星级饭店的"绿色饭店"创建工作,8月下旬对全市星级饭店开展"金叶级绿色旅游饭店"和"银叶级绿色旅游饭店"评审活动。加快旅游产品结构调整,大力实施"三品战略":打造自然景观的精品、文化旅游的名品、度假休闲的新品。相继推出无锡1912街区、名人苑、中国民族工商业博物馆等新景、新品,推出"生态旅游、文化旅游、休闲旅游"特色线路。通过旅游产品结构的调整,经过各方的共同努力,无锡城市旅游业克服了供水危机造成的影响,开始全面复苏。据统计,2007年,无锡全年接待入境游客76万人,与上年持平;接待国内游客3 400万人,比上年增长12.1%;旅游总收入435亿元,比上年增长15.5%。

资料来源:张捷雷:《基于智慧城市建设的城市旅游安全管理》,清华大学出版社2018版。

练习思考

一、填空题

1. 人为旅游危机包括社会危机、_____与企业危机。

2. 危机感知是旅游者对危机的_____。

3. 根据危机警度的综合评价值,一般可将潜在危机警度分为_____级。

4. 在旅游安全事件中,应当将"_____"作为重要的恢复措施,这样有利于受害者心理得到康复。

5. _____是把危机处理的行动程序和管理任务进行分解,以便在危机发生时减少意外惶恐。

6. 旅游危机信息沟通工作主要包括信息的传递、_____、交流与反馈三个方面。

二、单项选择题

1. 在危机事件发生时,由于各种因素的综合作用,旅游者会对目的地的形象认知以偏概全,属于(   )。

A. 哈哈镜效应   B. 有色镜效应

C. 放大镜效应   D. 扭曲效应

2. 当计算得到危机影响指数为 3.5 时,说明潜在的危机影响为(   )。

A. 无影响   B. 弱影响

C. 严重影响   D. 重大影响

3. (   )属于旅游企业的危机应对措施。

A. 社会动员   B. 合理公关   C. 责任处理   D. 事故调查

4. 危机管理的(   )是在目的地特定的危机情境预期分析的基础上,制订针对旅游危机发生时所要采取的治理行动和措施。

A. 总体计划   B. 应急计划

C. 防范计划   D. 恢复计划

三、简答题

1. 简述旅游危机感知的影响因素。

2. 简述旅游危机的预防策略。

3. 如何对旅游事故的受害者进行心理恢复?

4. 对于受到危机冲击的目的地,如何进行市场恢复?

5. 处理旅游危机事件时,应采取怎样的策略进行媒体公关?

四、列举题

1. 列举引起旅游者高估风险的事件特征因素。

2. 列举引起旅游者高估风险的个体特征因素。

3. 列举旅游危机的信息管理原则。

参考文献

[美]保罗·M.阿吉恩、菲利斯·E.科扎斯凯:《国际旅行健康手册》,吴曙霞、庞乐君、周晓巍译,电子工业出版社2007年版。

"常见事故分析与防范对策丛书"编委会:《道路交通常见事故与防范对策》,中国劳动社会保障出版社2005年版。

曹景洲:《导游带团安全警示录》,中国旅游出版社2009年版。

陈永生、林正大:《旅游卫生指南》,上海科学普及出版社2000年版。

[德]德克·格莱泽:《旅游业危机管理》,安辉译,中国旅游出版社2004年版。

董洪春:《星级酒店经理安全管理案头手册》,化学工业出版社2010年版。

范晓清:《旅游保健手册》,人民军医出版社2006年版。

冯同军、邢志刚:《当生命遭遇危险》,内蒙古人民出版社2005年版。

郭太生:《灾难性事故与事件应急处置》,中国人民公安大学出版社2006年版。

郭新彪、刘君卓:《突发公共卫生事件应急指引》,化学工业出版社2005年版。

国家减灾委员会、中华人民共和国民政部:《全民防灾应急手册》,科学出版社2009年版。

国家减灾委员会办公室:《避灾自救手册—传染病》,中国社会出版社2008年版。

何建敏:《应急管理与应急系统》,科学出版社2005年版。

黄忠荣、高尚志:《人体意外自救和救助》,上海科技教育出版社2008年版。

李锋:《目的地旅游危机管理》,中国经济出版社 2010 年版。

李松涛:《避险与自救实用手册》,山东大学出版社 2007 年版。

刘春玲:《旅游产业危机管理与预警机制研究》,中国旅游出版社 2007 年版。

刘卫、闫丽影:《急救自救必读》,吉林大学出版社 2010 年版。

刘艺林、肖功建:《防灾避险实用技能》,同济大学出版社 2005 年版。

吕献海、韩宝燕:《应对危机》,党建读物出版社 2004 年版。

孟庆轩:《意外灾害的急救自救》,中国社会出版社 2008 年版。

平凡:《灾难逃生自救手册》,民主与建设出版社 2010 年版。

任洪:《灾害预兆》,中国社会出版社 2006 年版。

沈绍岭:《旅游景区细微管理》,中国旅游出版社 2009 年版。

宋传增:《交通安全基本规律与事故预防措施》,人民交通出版社 2008 年版。

唐钧:《中外紧急救援成功案例研究》,中国社会出版社 2008 年版。

田水承、景国勋:《安全管理学》,机械工业出版社 2009 年版。

佟瑞鹏、孙超:《旅游景区事故应急工作手册》,中国劳动社会保障出版社 2008
年版。

万艳华:《城市防灾学》,中国建筑工业出版社 2003 年版。

王桂晶、吴旭正:《特种设备典型事故案例集》,航空工业出版社 2005 年版。

王健民:《聚焦旅游安全》,旅游教育出版社 2007 年版。

王杰秀:《灾害现场自救与救治》,石油工业出版社 2008 年版。

王杰秀:《灾难性事故应急处理手册》,石油工业出版社 2008 年版。

王秀琳:《海外旅游禁忌》,旅游教育出版社 2006 年版。

王迎春、郑大玮、李青春:《城市气象灾害》,气象出版社 2009 年版。

吴贵明、王瑜:《旅游景区安全案例分析》,上海财经大学出版社 2008 年版。

吴群红、郝艳华、赵忠厚:《与危机共舞——突发公共卫生事件管理方略》,科学出版
社 2010 年版。

席子明:《旅游卫生学》,河南大学出版社 2004 年版。

谢玫、徐薇:《安全防范金钥匙》,西苑出版社 2009 年版。

杨开忠、陆军等:《国外公共卫生突发事件管理要览》,中国城市经济出版社 2003
年版。

元坤:《关键时刻拯救生命的生存技能》,当代世界出版社 2010 年版。

袁昌明等:《安全管理》,中国计量出版社 2009 年版。

翟向坤:《中国旅游安全救援体系构建研究》,旅游教育出版社2012年版。

张丽梅:《旅游安全学》,哈尔滨工业大学出版社2010年版。

郑向敏:《旅游安全概论》,中国旅游出版社2009年版。

郑向敏、谢朝武:《中国旅游安全报告(2014)》,社会科学文献出版社2014年版。

周学农:《公路交通应急管理》,湖南人民出版社2010年版。

邹统钎:《旅游危机管理》,北京大学出版社2005年版。

后　记

　　随着经济的发展和人们闲暇时间的增多,旅游已成为人们生活的一部分,旅游业也因此成为全球经济中发展势头最强劲、产业规模最大的行业之一。安全是旅游的生命线,是旅游活动顺利进行的基本保证和必要条件,也是旅游业可持续发展的前提和基础。因此,旅游安全管理成为旅游学科的必修专业课程之一。

　　笔者希望学生通过本课程的学习,能够提高安全意识,增加安全知识,规范安全行为,掌握应对安全事故的技能、技巧,做到日常管理中能防范事故发生,事故发生时能科学有效地应对,事故发生后能正确合理地处置,从而减少安全事故发生的概率和造成的损失。

　　本书编写过程中,得到复旦大学资深教授夏林根先生的悉心指导,并参阅了诸多文献,在此一并表示真诚的谢意!

孔邦杰

于浙江农林大学旅游与健康学院

图书在版编目(CIP)数据

旅游安全管理/孔邦杰编著.—3版.—上海：
格致出版社:上海人民出版社,2019.6(2023.1重印)
高等院校旅游学科 21 世纪规划教材
ISBN 978 - 7 - 5432 - 3016 - 3

Ⅰ.①旅… Ⅱ.①孔… Ⅲ.①旅游安全-安全管理-
高等学校-教材 Ⅳ.①F590.6

中国版本图书馆 CIP 数据核字(2019)第 083669 号

责任编辑 张苗凤
装帧设计 路 静

高等院校旅游学科 21 世纪规划教材
旅游安全管理(第三版)
孔邦杰 编著

出 版 格致出版社
　　　　上海人民出版社
　　　　(201101 上海市闵行区号景路 159 弄 C 座)
发 行 上海人民出版社发行中心
印 刷 上海商务联西印刷有限公司
开 本 720×1000 1/16
印 张 21.5
插 页 1
字 数 357,000
版 次 2019 年 6 月第 1 版
印 次 2023 年 1 月第 4 次印刷
ISBN 978 - 7 - 5432 - 3016 - 3/F · 1230
定 价 59.00 元